U0368898

汽车维修技术基础

（原书第 7 版）

[美]杰克·厄贾维克（Jack Erjavec）
[美]罗布·汤普森（Rob Thompson） 著

郭七一　李丕毅　陈玲华　陈周亮　许行宇
黄庆奇　林创创　孙丽莎　荣建良　戈华飞 编译

王凯明　武德钰　**审校**

机械工业出版社

《汽车维修技术基础（原书第7版）》的英文原版书由美国圣智学习出版公司出版，在整体上贯彻了理论够用为好和实用性强的主旨，在理论知识上没有占用过大篇幅，而是紧扣汽车维修技术人员应具备的专业知识和技能，从实用性的角度讲述各系统的基本结构、常见应用、常见问题、相关诊断和维修流程；着重讲述了检查、测量、有效厘清问题、逻辑性地进行故障诊断和最终找到问题并解决问题的基本思路和流程。

本书由世界技能大赛汽车技术项目中国技术指导专家组组织全国知名汽车维修专家、职业院校骨干教师共同编译。为了使中文版更加适合我国读者学习，编译团队对英文原版完全不适合我国实际情况的内容进行了删除，对与我国实际情况有些出入的内容进行了改写；对原版章节重新进行了组织编排，将英文原版一本拆分为四本，分别是《汽车维修技术基础（原书第7版）》《汽车发动机检修技术（原书第7版）》《汽车底盘检修技术（原书第7版）》《汽车电气系统检修技术（原书第7版）》。

本书可作为汽车职业院校的教学参考书、国家开放大学汽车相关专业的辅助教程、交通运输部评价中心主管的相关等级和技术职称评价的学习参考教程，以及有志于从事汽车维修技术工作的人员和在职汽车维修技术人员的参考学习用书，还可作为世界技能大赛参赛选手的有益读物。

图书在版编目（CIP）数据

汽车维修技术基础：原书第7版 /（美）杰克·厄贾维克（Jack Erjavec），（美）罗布·汤普森（Rob Thompson）著；郭七一等编译. -- 北京：机械工业出版社，2024. 10. --（世界技能大赛汽车技术项目指导书系列）. -- ISBN 978-7-111-76639-1

Ⅰ. U472.4

中国国家版本馆CIP数据核字第2024N8F077号

机械工业出版社（北京市百万庄大街22号　邮政编码100037）

策划编辑：母云红　　　　　　责任编辑：母云红　巩高铄

责任校对：郑　雪　张　薇　　封面设计：马精明

责任印制：常天培

北京机工印刷厂有限公司印刷

2025年1月第1版第1次印刷

210mm×285mm·22.25印张·651千字

标准书号：ISBN 978-7-111-76639-1

定价：169.00元

电话服务　　　　　　　　　　网络服务

客服电话：010-88361066　　机 工 官 网：www.cmpbook.com

　　　　　010-88379833　　机 工 官 博：weibo.com/cmp1952

　　　　　010-68326294　　金 书 网：www.golden-book.com

封底无防伪标均为盗版　　　机工教育服务网：www.cmpedu.com

编译委员会

序

全球汽车制造商在过去几年取得了巨大的进步。现在几乎所有的车辆系统都由电子元器件和计算机精细控制，以提供更好的车辆性能和驾驶体验，包括操控性、舒适性，以及最重要的安全性。这些技术进步给汽车维修技师带来了巨大的责任，他们需要学习和不断升级。本套书涵盖了现代汽车不同系统的基本检测与维修操作，同时也介绍了最新的技术。

作为这套书加拿大版的作者（加拿大版是一整本书），我发现本书的英文第 7 版是图书市场上最全面的版本。

作为一名教师，多年来我一直使用该系列图书。我发现它对学生、汽车维修技师和使用这本书的教师都非常有益。

自 2009 年以来，我一直是加拿大世界技能大赛汽车技术项目的专家。自 2017 年我担任世界技能大赛的首席专家至今。我一直在我们的培训项目中使用这本（套）书，具备汽车各系统扎实的基础知识是高质量汽车故障诊断、熟练维修和服务的基础，这本（套）书正好能够满足这样的需求。

无论是为客户的车辆而工作，还是为与世界上许多顶尖技师的激烈竞争做准备，这本（套）书都将提供所需的宝贵信息和知识，以帮助应对当今和未来与汽车相关的工作。

Martin Restoule
世界技能大赛汽车技术项目首席专家

Foreword

前　言

2023 年，我国汽车产销量连续 15 年位居全球第一，机动车保有量已达 4.35 亿辆，其中汽车保有量达到 3.36 亿辆，也已位居全球第一。因此，在我国从事汽车售后技术服务工作具有广阔的发展前景。为了培养更多汽车售后技术服务需要的高素质、高技能人才，国家大力发展汽车职业教育，同时也在大力开展在职工作人员的培训与职业技能评价。目前，我国汽车职业教育与职业技能培训及其评价工作正处在前所未有的良好发展环境中。

十几年来，我国已形成了以赛促教、以赛促训，职业教育和职业技能竞赛发展相互促进的良好氛围，特别是在我国加入世界技能大赛组织后，已连续四届参加世界技能大赛汽车技术项目并取得优异成绩。推广世界技能大赛的技术成果，将世界技能大赛的技术标准、训练方法应用到职业教育与职业技能培训中去，也是迫切需要落实的工作任务。

为此，世界技能大赛汽车技术项目中国技术指导专家组（以下简称专家组）协同全国汽车职业教育教学指导委员会，在组织编写职业院校汽车专业教材的同时，系统地研究了国际同类系列教材教程。为了深入对标国际先进水平，在专家组的推荐下，机械工业出版社引进了目前北美地区汽车职业教育学生和在职人员参加美国汽车维修优秀技师学会（ASE）认证考核广泛使用的教程 AUTOMOBILE TECHNOLOGY，即本书的英文原版，并由专家组组织翻译。为了更好地适应我国读者的实际需要，我们对英文原版的内容做了一定的删减、改写和重新组织。AUTOMOBILE TECHNOLOGY 第 7 版全书共计两千多页，为了方便阅读，也为了便于读者有针对性地学习，我们参考世界技能大赛汽车技术项目的模块划分，将英文原版一本拆分成四本，并对章节进行了调整（见附录 A）。这四本分别是《汽车维修技术基础（原书第 7 版）》《汽车发动机检修技术（原书第 7 版）》《汽车底盘检修技术（原书第 7 版）》《汽车电气系统检修技术（原书第 7 版）》。为了帮助读者了解英文原版的编写思路、特色和主要内容等，我们将其前言完整地翻译出来，供读者参考学习。

值得一提的是，正是世界技能大赛汽车技术项目首席专家 Martin Restoule 向专家组推荐了这本教程。AUTOMOBILE TECHNOLOGY 第 7 版教程编写的目标是在北美地区乃至全球成为当代汽车服务和维修领域全面的技术指南和职业教育的领先教程。该教程仅是北美地区汽车维修技术职业教育体系的内容之一，其完整的体系还包括数字终端（例如光盘）和网上教学资源。该教程的基本特点如下：1）知识涉及范围广，基本涵盖了一辆整车的所有基本系统；2）每一章都按照学习目标、场景描述（客户问题）、主要系统或结构、常见问题（故障）、通用的检查规范（步骤）、流程图解和说明、作业安全、总结及复习题的顺序编写，思路、脉络清晰；3）该教程主要用于北美地区职业教育学生和在职人员参加 ASE 认证考核，因此，在整体上贯彻了理论够用为好和实用性强的主旨，紧紧扣住一名维修技师应具备的知识和技能，从实用化的角度讲述了各系统的基本结构、常见应用、常见问题、相关的诊断和维修流程；4）该教程与具体车型的维修手册不同，不局限在具体车型的某一项技术上，讲解的基本上都是具有共性的知识和技能，这可帮助学习者从整体上掌握所需的基本知识和技能，为后续职业发展奠定了坚实基础。

与我国同类教材教程相比，本书还有以下不同：

1）基础理论方面的内容和深度以够用为准。

2）由于原版教程至今已修订至第 7 版，伴随汽车技术和汽车维修技术的发展而不断丰富，有一定篇幅介绍了较老的一些系统和结构；由于国内外汽车行业发展状况不同，本书在新能源汽车、智能网联汽车等方面的内容相对较少。

本书可作为汽车职业院校的教学参考书、国家开放大学汽车相关专业的辅助教程、交通运输部评价中心主管的相关等级和技术职称评价的学习参考教程，以及有志于从事汽车维修技术工作的人员和在职汽车维修技术人员的参考学习用书。另外，本书与世界技能大赛汽车技术项目的基本比赛内容要求和宗旨非常吻合，因此也可作为世界技能大赛参赛选手的有益读物。

由于编译者水平有限，书中难免有疏漏之处，恳请读者朋友批评指正。

世界技能大赛汽车技术项目中国技术指导专家组组长

郭七一

Preface

原版书前言

关于本书

汽车制造商已经对汽车的各个系统进行了重大和持续的改变，这些系统的集成和相互依存使得成为成功的技师比以往任何时候都更具挑战性。本书旨在帮助学生做好应对这些挑战的准备。本书编写的基本理念是"学生在短时间内需要学习的内容非常多，为什么要在教科书中填满他们不需要的信息？"本书重点关注学生现在和未来需要了解的关于车辆的基本知识。

这并不意味着书中会填满一个又一个的事实，相反，每个主题都以一种有逻辑的方式慢慢讲解。凭借超过45年的教学经验，我们相信我们对学生阅读和理解技术材料的能力有很好的认识。我们也知道哪些事情能引起他们对一个主题的兴趣，并让他们保持注意力。这些因素已经被纳入了本书的写作和特征中。

本书的新版体现了汽车行业在过去几年中发生的许多变化。每一版新书编写时的挑战是哪些内容留下、哪些内容删除。我们希望我们做出了正确的选择。当然，如果我们做对了，很大程度上是由于我们从上一版的用户收到的反馈，以及审查新版时收到的反馈。他们都做得非常出色，表明他们真正致力于汽车教育。

第7版简介

第7版并不是在第6版上更新封面和增加一些新图片了事。虽然保留了先前版本的很多信息，但每个章节都已更新，以适应行业变化。此外，一些新功能应该对学生和他们的指导教师有所帮助。我们确保在本书中涵盖了所有最新的ASE项目标准。无论项目认证的级别如何，您都可以在本书中找到适当的信息。

第一部分的章节概述了汽车行业、职业、作为技师的工作、工具、诊断设备和基本的汽车系统。这些章节的内容已重新编排，以使学生能够承担汽车技师职业的责任并满足职业要求。

第 1 章探讨了汽车行业的职业机会。这个讨论已经扩大，包括更多关于 ASE 认证和测试的信息。

第 2 章涵盖工作场所、技能，以及在汽车领域寻找和选择工作的方法。本章涵盖了求职和保住工作的过程，还介绍了所有汽车技师的共同职责。本章已更新，包括在线资源。

第 3 章涵盖了科学和数学原理，这是汽车工作原理的基础。作为指导教师，我们经常假定我们的学生知道这些基础知识。本章作为参考资料，帮助那些想成为优秀技师的学生更好地理解为什么事情会以某种方式发生。

第 4 章以非常简明的方式介绍了汽车的基本系统，并已更新，囊括了混合动力车辆和替代燃料。

第 5 至 7 章涵盖了有关手动工具、车间设备和安全（包括血液传播的病原体）等方面的非常重要的问题。在这些章节中强调了安全地在如今的车辆上工作以及选用正确的工具的必要性。

第 6 章简要介绍了在每个主要的 ASE 认证领域工作所需的特殊诊断工具。讨论的工具包括每个领域的所有必需的工具，这些工具由 ASE 教育基金会（原名为 NATEF）定义。

第 8 章涵盖了常见的安全检查和预防性维护计划所涉及的程序。由于该行业具有比以前更多的混合动力车辆，因此还包括对这些车辆的基本维护。

第二部分包含关于发动机的章节，该部分已更新，涵盖了更多关于最新发动机设计和技术的内容，对合金发动机和顶置凸轮轴发动机的理论、诊断和维修的覆盖面也更广，还讨论了最新发展趋势，包括可变气门正时和升程以及缸体禁用系统。该部分还包括对于轻型柴油发动机和混合动力车辆发动机的讨论。

若要从事现代乘用车和商用车相关维修工作，有必要对第三部分中包含的基本电气和电子知识有深入了解。因此，这些章节中没有删除任何内容，而且添加了新信息以跟上当前的技术发展步伐。本部分覆盖所有主要的电气系统，包括高电压系统、新的外部照明系统、自适应系统（例如巡航控制）、半自动和自动驾驶技术以及许多新配件。其余部分已经更新，增加了有关车身控制单元、示波器的使用和万用表的内容。

整个发动机性能部分（第四部分），从介绍性章节到涉及整体发动机性能测试的章节都已进行了更新。该部分的布局安排采用了大多数经验丰富的技师所采取的方法，希望学生们能够全面了解这些系统，并成为更好的诊断技师。该部分的修订涵盖了单个发动机性能系统、它们的运作方式，以及如何使用当前的诊断设备进行测试。对于诊断部分内容的加强是修订其余部分的主要目标。

这一部分包括 3 个章节，涉及汽车行业的一些动态方面。第 28 章专门介绍汽油、柴油和其他燃料，还包括对轻型柴油发动机的运行和维护，包括其喷射和排放控制系统。由于道路上混合动力电动汽车和纯电动汽车的数量不断增加，本版还特别设计了一个完整的章节，专门介绍混合动力电动汽车，除此之外还在各个章节中提供相关信息。第 36 章重点关注当前可用的纯电动汽车和燃料电池汽车。

第五和第六两部分涉及变速器和传动系统。所有这些章节都已得到更新，以囊括更多的电子控制技术。其中还包括更多有关 6 速、7 速、8 速、10 速变速器，自动、手动变速器，新的差速器设计，以及电子自动变速器和变速驱动桥的相关信息。此外，这两部分还对当今混合动力电动汽车使用的变速器进行了全面介绍，还有对转矩矢量控制系统的全面研究，这种系统在所有类型的车辆上都越来越普及。

第七部分为悬架和转向系统部分，增加了对电子控制和系统内容的覆盖，包括新的减振器设计和四轮转向系统。第 49 章也已更新，囊括了执行四轮定位的最新技术。

第八部分，即制动部分也已更新，以反映当前的技术，包括最新的防抱死制动、稳定控制和牵引力控制系统。

　　加热和空调系统的内容涵盖在第九部分，包括第 54 章和第 55 章，介绍了混合系统、R-1234yf 零部件和服务，以及未来的制冷剂。

本版的组织和目标

　　本版依旧是提供现代汽车服务和维修的全面指南。本版分为九个汽车相关系统的部分，每个部分中的章节描述了各个子系统和单独的组件。本版还包括了针对不同汽车制造商的独特诊断和维修程序。由于许多汽车系统是集成的，因此这些章节详细地解释了这些重要的关系。值得注意的是，本版涵盖了最新的 ASE 教育联盟标准。

　　有效的故障诊断技能始于学会将问题分开。通过识别包含问题的系统，更容易确定准确的原因。学会有逻辑地思考如何排除故障对于掌握这项基本技能至关重要。因此，本版讨论了有逻辑地排除故障的技术。每章都描述了区分问题系统的方法，以及区分该系统中单独的组件的方法。

　　这种系统方法为学生提供了重要的准备机会，让他们更好地应对 ASE 认证考试。这些考试按照汽车的主要系统进行分类。本版的章节安排与 ASE 测试规格和能力任务清单相匹配。每章末尾的复习题可以帮助学生练习回答 ASE 风格的问题。

　　更重要的是，系统方法使学生能够更好地了解整辆汽车。有了这种理解，他们就有很好的机会成为成功的汽车技师，这是本版最重要的目标。

本书特色

　　学习如何维护和修理当今的汽车可能是一项艰巨的任务。为了引导读者阅读这些复杂的材料，我们在书中设置了一系列有特色的内容模块来简化教学过程。

学习目标

　　每章都以学习目标开头，认知目标和行为目标都包含在内。学习目标是对章节内容进行透彻研究后的预期结果的说明。

3C

　　3C 是第 6 版新增的内容，第 7 版又有了更新。3C，即问题（Concern）、原因（Cause）、纠正（Correction）。3C 可以帮助技师确认问题和客户投诉、引起问题的原因，以及如何校正问题。本书的第二部分到第九部分的每一章开篇都包含一个 3C 场景，向读者展示一个简化的维修工单（RO）和客户的问题。本章的内容会提供有关问题的可能原因和校正方法。在该章的最后，会向读者介绍问题的原因以及校正方法，并附有关于诊断和修复的任何特殊考虑的基本原理说明。在大多数 3C 场景中，案例的细节都来源于实际情况。我们希望此模块可以帮助读者真实地了解车辆是如何呈现给技师的，以及客户的问题是如何解决的。

注意事项和警告

　　教师经常告诉学生车间安全是最重要的问题。注意事项和警告在每个章节频繁出现，以警示学生关注重要的安全问题。

车间提示

车间提示贯穿于每一章，为服务和维护程序提供实用的常识性建议。

客户服务

塑造专业形象是成功的汽车技术职业生涯的重要组成部分。编写客户服务提示的目的是鼓励职业操守，并提供有关教育客户和使客户满意的建议。

工具保养

工具保养模块讨论了常用工具的正确使用和保养方法，以使工具在未来数年内保持其功能和可用性。

使用服务信息

学习使用可用的服务信息对于成为一名成功的技师至关重要。信息的来源包括印刷材料和在线材料等。收集信息可能是一项耗时的任务，但非常重要。本书包含了一项功能，可以为学生指明正确的方向，以找到正确的信息。

性能提示

此模块向学生介绍专业人士提高技能水平所使用的许多技术背后的想法和理论。

"前往"模块

此模块内容在所有章节中都有使用，用来告诉学生在本书的何处获取相关主题的先决条件和附加信息。

步骤图

按顺序的步骤图描述了实用的修理技巧。序列照片侧重于常见的、需要了解的服务和维护程序。这些照片为学生提供了在执行这些程序时需要的详细步骤图。这个功能在之前的版本就很受欢迎。

详细程序 / 步骤

此模块为重要的服务和维护程序提供详细的分步说明。这些动手操作程序经常出现并且非常详细，因为它们有助于培养良好的车间技能并可帮助读者获得 ASE 认证所需的能力。

关键术语

每一章的结尾都有术语清单[⊖]。这些术语在本章中第一次出现时会突出显示，很多术语都会在词汇表中给出定义。

总结

每章的重点和关键信息列在章末。此清单旨在帮助读者复习。

复习题

章末复习题是简答题、判断题和选择题的不同组合。不同的问题类型用于测试读者对该章内容的理解程度。学习目标是复习题的基础。

⊖ 本书缩略语见附录 B。——译者注

ASE 类型复习题

在与 ASE 认证领域相关的章节中，都有若干个与该领域相关的 ASE 类型复习题。有些题目非常具有挑战性，有些只是对该章节内容的简单回顾。

公制换算

在本书中，所有测量值都以美国惯用单位（UCS）和公制单位给出。

补充

汽车技术包提供的完整的补充如下。

技术手册

技术手册为学生提供了加强对关键概念的理解并积累动手实践的车间经验的机会。每章都包括与 ASE 教育基金会任务直接相关的概念活动和工作表，还包括服务信息报告表和复习题，以便为每节课提供全面的方法。

教师资源

第 7 版的教师资源（在 CD 和配套网站上）包括以下内容，以最大限度地减少教师的准备时间并吸引学生。

PowerPoint：章节大纲，其中包含每个章节的图片、动画和视频剪辑。

Cognero 中的电子化题库：在线平台上有数百个可修改的问题，可用于考试、测验、课堂作业或家庭作业。

图片库：包含书中的成百上千张图片，可用于轻松自定义 PowerPoint 大纲。

步骤图：书中的每个步骤图都在 PowerPoint 中提供，便于课堂投影。

章末复习题：提供所有复习题的 Word 文件，以便于分发给学生。

教师手册：电子版的教师手册提供了带有教学提示的教学大纲、课本复习题答案、技术手册问题的答案，以及使用技术手册的指南。当前 ASE 教育基金会标准的相关图表为书中内容和技术手册中的主题覆盖范围提供了参考。

与 ASE 教育基金会的相关性：书中核心文本的章节和页码以及所有相关的技术手册工作表与当前的 ASE 教育基金会汽车标准相关。

工作表模板：对于自己开发工作表的教师，工作表模板可以帮助他们形成统一格式。

汽车 MindTap

MindTap 是一种个性化的教学体验，通过相关作业，指导学生进行分析、应用和改进思维，帮助教师轻松评估学生的技能和成果。

个性化教学：将基于关键学生学习目标构建的学习路径作为教师的学习路径，并通过隐藏、重新排列或添加教师自己的内容来完全匹配教学大纲，以控制学生看到的内容和看到该内容的时间。

引导学生：超越传统的"提升和转移"模式，通过相关阅读、多媒体和活动创建独特的学习路径，使学生从理解基础知识的水平提升到分析和应用知识的水平。

衡量技能和成果：书中的分析和报告用于提供课堂进度、任务完成的时间、参与度和完成率的"快照"。

目 录

第 1 章
汽车服务行业中的工作岗位和职业技能

学习目标

- 描述汽车服务行业中的各类工作岗位。
- 说明计算机技术如何改变车辆的制造和售后服务方式。
- 说明对合格汽车技师的需求不断增加的原因。
- 描述雇用汽车技师的主要企业类型。
- 列出有汽车维修技术背景的人可获得的就业机会。
- 描述学生在参加课程学习期间可以获得工作经验的各种方式。
- 描述 ASE 证书对汽车维修技师和主维修技师的要求。
- 制定个人就业计划。
- 寻找和申请工作岗位。
- 准备简历和求职信。
- 准备就业面试。
- 接受工作。
- 了解汽车技师如何获得报酬。
- 了解雇主和雇员之间的合适关系。
- 说明在工作上沟通的关键要素。
- 具备运用批判性思维并解决问题的技能。
- 说明应该具有怎样的仪容仪表和举止才能成为专业人士。
- 说明应如何对待同事和客户。

1.1 北美地区汽车行业

在北美地区，每年都会生产和销售数百万辆新的轿车和轻型货车（图 1-1）。汽车行业在美国经济总量中的占比仅次于食品行业，位列第二。制造、销售和维修这些车辆是这个庞大、多样化且不断扩大的行业的一部分。

图 1-1　福特 F-150 持续多年都是美国最畅销的皮卡

四十年前，美国的三大汽车制造商——通用汽车公司、福特汽车公司和克莱斯勒汽车公司主导了美国汽车行业，但目前已不是这样。汽车行业现在是一个全球性的行业（表 1-1），日本、韩国、德国、瑞典及其他欧洲和亚洲国家的汽车制造商与美国汽车制造商在全球市场展开竞争。

宝马、本田、现代、梅赛德斯 – 奔驰、日产、丰田和大众等多家制造商在美国和加拿大设有组装厂。有些汽车制造商已经联合或合并，以降低成本并增加市场份额。此外，许多较小的汽车制造商已经被更大的公司收购而形成大型的全球性汽车公司。因此，在大多数情况下，公司的所有权并不容易通过商标名称来识别。

制造商之间的这种合作为客户购车提供了极其广泛的选择范围。汽车除了车型不同之外还有系统的不同，这种多样性给汽车维修技师带来了新的挑战。

1. 汽车技师的重要性

汽车最初就是一个简单的"机械野兽"。它在运载人和物时很少考虑环境、安全和舒适。多年来，人们对这些问题的关切为设计的改善提供了动力。最影响汽车设计的一个领域，同时也是已

表 1-1　北美地区乘用车、轻型和中型货车的实际销售情况（所有数字为近似值）

制造商	所有者	旗下品牌	制造商总部所在国家	年销售量/万辆
宝马集团	股东占 53.2%；家族占 46.8%	宝马、MINI、劳斯莱斯等	德国	255.5
Stellantis 集团	菲亚特克莱斯勒集团（FCA）占 50%；PSA 集团占 50%	阿巴斯、阿尔法·罗密欧、克莱斯勒、雪铁龙、DS 汽车、道奇、菲亚特、蓝旗亚、玛莎拉蒂等	荷兰	616.8
梅赛德斯 - 奔驰集团	北汽集团占 9.98%；Tenaciou3 Prospect Investment Limited 占 9.69%；科威特投资局占 6.84%；机构投资者占 48.07%；散户投资者占 25.42%	梅赛德斯 – 奔驰、迈巴赫、Smart、AMG、乌尼莫克	德国	249.2
福特汽车	机构投资者占 33.51%；个人投资者占 64.86%；公司内部持股占 1.63%	福特、林肯	美国	199.6
斯巴鲁公司	丰田汽车公司占 20.37%；日本 Master Trust 银行（信托账户）占 14.11%；日本保管银行（信托账户）占 5.27% 等	斯巴鲁	日本	97.6
吉利汽车	Proper Glory Holding Inc. 占 26.22%；浙江吉利汽车占 7.92%；浙江吉利控股集团占 5.83%；吉利集团占 1.95%；其他投资者占 58.08%	吉利、几何、睿蓝、领克、宝腾、知豆、银河、极氪、路特斯、伦敦电动车公司、极星等	中国	168.6
通用汽车	贝莱德公司、先锋集团、资本研究全球投资者公司、资本世界投资者公司等机构投资者占 90.11%；个人投资者占 9.89%	别克、凯迪拉克、雪佛兰、庞蒂亚克、土星、欧宝、萨博、霍顿、GMC 等	美国	618.8

（续）

制造商	所有者	旗下品牌	制造商总部所在国家	年销售量/万辆
本田技研工业	日本 Master Trust 银行（信托账户）占 15.93%；Moxley and Company 占 6.48%；日本保管银行（信托账户）6.29% 等	讴歌、本田	日本	410.9
现代汽车集团	现代工程与建筑公司占 38.6%；郑梦九占 11.7%；现代 Globis 占 11.6%；起亚占 9.3%；现代 Mobis 占 9.3% 等	现代、起亚	韩国	421.6
马自达汽车	日本 Master Trust 银行（信托账户）占 15.55%；日本保管银行（信托账户）占 6.72%；丰田汽车公司占 5.05% 等	马自达	日本	124.1
三菱汽车	日产汽车公司占 34.01%；三菱商事株式会社占 20.00%；日本万事达信托银行有限公司（信托账户）占 7.03% 等	三菱	日本	81.5
日产汽车	雷诺公司占 42.22%；日本 Master Trust 银行（信托账户）占 9.36%；摩根大通银行占 3.15%；日本保管银行（信托账户）占 2.82% 等	日产、英菲尼迪	日本	344
保时捷汽车	大众汽车集团占 100%	保时捷	德国	32
塔塔汽车	Tata Sons Pvt Limited 占 46.36%；公众持股 53.64%	塔塔、捷豹、路虎	印度	95.5
丰田集团	内部持股占 17.41%；日本 Master Trust 银行占 11.08%；丰田工业株式会社占 7.31；日本保管银行占 5.13% 等	丰田、雷克萨斯、赛恩、日野	日本	1123.3
大众集团	保时捷控股占 31.4%；机构投资者占 30.3%；下萨克森州占 11.8%；卡塔尔控股公司占 10.5%；其他占 16%	大众、奥迪、斯柯达、保时捷、宾利、布加迪、兰博基尼、西雅特等	德国	924.0

注：本表数据已由编者更新，数据时间截至 2023 年年底。

对我们未来生活产生重大影响的一个领域，就是电子控制技术。今天的汽车是电子控制的复杂机器。为了在与环境友好共存的同时提供舒适性和安全性，当今的汽车应用了机械和化学工程、液压、制冷、气动、物理和电子控制等许多不同技术领域的最新发展成果。

所有汽车维修技师都必须了解电控技术（图 1-2）。他们对电控技术的理解程度不需要达到工程师的程度，准确地说，技师需要对电控技术有实践方面的认知。除了要具备拆卸、修理和更换故障件或损伤件所需的机械技能外，如今的汽车技师还必须能够诊断和维修复杂的电控系统。

计算机和电子装置用于控制一辆汽车上几乎所有系统的工作。由于应用了这些控制技术，如今的汽车比过去的汽车的燃料经济性更高、性能更好，而且运行更清洁。电控系统在轿车和货车

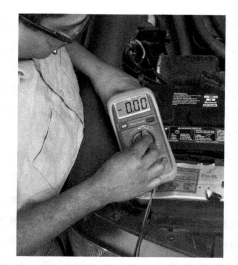

图 1-2 汽车维修技师必须了解电控技术知识

上应用的数量每年都在增加。电子产品大量涌入汽车的原因有很多。电子产品以电为基础，而电以光速传播，这意味着汽车各系统的运行能以非

常快速的方式监控和改变。电子部件中没有运动零件，经久耐用，不需要定期调整，而且质量非常小。电子产品还允许各种系统之间协同工作，从而提高每个系统乃至整个车辆的效率。

电子产品的应用也推动了混合动力和纯电动汽车的成功（图 1-3）。混合动力汽车有两个动力源，这些动力源可以协同工作以驱动车辆，也可以单独为车辆行驶提供动力。当前的混合动力汽车由电机和 / 或汽油发动机驱动。混合动力汽车是复杂的机器，因此，所有维修从业人员都必须接受相应的培训。先进的电子装置还带动了纯电动汽车的复活，仅 2016 年在美国就售出超过 15 万辆新的纯电动汽车。

图 1-3 一家新车经销商的充电站

当今汽车的设计还受到法规的影响。纵观历史，汽车制造商一直被要求响应旨在使汽车更安全、更清洁运行的新法规。为了满足法规，汽车制造商引入了新的系统和零部件。如果希望成为一名优秀技师并拥有成功职业生涯，就必须定期更新自己的技能以跟上这些技术的发展。

这些法规不仅影响了以汽油为动力的汽车的设计，还促进了柴油发动机在乘用车中更广泛的应用。通过强制使用更清洁的柴油，法规为清洁燃烧和高效的柴油发动机打开了大门。美国的许多州的法规要求车主每年对车辆进行尾气检测，一些州则要求汽车必须通过每年或一年两次的检测。

2. 对优质服务的需求

行业内对优秀汽车技师的需求不断增长。目前，取得资格的汽车技师非常短缺，这意味着优秀技师从现在到未来都将有极好的工作机会。优秀的技师能够诊断和解决当今汽车中的问题（图 1-4）。

客户通常要求在车辆出现问题时技师能在第一时间修好。一些技师无法解决特定问题的主要原因是他们不能发现问题的根源。当今的车辆很复杂，因此，为了具备良好的诊断技能，技师需要有大量的知识和对这些知识的理解。现今的技师必须能够在车辆第一次进入维修店时就找到并解决问题。

图 1-4 优秀的维修技师应能遵循制造商的诊断图表并解释诊断测试的结果

3. 定期维护的需要

电子控制并没有消除对日常维修和定期维护的需要（图 1-5），事实上，它们使这种需要比以往更加重要。尽管电控系统可以自动进行调节以补偿某些问题，但计算机无法取代已磨损的零部件，也无法绷紧松弛的传动带或取代已变脏的冷却液或机油。诸如此类的简单问题可能会在发动机及其控制系统中引发一系列有害的事件。电控系统旨在帮助一辆维护良好的车辆高效运行，而不是为修复系统而设计的。

电控系统的原理与计算机类似。事实上，这些系统依靠计算机来控制组件或系统的运行。汽车的电控系统依赖的是各个传感器的信号或输入，而不是键盘。传感器或输入将信息发送给计算机，计算机接收这些输入并通过计算机的逻辑引发一个组件改变其运行状态。这些受控的输出与计算机输出给显示器或打印机的方式类似。

图 1-5　定期的预防性维护（PM）对于保持电控系统正常运行非常重要

每个汽车制造商都建议根据具体的时间表执行特定的维护项目，这些维护被称为预防性维护（Preventive Maintenance，PM），因为它们的目的是防止出现故障。定期的预防性维护通常包括机油、机油滤清器以及冷却液的更换以及润滑系统维护服务，还有传动带和软管、火花塞、燃油滤清器和磨损的电气部件的更换。

（1）典型的定期预防性维护项目　下面是典型的定期预防性维护的项目。

1）5000mile（约8047km）或6个月：①更换机油和机油滤清器；②复位维护提醒指示灯；③车轮换位；④目视检查制动片和制动液液位；⑤检查风窗刮水器的刮片；⑥检查风窗玻璃洗涤液的液位和洗涤系统；⑦检查轮胎和备用轮胎的压力和磨损状况。

其他特殊操作项：①车轮换位并复位胎压监测系统（TPMS）；②检查球头节和防尘套；③检查传动轴衬套；④检查空气滤清器；⑤检查转向拉杆和衬套；⑥重新检查传动轴螺栓拧紧力矩；⑦紧固底盘的螺母和螺栓。

2）15000mile（约24140km）或18个月：除上述5000 mile或6个月维护中的内容外，另加检查蓄电池和电缆、检查并补充冷却液、清洁或更换空调滤清器、更换燃油滤清器、润滑铰接的球头节、车轮换位并复位胎压监测系统（TPMS）。

此外还应检查以下项目：发动机是否有泄漏、排气系统是否有泄漏、变速器是否有泄漏、主减速器是否有泄漏、传动带、所有照明、汽车喇叭工作状态、球头节和防尘套、半轴衬套、半轴间隙、空调系统的排水、发动机空气滤清器、转向拉杆和衬套、重新检查半轴螺栓拧紧力矩、紧固底盘的螺母和螺栓。

3）30000mile（约48280km）或36个月：除上述5000 mile或6个月维护中的内容外，另加更换空调滤清器、车轮换位并复位胎压监测系统（TPMS）、更换发动机空气滤清器。

此外还应检查以下项目：制动管路和软管、差速器油、发动机冷却液、排气管和支架、燃油管路和连接及燃油箱紧固束带和燃油箱蒸发系统软管、燃油箱盖密封垫、散热器芯和冷凝器、转向机、转向拉杆和衬套、变速器油。

特殊操作项：与5000mile或6个月维护项目相同。

4）45000mile（约72420km）或54个月：与15000 mile或18个月维护的内容相同。

特殊操作项：与5000 mile或6个月维护的内容相同。

5）60000mile（约96560km）或72个月：与15000 mile或18个月维护的内容相同，另加传动带、发动机气门间隙检查。

特殊操作项：与5000mile或6个月维护的内容相同，另加更换差速器油、更换变速器油。

6）75000 mile（约120701km）或84个月：与15000 mile或18个月维护的内容相同，另加检查动力转向油、检查传动带和发动机气门间隙。

特殊操作项：与5000mile或6个月维护的内容相同。

如果车主未按推荐的维护时间表进行维护，车辆的质量担保将不包括由此产生的问题。例如，如果发动机在质量担保期内出现故障，而车主没有证据证明机油是按照推荐的时间表更换的并使用了正确的机油，则其质保中可能就不再包括发动机了。

（2）质量担保 新车的质量担保是汽车制造商与已有其授权的经销商之间的一种协议，即对某些在质保期内出现缺陷的零部件进行维修、更换或调整。该协议通常持续到车辆已行驶 36000 mile（约 58000km）和 / 或已满 3 年。但是，一些制造商提供涵盖某些系统的长达 100000 mile（约 161000km）或 10 年的质量担保。

大多数质保的细节因制造商、车型和年款而异。大多数制造商还为动力系统（发动机、变速器等）提供单独的质保，涵盖这些部件的质保周期要比基本质保更长。对车辆上的其他系统或部件也会有额外的质保。

通常，根据质量担保条款，车主必须支付一定数量的被称为免赔额的费用。制造商支付免赔额以外的所有维修费用。

蓄电池和轮胎的质保额通常是按比例分配的，即质保所涵盖的维修费用数额会随着时间的推移而减少。例如，具有 72 个月质保期的蓄电池在 60 个月后失效，蓄电池的原价除以 72，然后将每月的数额乘以质保期的剩余月数。某些质保是由第三方提供的，例如蓄电池或轮胎的制造商。尽管车辆制造商出售的是带有蓄电池或一组轮胎的车辆，但它们的质量担保由该零部件的制造商负责。

另外，还有两个美国政府规定的质保要求：美国联邦排放缺陷质量担保和联邦排放性能质量担保。联邦排放缺陷质量担保要求车辆符合所有要求的排放法规，并且车辆的排放控制系统在按照设计要求运行情况下可保持此状态 2 年或 24000 mile（约 38600km）。质量担保不包括由事故、洪水、滥用、改装、不当的维护或使用含铅燃油所引起的问题。这个质量担保所涵盖的典型系统包括进气系统、燃油计量系统、点火系统、排气系统、曲轴箱强制通风系统、燃油蒸发控制系统、排放控制系统的传感器。

美国联邦排放性能质量担保涵盖三元催化转化器和发动机控制模块，为期 8 年或 80000 mile（约 129000 km）。如果车主对车辆进行了正确的维护，但未能通过美国国家环境保护局（EPA）要求的排放测试，被授权的服务场所应免费为车主维修或更换该质量担保所涵盖的与排放相关的零部件。美国的一些州，例如加利福尼亚州，还要求制造商提供额外的或延长的质量担保。

混合动力车辆的制造商通常对车辆上的蓄电池提供 8~10 年的且最长可达 100000mile（约 161000km）的质量担保。这一点很重要，因为混合动力系统中的蓄电池可能价值数千美元。

所有质量担保的信息（图 1-6）都可以在车辆的用户手册中找到。每当对质保有疑问时，应仔细阅读用户手册中的该部分。如果正在维修车辆并且知道该零部件或系统在质保的范围内，务必在继续作业之前告知客户。这样做不仅可以为客户省钱，还可以赢得客户对你的信任。

4．就业机会

汽车维修技师可以在许多不同类型的汽车业

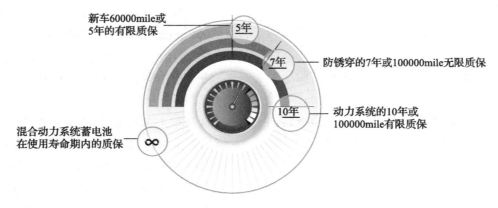

图 1-6 一辆汽车上不同质量担保的示例

务中获得就业机会。作为一名有资质的技师所需要的各项技能也会给那些不想一辈子维修汽车的人带来其他的就业机会。一名优秀的技师所需的知识可以为其打开许多机会之门。

（1）经销商　新车的经销商（图1-7）充当了车辆制造商和客户之间的纽带。他们是私营企业。大多数经销商都是特许经营的，这意味着经销商与特定的汽车制造商签订了一个合同，并同意销售和维修该制造商的车辆。

图 1-7　经销商销售和维修特定制造商生产的车辆

制造商通常会制定经销商的销售和服务政策。大多数质量担保车辆的维修工作是在经销商处完成的，然后由制造商向经销商支付维修费用。制造商还向经销商的服务部门提供维修其车辆所需的培训、专用工具、设备和维修信息。制造商还帮助经销商获得服务业务。通常，他们的商业广告会强调使用他们的备件的重要性，并宣传他们的技师是最有资格对他们自己的产品进行维修服务的人员。

为一家新车经销商工作有很多优势，他们的技术支持、设备和持续培训的机会通常都非常好。在经销商处，会有机会在处理所服务的特定车辆方面变得非常熟练。然而，始终围绕一种或两种类型的车辆工作并不是对所有人都有吸引力的，一些技师喜欢多样性。

（2）独立维修店　独立维修店（图1-8）可以服务于所有类型的车辆，也可以专门从事特定类型的轿车和货车，或汽车的特定系统的维修。独立维修店的数量与经销商数量的比例超过 6：1。顾名思义，独立维修店与任何特定的汽车制造商无关，许多独立维修店都由渴望自己做老板并经

营自己生意的技师创办。

图 1-8　全方位服务的加油站不像以前那样普遍，但它们却是独立维修店的很好示例

独立维修店的规模小则是 2 个工位配 2~4 名技师，大则是多个工位配 20~40 名技师。一个工位仅仅是一辆整车的作业区域（图1-9）。尽管独立维修店的设备数量各不相同，但大多数维修店都会配备最合适的设备以完成他们最擅长的工作。在独立维修店工作可能会帮助你成长为一名全能型技师。

图 1-9　独立维修店的工位

专业维修店专注于类似发动机、变速器大修，以及空调、制动、排气、冷却、排放和电气等方面。有一种流行的专业维修店叫快修店，它负责车辆的预防性维护（PM）。这些店除了雇佣润滑方面的专业人员来更换油液、传动带和软管外，还检查车辆的某些安全项目。

在过去的 10~20 年中，专门维护和修理汽车中一两个系统的专业维修店的数量在稳步增加。这些维修店所雇佣的技师有机会在某一特定服务

领域变得非常专业。

（3）特许维修店　在 Firestone、Goodyear 和 Midas 等大公司经营的维修店可找到大量的工作机会。这些维修店通常不维护或维修汽车的所有系统，但是，他们的客户确实有各种各样的服务需求。这些维修店雇佣的技师有机会在许多服务和维修领域中变得非常熟练。

一些维修店看起来像是特许经营的一部分，但实际上是独立的。NAPA 服务中心就是这类维修店的一个很好实例（图 1-10）。这些中心不受 NAPA 控制，也不是 NAPA 的特许经营店。它们之所以被称为 NAPA 服务中心，是因为他们的设施在质量上符合 NAPA 的标准，并且维修店的拥有者同意使用 NAPA 作为其零配件和设备的首要来源。

图 1-10　独立维修店通常隶属于大型企业，但它们在此架构下仍是独立经营的

（4）与卖场关联的维修店　汽车技师的其他主要雇主是百货公司的服务部门。许多销售汽车零配件的大型商店通常会提供某些类型的汽车服务，例如针对制动、排气系统，以及车轮等部件的业务。

（5）车队车辆服务和维护　任何依赖多辆车来开展自己业务的公司都会面临持续的车辆维修和预防性维护（PM）问题。小型的车队通常将他们的车辆送到一个独立的维修店进行维护和修理，但大型的车队一般都有自己的预防性维护（PM）和修理的设施及技师（图 1-11）。

公共事业公司（例如电力、电话或有线电视公司）、汽车租赁公司、通宵送货服务和出租车公司是这类业务的很好实例，他们通常都拥有自己

的服务部门。这些公司通常从一家制造商购买他们的车辆。在这些车队工作的技师与经销商的技师会获得相同的机遇和好处。事实上，一些大型车队的技师被授权为制造商做质量担保工作。汽车服务行业的这一细分领域提供了许多良好的就业机会。

图 1-11　大型车队通常会有自己的预防性维护（PM）和修理的设施及技师

1.2　就业类型

汽车服务行业为对汽车系统有深入了解的人提供了众多类型的工作岗位。

1. 维修技师

维修技师诊断车辆的问题，执行所有必要的测试，并完成维修或更换故障零部件的工作（图 1-12）。完成这项工作的技能依赖于对汽车技术的深入理解、工作经验的积累，以及从汽车制造商处获得的有关新技术的持续培训。

图 1-12　维修技师诊断车辆的问题，执行所有必要的测试，并维修或更换有故障的零部件

在汽车服务中，有熟练技术的个人被称为技师，而不是机械师，这是有充分理由的。机械师强调的是修理和维护机械系统的能力，尽管这种技能仍然是非常必要的，但它只是技师所有工作的一部分。维修当今的车辆除了需要机械知识外，还需要对电控、液压和气动等其他技术有所了解。

一个技师可以从事汽车的所有系统的维修，也可以成为专项化的人才。专项技师专注于维修汽车的一个系统，例如电气系统、制动系统（图 1-13）或变速器。这些专项技能需要在该领域中的高级和持续的培训。

图 1-13　专项技师处理车辆的一个系统，如制动系统

在许多汽车维修店中，技师还负责诊断客户的问题并为所需的维修项目做出成本估算。

通常，每个人都会通过进行新车交付准备工作 [即新车交付前检查（PDI），通常称为"新车准备"] 来开始他们作为新车经销商技师的职业生涯。新车准备的基本目的是使车辆准备好以便交付给客户。每个经销商都有一份在交货前要被执行的项目和检查的清单。这些服务项目可能包括去除车辆外部和内部的塑料保护膜和安装车内脚垫。有时，新车准备包括拧紧某些可能为运输而有意松动的螺栓。新车准备是新技师熟悉经销商处被销售车辆的好方法。

2. 车间领班

车间领班是帮助技师完成更困难任务并充当质量控制专家的人。在一些维修店里，这是一个主管技师（技术负责人）的角色。在大多数情况下，这两个角色的工作是相同的。一些维修店具

有技师团队，在这些团队中，有几名专业技能水平不同的技师，主管技师类似于这个团队的车间领班。主管技师和车间领班均拥有丰富的经验和出色的诊断技能。

3. 服务顾问

在服务中心接待客户的人是服务顾问（图 1-14），有时也称为服务接待员或顾问。服务顾问需要了解汽车的所有主要系统，并能够识别所有主要零部件及其位置。他们还必须能够描述每个部件的功能并能够识别相关的零部件，还需要充分了解所推荐的检修和维护周期及流程。有了这些知识，他们就能够解释每项服务的重要性和复杂性，而且还能够推荐其他的服务项目。

图 1-14　服务顾问的主要工作是记录客户关注的问题

对质保政策和规程的透彻理解也是必须的。服务顾问必须能够解释和确认质保政策、服务合同、服务公告和活动 / 召回规程的适用性。

在大多数经销商中，服务顾问还充当客户和技师之间的联络人，他们有责任向技师解释客户的疑虑和 / 或要求，并跟踪技师作业的进度，以便使客户能够知情。汽车技师或进行汽车服务项目的学生有时会希望在职业选择上有所改变，但仍希望留在汽车服务行业，服务接待员、服务顾问或顾问是一个不错的可供选择的职业。这项工作

适合那些拥有技术知识但缺乏欲望或身体能力从事汽车服务领域体力工作的人员。

成为一名成功的技师的很多要求也适用于成为一名成功的服务顾问。然而，要成为一名服务顾问需要在客户关系、内部沟通和各种交往以及销售方面具有更高的技能水平。服务顾问必须通过电话或亲自与客户进行良好的沟通，以便满足他们的需求或关注点。大多数情况下，这涉及维修订单的完成，包含客户的问题、信息以及成本估算。

精确的费用估算不仅被客户高度欣赏，而且几乎所有州的法律都要求这么做。要想给出一个精确的费用估算需要对汽车有扎实的理解、能与技师进行良好沟通，以及有优秀的阅读和计算能力。

大多数维修店都使用计算机生成维修订单和费用估算并安排店里的工作量。因此，具有熟练的计算机操作技能是服务顾问的必备条件。

4. 服务经理

服务经理负责大型经销商或独立维修店里整个服务部门的运营。客户的疑虑和抱怨通常都由服务经理处理。因此，一名优秀的服务经理除了要有组织能力和良好的汽车背景外，还要有良好的人际交往能力。

在经销商中，服务经理要确保制造商关于质量担保、服务规程和客户关系的政策得到贯彻。服务经理还要安排技师的培训，并让车间所有的其他人员了解情况并一起工作。

5. 服务总监

大型的新车经销商通常有一名服务总监，他监督服务部门、零配件部门以及车身修复车间的运营。服务总监负有保持三个部门盈利的责任。服务总监协调这些独立部门的活动以确保效率。

许多服务总监从技师开始他们的职业生涯。作为技师，他们拥有对汽车领域的扎实知识，同时具有出色的客户关系技巧和良好的商业意识。从技师到总监的过渡通常需要先晋升到各种其他的管理岗位。

6. 零配件销售员

零配件销售员（图1-15）会有不同的职责，通常也被称为零配件员或零配件专员。几乎所有的汽车经销商和汽车零配件零售和批发商店都有零配件专员。他们直接向客户销售汽车零配件，并向在汽车服务部门和车身修理车间工作的技师分发材料和供应物品。在与所有客户打交道时，无论是通过电话沟通还是当面交流，零配件专员都必须友好、专业且高效。

图1-15 零配件销售员在商店或经销商处起着重要作用

根据零配件商店或部门的不同，零配件专员的职责还可能包括零配件的投递和采购、维持库存水平，以及向客户和技师发放零配件。他们的职责包括准备采购订单、安排交付、协助接收并储存零配件和物品，以及保持与供应商的联系。对汽车专业术语和各个系统的了解以及良好的组织能力是零配件销售员的必备条件。

对于那些了解汽车但又不愿在汽车上工作的人来说，这个职业是一个极好的选择。作为一名技师所需的大部分知识对零配件人员来讲也是必需的。但是，零配件专员需要一套不同的技能。大多数汽车零配件专员主要通过在工作岗位上的经历和培训来获得成功所需的销售和客户服务技能。他们还可以在工作中或通过教育项目和/或经验积累获得必要的技术知识。参考下面的常用术语可以更好地了解零配件行业的工作划分和内容。

零配件工作人员常用的一些术语如下。

- 应收款：应该从客户处收取的钱。
- 延期交货订单：从供应商处订购的零配件，

但由于供应商库存不足尚未发货的订单。

· 提货单：确认收到货物并说明交货条件的运输单据。

· 核心费用：客户购买再制造的零配件需要额外交付的押金。当客户退回可用于再制造的零配件时，该押金将退还给客户。

· 经销商：分销商的零售商客户，如服务站、维修车间和为客户车辆安装零配件的汽车经销商。

· 折扣：提供给客户的优惠，通常用百分比来表示。

· 分销商：向零售商销售大量零配件的仓储公司。

· 货运运费：某些特殊订购零配件的附加运输费用，它用于支付货物运送到商店的费用。

· 毛收益：零配件销售价减去成本价（盈余）。

· 库存：零配件商店或维修店所持有的用于零售的零配件。

· 库存控制：根据某物品现有库存和以往销量来决定采购量的一种方法。

· 账单：销售物品给客户的记录。

· 标价：某物品的建议零售价。

· 盈余：等同于毛收益。

· 加价：企业对某一零配件收取的高于零配件实际成本的金额。

· 不退货政策：某些零配件一经售出就不能退货的政策。电气和电子零配件的不退货政策是比较常见的。

· 现货：商店或维修店持有某物品的数量。

· 永续盘存：一种通过销售收据和／或发票保持现存量的连续记录方法。

· 实物盘点：人工清点每个零配件并将现有数量填入表格或输入计算机中的方法。

· 利润：高于维修店或商店的零配件或服务成本的物品和服务收入部分。

· 采购订单：被授权人为公司采购物品或服务的表格。

· 再制造零配件：按照原始技术条件和标准修复过的零配件。

· 退货费：商店或供应商为处理退货零配件而必须收取的费用。

· 零售：将货品销售给散客（指自己动手修车的那些人）。

· 退货政策：针对不想要或不需要的零配件的退货政策，可能包括退货费或禁止某些零配件退货的规定。

· 销售价格：销售零配件的价格，该价格因采购零配件的客户类型不同（零售或批发）而不同。

· 专门订单：当客户采购通常没有库存的商品时而下的订单。

· 库存订单：商店为了维持其存货而从供应商订购更多现货的订单。

· 库存周转：在售卖新存货之前先售卖库存时间较长的货物。

· 周转率：企业每年购买、销售和替换零配件的次数。

· 卖方：指供应商。

· 保修退货：在保修期内因故障而退回给供应商的有缺陷部件。

· 仓储分销商：批发商的供应商，是制造商和批发商之间的纽带。

· 批发价：给大批量采购货物客户的商业价格。

7. 零配件经理

零配件经理负责为车间要完成的维修业务订购所有需要更换的零配件。零配件的订购和及时交付对于车间的平稳运行至关重要。零配件交付的延迟或初始订单中遗漏了一个很小却很关键的零配件，会给维修技师和客户带来令人懊恼的等待。

大多数特许经销商和大型独立维修店都会保持常用零配件的库存，例如滤清器、传动带、软管和密封垫。维持这种库存是零配件经理的责任。

8. 关联的就业机会

除了汽车服务行业的职业以外，还有许多其他与汽车行业直接相关的工作机会。

（1）零配件分销　售后市场是指向独立维修店、轿车和货车经销商、车队运营和公众提供替换零配件的商业网络（图 1-16）。

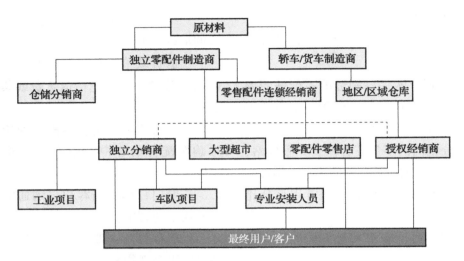

图 1-16 汽车零配件供应商业网络

汽车制造商和独立的零配件制造商向全美大约 1000 家仓储分销商销售和供应零配件。这些仓储分销商（Warehouse Distributor，WD）拥有许多零配件的大量库存。

仓储分销商充当着大型配送中心的角色。仓储分销商向零配件批发供应商（通常被称为批发商）销售和供应零配件。

批发商向维修店和自己动手修车的人出售零配件和物品。批发商通常有送货服务，可以在客户下达订单后很快将订购的零配件送到维修店。一些零配件商店专注在个人或无预定的散客上。这些商店为自己动手修车的人提供维修建议，有些甚至提供旧零配件的测试。以合理的价格销售优质零配件并向他们的客户提供额外服务是这些成功的零配件商店的特点。许多批发商经营机加工车间，这为有技能的技师提供了另一种就业岗位来源。批发商或零配件商店可以独立拥有和经营，也可以是全国大型连锁网络的一部分（图 1-17）。汽车制造商也为他们自己的经销商和授权销售网点建立了自己的零配件分销系统。由原始车辆制造商制造的零配件被称为原始设备制造商（OEM）零配件。

从仓储分销商到当地批发商网点的销售人员，在零配件分销网络的各个层面都存在着就业机会。

（2）市场营销和销售 为维修行业制造设备和零配件的公司一直在寻找有见识的人员来代理和销售他们的产品。例如，为后市场零配件制造商工作的销售代理应该通晓公司的产品。销售代表还与仓储分销商、批发商和维修店合作，以确保零配件被正确地销售和安装。他们还帮助协调培训和提供信息，从而让使用他们的产品的每个人都得到适当的培训和有关信息。

图 1-17 美国许多零配件商店都是在全美拥有分店的全国性公司的一部分

（3）其他就业机会 那些接受过汽车服务培训的人员还可以从事其他职业，包括汽车和货车回收员、保险公司理赔员、汽车车身修复店技师，以及各种制造商的培训师，或汽车方面教育项目的讲师（图 1-18），后两个职业需要丰富的经验和对汽车的深入了解。成为一名讲师或培训师并不容易，然而，传递知识是非常有益的。毫无疑问，没有其他职业能像培训师或讲师那样对汽车服务行业产生如此大的影响。

图 1-18 经验丰富的技师可能会成为各种制造商的培训师或汽车方面的讲师

1.3 汽车服务业的职业培训

对从事汽车服务业工作感兴趣的人可以在正规学校中接受培训，如中等教育、高等教育学校和职业学校，以及私立或公立技术学院或社区学院。

1. 学生工作经历

在你还是一个学生的时候，有很多方法来获得工作经验。你可能已经参与了下述计划中的一个，如果还没有，可考虑参与这些计划中的一个。

（1）工作影子（跟随）计划 在这个计划中，你将跟随一位经验丰富的技师或服务接待员。该计划的主要目标是让你在真实世界中体验，看看怎样才能成为一名成功的技师或服务接待员。通过工作影子计划，你还能熟悉服务部门的整体运作流程。

（2）师徒计划 这个计划不是一个最常见的计划，但它可能是很有价值的计划之一。在师徒计划中，你将体验到一个技师的岗位职责，同时，你有一个成功的师傅作为专员供你随时请教。你的师傅将同意与你保持联系，回答你的问题并鼓励你。一个好的师傅能以与课堂讲解不同的方式解释你所学的知识。他还能用现实生活中的实例告诉你需要学习的一些知识为什么是重要的。

（3）合作教育和学徒制（双元制）计划 这些计划的时长通常为 2 年。一年在学校度过，另一年在经销商或服务场所度过。这并不意味着在学校度过整整 1 年，而是在这个合作过程中，你先在学校学习 8~12 周，然后工作 8~12 周，如此来回切换一直持续 2 年。你不仅可以在工作时赚取计时工资，还可以获得用于学位或职业课程的学分。你的工作进度与你在学校的进度被仔细协调，因此，它被称为合作项目，即行业与教育业的合作。此类计划的实例有克莱斯勒的 CAPS、福特的 ASSET、通用的 ASEP 和丰田的 T-Ten 计划（在加拿大，这个计划被称为 T-TEP）。

学徒制是将工作实践与教学相结合。这两个计划的主要区别在于，学徒制计划中的学生在完成一天的工作后在晚上上课。在这个严酷的培训计划中，你能得到体面的计时工资和大量的良好体验。你将以一个熟练技师帮手的身份开始该计划，并且可以在你完成该计划的过程中逐渐自己做更多的事情。在这两种计划中，你都能在工作中得到实践学校所学知识的机会。

（4）兼职工作 这种经历的成功与否取决于你和你想要学习的动力。兼职工作将为你带来良好的经历、一定的收入，以及在你完成学业后获得全职工作的良好起点。达到这个目标的最好方法是找到一个可以让你成长的职位和服务场所。你需要从适当的级别开始，并在达到一定程度后能够承担更艰巨的任务。兼职工作时的最大挑战是在工作期间跟上并完成你的学业。工作可能会在很多时候成为障碍，但如果你真的想学习，你会找到一种方法来协调你的学习与工作安排。

（5）毕业后的教育 一些制造商的计划是为高等教育毕业生设计的。这些计划培训个人在特定车型上工作。例如，宝马公司的维修技师教育计划（STEP）是一项面向顶尖的高等教育毕业生的奖学金计划。该计划中的学生应用他们在 2 年计划中学到的知识，学习诊断和维修宝马的产品。宝马公司表示，这个计划是世界上同类培训计划中最受推崇和强度最大的培训计划。

2. 持续学习的需要

有关汽车技术和服务的培训不会随着毕业而

结束，学习也不会结束。专业的技师要不断学习并与时俱进。为了保持你的专业形象并使你的知识和技能与时俱进，你需要尽一切努力学习新的事物，而且需要终身学习。

你可以通过多种方式跟上不断变化的技术。制造商和许多提供正规培训的公司（例如 Federal Mogul、NAPA、AC Delco 和当地零配件批发商）都会提供有关特定系统及其变化的短期课程。还有许多线上的资源可供使用，从上面列出的公司到许多专门从事技术培训的公司处都可以找到相关培训资源。尽快学习最新的课程是明智之举，如果你等待太久，就可能很难赶上时刻变化的技术。

除了上课之外，你还可以通过阅读汽车杂志或最新版本的汽车教材来学习。一个好的技师会利用好每一个学习的机会。

1.4 ASE 资格认证

美国汽车维修优秀技师学会（Automotive Service Excellence，ASE）已为轿车、重型货车和汽车车身维修技师以及零配件专业人士建立了可自愿认证的项目。除了这些认证项目，ASE 还提供轿车和重型货车零配件、服务顾问、替代燃料、发动机高级性能以及其他各种领域的单项测试。该认证系统把自愿测试与在职经验相结合，以确认技师具备在当今更加复杂的车辆上工作所需的技能。ASE 认可维修能力的两种不同级别——汽车维修技师和汽车高级维修技师。汽车高级维修技师是在通过所有主要汽车系统的考试后由 ASE 认证的。

为获得 ASE 认证证书，技师必须通过一项或多项强调系统诊断和维修程序的考试。汽车维修的八个基本认证领域是发动机维修、自动变速器 / 驱动桥、手动变速器和驱动桥、悬架和转向、制动、电气系统、暖风和空调、发动机性能（行驶性能）。

在通过至少一项考试并提供 2 年亲自动手的工作经历证明后，该技师将获得 ASE 的认证证书。

为了继续持有该证书，每 5 年需要重新考试一次。通过一项考试的技师会收到一枚汽车维修技师的肩章，通过所有八项基本汽车认证考试的技师将获得高级汽车维修技师的肩章（图 1-19）。

a）汽车维修技师   b）高级汽车维修技师

图 1-19　ASE 认证肩章

ASE 还在某些领域提供高级别的认证。汽车维修技师最常见的高级别认证是 L1，即高级发动机性能认证。申请此认证的个人在参加该考试之前必须持有电气和发动机性能的认证证书。另一项高级别的认证是电控柴油发动机诊断专家（L2）。要获得此认证证书，技师必须在申请时已持有 ASE 的柴油发动机领域认证证书和电气 / 电子系统领域的认证证书。

ASE 还提供专项技师的认证证书。例如，你可以获得底盘 - 排气系统、轻型车辆柴油发动机、发动机加工、替代燃料、碰撞修复方面的认证证书，或者成为零配件专员或服务顾问。相关更多信息，可到 www.ase.con 网页查询。

如前所述，ASE 认证要求你拥有作为汽车技师的 2 年全职亲自动手实践的工作经历。你可以通过在中等或高等教育学校学习、参加短期技术课程、参加合作教育或学徒制计划的组合来完成正规培训，从而获取这个 2 年经历所要求的学分。

在 2012 年，ASE 开始提供 ASE 学生认证考试。这些是每年春季和秋季为参加任何汽车技术项目的学生提供的基于计算机的考试。该考试适用于汽车、碰撞修复和抛光以及中 / 重型货车项目。每个证书的有效期为自取得之日起 2 年。

1.5 ASE 测验

ASE 测验旨在检查你对汽车系统和零部件如何运行的理解，以及你诊断问题和确定正确维修方法的能力。认证测验包含 40~75 道单项选择题。试题类型包括：1）直接选择的试题，或需要补全内容的试题（选择、填空题）；2）选择技师 A 或 / 和技师 B 谁正确的试题；3）排除或选出最不可能选项的试题。

测验题由技术服务专家组的专家撰写，这些专家包括美国国内和进口汽车制造商、维修和测试设备及零部件制造商、在职的汽车技师和汽车讲师。在将所有题目纳入实际测试之前，所有题目都经过技术人员对样本的预测试和质量检查。许多测验题要求学生在两种不同的修理或诊断方法之间进行选择。本书每章的末尾都有这些测验题的示例。

在进行 ASE 类型的测验时，首先应阅读整个问题以确定问题的主题或其意图是什么。接下来，根据你的知识和经验尝试要排除的可能选项，并选择最有可能的答案。判断技师 A/ 技师 B 说法的试题可以被视为两个独立的对错判断题，技师 A 是否正确？选择正确或不正确；技师 B 是否正确？选择正确或不正确。回答完所有问题后，你可以在提交回答之前返回并检查你的选择。注意不要想得太多，也不要考虑用该试题所有可能的例外来说服自己改变你的回答。

1.6 ASE 教育基金会项目认证

虽然每个汽车项目内容都不同，但大都有一些相似之处。许多中等和高等教育学校的项目已经通过 ASE 教育基金会的评估并获得了认可。一个项目要获得 ASE 教育基金会的认可，就必须出示该项目涵盖的内容以及其用在每个 ASE 领域的时间。这些项目还必须通过现场评估。经过认证的项目会获得图 1-20 所示的标识，它意味着该学校正在教授职业技能并符合 ASE 规定的标准。由于这种准化，每个被认证项目中讲授的所有核心技能都是一致的。

图 1-20 代表一个项目已通过 ASE 认证的标识

1.7 中国汽车维修工国家职业技能标准简介

在中国，汽车维修工等级证共设五个等级，分别为初级（国家职业资格五级）、中级（国家职业资格四级）、高级（国家职业资格三级）、技师（国家职业资格二级）、高级技师（国家职业资格一级）。

根据最新的中国职业技能培训水平评价体系，职业技能等级除了上述五个等级以外，还增加了学徒工、特级技师和首席技师。

目前，考核评价方式有多种。学徒工的转正定级考核，由用人单位在其跟随师傅学习期满和试用期满后，依据本单位有关要求进行。参加中国特色企业新型学徒制的学员按照培养目标进行考核定级。初级工、中级工、高级工、技师、高级技师等级考核是技能考核评价的主要部分，由用人单位和社会评价组织按照职业标准和有关规定进行。鼓励支持采取以赛代评方式，依据职业标准举办的职业技能竞赛按照有关规定对获得优秀等次的选手晋升相应职业技能等级。

首席技师、特级技师是在高技能人才中设置的高级技术职务（岗位），一般应在有高级技师的职业（工种）领域中设立，通过评聘的方式进行，实行岗位聘任制。要稳妥有序开展特级技师、首席技师评聘工作，不搞高级技师普遍晋升。

特级技师评聘工作会在工程技术领域先行试点的基础上逐步扩大范围，由省级及以上人力资源和社会保障部门指导用人单位制定实施方案，对评审标准、程序、办法和配套措施等作出具体规定。用人单位按照制定方案、组织评审、公示核准、任职聘用等程序组织实施。

首席技师原则上从特级技师中产生。首席技师是在技术技能领域做出重大贡献，或本地区、本行业企业公认具有高超技能、精湛技艺的高技能人才。首席技师评聘工作会在特级技师评聘的基础上先行试点、逐步推开，由省级及以上人力资源和社会保障部门、国务院有关行业主管部门指导用人单位实施，采取基层推荐、地方或行业评审、公示核准、用人单位聘任等程序进行。

中国汽车维修工的职业技能等级（岗位）要求见表1-2。

根据《中华人民共和国劳动法》有关规定，为了进一步完善职业标准体系，为职业教育、职业培训和职业水平评价等活动提供科学、规范的依据，人力资源和社会保障部联合交通运输部共同组织制定了《汽车维修工国家职业技能标准（2018年版）》。该标准依据有关规定和实际工作要求将本职业分为汽车维修检测工、汽车机械维修工、汽车电器维修工、汽车车身整形修复工、汽车车身涂装修复工、汽车美容装潢工、汽车玻璃维修工7个工种。

表1-2 中国汽车维修工的职业技能等级（岗位）要求

序号	级别名称	基本要求	实施机构
1	学徒工	能够基本完成本职业某一方面的主要工作	用人单位
2	初级工	能够运用基本技能独立完成本职业的常规工作	用人单位和社会评价组织
3	中级工	能够熟练运用基本技能独立完成本职业的常规工作；在特定情况下，能够运用专门技能完成技术较为复杂的工作；能够与他人合作	
4	高级工	能够熟练运用基本技能和专门技能完成本职业较为复杂的工作，包括完成部分非常规性的工作；能够独立处理工作中出现的问题；能够指导和培训初、中级工	
5	技师	能够熟练运用专门技能和特殊技能完成本职业复杂的、非常规性的工作；掌握本职业的关键技术技能，能够独立处理和解决技术或工艺难题；在技术技能方面有创新；能够指导和培训初、中、高级工；具有一定的技术管理能力	
6	高级技师	能够熟练运用专门技能和特殊技能在本职业的各个领域完成复杂的、非常规性工作；熟练掌握本职业的关键技术技能，能够独立处理和解决高难度的技术问题或工艺难题；在技术攻关和工艺革新方面有创新；能够组织开展技术改造、技术革新活动；能够组织开展系统的专业技术培训；具有技术管理能力	
7	特级技师	在生产科研一线从事技术技能工作、业绩贡献突出的"企业高技能领军人才"；能够熟练运用专门技能和特殊技能在本职业的各个领域完成复杂的、非常规性工作；精通本职业及相关职业的重要理论原理及关键技术技能，能够独立处理和解决高难度的技术问题或工艺难题；承担传授技艺的任务，在技能人才梯队培养上做出突出贡献	省级及以上人力资源和社会保障部门指导用人单位实施
8	首席技师	在技术技能领域做出重大贡献，或在本地区、本行业企业具有公认的高超技能、精湛技艺的"地方或行业企业高技能领军人才"。为地方、行业企业高技能人才队伍建设做出突出贡献；为国家重大技术攻关、成果转化、技术创新、发明等做出突出贡献，在地方、行业企业的技术进步与发展中发挥关键作用，专业水平在地方、行业企业具有很高认可度和影响力	省级及以上人力资源和社会保障部门、国务院有关行业主管部门指导用人单位实施

注：1. 行业企业可结合实际对上述要求进行修订完善。

2. 上述职业技能等级证书样式和编码按照有关规定确定。证书编码第16位为大写英文字母或阿拉伯数字，其中"X"表示"学徒工"，"T"表示"特级技师"，"S"表示"首席技师"，"5、4、3、2、1"分别表示"初级工、中级工、高级工、技师、高级技师"。

1.8 求职

求职涉及许多步骤，尤其是在你想从事的职业领域。与生活中的许多事情一样，在向就业迈出每一步之前，你必须做好充分的准备。

1. 求职计划

一份求职计划不外乎是你对自己和对职业期望的一个诚实评估。该计划应包括你的求职目标、实现这些目标的时间表以及潜在的雇主或雇主类型的优先顺序表。你在求职过程中可能需要与人分享你的求职计划，因此，要确保它是完整的。即使没人会看到它，你也需要尽可能使其全面，因为这有助于你在求职过程中受到关注。

思考一下你想要什么类型的工作，并做一些研究，查明要获得这个工作都需要什么条件。根据这些职位要求来评估你自己。如果你不符合这些条件，就给自己制定一个获取这些技能的计划。此外，还要考虑这类工作的工作条件。在这些条件下，你是否愿意并能够成为一名高效的员工？如果不是，那就寻找一份和你的期望相近的工作，并致力于这个职业。

（1）自我评估　在开始你求职计划的自我评估部分时，你要问自己以下问题。

- 为什么我要找一份工作？
- 我特别希望从工作中获取什么？
- 我喜欢做什么？
- 我擅长什么？
- 我想要在工作中展现我的哪些技能？
- 现在我已经具备的哪些能力可让我胜任这份工作？

通过诚实地回答这些问题，你应能辨别出可以帮助你实现人生目标的工作。如果你只是想找份工作来支付账单或买一辆汽车，而无意将这份工作变成一种职业，就应诚实地面对自己和你的潜在雇主。如果你希望开始一个成功的职业生涯，就要意识到你或许要从通往成功的阶梯的最底层开始。你还必须意识到你的责任是如何快速攀登这个阶梯。而雇主的责任仅仅是给你一个攀登这个阶梯的公平的机会。

（2）确认你的技能　诚实地评估你自己和你的生活以确定你已具备哪些技能。即使你从未有一份工作，你依然有一些可以使自己成为理想雇员的技能和才干。列举出所有你从学校、朋友、家人，以及通过电视、志愿者活动、书籍、兴趣爱好等方面学到的东西，你将惊讶于自己所拥有的技能。确认这些技能是技术技能，还是个人技能。

技术技能包括你可以做好并喜欢的事情，例如：使用计算机，使用工具、机器或设备工作，做数学题，维修或装配一些东西，弄清楚事情是如何运作的，手工制作一些东西，利用想法和信息进行工作，求解谜题或难题，学习或阅读，做实验或研究一个题目，通过写作表达自己。

个人技能也被称为软实力，它是你人格的一部分，是你的特长或是你喜欢做的事，例如：与人合作、关爱或帮助他人、作为团队的一员并能独立地工作、领导或监督他人、服从命令和指示、说服别人、与别人协商。

通过识别你的这些技能，你将构建自己的技能清单。按照这个清单，你应将自己的技能和个性与潜在雇主的需求和愿望相匹配。当你为一份工作推销自己时，这个清单也可以派上用场，例如在准备你的简历、求职信时，以及面试过程中。

2. 确定工作的可能性

在你的就业计划中，你要确定的事情之一是你最喜欢的工作地点。这里可能已有一家特定的企业或是某个类型的企业，例如一家新车的经销商或独立维修店。现在你的任务是找到正在招聘员工的公司，做这件事情有许多方法，包括查看学校的招聘公告板或与就业联络员沟通、搜索招聘网站、查看本地企业的招聘网页是否有职位空缺（图 1-21）。

你还可以咨询你认识的已经在该企业工作的熟人。如果在这家你中意的企业中没有岗位空缺，你可以在自己的优先选择表里查找这类企业中的第二个是否有岗位空缺。

不要将你的求职方式局限于查看招聘广告或网站。如果你有兴趣在某家维修店工作，你可以拜访该维修店并与在那里工作的人交谈。你也可

精确搜索	职位名称	公司	位置	发布日期
类别	快速油品技师	西部斯巴鲁	俄亥俄州哥伦布市	11/16/2016
其他　✕	申请			
公司	零部件专家	北地道奇	俄亥俄州哥伦布市	11/04/2016
西部斯巴鲁　»	申请			
南部大众　»	服务顾问	东部起亚	俄亥俄州哥伦布市	10/28/2016
东部起亚　»	申请			
北地道奇（2）　»	收银员	南部大众	俄亥俄州哥伦布市	10/26/2016
北方雪佛兰　»	申请			
	快速油品技师	北方雪佛兰	俄亥俄州哥伦布市	10/25/2016
	申请			
	技师	北地道奇	俄亥俄州哥伦布市	10/19/2016
	申请			

图 1-21 查看网站的就业板块，了解正在招聘维修技师的企业

以与经理谈谈能否参与一个汽车项目，以及了解当前或即将出现的工作机会。如果当前没有可得到的工作，你或许能够在这家店内实习，虽然没有报酬，但可作为获得经验的一个途径，并为随后的下一个职位空缺做好准备。

仔细查看岗位的描述。在申请之前，应确保你能满足该工作岗位的要求。

3. 准备简历

简历和求职信是你自己的个人营销工具，也是雇主对你的第一印象。尽管并非所有雇主都需要一份简历，但你应该为那些需要的人准备一份。准备简历也会迫使你审视自己对一份工作的任职资格，仅此一点就可以证明有一份简历是有必要的。

一份简历通常包括你的联系方式、职业目标、技能和/或技艺、工作经验、教育背景以及有关推荐信的陈述。在制作简历时，你可以仿照不同的格式。如果你的工作经验有限，则要在简历中强调你的技能和技艺，而不是工作经历。即使你没有工作经验，你也可以通过突出自己在求职计划中所确定的一些技能和特长来推销自己。

在列举或提及你的特长和技能时，要以与你正谋求的工作相关的方式来表达。例如，如果你每天都练习自己最喜欢的运动，以便能够进入这个团队，那么你可以考虑将自己描述为一个执着、坚定、有进取心和有目标取向的人；又例如，如果你曾经为了按时完成某项任务而通宵达旦地工作，这意味着你可以在有压力的情况下做好工作并完成任务；再例如，如果你信守承诺并按照说的去做，你可以考虑将自己描述为可靠的、认真履行承诺的人。

确定你自己的技能是一项困难的任务，因此你可以寻求家人和/或朋友的帮助。记住，你已具有雇主想要的各项品质和技能，你需要自己辨认出它们，将它们写入简历，并将它们告诉你的潜在雇主。不要把了解你是谁的责任推给雇主，而是要主动告诉雇主。

图 1-22 是一名初级技师个人基本简历的示例。

整理一份有效的简历。在准备和编写你的简历时遵循以下原则。

1）确保你的简历简洁、整齐且易于阅读。

2）使用优质的白纸。

3）尽量简短，一页是最好的。

4）讲述你的故事，但不要试图过分炫耀自己。

5）使用动词来描述你的技能和经验，例如完成、取得、沟通、办妥、创造、交付、设计、开发、指导、建立、创立、指示、管理、操作、组织、参与、准备、生产、提供、维修和监督等。

6）仔细选择用词，记住该简历应真实反映你的情况。

7）确保所有信息准确无误。

8）确保在页面的顶部突出了你认为最重要的

杰克·埃哈维克（Jack Erjavec）
某街1234#
某处，OZ 99902
123-456-7890
注重表现的学生，一个享有良好声誉、负责且勤奋，并取得一定成就的人，期望在新车经销店担任初级汽车技师一职。
技能和特长
- 以人为本 　　　　　　· 诚实 　　　　　　· 能创造性地解决问题
- 有进取心 　　　　　　· 可靠 　　　　　　· 有良好的手工技能
- 忠诚
工作经历
2015—2017年某地足球协会（助理教练）
- 指导和监督初级团队
- 按照教练的要求执行管理任务
2013—2017年在社区内做零工
- 洗车和打蜡、从学校接孩子、打扫落叶、除草
教育背景
某地高中，2017年毕业
某地社区学院，目前在读汽车技术课程
课外活动
2014—2017年电子游戏俱乐部活跃会员
2016—2017年学院足球队队员
兴趣爱好和活动
阅读与汽车相关的杂志，参加比赛，做拼图，和家人朋友一起修车。

推荐人（可根据需要提供）

图 1-22　一位仅有极少工作经验的人的简历样本

信息。

9）用清晰的字体和宽页边距（两侧最好为3.8cm）设计你的简历，这样会更加悦目。

10）仅列出与你所申请的工作相关的临时性工作经历。

11）不要重复信息。

12）校对简历中的错别字和语法错误，如果发现有错误，应修改后重新打印一份新的、干净的副本。

4. 推荐人

推荐人是乐意向你的潜在雇主介绍你的人。推荐人可以是任何了解你的人，但不能是你的家人或密友。雇主会联系你的推荐人来确认或完善对你的认识。制作一张可以用作推荐人的3~5个人的列表，包括他们的联系方式。如果你不提供推荐人，则潜在雇主可能会认为你找不到任何可以为你美言几句的人，就可能不会考虑让你来做这份工作。

明智地选择你的推荐人。老师（过去或目前的）、教练、学校管理者等都可以是你邀请的推荐人。你曾经为之工作或曾帮助过的人也是很好的推荐人。还可以试着邀请一些备受尊敬的人，例如你熟悉的身居高位的人。

务必事先和你的推荐人谈谈，在征得他们同意之后方可将他们的名字和联系方式给你的雇主。如果他们看起来不太愿意给你提供推荐信，那就接受这种暗示并再寻找其他人。如果有人愿意出具书面推荐信，你可以将其复印几份，这样你就可以将它们附在你的简历和/或工作申请中。将你的简历复印件交给推荐人名单中的人。确保在申请工作时带上你的推荐人名单。

5. 准备求职信

求职信（图 1-23）应与你通过邮寄、电子邮件、传真或亲自投送等方式发送的每份简历一起发送。求职信给了你一个确切说明为什么你是这份工作最合适人选的机会。你不应该向所有潜在雇主发送相同的求职信，调整相关内容以匹配你要申请的公司和职位，虽然这会有更多的工作量，但是值得的。如果简历是寄给招聘人员的，不要使用"亲爱的先生、亲爱的女士或与之有关的人

杰克·埃哈维克（Jack Erjavec）
某街1234#
某处，OZ 99902

2018年3月24日

××女士
服务经理，令人兴奋的新车
大经销商大道56789号
某处，OZ 99907

回复：申请初级汽车技师职位

尊敬的××：

　　贵公司在3月14日的《Dogpatch》上刊登的汽车技师招聘广告让我非常感兴趣，因为这个职位非常符合我的近期职业目标——在一家新车经销商担任汽车技师的职位。由于贵公司的员工和汽车很有特色，我知道在贵公司工作将是令人兴奋的。

　　我生活中的大部分时间都在修理汽车，目前正在某社区学院学习汽车技术课程。我选择这个项目是因为您是咨询委员会的成员，而且我知道这一定是一个很好的项目。我有很好的技能，并会为取得成功而努力工作，我为校足球队效力了四年应该可以证明这一点。我也喜欢与人共事，并培养了出色的沟通技巧。贵公司目前空缺的职位非常适合我。后面附上详细说明我的技能和工作经历的简历供您审阅。

　　我非常希望能有机会与您见面以便进一步商讨我的任职资格。同时，非常感谢您的考虑，并期待着尽快收到您的来信。通常，在工作日下午2：30之后，您可以拨打123-456-7890与我联系。如果您打电话时我未能接听电话，请给我留言，我会尽快回复您的电话。再次感谢！

诚挚的，

杰克·埃哈维克

随信附上

图1-23 可随简历一起发送的求职信示例

士"这类称呼。如果招聘信息没有提供招聘人员的姓名，你通常可以致电雇主并询问你的求职信应发送给谁。你还可以尝试查看别的商业信息网站，以确定面试官的姓名。

　　一封好的求职信通常分为三个段落，每一段表达一个意思。

　　第一段。在第一段中，告诉雇主你有意为他们公司工作和你所感兴趣的工作岗位，并说明为什么。确保让雇主知道你对他们公司和该工作涉及的内容有所了解。同时写明你是如何发现这个空缺职位的，它可以是招聘广告、学校的工作公告和/或是在这家公司工作的某人的推荐。

　　第二段。在这一段中，通过谈及你的一或两个任职资格来推销自己，而且对它们的描述要比简历更详细。确保这是对简历内容的扩展，而不是简单的重复。列出任何与这个工作直接相关的你已有的特殊培训或经验。此时要给出一个总结，但不列出地点和日期。这些信息已列在简历中，因此详细信息仅需参阅简历即可。这个总结是让雇主知晓你了解他们做什么、这个工作涉及什么以及你能如何帮到他们的另一个机会。

　　第三段。这一段通常是求职信的结尾。你一定要感谢雇主能花时间来浏览你的简历，并请求他或她与你联系并预约面试。提供一个确保他们可以联系到你的电话号码。如果你希望他们在某一特定时间与你联系，则要把这一特定时间放在这一段里。确保你的电话留言中留有清晰易懂的信息，以防错过潜在雇主的电话。此外，要保证电话沟通能在一个良好的环境中进行，以便你可以准确地约定面试。

编写一份能令人印象深刻的求职信的原则。在准备和编写求职信时，可参考以下指南。

1）在给某个人写求职信时，要写全名，而不仅是头衔。如果你不知道这个人的名字，你可以给该公司打电话询问其名字的正确写法和头衔。

2）确保你在求职信中的用词是积极向上的。

3）使用自然的写作风格，使其显得专业且友好。

4）尽量避免每句话都以"我"开头，也可用一些含有"您"的陈述句。

5）检查简历是否有错别字和语法错误，这是关键的一步！

6）用优质的纸张打印，并确保其整洁干净。

7）确保发出之前已在求职信上签名。

6. 联系潜在雇主

除非招聘广告或招聘启事另有说明，否则最好亲自去投递简历和求职信（最好交给招聘人员）。当你这样做时，要确保雇主知道你是谁和你想要申请的岗位。确保你已为接下来的事情做好了准备。届时你可能会马上得到面试机会。你可能会被要求填写一份申请表，应填写它。

在你离开之前，要感谢雇主并询问如果在几天内你没有收到消息是否可以打电话给他。如果你在一周内没有得到回复，应致电以确保雇主收到了你的简历。如果你被告知该职位已满或没有职位空缺，要礼貌地感谢他考虑了你，并询问你是否可以继续与他保持联系，请求对方在将来有空缺的职位时考虑你。

7. 求职申请表

求职申请表是一份概述你是谁的文件。它也是你的另一个推销工具。填写申请表是雇主要求你做的第一项任务，所以你要完整、仔细地填写。确保你在去面试之前已经准备好要填写的申请表。带上你自己的钢笔和回形针，以便将简历附在申请表中。确保你有自己的推荐人清单。填写申请表时，用清晰的字体整齐地填写你的回答。

在填写申请表之前仔细阅读所有内容，以确保你能遵循说明去仔细填写。在你填写空白处之前要通读一遍，这样能给你一个更整齐和正确填

写的机会。一份书写凌乱、带有涂抹痕迹，或留有未擦除干净的信息的申请表等于告诉雇主你可能并不在乎你工作的质量。

通过遵循申请表上的说明并向雇主提供所要求的信息，可证明你有阅读、理解并遵守书面说明、规则和程序的能力。在回答问题时要诚实。填完申请表后，签字并附上求职信和简历。

许多公司使用电子申请表，它可能只是纸质申请表的电子版本。根据公司的不同，你可以在任何地方完成该申请表，或者也可能被要求在聘用的地点完成它。一些公司使用可以与社交网站或招聘网站账户链接的在线申请。这种形式的申请可能还会要求你上传你最新的简历。在某些情况下，在线申请也可作为一种性格测试，会询问你的价值观或让你回答被精心设计的问题，以确定你属于哪种类型的人。特别要注意的是，许多雇主会在社交网站上查看求职者的信息并作为其决策过程的一部分。如果你在社交网站中或其他地方有不想被看到的内容，你应该考虑在开始求职之前删除它们。

8. 面试

一般来说，如果雇主对你感兴趣，将会告知你可以面试。这是一个好的预兆。如果雇主对前期所了解到的信息不感兴趣，他们就不会要求你面试了。知道这一点会让你在准备面试时增加一些信心。

尽管面试时间不会持续太久，但它却是决定你获得这份工作还是失去它的时刻。为了准备这个面试，你需要花尽可能多的时间来了解这家公司。考虑一下公司应该雇佣你的一些理由。在做这件事时，要想象你们双方如何能共赢。想几个你可以问面试官的问题，以展示你对这份工作和这家公司的兴趣。然后列出你认为雇主可能会问到的问题。思考一下你应该如何回答他们的每一个问题，并与你的家人和朋友一起进行练习。一些最常见的面试问题包括：关于你自己，能告诉我什么？你为什么对这份工作感兴趣？你的优势和不足分别是什么？ 如果我们雇佣了你，你能为我们做什么？你是否对我撒了谎？你对我们公司

或者这个岗位有什么问题吗？

9. 面试成功的技巧

在面试之前，思考一下你能上班的日期和时间，以及何时可以开始入职。

务必携带你的社会保障卡、额外的简历复印件、你的推荐人清单和他们的联系方式信息，以及你可能有的任何推荐信的复印件。

面试时带上纸张和钢笔，以便做笔记。面试官通常也会这样做。

在面试前尽量让自己放松。

面试要准时到场（早点更好）。如果你不确定如何前往该公司，或不确定你在前往该公司时可能面临哪些问题（例如交通拥堵或施工），应在面试前一两天内去一趟。如果你不得不迟到，或者无法去参加面试，要尽快致电雇主并解释原因，并恳请他们给你安排一个新的面试时间。

着装要整洁、专业。尽可能比你在日常工作时的穿戴更正式些。

关闭你的手机或将其留在车内。不要让持续的电话骚扰、疯狂的铃声或信息提示音毁了你的面试。

当面试官问候你时，要用眼睛看着对方，介绍自己并准备好握手。握手要有力，但也不要卖弄你的握力有多强。

仔细地聆听面试官的讲话，并在他们讲话时注视着对方。

认真、诚实地回答所有问题。如果你不能立即回答，则在开口之前考虑一下。如果你没有理解某个问题，你可以按照你理解的方式重新叙述该问题。这样面试官才会知道你正在回答什么问题。

不要用简单的"是"或"否"来回答问题。要用能够展示你品格或技能的实例来回答所有的问题。

推销自己，但既不要轻描淡写，也不要夸大自己的能力。

表现出你对这份工作的渴望和热情，但一定要真实；也就是说，不要过于腼腆，也不要太咄咄逼人。

切勿说他人或过去的雇主任何负面的话。

不要与面试官自来熟或在面试中使用俚语，即使面试官是这样做的。

在面试结束时要重申你对这份工作的兴趣并总结你的优点。

询问面试官你是否可以在几天内打电话询问。

10. 面试后

面试结束后，找一个安静的地方，回顾一下刚才发生了什么。想一想你表现不错的地方，以及在哪些方面能够表现得更好。将这些都记下来，作为在下一次面试做准备时的参考。

面试后的三天内，联系面试官，感谢他或她给了你面试的机会。一定要提醒你的面试官你的兴趣和资历。利用这个额外的机会来进一步推销你自己，但这样做时不要过于强势。此外，也不要为这份工作去乞求。

记住，找工作要花费时间，而且很少会在你的第一次尝试中就能成功。如果在第一次面试时，你没能得到一个合适的工作机会，不要放弃。尽量不要感到沮丧或灰心，只需要意识到，虽然你是有资格的，但只是雇主选择了比你更有经验的人。无论结果如何，都要给面试官发一封感谢信，这可能会促使该面试官在下一次有类似工作机会时想到你。

回顾你的求职信、简历和面试过程，找出在推销你自己时还可以改进的方面。不要羞于向没有雇佣你的雇主询问你如何能做得更好。与家人和朋友一起讨论你找工作就业时的问题，他们会给你提供支持和鼓励。探讨其他的选项，不排除去做志愿者或实习工作，以此作为联系工作场所的一种手段。

如果你得到了一个工作机会，也不要害怕在接受工作之前讨论入职的条款和条件。找出或确认一些事情，比如你将做什么、你将要工作的时间、你将获得的报酬，以及第一天上班要做什么。如果你有任何疑问，在接受这个工作之前，毫不犹豫地与某些你尊重其意见之人分享你的想法。不要先承诺去做这份工作，然后过几天又改变主意。在接受或拒绝这份工作之前，应严肃地考虑它。

11. 中国的汽车后市场领域毕业生就业准备情况简介

以上是北美地区求职者求职的一个基本流程，大体适用于中国的求职者，但因国情差异，中美之间也存在一些差异。比如，在中国，汽车维修技术相关专业的毕业生除了可以通过各种网络方式求职，也可以参加企业的招聘会，在线下直接和用人单位进行沟通。此外，国内很多高等职业学院、高等专科学校、技师学院、技工学校等院校都会与各个汽车制造企业合作，成立品牌项目班。这些项目班的优秀毕业生在毕业后有相当一部分可直接进入与项目班相关的企业工作。

求职者找不到工作，用人单位找不到合适的员工，这似乎是一对始终存在的供需矛盾。为了更好地找到一份合适的工作，准备求职之前，求职者应了解该职业所需的专业训练、能力、年龄、性格特点等，以及职业的性质、工作环境、福利待遇、发展空间和就业竞争机会。除此之外，还要了解目标公司的文化和人文环境。求职者需要根据职业和自身的条件及特点进行匹配，确定一份或两份适合自己的实习工作，锁定自己的就业范围。

在校期间，求职者要为自己的职业生涯规划早做准备。了解自己的性格特点，了解行业、企业；通过匹配，达到职业稳定性；多利用寒暑假进行实习；提升个人成熟度（抗压性、沟通能力、社交能力）。

另外，求职者也需要调整好自己的心态。第一，不要怕学校不理想，工作经历更重要；第二，不要怕收入低，工作内容更重要；第三，不要怕一时孤单，成功的人总能耐得住寂寞。

1.9 沟通

雇主都重视那些擅长沟通的雇员。有效的沟通包括聆听、阅读、讲话和书写。沟通是一个双向的过程。沟通的基本要素是简单地发送信息和接收回应。

要想成功，就应该仔细遵循所有与你工作有关的口头和书面指示。如果你不能完全理解它们，应请求澄清。你还需要成为一个很好的聆听者。就像生活中的其他事情一样，信息可能是好的，也可能是不好的，或者对你没有什么价值。不管你如何评价这个信息，都应该对传递该信息的人表示尊重。在对方讲话时要注视着他或她，并在回答前听清其信息。为了完全理解这个信息，你可能需要提问并收集尽可能多的相关细节。不要试图掌控这个对话，而是给听的人一个讲话的机会。提示：试着将自己放在别人的位置上，并不带偏见地聆听。

显然，当你阅读某些材料的时候，你可能会获得一个信息，但又不具备能见到该信息发出者的条件。因此，你不得不采用从表面上读到的内容。这一点很重要，因为汽车维修技师必须能够阅读并理解维修资料中提供的信息和技术参数（图1-24）。

尽可能思考你向客户或上级表达一个信息时所用的语言。注意他们是如何听取的，并随时调整你的用词和举止。在书写回复时，考虑一下这个信息是给谁的并调整你的用语以符合他们的能力和态度。另外，记住可能不止一个人会阅读你的回复，因此还要考虑其他人的需求。

适当的电话礼节也很重要。大多数企业会告诉你如何接听电话，通常要说出公司的名称，随后是你的名字。确保你能仔细聆听对方的来电。当打电话的人是你时，你一定要做自我介绍并向对方说明打电话的原因。再次强调，合适的电话礼节的关键是尊重。

在所有的交流中，都会丢失一些真正的含义。在许多情况下，你所听到的信息往往与预期的信息相差甚远。由于个人情感的原因，你说的话并不总是能被正确理解或解读，你可以通过改变说话的语气来改变所要表达的意思。想想你有多少种方式来表达"不"的意思，你可以表达为轻度的怀疑、恐惧、惊讶、愤怒以及其他情绪。

重要的是，你要意识到沟通的主要部分是非言语的。非言语的沟通是你在交流过程的一种表现。注意在非言语沟通时你和其他人的做法。

非言语的沟通包括肢体语言和语调等。肢体

2012年	本田雅阁4缸发动机技术参数			
项目	测量内容	测量条件	标准的或新的	维修极限
发电机	输出	13.5V和发动机正常温度	105A	
	线圈（转子）电阻	68°F(20℃)	3.4~3.8Ω	
	集电环外径		14.4mm（0.567in）	14.0mm（0.551 in）
	电刷长度		10.5mm（0.413in）	1.5mm（0.059 in）
起动机	输出		1.8kW	
	换向器云母深度		0.50~0.90mm（0.0197~0.0354 in）	0.20mm（0.0079 in）
	换向器径向跳动		0.02mm（0.0008 in）	0.05mm（0.0020 in）
	换向器外径		28.9~29.0mm（1.138~1.142 in）	28.0mm（1.102 in）
	电刷长度		15.0~16.0mm（0.591~0.630 in）	9.0mm（0.354 in）
	电刷弹簧张力		22.3~27.3N（5.00~6.13lbf）	
	开启压力		93~123 kPa（13.5~17.8 psi）	
散热器盖	容量	发动机大修	5.1L（5.4 USqt）	
机油		更换机油（含滤清器）	4.0L（4.2 USqt）	
		更换机油（不含滤清器）	3.8L（4.0 USqt）	

图 1-24　汽车维修技师必须能够阅读并理解维修资料中提供的信息和技术参数

语言包括面部表情、眼球移动、姿态和手势。我们所有人都可以通过观察别人的面部表情来解读他们说话的意思和感受。我们还可以通过观察另一个人是什么姿态来粗略地了解他对相关信息的想法。姿态可以表达为自信、霸气、恐惧、不安或焦虑。同样，我们也会注意他们是如何放置他们的手或如何握手的。

许多学者研究了肢体语言，并界定了某些行为的含义。有些人将姿势分为以下两个基本组。

1）张开 / 合拢是最明显的。双臂环抱、双腿交叉、转身离开的人们表示他们拒绝或不接受某个信息；而张开双手面对着你、双脚着地的人们是在表示他们对此持开放态度并接受该信息。

2）向前 / 后退表示人们对信息做出的反应是主动的还是被动的。当他们身体前倾并指向你时，表明他们是主动地接受或拒绝这个信息。当他们身体向后倾斜、看着天花板、在纸上涂鸦，或清洁他们的眼镜时，表明他们要么是被动地接收该信息，要么就是故意忽视它。

1.10 解决问题和批判性思维

任何能够全面且逻辑性地评估各种状况的人才都是非常值得拥有的。批判性思维是一种不带偏见或成见地判断或评估一些事物的艺术。当诊断一个问题时，批判性思维的人能够通过已发现的事实来定位问题的原因，而不是依赖假设。

优秀的批判性思维者从仔细观察发生了什么和没有发生什么开始解决问题。根据这些观察，一些事情被认定为事实。例如，当一辆车的右前照灯不亮，而左前照灯点亮时，一个批判性思维者将非常确信问题的原因与右前照灯有关，而与左前照灯无关。因此，所有的测试都将集中在右前照灯上。这位批判性思维者随后会研究其电路并确定测试点。在进行任何测试前，他知道要测什么，以及可能的测试结果会表明什么。

批判性思维者会有条理地解决问题，而不依赖于运气。他们依据合理的推理得出结论。他们还明白，如果一个特定的问题只存在于某些特定条件下，那么其原因是有限的。他们会进一步了解问题发生的频率并准确预测该问题与可能的原因之间的关系。此外，他们知道一个问题可能会导致其他问题，他们还知道如何辨别各种问题之间的联系。

解决问题是我们每天都在做的事情。有些问题往往是微不足道的，比如决定要看什么电视节目。其他时候，在关键性问题上，就需要大量地思考。在这些时候，全面的思考真的会有回报。虽然不能确保批判性思维一定会带来正确的决策，但它会引出好的决策和解决方案。

诊断这个词被用来定义技师的一个主要职责。

诊断是查看一个不能正常运行的系统，并找出导致其不正常原因的一个过程。它不是猜测，也不仅仅是为找到对某个问题的解决方案而遵循的一系列相互关联的步骤。可靠的诊断是基于对不能正常工作的系统的功能及运行的理解。

在维修手册中，对许多不同的问题给出了诊断提示。它们要么是基于症状的，要么是流程图。流程图或决策树（图 1-25）将引导你顺利地完成一步接一步的流程。当你回答每一步给出的问题时，你会被告知下一步应该是什么。基于症状的诊断表（图 1-26）主要关注问题的定义，并给出该问题的可能原因列表。诊断提示有时候是以上两种的组合，即一张基于明确定义症状的流程图。

当无法得到这些诊断提示或诊断提示被证明是无效的时，优秀的技师会进行一个目视检查，然后采取一个合乎逻辑的路径（图 1-27）来找到问题的原因。这依赖于批判性思维的技能和系统的知识。

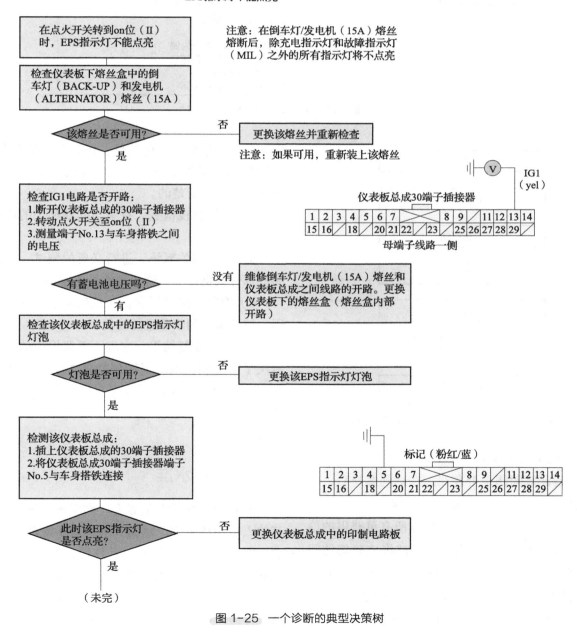

图 1-25　一个诊断的典型决策树

问题	可能原因
棘轮噪声	驻车棘爪回位弹簧损坏、疲软或装配错误
随发动机转速变化的呜呜声	变矩器故障 变速器油泵故障
砰砰声	泵气蚀—自动变速器油（ATF）中有气泡 变速器油滤网或滤网密封件损坏
嗡嗡声或高频咯咯声 呜呜声或隆隆声	冷却系统问题 传动链拉伸 驱动和 / 或从动链轮断齿 驱动和 / 或从动链轮轴承表面有刻痕或刮伤 轴承表面有麻点或损坏
总减速器嗡嗡声	总减速器齿轮组件磨损 差速器齿轮磨损或有麻点 差速器齿轮推力垫圈损坏或磨损
在前进档时的噪声	总减速器齿轮磨损或损坏
在特定档位时的噪声	与这个档位有关的部件磨损或损坏
振动	变矩器动平衡不良 变矩器故障 变速器或发动机对准失调 输出轴动衬套磨损或损坏 输入轴动平衡不良 输入轴衬套磨损或损坏

图 1-26 基于症状的诊断表

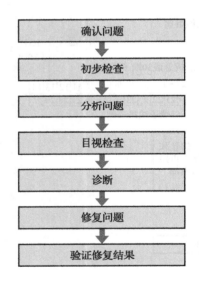

图 1-27 在合乎逻辑地诊断问题时应遵循的流程

符合逻辑的诊断有以下步骤。

1）验证该问题是否存在。在询问客户后，对车辆进行路试，并尽可能重现该问题。

2）做一些初步的检查。研究所有可获得的信息，以确定问题的可能原因。尝试将该确切的问题与症状图表匹配，或者考虑一下正在发生的情况，并将系统或某些组件与该问题相匹配。

3）彻底弄清楚问题是什么和它发生的时间。

密切注意问题发生时的条件，还要关注整个车辆。不同的问题对你来说可能是明显的，但对客户来讲并不见得是清楚的。

4）进行目视检查。查看与问题相关的所有可能因素。

5）诊断相关系统。进行必要的测试，以确定哪些部件是良好的，哪些部件是工作不正常的。

6）确定并修复问题。一旦确定了该问题的原因，按照推荐的步骤进行修复。

7）验证修复结果。永远不要假设你的操作已解决了原先的问题。返回到步骤 2），并在将车辆交还给客户前确认问题或客户担忧的情况是否仍然存在。

1.11 专业水准

有效沟通的关键是尊重。你应该尊重其他人，其他人也会尊重你。然而，尊重是不能被命令的，它只能是赢得的。作为一名技师，你可以在很多方面赢得尊重。所有这些都来源于你所表现出的敬业程度。敬业是通过所具备的积极态度、显示良好行为和责任担当展现出来的。

一名优秀的技师是一个技能精湛和知识渊博的人。专业人士具备以下特征：自尊、自豪和自信；诚实、正直和道德；对学习、成长和个人健康持有积极态度；有完成工作的主动性、活力和毅力；尊重他人；有主动和果断的作风；能够在工作和个人生活中设定目标和优先排序；能够为实现目标而计划和管理时间、资金及其他资源；遵守规则、法规和政策；履行工作职责；愿意为自己的决定和行为承担责任；能运用逻辑推理的能力；渴望每天学习新事物，无论是通过阅读杂志或书籍、观看视频，甚至是观看与汽车相关的电视节目。你的专业性还可以从如何应对变化体现出来。

不幸的是，工作环境永远不会一成不变。新的条例和法规、主管、同事、公司老板和车辆系统都是潜在的压力来源。你不应该关注这些变化的负面因素，相反，你应该识别出积极的方面，这将帮助你减轻压力。如果你感到压力，那就尽你所能来缓解它。散步、跑步等体育活动都有助于减小压力。当你有压力时，你很难成为一名富有成效的员工。因此，应尽最大的努力将这些事情放在正确的视角中，并进行一些批判性的思考，以确定你能做些什么来改变目前造成压力的状况。

当压力的来源与你的工作有关时，花些时间来确定这种存在压力的情况是否可以改变。如果不能，而且你觉得无法继续应对它，可能去别处重新找一份工作是明智的。

如果你认为离职是最好的解决方案，应该专业性地去做。不应简单地表露出要辞职或走到雇主面前说"我不干了！"辞职的最好方法是写一封辞职信，并亲自交给雇主。这封信应该说明你离开公司的原因。切记不要攻击企业、雇主或同事们。你可以简单地说你正在寻找其他工作机会或已经找到了另一份工作。说企业的坏话肯定会让你失去一份好的工作推荐信，因为下一份工作可能需要它。辞职信还应包括你打算结束工作的日期，该日期应该大约是你通知雇主的时间的 2 周后。在辞职信的结尾，应感谢雇主给你的工作机会以及他们为你提供的个人成长经历。

1.12 人际关系

作为一名雇员，你对你的同事们也负有责任。你是团队的一员，团队合作意味着与其他同事合作并彼此关心。团队的所有成员都应该了解企业的目标并做出自己的贡献。记住，如果不赚钱，你将来可能就没有工作了。你的责任不仅仅是简单地做你的工作，你还应该提出一些可能使公司更加成功的改进建议；表现出积极的态度；与团队成员合作来实现共同的目标；为了企业的利益，践行"给予和获取"；重视个体的多样性；以专业的方式回应表扬或批评；提出建设性的表扬或批评；以专业的方式解决冲突；识别并应对任何恐吓或骚扰。

良好的客户关系对所有团队成员都很重要。你应确保你的聆听和交流都很清晰（图 1-28）。要有礼貌并安排有序，尤其是在电话里与客户沟通时，要尽可能地保持诚实。

图 1-28　良好的客户关系很重要，应确保你始终在聆听并清晰地沟通

要以专业人士的形象展现你自己。专业人士总是为其所做的事感到自豪并表现出来。着装和行为要得体，并注意你的言语，即使你认为没人在附近。

尊重你正在作业的车辆。它们对客户来讲是很重要的。向客户交付的车辆一定要保持干净整洁、完好无损。记住，一辆汽车一般是客户所拥有的第二大财产，要以这样的态度去对待它。你是否喜欢这辆车并不重要，它是属于客户的，要诚心地对待它。

用客户可以理解的语言向客户解释维修过程。在你向客户解释一些事情的时候，确保采取一种简单的方式，不要让客户感到愚蠢。始终表现出对客户的尊重，并有礼貌地对待客户，这不仅是正确的做法，还能提高客户的忠诚度。

1.13 总结

- 汽车维修行业是一个全球性的行业，涵盖来自不同国家的汽车和零部件制造商。
- 大多数汽车系统都采用电子控制装置，包括发动机、变速器、制动、转向系统和悬架。预防性维护对当前车辆保持良好的运行状态极为重要。
- 新车经销商、独立维修店、专项维修店、车队运营商，以及许多其他业务都非常需要合格的维修技师。
- 扎实的汽车维修技术背景是许多其他汽车相关职业的基础，例如零配件管理、碰撞损伤评估、销售和营销等职位。
- 汽车技术的培训在很多高中、职业学校和技术学校都能获得。汽车制造商与学校也有合作项目，以确保毕业生了解新的系统和设备，以便更好地服务于企业。
- 美国汽车维修优秀技师学会（ASE）积极推动维修行业的专业化。认证项目针对汽车维修技师和高级维修技师的自愿认证计划有助于保证高水平的优质服务。
- ASE 的认证过程包括笔试和在职经历两部分内容。现有的认证项目包含汽车技术的许多领域。
- 就业计划是对你自己和职业目标的诚实评估。
- 推荐人是乐于向潜在雇主介绍你和你工作习惯的人。
- 简历和求职信是个人的推销工具，它或许是雇主对你的第一印象。
- 简历通常包括你的联系信息、职业目标、技能和／或造诣、工作经验、教育背景和关于推荐人的声明。
- 求职信让你有机会明确表明你为何是一个

特定工作岗位的理想人选。
- 申请表是一份概括你身份的文件。
- 为求职面试做好充分准备将会给你带来良好的感受。
- 汽车技师通常按计时工资或平均工时费获得报酬。
- 作为雇佣协议的一部分，你的雇主对你负有某些责任，而且你对雇主也负有责任。
- 有效的沟通包括聆听、阅读、讲话和书写。
- 非言语的交流是传递和接收信息的重要部分，它包括肢体语言和语气等内容。
- 雇主重视那些能够全面思考、合乎逻辑地评估情况并有能力解决问题和做出决定的人。
- 诊断意味着发现问题的一个或多个原因。它需要对汽车各个系统的功能和工作原理的透彻理解。
- 维修手册中的诊断图表可以帮助诊断。
- 专业程度通过所具有的积极态度、良好的行为举止和对责任的担当来体现。
- 新的条例和规章、主管、同事们、车辆系统和各种车辆都是潜在压力的来源，而你的敬业精神是通过你应对压力的方式来衡量的。
- 团队合作意味着与其他员工彼此合作、彼此关心。
- 与客户保持良好的关系是优秀技师的一种素质，它建立在尊重的基础上。

1.14 复习题

1. 简答题

1）录用汽车技师的企业类型有哪些？列举至少五种，并描述这些企业从事的工作类型，以及各自的利弊。

2）在学生时期获得工作经历的各种途径都是什么？

3）机械师和汽车维修技师之间隐含的区别是什么？

4）对一名成功的汽车维修技师的基本要求是什么？

5）什么类型的信息应该纳入你的就业计划？

6）针对汽车维修技师的三种薪酬体系是什么？

7）求职信的三个主要段落应该包括哪些内容？

8）如果你确定离职是最好的缓解工作压力方式，

为终止你的工作，你应采取哪些步骤？

9）进行合乎逻辑的诊断的七个基本步骤是哪些？

10）一份好简历的特点有哪些？

2. 判断题

1）当你感到来自工作的压力并觉得这种现状将不会改变时，你就应该去别的地方寻找工作。对还是错？　　　　　　　　　　　　（　　）

2）当你填写申请表时，你应该清楚你期望获得多少薪资。对还是错？　　　　　　　（　　）

3）批判性思维是一种不带偏见或成见去判断或评估一些事情的艺术。对还是错？　（　　）

4）你决定为之工作的公司将要支付你该得到的所有福利。对还是错？　　　　　（　　）

5）在平均工时费体系中，对一名维修技师是按照他或她在特定工作上所花费的工作时间来发放薪资的。对还是错？　　　　　　（　　）

3. 单选题

1）下面哪个选项对汽车行业有重要影响？（　　）
　　A. 排放法规　　　　　　B. 电子产品
　　C. 新科技　　　　　　　D. 以上全是

2）个人通常在一家新车经销商做（　　）来开始其汽车技师的职业，这是一名新技师了解经销商所售车辆的极好方式。
　　A. 零配件柜台工作　　　B. 新车交付准备
　　C. 服务顾问　　　　　　D. 主管技师

3）技师 A 说混合动力汽车使用两种不同的动力源；技师 B 说混合动力汽车要么使用汽油发动机，要么使用电动机来驱动车辆。谁是正确的？（　　）
　　A. 仅技师 A 正确
　　B. 仅技师 B 正确
　　C. 技师 A 和技师 B 都正确
　　D. 技师 A 和技师 B 都不正确

4）美国政府强制推行的包含了三元催化转化器和发动机控制模块的质量担保是（　　）。
　　A. 联邦排放缺陷质量担保
　　B. 联邦动力总成质量担保
　　C. 联邦排放性能质量担保
　　D. 延长的联邦排放质量担保

5）定期预防性维护项目中通常包含下面哪个选项？（　　）
　　A. 机油和机油滤清器更换
　　B. 冷却液和润滑油更换
　　C. 各种滤清器更换
　　D. 以上都是

6）在大型汽车经销商中，负责监督维修部门、零配件部门和车身维修车间运行的人员是（　　）。
　　A. 服务经理　　　　　　B. 服务总监
　　C. 车间领班　　　　　　D. 零配件经理

7）车辆仍在制造商质量担保期内的维修工作通常由（　　）来执行。
　　A. 独立维修店　　　　　B. 经销商
　　C. 专项维修店　　　　　D. A 或者 B

8）以下哪一类企业只开展一种或两种汽车系统上的业务？（　　）
　　A. 经销商　　　　　　　B. 独立维修店
　　C. 专项维修店　　　　　D. 车队维修部门

9）通常来说，哪个工作岗位是接待客户并完成维修或作业订单的？（　　）
　　A. 服务经理　　　　　　B. 零配件经理
　　C. 汽车维修技师　　　　D. 服务顾问

10）技师 A 说想要获得 ASE 某一特定领域认证的任何人都需要通过该领域的认证考试；技师 B 说在 ASE 考试中的试题通常会要求考生在两种不同的维修方法中选择。（　　）
　　A. 仅技师 A 正确
　　B. 仅技师 B 正确
　　C. 技师 A 和技师 B 都正确
　　D. 技师 A 和技师 B 都不正确

11）当今的汽车维修技师要获得成功，必须（　　）。
　　A. 懂得电子控制技术
　　B. 有能力维修和维护机械系统
　　C. 致力于不断学习新事物
　　D. 以上都是

12）一名技师至少需要（　　）年自己动手的实际工作经历才能获得 ASE 的认证。
　　A. 1　　　　　　　　　　B. 2
　　C. 3　　　　　　　　　　D. 4

13）一名已通过 ASE 所有八个汽车基础项目认证考试的经验丰富的技师会被认证为（　　）。

A. 汽车技师　　　　　　B. 高级汽车技师

C. 服务经理　　　　　　D. 零配件经理

14）技师 A 说蓄电池质量担保的费用通常是按比例摊派的；技师 B 说有些质量担保会有免赔额。谁是正确的？（　　）

A. 仅技师 A 正确

B. 仅技师 B 正确

C. 技师 A 和技师 B 都正确

D. 技师 A 和技师 B 都不正确

15）向维修店和公众销售售后零配件和物品的汽车零配件批发商被称为（　　）。

A. 仓储分销商　　　　　B. 大型商场运营商

C. 批发商　　　　　　　D. 自由职业者

16）持续的技术培训和支持可以从（　　）获得。

A. 售后零配件制造商处　B. 汽车制造商处

C. 线上资源中　　　　　D. 以上都是

17）下列哪个选项不是准确诊断问题的推荐步骤？（　　）

A. 尽可能多地收集与问题相关的信息

B. 全面界定一个问题

C. 更换系统部件，并通过排除法来确定造成问题的原因

D. 研究所有可用的信息和知识，以便确定问题的可能原因

18）以下哪种行为不能体现你是一个有责任心的人？（　　）

A. 在工作和个人生活中设有目标和优先排序

B. 愿意遵循规则、法规和政策

C. 愿意与他人分享你犯错的后果

D. 在做决定时使用逻辑推理

19）当你在接受工作面试时，下述哪一项要做的事情是正确的？（　　）

A. 穿戴整洁，而且在着装上要比你在日常工作时更正式

B. 回答问题之前要先仔细思考

C. 为了避免说太多话或冒犯面试官，应尽可能用简单的"是"或"否"来回答问题

D. 专心倾听面试官的讲话，且在面试官讲话时注视对方

20）下面哪一项不是一个好雇员的特征？（　　）

A. 可靠　　　　　　　　B. 负责

C. 过度社交　　　　　　D. 忠诚

21）申请者 A 在面试后立即到一个安静的地方并仔细回顾刚进行的面试；申请者 B 即便在两周内没有收到雇主的回复，他还是给面试官发了一封感谢信。谁是正确的？（　　）

A. 仅申请者 A 正确

B. 仅申请者 B 正确

C. 申请者 A 和申请者 B 都正确

D. 申请者 A 和申请者 B 都不正确

22）技师 A 在人们说话时始终关注他们，并在回答之前聆听他们的想法；技师 B 在客户说话时始终注视着他们，以表现出对他们说的话感兴趣。谁是正确的？（　　）

A. 仅技师 A 正确

B. 仅技师 B 正确

C. 技师 A 和技师 B 都正确

D. 技师 A 和技师 B 都不正确

23）技师 A 在与客户说话时，总是将其双臂交叉抱在胸前，因为他不知道该如何与客户打交道；技师 B 总是试图通过询问相关问题并收集尽可能多的细节来充分领悟得到的信息。谁是正确的？（　　）

A. 仅技师 A 正确

B. 仅技师 B 正确

C. 技师 A 和技师 B 都正确

D. 技师 A 和技师 B 都不正确

24）下面哪一项不被认为是软实力？（　　）

A. 享受解决谜题或难题

B. 关心或帮助他人

C. 独立工作的能力

D. 注意服从命令或指示

25）在为寻找工作而选择推荐人时，要考虑的人员不包括（　　）。

A. 你熟悉并且他们观点受到尊重的人

B. 家庭成员或好友

C. 曾经的或现在的老师、教练或学校的管理人员

D. 你曾经为其工作或帮助过的人

第 2 章
车间作业安全

学习目标

- 了解安全和事故预防对汽车维修店的重要性。
- 说明人身安全防护基本装备，包括防护眼镜、服装、手套、工作鞋和听觉保护装置。
- 说明安全使用工具和设备的步骤和注意事项。
- 说明在举升机上安全举起车辆需要遵循的注意事项。
- 说明在维修店里应采取什么措施来保持工作区域的安全。
- 描述在混合动力汽车上作业时必须遵循的特殊安全注意事项。
- 描述有关有害废弃物和材料的法律，包括知情权法律。

在汽车上作业可能有危险，但它也是有趣且能赚钱的。为了保持乐趣且持续获得报酬，你需要通过安全的作业来预防事故。在汽车维修店，存在出现严重事故的可能性，简单地说，这是工作性质和所使用的设备决定的。如果粗心大意，汽车维修就有可能成为最危险的职业之一。

但是，如果你具备安全作业的常识，那么在工作时受伤的概率几乎为零。保证维修店的安全是维修店中每个人的责任，包括你自己、你的同事或员工，以及你的雇主或师傅。所有人必须共同努力，保护所有在维修店工作的人的健康和安全。维修店的事故可能导致严重的伤害、暂时或永久性的残疾，甚至死亡。

本章涵盖了有关人员、作业区域、工具和设备以及危险品安全的基本准则。除了本章中的内容外，本书还给出了专门的警示信息来提醒有哪些粗心大意会导致人身伤害的情形。在汽车上作业时，要始终遵循维修信息、工具操作手册和其他技术资料所给出的安全指南。它们会给你提供保护。

2.1 个人安全

为了保护你自己免受伤害，需要穿戴个人防护装备（Personal Protective Equipment，PPE）、着装适当、工作专业并正确使用工具和设备。诸如护目用具、工作服和安全靴或鞋等个人防护装备是你在维修车间工作时保护你的物品。

1. 眼睛防护

你的眼睛可能会被维修店的许多东西感染或者造成永久伤害，应注意以下事项。

1）在车底下作业时，污物和铁锈的尖锐碎屑会很容易落入眼睛。

2）某些工序，比如磨削，会释放出极小的金属颗粒和粉末，它们会以非常快的速度甩出。这些颗粒会很容易进入眼睛造成擦伤或割伤。

3）从破裂的软管或松动的管接头中溢出的加压气体和液体可能喷入眼睛并导致失明。

为安全起见，只要在维修车间作业，就应佩戴合适的护目镜。在大多数维修店中，这不是一个可选项，而是必须佩戴护目用具。有许多类型的护目用具可供选择（图 2-1）。

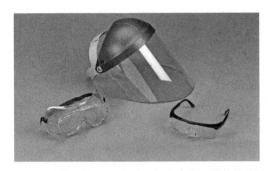

图 2-1 各种类型的护目用具、安全（防飞溅）护目镜、面罩和安全眼镜

安全眼镜装有用防破裂的安全玻璃、塑料或树脂制成的镜片。它们还可提供侧面防护。验光后所做的普通眼镜不能提供足够的保护，因此不能作为安全眼镜的替代品。普通眼镜可能是用树脂制作的，如果它们的评定等级为 ANSI Z87 并且具有固定在镜框上的侧护板，则可作为安全眼镜佩戴。

在某些作业过程中，需要佩戴额外的眼睛防护用具。例如，当进行空调系统的作业时，应佩戴防溅的护目镜；当使用台式砂轮机或用加压的喷雾清洁零件时，应佩戴面罩。面罩还可以保护脸部的其他部位。

眼睛的急救：如果蓄电池的硫酸、燃油或溶剂等化学物质进入了眼睛，应立即持续用清水冲洗。让别人打电话给医生以立即获得医疗帮助。许多维修店都有眼睛冲洗处或安全淋浴设备（图 2-2），只要有人被喷洒或飞溅上化学品时，就应使用它们。

图 2-2 眼镜冲洗设备

2. 着装

随意的着装，比如衬衫的下摆可能会造成安全隐患和严重伤害。穿戴的任何物品都不应悬垂在发动机舱或设备周围。衬衫应塞好并系好纽扣，长袖应系好纽扣或小心地卷起。衣服应该合身和舒适，但必须用结实的材料制成。一些技师更喜欢穿连体工装或工作服来保护他们的个人衣物。工作服可给你提供一定的保护，但不应限制你的行动。

保持着装的清洁。如果将汽油或机油溅到身上，请立即更换该服装。皮肤长时间接触机油会产生皮疹或其他过敏反应。汽油会刺激伤口而引起疼痛。

3. 头发和首饰

长头发和不受约束的、悬垂的首饰也会造成与宽松衣服类似的危险。它们可能卡入运转中的发动机零件和机器中。如果你有长头发，应将它扎在脑后或塞进帽子里。

在作业时不应佩戴戒指、项链、手镯和手表。戒指可能会划破手指，手表或手镯可能会割伤手腕，而项链可能会使你窒息。这在电气线路上或在它们周围进行作业时尤其如此。大多数首饰中的金属导电性都非常好，因此，如果接触到裸线，会很容易造成短路。

4. 鞋

还应该保护你的脚。如果有东西掉落在脚上，网球鞋和慢跑鞋几乎无法提供保护。用皮革或接近皮革强度的材料制成的靴子或鞋子可以提供更好的保护，以避免坠落物体造成的伤害。安全鞋和安全靴的设计有许多种，它们都有内置在脚趾和小腿部位的钢板来保护你的双脚。许多鞋底被设计成可以防止在潮湿地面上打滑。脚部受伤不仅非常痛苦，而且还会让你在一段时间内无法工作。

5. 手套

良好的手部防护常常被忽视。擦伤、割伤或烧伤会在许多天内严重削弱你的工作能力。许多学生和技师在汽车上作业时都会戴上机工手套来帮助保护自己的双手。在打磨、焊接或处理化学品和高温部件时，应佩戴一副合适的重作业手套。在处理危险的强腐蚀性化学品时，应佩戴聚氨酯或乙烯基手套（图 2-3）。这些化学物质很容易灼伤皮肤。

图 2-3　处理危险的强腐蚀性化学品时应佩戴聚氨酯或乙烯基手套

许多技师在车辆上作业时会佩戴外科手术类的薄乳胶或丁腈橡胶手套（图 2-4）。这类手套对割伤几乎没有防护作用，但确实可以防止手指甲下和指甲周围的疾病和油脂堆积。乳胶手套更舒适，但当它们暴露在汽油、机油和溶剂中时会劣化。丁腈橡胶手套不太舒服，但不受汽油、机油和溶剂的影响。选择何种手部防护装备应基于具体作业内容。

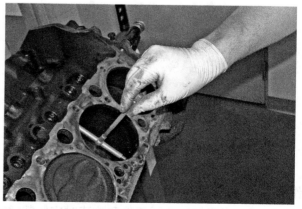

图 2-4　许多技师在车辆上作业时会佩戴外科手术类的薄乳胶或丁腈橡胶手套

6. 疾病预防

当你患上可能会传染的疾病时，应去看医生并且不要去上班或上学，直到医生说其他人受到这种疾病感染的可能性很小。这样做可保护他人；并且如果其他人都这样做，你也将受到保护。

你还应该关注并保护自己和他人免受血源性病原体的侵害。血源性病原体是存在于人体血液中会引起疾病的微生物。这些病原体包括但不限于由金黄色酿脓葡萄球菌、乙型肝炎病毒（HBV）和人类免疫缺陷病毒（HIV）引起的葡萄球菌传染病。为了保护每个人，任何出现出血的受伤都应作为可能威胁其他人健康的事件来处理。你应该避免接触其他人的血液。如果你需要施予某种形式的急救，应确保事先佩戴好手部防护装备。在处理导致割伤的物品时，也应戴上手套和其他保护用品。最重要的是，像所有的伤害一样，要向你的师傅或主管报告事故。

7. 耳朵防护

长时间暴露在非常大的噪声等级下会导致听力丧失。气动扳手、在负荷下运转的发动机以及运行在封闭区域的车辆都会产生有害级别的噪声。在有持续噪声的环境中，应佩戴简单的耳塞或头戴耳罩式防护装置（图2-5）。

图2-5 在噪声环境中作业时，可用耳罩或耳塞保护耳朵

8. 呼吸系统防护

技师常会使用具有有毒烟气的化学品进行作业。接触有毒烟气时应佩戴空气或呼吸面具（图2-6）。用溶剂清洗零部件和喷漆时应佩戴呼吸面具就是一个实例。

在处理含有石棉的零部件或处理危险物料时，也应佩戴面具。有关这些物料的正确处理方式在本章后面将有更详细的介绍。

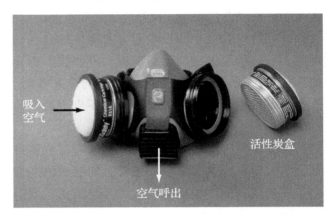

吸入空气

空气呼出

活性炭盒

图2-6 用来防止吸入有害物质的防毒面具

9. 举升和搬运

⚠ **警告** 试图用手臂或背部肌肉来搬运一些物品会导致背部的严重损伤，这可能会终结你的职业生涯并限制你余生要做的事情！

技师通常需要移动一些沉重的物品。知道如何举起这些重物可以保持你的职业生涯。在抬起任何物体时，应遵循以下步骤。

1）将双脚靠近物体。调整双脚的位置，以便能够保持良好的平衡。

2）尽可能使背部和肘部伸直。弯曲膝盖，直到双手可握住物体的最佳位置（图2-7）。

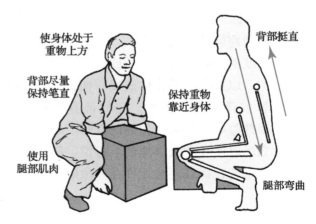

使身体处于重物上方

背部尽量保持笔直

使用腿部肌肉

背部挺直

保持重物靠近身体

腿部弯曲

图2-7 用腿部肌肉，而不是用背部肌肉来抬起重物

3）如果零件在纸箱中，先确保纸箱完好无损。旧的、潮湿的或密封不良的纸箱会被撕裂，使零件掉出来。

4）紧紧抓住该物体或容器。移动重物时，切勿试图改变抓住物体或容器的方式。

5）保持身体靠近物体，通过挺直双腿将其抬起。使用腿部肌肉，而不是背部肌肉。

6）如果必须改变行进方向，千万不要扭转身体，而是转动整个身体，包括脚。

7）在将物品放在架子或柜台上时，不要向前弯腰。应先将重物的边缘放在架子上，然后向前滑动。小心不要夹到手指。

8）在向下放重物时，弯曲膝盖并保持背部挺直。切记不要向前弯腰，这会拉伤背部肌肉。

9）在将重物放在地面上时，将物体放在木块上以保护手指。

在抬重物时，还应使用背部保护装置。应始终在自己能力范围内举起重物和作业，当不能确定自己是否可以应付该物体的大小或质量时，应请其他人帮助（或使用吊升机械）。即使是小而紧凑的零部件也可能会出奇地沉重或不平衡。在开始搬动之前要认真考虑如何抬起该物品。

10. 专业行为

一些事故可以简单地通过你的行为而避免。以下列出的内容未完全涵盖你应该或不应该做的所有事情，它们只是给出了一些需要考虑的方面。

1）当在车辆上或在车间内作业时切勿吸烟。

2）当聚众玩耍或"恶作剧"致使某人被送去医院时就不是玩笑了。

3）为防止严重灼伤，使皮肤远离热的金属部件，例如散热器、排气歧管、尾管、催化转化器，以及消声器。

4）在散热器的周围进行作业时，务必断开发动机的电动冷却风扇。很多电动冷却风扇会在没有警示的情况下接通，并且能够很容易地打断手指或手掌。确保维修完成后再重新连接该风扇。

5）使用液压机时，确保以安全的方式施加压力。在操作液压机时，明智的做法通常是站在液压机的侧面。

6）妥善存放所有的零部件和工具，将它们放在人们不会被它们绊倒的、离开作业区的地点。这种做法不仅减少了伤害，还减少了为寻找一个放错位置的零件或工具而浪费的时间。

7）保持作业区域清洁和整齐，确保在继续作业之前清除所有泄漏物。

2.2 工具和设备安全

汽车技师在使用所有工具和设备时必须遵守以下车间安全指南。

1. 手动工具安全

粗心地使用扳手、螺丝刀和锤子等简单的手动工具也会导致许多本可以避免的车间事故。在使用手动工具时请记住以下提示。

1）保持所有工具不带油脂。有油的工具可能会从手中滑落，导致手指骨折，或至少会割伤或擦破手指关节。

2）使用前检查工具是否有裂纹、损坏的部件或其他危险因素。切勿使用破损或损坏的工具。

3）手动工具只能用于其原本设计的用途，为作业选择正确的工具。切勿将扳手或钳子用作锤子，也切勿将螺丝刀用作錾子。

4）确保工具具有专业质量。

5）使用扳手时，始终朝自己的方向拉动扳手，而不是推动。在使用活扳手时，拉动扳手，以使拉力作用在非活动的钳口上。

6）始终使用正确尺寸的扳手。

7）尽可能不使用呆扳手，而是选择梅花扳手或套筒扳手。

8）在普通尺寸的套筒可以使用时，不要使用加长套筒。较长的套筒会产生更大的力矩并容易从紧固件上滑脱。

9）使用气动冲击扳手时，务必使用冲击套筒。

10）切勿使用钳子松开或拧紧螺母，应使用正确的扳手。

11）始终确保用锤子的整个工作面敲击物体。

12）在使用锤子和/或錾子时，要始终佩戴护目镜。

13）切勿将两个锤子敲打在一起。

14）使用锋利或尖头的工具时要小心。

15）不要将锋利的工具或其他锋利的物体放入口袋中。

16）如果认为一个工具应该是锋利的，要确保它是锋利的。钝的工具可能比锋利的工具更危险。

17）在移动中使用刀具、錾子和刮刀时，应保持其刀尖或刀刃朝向远离身体的方向。

18）在将尖的或锋利的工具递交给其他人时，始终将手柄朝向正要接收该工具的人。

2. 动力工具安全

许多维修店都有专门标记为专用安全区域地方（图2-8）。这些安全区域通常放有台式砂轮机、溶剂罐、焊接设备和钻床等，这些在车间中的设备存在着特殊的危险。在这些区域内，甚至是在这些区域附近作业时，通常需要使用除护目镜、工作服和靴子之外的额外安全防护。例如，当使用台式砂轮机时，应使用完整的安全面罩以防止碎屑飞到脸上。在这些区域及其周围工作时，务必确认需要哪些个人防护装置。

图2-8 维修店的某些区域需要额外的安全防护措施

动力工具是用外部动力源驱动的，例如电力、压缩空气或液压力。始终要认真对待工具及其电源，粗心大意可能会导致严重的伤害。此外，使用动力工具时，要始终佩戴护目镜。切勿试图在该工具规定的使用范围外使用它。

> ⚠ **警告** 粗心大意或不正确操作动力工具会导致严重伤害。在使用工具之前，确保已知晓如何操作它。

（1）电动工具 在使用电动工具时，要确保其已正确接地。在使用前先检查电源线的绝缘层是否开裂，以及线芯是否裸露。此外，在使用电动工具时，切勿站在有水或潮湿的地面上。在将任何电动工具插入电源座之前，确认其开关处于off（关闭）位置。使用完该工具后，将其关闭并拔下插头。切勿让正在运行的电动工具处于无人看管的状态。

在小零件上使用电动工具时，切不可把零件握在手中。应始终将零件固定在台虎钳上，或使用大力钳。

当使用台式或落地式砂轮机时，使用前先检查机器和砂轮是否有损坏迹象。如果砂轮有损伤，应在使用该设备前先更换。确保所有安全防护装置放置到位（图2-9）。安全防护装置是一个安装在运动部件上面的防护罩。尽管安全防护装置被设计成用于防止受伤，但在使用这些机器时仍应佩戴安全眼镜和/或面罩。在起动机器之前，确保机器周围没有其他人员或零部件。起动砂轮机时要站在一侧，而不是站在它的正前方。手和衣服应远离运动中的零件。在使用机器时，要使身体保持平衡的姿势。

图2-9 带有安全防护装置的工作台

（2）气动工具 使用压缩空气的工具被称为气动工具。压缩空气用于给轮胎充气、喷漆和驱动工具，例如气动棘轮和冲击扳手。气动工具必须始终在制造商推荐的气压下工作。在使用气动工具之前，检查所有软管的连接是否有泄漏以及空气管路是否有损伤。

要使用气动工具，向后滑动工具上的锁紧套筒并将工具连接头插入软管接头中。然后打开供气阀，并注意听是否有任何泄漏。如果软管或接头有泄漏，切勿使用该空气软管。一旦使用完工具，关闭供气阀并按下工具上的扳机以释放软管中的压力。断开工具连接并正确存放空气软管。

使用空气喷枪时，应佩戴护目镜和 / 或面罩。被高压空气吹出的灰尘颗粒和金属碎屑可能刺破皮肤或进入眼睛。启动或关闭压缩空气时，要始终牢牢握住空气喷枪。松弛的喷枪可能会突然甩动并造成严重伤害。切勿将空气喷枪指向任何人。切勿使用压缩空气来吹去衣服或头发上的污物，或使用压缩空气清洁地面或工作台。此外，切勿使用压缩空气快速旋转轴承。如果轴承已损坏，其中的钢球或滚子可能会飞出并造成严重伤害。

3. 举升安全

在举升机或吊架上升起车辆时务必小心。适配器和吊架盘必须正确放置在举升设备上，以防止损坏车辆底部。车辆上有规定的举升点，这些点可以使车辆的质量被适配器或吊架盘均匀地支撑。准确的举升点可以在车辆的维修信息中找到。图 2-10 展示了承载式车身结构和非承载式车身结构车辆的典型举升点位置。这些图仅用于说明。此外，要始终遵循特定举升机的操作说明。

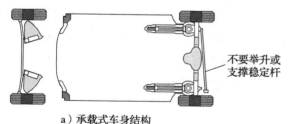

a）承载式车身结构

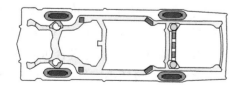

b）非承载式车身结构

图 2-10 车辆的维修信息会提供正确的举升点

将举升机的支撑正确地放置在车辆下面后，即可升动举升机直到其支撑接触车辆。然后检查

支撑点以确保它们与车辆完全接触。摇动车辆以确保其在举升机上保持安全的平衡，然后将举升机升至所需的工作高度。

> ⚠ **警告** 在进行车辆下面的作业之前，确保举升机的锁定装置已啮合。

汽车举升设备协会（ALI）是一个涉猎汽车举升设备设计、建造、安装、操作、维护和维修的社团。他们主要关注的是安全。被 ALI 核准的每台举升设备上都贴有图 2-11 所示的标签。在使用举升设备之前，先阅读整个标签上包含的安全提示是一个好习惯。

汽车举升机
安全提示

将此安全提示张贴能不断提醒举升机操作员的地方。有关本举升机的特定信息，请始终参阅举升机制造商的手册。

1. 每天检查举升机。如果出现故障或零件破损或损坏，切勿操作。维修中应使用原始设备商的零部件。
2. 操作控制装置被设计成在装置释放时关闭，不要强制其打开或盖住它们。
3. 切勿让举升机超载。制造商规定的额定载质量在举升机所贴的铭牌上。
4. 车辆定位和举升机的操作只能由经过培训并被授权的人来完成。
5. 车内有人时切勿举升车辆。客户或旁观者在操作期间不应在举升机区域。
6. 始终保持举升机周边没有障碍物、油脂、油液、垃圾和其他杂物。
7. 在车辆开上举升机之前，先定位举升臂和支撑物以提供通畅的空间。不要撞击或碾过举升机的举升臂、适配器、轴支撑物，否则会损坏举升机或汽车。
8. 小心地将车辆加载到举升机上。将支撑物放置在车辆制造商推荐的举升点处。升起举升机直到支撑物接触车辆。检查支撑物与车辆是否可靠接触。将举升机升至所需的工作高度。注意：如果要在车下作业，举升机应举升到足够高以使锁定装置可以啮合。
9. 请注意，对于某些车辆，部件的拆卸（或安装）可能会导致重心的严重移动并导致被举升车辆的不稳定。在拆卸汽车部件时，请参阅汽车制造商维修手册的推荐步骤。
10. 在降下举升机之前，先确认工具托盘、机架等已从车下移开。在试图降下举升机之前，先松开锁定装置。
11. 在将车辆从举升机区域移出之前，先将举升机举升臂和支撑物放在适当的位置，以提供一个畅通的通道（参见第7条）。在所有汽车维修用的举升机上都可找到这个标签

图 2-11 汽车举升机上的安全提示贴签

4. 千斤顶和千斤顶支架安全

车辆可以用液压千斤顶顶起（图2-12）。上下移动千斤顶手柄可顶起车辆，转动阀门释放千斤顶中的液压可使车辆落下。千斤顶有一个顶升用的垫块，它必须放置在车辆车架区域的下方或制造商推荐的举升点处。切勿使垫块顶在车身地板下或转向和悬架部件的下方，因为这些部件可能会因承受车辆的质量而损坏。始终将千斤顶支撑在车辆被顶起后仍可以转动车轮的位置上。

图2-12 典型的液压千斤顶

安全支架又被称为千斤顶支架（图2-13），它是一个有不同支撑高度的放置在地面上的支架。它们可被放置在车架或车桥壳等坚固的底盘部件下方来支撑车辆。一旦放置好安全支架，应缓慢释放千斤顶中的液压，直到车辆的质量落在支架上。与千斤顶一样，千斤顶支架也有支撑能力的评定等级，应始终使用正确等级的千斤顶支架。

图2-13 在用千斤顶支起车辆后，需用安全支架支撑住车辆

当车辆仅由液压千斤顶支撑时，切勿在车辆下方活动。要在车辆下方移动时，先将车辆支撑在千斤顶支架上。

在千斤顶支架放置到位后，应移去千斤顶。这消除了千斤顶的手柄伸入走道中的风险。千斤顶手柄弹起或被踢到会导致绊倒事故或导致车辆跌落。

5. 链条起重葫芦和吊架安全

类似汽车发动机等的沉重部件可以使用链条起重葫芦（图2-14）或小型起重机来拆下。链条起重葫芦的另一个名称是倒链。小型起重机通常又被称为动臂式吊架。

图2-14 重型发动机吊架

为了防止严重伤害，链条起重葫芦和吊架必须正确地连接在被举升部件上。始终使用具有足够强度的螺栓来承受被举升的物体。将链条起重葫芦或吊架正直置于该物体的上方，然后将起吊链条或缆绳连接到小型起重机上。

6. 清洁设备安全

清洁零部件在大多数维修过程中是一个必需的步骤。清洁汽车零部件的方式可分为三种基本类型。

（1）化学清洁 化学清洁依靠化学反应来去除污垢、油脂、水垢、油漆或锈迹（图2-15）。加热、搅动、机器刷洗或冲洗的组合可以用于去除污垢。化学清洁设备包括小零件的清洗机、热/冷的清洗罐、高压清洗机、喷洗机和盐浴池。

（2）热清洁 热清洁依赖于热量，它能烘烤或氧化污垢。热清洁方式会在表面留下灰烬的残留物，必须通过额外的清洁工艺加以去除，例如离心式喷丸或喷淋清洗。

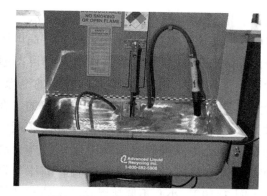

图 2-15　水性溶剂型零部件清洗机

（3）磨料清洁　磨料清洁依赖物理磨损作用来清洁表面，包括金属丝刷、玻璃珠喷丸、离心式钢珠喷丸、磨料滚流和振动清洁等方式。

7. 车辆操作

把客户的车辆送去维修时，应遵守相应的驾驶规则，以确保你和周围人的安全。例如，在将汽车驶入维修店之前，应系好安全带。起动发动机之前，应确保附近没有人，通道畅通，车底下没有工具或零部件。

在将车辆挂进档位之前先检查制动器，然后在维修店内和周围小心缓慢地驾驶。当接近盲区或驶过车库门口时，按喇叭让其他人知晓有车辆正在接近。

在进行汽车的路试时，应遵守所有交通法规。仅在必要时才进行车辆的路试以检查车辆并核实客户提出的问题。切勿过快地起步、转弯或以超出条件所允许的速度行驶。

如果你在车上作业的同时必须保持发动机运转，应挡住车轮以防止车辆移动。对自动变速器，将其置于驻车档位；对手动变速器，将其置于空档位。启用驻车（紧急）制动器（俗称拉起手刹）。切勿径直地站在正在行驶车辆的前面或后面。

当车辆停放在维修店内时，始终将车窗摇下，以便在车门被意外上锁时能进入车辆内。

排出发动机尾气：每当需要发动机运转以进行诊断或维修时，必须将发动机的排气排放到车间外。废气中含有一氧化碳（CO）。CO 是一种无臭、无味、无色的致命气体。人吸入 CO 会导致脑损伤，在严重的情况下会导致死亡。CO 中毒的早期症状包括头痛、恶心和疲乏。

大多数维修店都有排气通风系统。这些系统收集发动机的排气并将其释放到车间外的空气中。在车间内起动发动机之前，用软管将车辆的排气管连接到通风系统上（图 2-16），并确认通风系统已打开。如果工作区域没有排气通风系统，使用一根软管直接将排气排到室外。

图 2-16　在车间内起动发动机之前，确保其排气已连接到车间排气通风系统

8. 电气安全

为防止人身伤害或对车辆造成损坏，在车辆电气系统上或在其周围进行作业之前，应始终采取必要的防护措施。在断开任何电气线路或部件之前，应先断开蓄电池（图 2-17）。这可避免火灾或触电的可能性，还消除了意外短路的可能性，短路可能损坏车辆的电气系统。首先断开负极或接地电缆，然后断开正极电缆。因为电路需要接地才是完整的，通过断开接地电缆，可以消除电路被意外接通的可能性。在重新连接蓄电池时，先连接正极，然后连接负极。此外，在断开电气插接器时，不要拉扯导线。在重新连接该插接器时，要确保它们连接牢固。

（1）蓄电池注意事项　由于车辆的电力被储存在蓄电池或电池包中，因此，在蓄电池上或在其附近作业时必须遵循专门的操作注意事项。以下是有关蓄电池的一般注意事项。

1）确保在蓄电池周围和进行与蓄电池有关的作业时佩戴护目镜（最好是面罩），穿着防护服。

2）始终使蓄电池远离所有明火、火花和过度的热量，尤其是在充电时。

图 2-17 在断开任何电气线路或部件之前先断开蓄电池

3）切勿将金属工具或其他物品放在蓄电池上，因为这可能会导致蓄电池极柱之间的短路。

4）蓄电池一般都有电解液，电解液具有强腐蚀性，如果接触到皮肤或眼睛，会造成严重伤害。如果电解液溅到身上，应立即用小苏打和水冲洗。如果酸进入眼睛，立即用冷水冲洗至少 15min，并立即就医。

5）蓄电池电解液会损坏车辆油漆和金属表面以及车间设备，应中和维修中洒出的任何电解液。

6）过度充电的蓄电池是最危险的。蓄电池此时很热，并已经或可能仍在产生大量氢气。在蓄电池周围作业或进行与蓄电池有关的作业时，应先让蓄电池冷却。此外，切勿使用电解液已冻结的蓄电池或为其充电。

7）始终使用蓄电池托架或吊带以使搬动和处理蓄电池更轻松、更安全。

8）始终在通风良好的地方给蓄电池充电。

9）切勿在充电器打开时连接或断开充电器电缆，这会产生危险的电火花。

10）在给蓄电池充电之前，先关闭所有电气附件并解决任何寄生漏电问题。

11）在连接或断开充电器到蓄电池的电缆时，应确认充电器的电源开关已关闭。

12）在接通充电器之前，务必再次检查蓄电池与充电器连接电极的极性。不正确的极性会损坏蓄电池或导致蓄电池爆炸。

13）切勿尝试将充电器作为起动发动机的起动升压器使用。

（2）高压电气系统　电驱动的汽车（纯电驱

动汽车、混合动力汽车或燃料电池电动汽车）具有高压电气系统（电压 42~650V）。这些高电压是致命的！幸运的是，大多数高压电路都可以通过尺寸和颜色来辨认。这些电缆都有较厚的绝缘层，通常为橙色（图 2-18）。插接器也是橙色的。在大多数这类车辆上，高压电缆封装在橙色屏蔽层或外套中。再次强调橙色表示高电压。此外，高压电池包和大多数高电压部件都贴有"高压"警示标签（图 2-19）。小心不要接触这些电线和部件。

图 2-18 所有高压电缆被标示为橙色或封装在橙色护套中

图 2-19 混合动力汽车的绝大多数部件都贴有"高压"警示标签

以下是在电动汽车上作业时应遵守的一些其他安全防护要求。

1）始终遵循车辆制造商给出的安全指南。

2）在这些车辆上作业之前，必须进行必要的培训。

3）确保正确执行每个维修操作步骤。

4）在对这些高压电气系统进行维修之前，先按照制造商给出的步骤禁用或断开高压电气系统。

5）在混合动力汽车发动机运转时，发电机会产生高电压，应小心防止发生电击。

6）在对电驱动车辆进行任何维修之前，都应确保电动机的电源已断开或禁用。

7）系统可能有一个高压电容，它必须在高压电气系统被隔离后进行放电。在高压电气系统上或其周围进行作业之前，确保等待了规定的时长（通常约 10min）。

8）拆下高压电缆后，用乙烯基电工胶带包住其端子。

9）始终使用绝缘工具（图 2-20）。

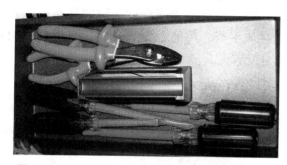

图 2-20 可用于高压电气系统作业的绝缘工具示例

10）仅使用制造商指定的工具和测试设备，并遵循设备制造商规定的测试步骤。

11）使用警示标志提醒其他技师你正在高压电气系统上作业，例如"高压工作，请勿触摸"。

12）在高压电气系统上或在其周围作业时，应佩戴绝缘手套。确认手套没有撕裂、孔洞或裂缝，并且是干燥的。使用手套前应检查其完好性。

13）始终将正确类型的电路保护装置安装到高压电路中。

14）许多电动机内部都有强力的永磁体。如果你装有心脏起搏器，请勿操作这些部件。

15）当电驱动的车辆需要拖到维修店维修时，确保没有拖动驱动轮。拖动驱动轮会驱动发电机，这会使蓄电池过度充电并导致爆炸。始终在驱动轮离地的状态下牵引这类车辆，或用平板货车移动它们。

9. 旋转的带轮和传动带

在传动带、带轮、惰轮、链条和其他任何旋转部件周围时要小心。在这些部件附近作业时，应确保手、车间用毛巾或宽松的衣服不会接触到这些运动的部件。即使在发动机怠速运转时，手和手指也可能会被快速地卷入旋转的传动带或带轮中。

> **⚠ 警告** 在电动的发动机冷却风扇附近作业时要小心。即使发动机没有运转，这些风扇也可能在没有警示的情况下转动。每当你必须在这些风扇周围工作时，应在进入风扇周围区域前先断开连接至风扇驱动电机的电气插接器。

2.3 作业区域安全

作业区域的地面和工作台面应保持清洁、干燥和有序。地面上的任何油液、冷却液或油脂都会使地面湿滑，人员滑倒会导致重伤。要清除油液，应使用商业用的吸油剂。此外，应保持地面上不要有任何水。光滑的地面上有水更容易打滑，而且电流在水中会很顺利地流动。通道和走道应保持清洁且足够宽以方便人员通过。确保机器周围的作业区域足够大以便安全地操作机器。确保所有排水管路的盖都牢固在位，开放的排水沟和与地面不齐的盖子会导致脚趾、脚踝或腿部受伤。

将最新的紧急呼救电话号码清单清楚地张贴在电话机旁边，应包括医生、医院、消防和公安部门的电话号码。此外，工作区域应备有一个用于处理轻伤的急救箱和随手可用的眼睛冲洗套装，应该知道这些物品存放的地点。

1. 火灾危险和预防

（1）汽油 汽油是一种高度易燃的挥发性液体。易燃的物品很容易起火并燃烧。挥发性液体是蒸发很快的液体。易燃易挥发的液体是潜在的"火灾炸弹"。所以应始终将汽油、乙醇或柴油储存在经过核准的安全罐中（图 2-21），切勿使用汽油来清洁手部或工具。

汽油的存在是如此普遍，以至于人们常常忘记它的危险性。轻微的火花或热量的增加都会引起火灾或爆炸。蒸发后的汽油蒸气比空气重，因此，当存放汽油的容器打开时，汽油蒸气会逸出在容器的四周。这些汽油蒸气比液态汽油更易燃，并且很容易爆炸。

图2-21　易燃液体应储存在经核准的安全容器中

> ⚠ **警告**　切不可用嘴虹吸汽油或柴油，这些液体是有毒的，会导致恶心或致命疾病。

切勿在汽油周围或在充满汽油蒸气的车间内吸烟。如果车辆有汽油泄漏或因断开燃油管路已造成泄漏，应立即擦干净并阻止这个泄漏。确保在该区域内的所有可能进行的打磨或焊接作业都已停止，直到完全清除了洒出的汽油并且用水冲洗了地面。擦拭汽油的抹布应放在外面干燥后再放置在经批准的脏抹布容器中。如果车间内有汽油蒸气，应打开门和通风系统。只需少量燃料与空气混合就可能引起燃烧。

（2）乙醇燃料　最常见的乙醇燃料是 E85 燃油（15% 的汽油与 85% 的乙醇混合），它是一种极易挥发的液体。乙醇是一种非石油基的燃料并用作汽油的替代燃料。乙醇还用作添加剂来提高汽油的辛烷值。E85 的处理和储存方式与汽油相同。

（3）柴油燃料　柴油不像汽油那样易于挥发，但应以同样的方式储存和处理。柴油也不会像汽油那样精炼，因此通常含有很多杂质，包括具有高度传染性的活性微生物。如果柴油碰巧沾到开放的伤口或溃疡，应立即彻底清洗。

（4）化学溶剂　清洗用的化学溶剂虽不像汽油那样易挥发，但它们仍然是易燃的。这些溶剂应以与汽油相同的方式储存和处理。小心地处理所有的溶剂（或任何溶液）以避免泄漏。应保持所有溶剂容器密闭，只有在倾倒时才打开。在使用挥发性溶剂和化学品的区域，适当的通风非常重要。溶剂和其他易燃材料必须存放在指定的经过安全核准的储藏柜或房间内（图 2-22）。

丢弃或清洁已空的所有溶剂容器，这些容器底部的溶剂混合气是非常易燃的。切勿在易燃溶剂和化学品（包括蓄电池电解液）附近产生火花或吸烟。

（5）抹布　含油的或沾有油脂的抹布也是火灾的一个来源。这些抹布应存放在经核准的容器中（图 2-23），切勿与普通垃圾一起扔掉。如果这些含油的、沾有油脂或浸过油漆的抹布被随意遗弃或存放不当，可能会导致自燃。自燃是不用点燃的自发着火。

图2-22　将易燃材料存放在经过安全核准的储藏柜内

图2-23　脏的抹布或毛巾应放置在经核准的容器中

2. 灭火器

在需要使用灭火器和火灾警报器之前，应该

知道维修店里所有灭火器的放置位置以及如何使用它们（图 2-24）。还应该了解不同的火灾类型选用何种灭火器（表 2-1）。所有灭火器都标有一个符号或字母来代表它们适用的火灾类别。使用错误类型的灭火器可能会导致火势蔓延而不是被扑灭。

如果使用灭火器不方便，可以用毯子或翼子板护罩来抑制火焰。这样做时要小心，因为火焰的热量可能会烧到你和毯子。如果火势太大无法扑灭，应让所有人远离火场，并打电话给当地的

图 2-24　维修店中所有灭火器的放置位置和类型

表 2-1　灭火器选择指南

	火灾类别	涉及的典型可燃物	灭火器类型
类别 Ⓐ 火灾 （绿色）	**用于普通可燃物** 通过降温或覆盖燃烧物来扑灭 A 类火灾	木头 纸张 织物 橡胶 塑料 废弃物 装饰物	水①② 泡沫① 多用途干粉⑤
类别 Ⓑ 火灾 （红色）	**用于易燃液体** 通过窒息法扑灭 B 类火灾。使用具有覆盖、阻断火焰效果的灭火器，覆盖整个燃烧的液体表面	汽油 机油 油脂 油漆 打火机液体	泡沫① 二氧化碳⑥ 卤化剂⑦ 标准干粉③ 紫 K 干粉④ 多用途干粉⑤
类别 Ⓒ 火灾 （蓝色）	**用于电气设备** 通过尽快关闭电源且始终使用可防止触电的非导电灭火剂来扑灭 C 类火灾	电动机 电气用具 电线 熔丝盒 配电盘	二氧化碳⑥ 卤化剂⑦ 标准干粉③ 紫 K 干粉④
类别 ☆D 火灾 （黄色）	**用于可燃金属** 用专门设计的灭火剂通过窒息或覆盖的方式扑灭金属屑、车削屑及刨削屑产生的 D 类火灾	铝 镁 钾 钠 钛 锆	仅限使用干粉灭火器或灭火剂

①水、泡沫和酸碱类筒式操作的灭火器已不再生产了。在这些灭火器进行下一次静压测试时，应将它们从维修区域移走。

②除非用防冻液处理，否则在低温下会结冰，质量通常超过 20 磅（约 9kg），比表格中的其他任何灭火器都重。

③也称为普通或常规干粉（碳酸氢钠）。

④在 B 类火灾中提到的灭火器中具有最大的初始灭火能力。使用灭火器后务必立即清除残留物，以免损坏被喷洒的表面（碳酸氢钾）。

⑤这是唯一能扑灭 A、B 和 C 类火灾的灭火器。但是，它们不应该用于剧烈燃烧的液化的脂肪或有相当深度的油火灾。务必在使用该灭火器后立即清洁残留物，以免损坏被喷洒的表面（磷酸铵）。

⑥在不通风的密闭空间内需谨慎使用。

⑦如果吸入灭火剂（气体）或灭火剂在灭火时产生的气体，可能对操作者造成伤害。

消防部门。一个简单的发动机舱盖下的火灾可以导致汽车和建筑物的全部毁灭，也可能夺走一些人的生命。你必须能够快速准确地做出反应以避免灾难。

如果火灾超出了可以用灭火器安全处置的程度，维修店里的所有人都需要从该区域疏散。每个学校和公共建筑物都应该贴有疏散路线的公告。这些路线应清楚地指出最近的紧急出口（图 2-25）。在培训课的头几天或刚开始就业期间，应确保你认清了疏散路线，并清楚地知道在紧急情况下你应该去哪里。

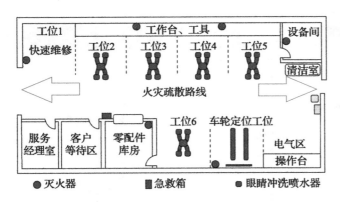

图 2-25 在真正需要使用疏散路线之前先认清它

灭火器的使用。除非绝对必要，否则在发生火灾时切勿打开门窗，额外的空气进入只会使火势更凶猛。确保在力图灭火之前或灭火期间已联系了消防部门。为了灭火，应站在离火 6~10ft（约 1.5~2.5m）的地方。在从灭火器中释放灭火剂之前，将灭火器稳固地保持在直立位置。将灭火器喷嘴对准火焰底部并从一边向另一边移动，扫过火焰的整个宽度（图 2-26）。为了帮助记住如何使用灭火器，记住"PASS"（见下面的解释）这个词。此外，应站在低的位置以避免吸入烟雾。如果该区域已经太热或烟雾太大，就到外面去。切不要为了任何事情返回正在燃烧的建筑物中。

"PASS"的含义如下。

P（Pull- 拉出）：从灭火器手柄上拉出锁销。

A（Aim- 对准）：将灭火器喷嘴对准火焰底部。

S（Squeeze- 捏压）：捏压手柄。

S（Sweep- 扫过）：将灭火器扫过火焰的整个宽度。

图 2-26 将灭火器喷嘴对准火焰的底部并扫过其整个宽度

2.4 危险废弃物处置

> ❗ 警告 在处理任何危险废弃物材料时，务必穿戴安全数据表（SDS）推荐的恰当的安全用具。遵循所有要求的程序，包括使用经核准的防毒面具。

许多维护和维修的过程都会产生危险废弃物，例如脏的溶液。如果某种物质在已知有害材料的清单上，那么它就被 EPA 归类为危险废弃物。完整的 EPA 危险废弃物清单可在美国联邦法规编号中找到。需要注意的是，只有当维修店准备处置这些材料时，它们才被视为危险废弃物。

有关危险废弃物产生和处置的法规引导了维修店装备的发展。这些装备包括热清洗装置、闭环蒸汽清洗机、废油熔炉、油液滤清器压碎机、制冷剂回收利用机、发动机冷却液回收机和高吸收性织物。

始终将危险废弃物与其他废弃物分开，确保它们被正确标记并密封在推荐的容器中。储存区域应该被覆盖，如果存在被故意破坏的可能性，则可能需要使用围栏或将其锁住。

> ❗ 警告 修理店最终负责对危险废物的安全处置，即使在废弃物离开修理店之后。只有获得许可的废弃物回收公司才能处理废弃物。除运走废弃物外，他们还会负责所有文书工作，应对各个政府机构，并对修理店如何收回处置成本提供建议。如果发生危险废弃物泄漏，应立即报警并联系有关部门。不这样做可能会面临行政处罚或刑事责任。

以下是一些常见的危险废弃物，以及应该如何处理它们。

（1）机油　机油应被回收。放置带有废油收集桶的可滴下机油的工作台或滤网工作台设备以收集从零部件上流落的机油。例如，在有油液泄漏的车辆底下放置接油盘。除非回收商允许，否则不要将其他废弃物与废机油混合。维修店里产生的废机油（和/或从家用发电机收集的油）可以在商业焚烧器中现场燃烧。此外，使用过的机油可以燃烧以进行能量回收。联系当地政府有关部门以确定各种要求和获得必要的许可。

（2）机油滤清器　流干滤清器中的机油至少需要 2 h，压碎并回收用过的机油滤清器（图 2-27）。

图 2-27　单个机油滤清器压碎机

（3）蓄电池　通过将蓄电池送到回收站或返回经销商处以回收蓄电池。保留运费收据可以证明你已将蓄电池回收。将蓄电池存放在防水、耐酸的货柜中。装入货柜时应检查蓄电池是否有裂纹和泄漏。如果蓄电池破裂，按照跌落的蓄电池来对待。酸性残留物是危险的，因为它具有腐蚀性，并且会含有铅和其他有毒物质。用小苏打或石灰覆盖来中和溢出的酸液，并处理掉所有危险物质。

（4）加工产生的金属残渣　如有可能，收集并回收机械加工金属零件时的产生金属屑，防止金属碎屑落入下水道。

（5）制冷剂　回收和/或循环再利用空调系统维修时的制冷剂。切不可故意将制冷剂排放到大气中。回收和/或循环再利用制冷剂必须由 EPA 认证的技师使用已认证的设备并遵循规定步骤进行。

（6）溶剂　用具有相同性能的毒性较小的替代品来替代危险化学品。例如，用水基清洗溶剂替代石油基溶剂脱脂剂。为了减少清洗零部件时使用的溶剂量，采用两个阶段的步骤：先用脏的溶剂，然后用干净的溶剂。聘请一个危险废弃物管理公司来清洁和回收溶剂。将溶剂储存在密闭容器中以防止蒸发。溶剂蒸发会导致臭氧层消耗和烟雾的形成。此外，蒸发残留物必须作为危险废弃物来处置。

（7）容器　容器应盖好盖子，贴上标签，遮盖好，并将所有液体容器和小罐子妥善存放在围有土堤的区域内和铺砌的防渗表面上，以防止溢出物流入地表水或地下水中。

（8）其他实物　将废金属、旧的机器零件和磨损的轮胎等材料存放在屋顶下或防水油布下，以保护它们免受自然因素的影响并防止潜在的污染扩散。可考虑通过翻新轮胎来回收利用它们。

（9）油液回收　收集和回收利用散热器的冷却液。单独存放变速器油液、制动液和含有氯化烃的溶液，并妥善回收利用或处置它们。

（10）车间毛巾/抹布　将废弃的毛巾存放在标有"仅限已污染的车间毛巾"的密闭容器中。为了减少处理用过的毛巾的相关成本和债务，可考虑使用洗衣服务，这种服务有能力处理清洗毛巾产生的废水。

（11）石棉　石棉已被确定为对健康有害的物质。石棉是一个用于描述许多天然存在的纤维材料的术语。它是一种致癌物质，会导致包括癌症的多种疾病。石棉引起的癌症或间皮瘤是肺癌的一种形式。吸入石棉纤维后会导致肺部疤痕和/或肺部气道受损。伤口和疤痕成为石棉有效的藏身地。显然，每个人都希望避免吸入石棉粉尘和纤维。在使用含有石棉的材料时要小心，例如制动片、离合器片和发动机的一些密封垫。所有石棉废弃物都必须按照美国职业安全与健康管理署（Occupational Safety and Health Administration, OSHA）和美国国家环境保护局（Environmental Protection Agency, EPA）的法规进行处置。

2.5 总结

- 上班时的安全着装非常重要。应穿着合身的衣服、佩戴眼睛和耳朵的防护用具、防护手套、穿着头部装有钢片的劳保鞋，戴帽子以盖住长发。

- 选择护目镜时，确保其具有安全玻璃并提供了侧面防护。

- 在存在有毒烟雾或很多灰尘的环境中作业时，应佩戴防毒面具。

- 当维修店噪声超过安全水平时，应戴上耳塞或耳套以保护耳朵。

- 在使用任何工具时，安全都是必不可少的，在使用电动工具时更是如此。在插入电动工具的电源线之前，要确保其电源开关已关闭。在维修电动工具之前应断开其电源。

- 操作车辆举升机或吊架时，务必遵守所有相关的安全规则。如果不安全地操作，千斤顶、千斤顶支架、链条起重葫芦和吊架也会造成伤害。

- 在维修店内移动车辆时要小心，粗心大意和在周围玩耍可能导致车辆损坏和严重的人身伤害。

- 一氧化碳（CO）气体是存在于发动机排气中的一种有毒气体，必须使用排气软管或其他可靠方法将汽车的尾气从车间中完全排出。

- 在使用任何挥发性溶剂或材料进行作业时必须充分通风。

- 汽油、乙醇和柴油燃料是高易燃物，因此应保存在经核准的安全罐中。

- 切勿在任何可燃材料附近点火。

- 了解何时使用何种类型的灭火器很重要。救火时，将灭火器喷嘴对准火焰底部并左右扫动。

- 材料安全数据表（Material Safety Data Sheets, MSDS）包含重要的化学制品的信息，必须每年提供给所有员工。作为新员工职前培训的

一部分，他们应该了解这些工作表。

- 所有危险的和含石棉的废弃物都应按照OSHA和EPA规定处置。

2.6 复习题

1. 简答题

1）处置用过的机油滤清器的正确方式是什么？

2）紧急呼叫电话号码列表应该张贴在维修店的什么位置？

3）抬起重物的正确步骤是什么？

4）什么是血源性病原体？技师为什么要注意血源性病原体？

5）在使用手动工具时应记住哪些事情？至少列举出五条。

6）在车辆蓄电池上或在其附近作业时必须遵守哪些注意事项？至少列举出五条。

7）从气动工具上连接和拔开空气软管的正确步骤是什么？

8）EPA关于危险废弃物的完整清单可以在哪里找到？

9）在零部件的维修过程中，有许多种用来清洁零件的方法，这些方法可以被分成三种单独的类型，这三种类型分别是什么？

10）在带有高压电气系统的车辆上作业时必须遵守哪些注意事项？至少列举出五条。

11）用灭火器扑灭火灾的正确步骤是什么？

2. 单选题

1）下述哪个选项中的物品对眼睛提供的防护最少？（　　　）

A. 面罩
B. 护目镜
C. 防飞溅护目镜
D. 处方眼镜

2）下列哪一项关于乳胶手套和丁腈手套的表述是不正确的？（　　　）

A. 这些手套都提供了对割伤的防护

B. 这些手套都提供了对在指甲下方和指甲周围产生疾病和油脂堆积的防护

C. 乳胶手套更舒适，但当暴露在汽油、机油和溶剂时会劣化

D. 丁腈手套不太舒服，但它们不受汽油、机油和溶剂的影响

3）下列哪一项关于护目镜的描述是正确的？（　　　）

A. 它们应该提供侧面的保护

B. 镜片应用防破碎的材料制成

C. 某些维修作业要求佩戴额外的护目镜以保护眼睛

D. 以上所有描述都是正确的

4）汽油是（　　　）。

A. 高挥发性的

B. 高易燃物

C. 危险的，尤其是蒸气形式

D. 以上所有

5）技师 A 说建议在车间内穿带防滑鞋底的鞋子；技师 B 说鞋尖装有钢片的劳保鞋能提供最好的足部保护。谁是正确的？（　　　）

A. 仅技师 A 正确

B. 仅技师 B 正确

C. 技师 A 和技师 B 都正确

D. 技师 A 和技师 B 都不正确

6）技师 A 说用过的发动机冷却液应被收集和回收再利用；技师 B 说如果雇用一家经批准的废弃物处置公司来处理车间里的机油，则所有油基的废弃物都可以收集在同一个容器中。谁是正确的？（　　　）

A. 仅技师 A 正确

B. 仅技师 B 正确

C. 技师 A 和技师 B 都正确

D. 技师 A 和技师 B 都不正确

7）在汽车维修店工作时，下面哪一项是重要的？（　　　）

A. 使用适合于作业的工具

B. 避免穿着宽松的服装

C. 穿鞋尖带有钢片的劳保鞋

D. 以上都是

8）技师 A 说物质的可燃性是对物质蒸发或爆炸难易程度的表达；技师 B 说物质的挥发性是物质支持燃烧的好坏程度的表达。谁是正确的？（　　　）

A. 仅技师 A 正确

B. 仅技师 B 正确

C. 技师 A 和技师 B 都正确

D. 技师 A 和技师 B 都不正确

9）下述哪一项是在试图扑灭易燃液体火灾时不建议使用的？（　　　）

A. 泡沫　　　　　　　B. 二氧化碳

C. 水　　　　　　　　D. 干粉

10）技师 A 在车间工作时，将他的长发扎于脑后；技师 B 用帽子盖住她的长发。谁是正确的？（　　　）

A. 仅技师 A 正确

B. 仅技师 B 正确

C. 技师 A 和技师 B 都正确

D. 技师 A 和技师 B 都不正确

11）技师 A 用压缩空气来吹去自己衣服和头发上的灰尘；技师 B 用压缩空气清除工作台的表面。谁是正确的？（　　　）

A. 仅技师 A 正确

B. 仅技师 B 正确

C. 技师 A 和技师 B 都正确

D. 技师 A 和技师 B 都不正确

12）当（　　　）时，应该佩戴重型防护手套。

A. 焊接　　　　　　　B. 打磨金属

C. 使用腐蚀性清洗溶液　D. 以上都是

13）机油滤清器的正确处置方式包括（　　　）。

A. 回收利用使用过的滤清器

B. 在废弃机油加热器中燃烧它们

C. 压碎它们

D. A 和 C 两种

第 3 章
基本知识和计算

学习目标

- 描述所有物质存在的状态。
- 说明能量是什么以及能量是如何被转化的。
- 说明影响汽车设计和操控的各种力。
- 描述牛顿运动学定律及其在汽车上的应用。
- 说明摩擦力并描述如何使其最小化。
- 描述各种类型的简单机械结构。
- 说明转矩和功率之间的区别。
- 说明气体的各种行为。

3.1 物质

物质是任何占据空间的东西。所有物质都以气态、液态或固态的形态存在。气态和液态的物质被认为是流体，因为它们容易移动或流动，并且易于响应压力的变化。气体既没有其自身的形状也没有体积，且易于无限膨胀。液体有一定形状和体积。固体是不流动的物质。

1. 原子和分子

所有的物质都是由无数被称为原子的微小粒子组成的。只有一种原子类型的物质被称为**元素**。已知存在超过 100 种元素，其中 92 种是自然界中存在的，其余的是在实验室中制造出来的（图 3-1）。原子是元素的最小粒子，并具有该元素的所有化学特性。

称为质子的带正电荷的小粒子位于每个原子的中心或原子核中。在大多数原子中，原子核还包含中子。中子不带电荷，但它们会增加原子的质量。带正电荷的质子倾向于相互排斥，这种排斥力可能会破坏原子核。中子与质子的同时存在抵消了排斥作用并使原子核保持完整。电子是带负电荷的小而轻的粒子。电子在围绕原子核的轨道上运动。在原子尺度或元素周期表中，元素是按照其拥有的质子和电子的数量列出的。例如，在这个表中，氢元素是第 1 位，而铜元素是第 29 位。

一个质子大约比一个电子重 1840 倍。因此，电子比质子更容易移动。当电子绕轨道运行时，离心力试图使它们离开其原子核。但带正电荷的质子和带负电荷的电子之间的吸引力使电子保持在它们的轨道上。

不同元素的原子具有不同数量的质子、电子和中子。一些质量较小元素的质子和中子数量相同，但许多质量较大的元素都具有比质子更多的中子。

氢（H）原子是最简单的原子。它只有一个质子和一个电子（图 3-2）。一个铜（Cu）原子有 29 个质子和 29 个电子。在不同能级上的电子以不同的距离绕原子核运行，这些距离被称为环层或轨道层。铜原子的电子在围绕原子核的四个不同环层中运行。因为 2、8、18 个电子分别是紧靠原子

族:	1	2	3	4	5	6	7	8	9	10	11	12	13	14	15	16	17	18
周期	1A	2A	3B	4B	5B	6B	7B		8B		1B	2B	3A	4A	5A	6A	7A	8A
1	1 H																	2 He
2	3 Li	4 Be											5 B	6 C	7 N	8 O	9 F	10 Ne
3	11 Na	12 Mg											13 Al	14 Si	15 P	16 S	17 Cl	18 Ar
4	19 K	20 Ca	21 Sc	22 Ti	23 V	24 Cr	25 Mn	26 Fe	27 Co	28 Ni	29 Cu	30 Zn	31 Ga	32 Ge	33 As	34 Se	35 Br	36 Kr
5	37 Rb	38 Sr	39 Y	40 Zr	41 Nb	42 Mo	[43] Tc	44 Ru	45 Rh	46 Pd	47 Ag	48 Cd	49 In	50 Sn	51 Sb	52 Te	53 I	54 Xe
6	55 Cs	56 Ba	*	72 Hf	73 Ta	74 W	75 Re	76 Os	77 Ir	78 Pt	79 Au	80 Hg	81 Tl	82 Pb	83 Bi	84 Po	85 At	86 Rn
7	87 Fr	88 Ra	**	[104] Unq	[105] Unp	[106] Unh	[107] Uns	[108] Uno	[109] Une	[110] Uun	[111] Uuu	[112] Uub	[113] Uut	[114] Uuq	[115] Uup	[116] Uuh	[117] Uus	[118] Uuo
*镧系元素			57 La	58 Ce	59 Pr	60 Nd	[61] Pm	62 Sm	63 Eu	64 Gd	65 Tb	66 Dy	67 Ho	68 Er	69 Tm	70 Yb	71 Lu	
**锕系元素:			89 Ac	90 Th	91 Pa	92 U	[93] Np	[94] Pu	[95] Am	[96] Cm	[97] Bk	[98] Cf	[99] Es	[100] Fm	[101] Md	102 No	103 Lr	

图例：

碱金属	惰性气体
碱土金属	卤素
其他金属	其他非金属
半导体	无可用数据

图 3-1　显示每种元素自然状态的元素周期表

核的前三个电子环层的最大电子数，所以第四个环层只有一个电子（图3-3）。电子的最外环层称为化合价环层，该环层中的电子数决定了元素的电特性。

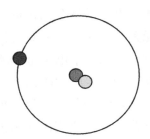

图3-2 一个氢原子有一个质子（红）、一个中子（黄）和一个电子（绿）

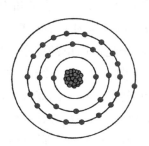

图3-3 一个铜原子

某些元素的单个原子是不存在的。这种情形的一个例子是氧元素，其符号为O。纯氧仅以一对氧原子的形式存在，符号为O_2，这是一个氧分子。**分子**是单质或化合物的最小粒子。一个分子可以由一种或多种不同类型的原子组成。一个化合物包含两种或多种不同类型的原子。氧原子很容易与其他元素的原子结合形成一种化合物，许多其他原子也有相同的特性。

水是氧原子和氢原子的化合物。水的化学符号是H_2O，该符号表示每个水分子包含两个氢原子和一个氧原子（图3-4）。

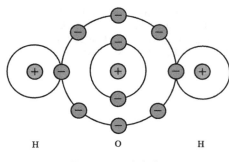

图3-4 一个水分子

车间讨论

尽管你可能永远不需要知道这个，但这里是一个在原子核周围的每个环层中可以有多少电子的简单解释。确定一个环层中可以有多少电子的基本公式：用环层的层数乘以自身，然后再乘以2。例如，第一道环层：1×1=1，再乘以2，即1×2=2，因此，第一道环层能有2个电子；而第三道环层：3×3=9，再乘以2，则9×2=18，因此，第三道环层能有18个电子；第七道环层：7×7=49，49×2=98，因此在第七道环层可以有98个电子，以此类推。

2. 离子

离子是已经失去或获得一个或多个电子的原子或分子。因此，它带有负电荷或正电荷。带负电荷的离子带有的电子比质子多。带正电荷的离子正好相反，它的电子比质子少。除了标在上方的符号或显示电荷状态和获得或失去的电子数之外，离子的表示方式与其他原子和分子相同。例如，电离的氢具有正电荷（H^+），电离的氧具有负电荷（O^{2-}）。

等离子体被科学家认为是物质的第四种形态，等离子体是一种被电离的气体，它具有几乎等量的正离子和电子。其电子随原子的原子核一起运动，但可以自由移动并且不受原子核的束缚。此时的气体不再表现为气体。它现在具有电的特性并产生一个磁场，从而辐射光和其他形式的电磁能。它通常以类似气体云的形式存在，并且是大多数恒星的基础。事实上，我们的太阳就是一大块等离子体。等离子体是宇宙中最常见的物质形式。恒星及其之间的空间中的等离子体占据了可见宇宙的近99%。等离子体的日常示例包括在霓虹灯和荧光灯中看到的被激发气体。

3. 状态表现

固体的粒子以硬性结构结合在一起。当固体溶解成液体时，它的粒子从其结构中脱离出来并均匀地混合在液体中，形成一种溶液。当液体被加热时，大多数都会蒸发，这意味着原子或分子会从液体中脱离出来，变成气体粒子。当所有液体蒸发后，留下固体。固体的粒子通常排列在被称为晶体的结构中。

吸收和吸附。并非所有的固体在液体中都会溶解，液体也可能被固体吸收或吸附。海绵的行为是吸收的最好例子。当一块干的海绵被放入水中时，水被海绵吸收，但海绵不会溶解。水只是渗入海绵，海绵则被水充满。海绵的原子结构没有改变，水的结构也没有变化。如果把一块玻璃放入水中，它不会吸收水。但由于有一层薄薄的水黏附在玻璃上，玻璃仍然会变湿，这就是吸附。吸收液体的材料是**可渗透性**物质。**不可渗透**的物质，例如玻璃，只会吸附液体。一些材料对于大多数液体是不可渗透的，而其他一些材料仅对少数液体是不可渗透的。

3.2　能量

能量可以被定义为做功的能力。因为所有物质都由不断运动的原子和分子组成，所以所有物质都具有能量。能量不是物质，但它会影响物质的行为。一切发生的事情都需要能量，而且能量有多种形式。

每种形式的能量都可以转变为其他形式的能量，但能量的总量永远不会改变，它只能从一种形式转变为另一种形式，不能被创造或被毁灭。这称为"能量守恒定律"。

1. 发动机效率

发动机效率是对输入到发动机的能量和可从发动机获得的可用能量的一种度量。它以百分比表示。确定效率的公式为（输出能量 ÷ 输入能量）× 100%。

历史回顾

阿尔伯特·爱因斯坦在他的相对论中提出了一个很多人听说过但很少有人理解的能量方程。他提出能量等于质量乘以光速的平方，即 $E = mc^2$。

以效率表示的发动机其他特性包括机械效率、容积效率和热效率。它们表示为输入（实际值）与输出（最大值或理论值）之比。效率总是小于 100%。效率和 100% 之间的差值是损失的百分比。例如，如果将 100 个单位的能量输入给一台发动机，其中 28 个单位的能量被用来为车辆提供动力，则其效率为 28%。这意味着所接收能量的 72% 都浪费或损失了（图 3-5）。

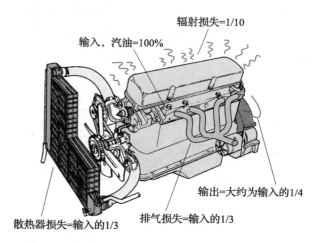

图 3-5　汽油发动机浪费或损失了它所接收的大部分能量

2. 动能和势能

当能量被释放出来做功时，它被称为动能。动能也可称为运动中的能量（图 3-6）。被储存的能量称为势能。

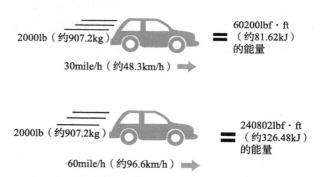

图 3-6　移动的车辆的动能随其速度呈指数倍增加

许多汽车系统都具有势能，而且有时也具有动能。点火系统是高压电能量的一个来源。点火系统的核心是点火线圈，它具有很大的势能。当要让火花塞点火时，该能量被释放并在火花塞电极间隙中产生火花时变成动能。

3. 能量转化

当一种形式的能量被转变为另一种形式时，就会发生能量转化。由于能量并不总是以所需要的形式存在，因此必须被转化为可使用的形式。此处讨论一些最常见的能量转化。

（1）化学能转化为热能　当燃料在发动机气缸中燃烧时，汽油或柴油中的化学能被转化为热能。

（2）化学能转化为电能　蓄电池中的化学能（图3-7）被转化为提供给汽车上许多用电附件的电能。

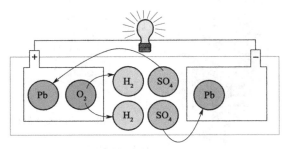

图3-7　化学能在铅酸蓄电池中转化为电能

（3）电能转化为机械能　在汽车中，蓄电池为起动机提供电能，起动机再将电能转化为机械能来驱动发动机曲轴转动。

（4）热能转化为机械能　燃料燃烧产生的热能被转化为机械能来驱动车辆。

（5）机械能转化为电能　发电机由发动机的机械能驱动。发电机将机械能转化为电能，为车辆的电气附件提供电能并为蓄电池充电。

（6）电能转化为辐射能　辐射能是光能。电能被转化为热能来加热灯泡内的灯丝使其点亮并释放辐射能。

（7）动能－机械能－电能　混合动力汽车有一个再生制动系统，该系统使用运动中车辆的能量（动能）来驱动发电机。机械能用于驱动发电机产生电能，这些电能一部分提供给蓄电池（图3-8），另一部分提供给电动机。

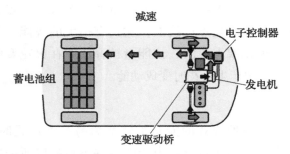

图3-8　再生制动系统捕获车辆的一些动能来为蓄电池充电或为电动机供电

4. 质量

质量是物体中物质的数量，并以磅（lb）或千克（kg）为计量单位。引力赋予一个质量以重量，例如在地球上，受地球引力影响的一个航天器可以重达500t。而在没有地球引力和大气的太空中，该航天器几乎是失重的，但其质量保持不变（图3-9）。

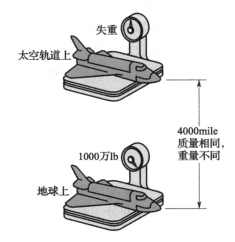

图3-9　航天器在地球和太空中的重量差异

汽车的规格主要用两种方式给出质量。**总质量**是车辆满载乘客和货物时的质量。**整备质量**是车辆没有搭载乘客或货物时的质量。

公制转换。要将千克转换为磅，只需将以千克为单位的质量乘以2.205即可。例如，如果某物体重5kg，则 $5 \times 2.205 = 11.025$ 磅。如果要用磅加上盎司的形式来表示这个答案，先将0.025磅转换为盎司。因为1磅有16盎司，所以将16乘以0.025（ $16 \times 0.025 \approx 0.4$ 盎司）。因此，5kg等于11磅加0.4盎司。

5. 尺寸

一些物体的尺寸与其质量有关。一个物体的尺寸定义了它占据了多少空间。尺寸大小通常用长度、宽度和高度表示。长度是某物体从一端到另一端有多长的计量。宽度是某物体从一侧到另一侧有多宽的计量。显然，高度是从物体底部到其顶部的距离（图3-10）。这三个尺寸在英制单位中是以英寸（in）、英尺（ft）、码（yd）和英里（mile）来计量的，而在公制中是米（m）。

在北美地区，距离的测量习惯用分数表示，

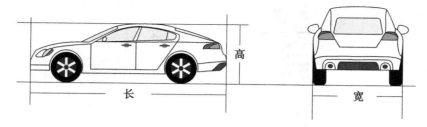

图 3-10　用于确定物体大小的常用尺寸

而不是用十进制的小数。大多数汽车规格是用十进制给出的，因此，分数必须被转换为十进制的小数。如果要用小数形式而不是分数形式表示尺寸，则进行尺寸的加减也会更容易。如果想计算轮胎的滚动周长，且轮胎的直径为 $20\frac{3}{8}$ in（1in=25.4mm），在进一步计算之前先将它转换为十进制小数。环绕轮胎一圈的距离是其周长，它等于直径乘以一个常数 π，π 约等于 3.14，因此，轮胎的周长约等于直径乘以 3.14。将 $20\frac{3}{8}$ in 分为一个整数和一个小数。为将 $\frac{3}{8}$ 转换为小数，需将 3 除以 8（3÷8=0.375）。因此，轮胎的直径为 20.375in。现在将直径乘以 π（20.375 × 3.14≈63.98），得出该轮胎的周长接近 64in。

英制和公制尺寸的转换，见表 3-1。

表 3-1　英制和公制尺寸转换

要得到的	被乘数	×	换算系数
毫米值	＝英寸值	×	25.40
厘米值	＝英寸值	×	2.540
厘米值	＝英尺值	×	32.81
米值	＝英尺值	×	0.3281
千米值	＝英尺值	×	0.0003281
千米值	＝英里值	×	1.609
英寸值	＝毫米值	×	0.03937
英寸值	＝厘米值	×	0.3937
英尺值	＝厘米值	×	30.48
英尺值	＝米值	×	0.3048
英尺值	＝千米值	×	3048
码值	＝米值	×	1.094
英里值	＝千米值	×	0.6214

6. 体积（容积）

体积是尺寸大小的度量，并且与质量有关。

体积是物体在三个维度（长度、宽度和高度）中占用的空间。例如，1lb 黄金和 1lb 羽毛具有相同的质量，但 1lb 羽毛占用了更大的空间（体积）。在英制单位中，体积是以立方英寸（in³）、立方英尺（ft³）、立方码（yd³）或加仑（gal）作为计量单位的。在公制单位中，体积的计量所用的单位是立方厘米（cm³）或升（L）（图 3-11）。

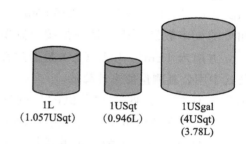

1L　　　1USqt　　　1USgal
(1.057USqt)　(0.946L)　(4USqt)
　　　　　　　　　(3.78L)

图 3-11　公制和英制体积单位的对比

一个容器的容积是通过将其长度、宽度和高度相乘来计算的。例如，如果一个盒子长 2in、宽 3in、高 4in，则其容积等于 24in³（2 × 3 × 4 = 24）。不同形状的物体有不同的体积（容积）计算公式，但都考虑了该物体的三个空间维度。

发动机气缸的容积用排量表示。这个尺寸不代表发动机的外部尺寸（长度、宽度和高度）。气缸的排量指气缸的工作容积。活塞从其在气缸的最低点 [称为下止点（BDC）] 到最高点 [称为上止点（TDC）] 的移动距离称为活塞的行程（图 3-12）。一个气缸的缸径是该气缸筒的直径。

排量通常用立方英寸（in³）、立方厘米（cm³）或升（L）来表示。发动机（所有气缸）的总排量是其功率输出能力的粗略反映。总排量是发动机所有气缸排量的总和。发动机立方英寸排量（CID）可按下式计算：

$$CID = \pi R^2 LN$$

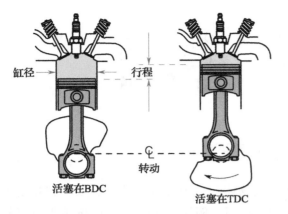

图 3-12　发动机的缸径和活塞行程

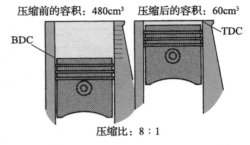

压缩比：8：1

图 3-13　发动机的压缩比表示空气和燃油混合气在活塞压缩行程被压缩的程度

式中，R 是气缸半径；L 是活塞行程；N 是该发动机的气缸数量。

示例：计算一个六缸发动机的 CID，其缸径为 3.7in，活塞行程为 3.4in。

CID=$3.1416 \times 1.85^2 \times 3.4 \times 6 = 219.66 \text{in}^3$

如今的大多数发动机排量都是按公制单位给出的。立方厘米（cm^3）和升（L）是通过在排量计算公式中用公制测量值来计算的。

示例：计算一台四缸发动机的公制单位排量，其活塞行程为 78.9mm，缸径为 100mm。在使用公式计算以立方厘米为单位的排量之前，先将单位从毫米转换为厘米：78.9mm=7.89cm；100mm=10cm。

排量 =$3.1416 \times 5^2 \times 7.89 \times 4 = 2479 \text{cm}^3$（cc）或大约 2.5L

7. 比值

汽车的一些特性常常用比值来表示。一个比值表示了两个数值之间的关系。如果某数值是另一数值的两倍，则存在一个 2：1 的比值。有时比值被用于比较物体的运动。例如，如果某物体移动 1in 导致其他物体移动了 2in，则有一个 1：2 的移动比。

发动机的**压缩比**表示随着活塞从气缸的下止点移动到上止点时对空气和燃油混合气的压缩程度。该压缩比的定义为，当活塞处于 BDC 时其上方的气缸容积，与当活塞处于 TDC 时其上方的气缸容积之比（图 3-13）。压缩比的计算公式如下。

$$压缩比 = \frac{活塞在 BDC 时其上方的气缸容积}{活塞在 TDC 时其上方的气缸容积}$$

在许多发动机中，当活塞处于 TDC 时，活塞的顶部就位于气缸的上止点。其燃烧室就是活塞上方气缸盖中的空腔。这个空腔的容积可以通过活塞顶部形状的改变而稍被加减。为了准确计算压缩比，燃烧室的容积必须添加到公式中每个气缸的容积上。

示例：如果总的活塞排量为 45in³，燃烧室容积为 5.5in³，计算压缩比：

（45+5.5）÷5.5=9.1

所以其压缩比为 9.1：1。

比值还用于表达某些物质的正确混合比例。例如，当重新加注冷却液时，通常应是 50% 的冷却液与 50% 的水混合（图 3-14）。这是一个 1：1 的比例，这个比例能实现最大限度的热和冷的防护。

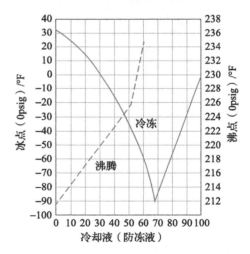

图 3-14　冷却液的百分比与发动机冷却液冰点和沸点的关系

注：psig 为磅力每平方英寸（lbf/in²）表压，1lbf/in²≈6.89kPa；0 ℉ ≈-17℃。

假设有一个容积为 9.5L 的冷却系统。由于大多数冷却液是用美制加仑（USgal）为计量单位的容器出售的，因此要确定应放入系统中的冷却液量，首先应将升（L）转换为美制加仑。因为 1USgal 等于 3.7854L，所以用 9.5 除以 3.7854（9.5÷3.7854=2.5097USgal）。因此，冷却系统的总容积略高于 2.5USgal。要确定在系统中加入多少冷却液，将总容量除以 2（2.5÷2=1.25L）。因此，正确的混合物是 1.25USgal 的防冻液与 1.25USgal 的水混合。

3.3 力

力可以是一个推力或拉力，而且可大可小。力可以通过直接接触施加或从远处施加。重力和电磁力是从远处施加力的例子。力可以从任何方向和以任何强度施加。例如，如果拉力是推力的两倍，则物体将在一半的拉力下被移动。当两个或多个力作用在一个物体上时，组合的力称为合力。合力是这些力的大小和方向的总和。例如，当一个质量块被两条平行且长度相等的金属线悬挂时，每根金属线都承受该质量块的一半重力。如果移动金属线的连接位置，使它们与该质量块之间形成一定角度，则金属线将承受更大的力，即现在金属线所承受的力是该质量块的重力再加上拉动另一根金属线的力。

1. 汽车受到的力

当车辆静止时，重力对车辆施加一个向下的力。地面施加一个与此相等且方向相反的向上的力来支撑该车辆。当发动机运转并且其动力被传递到驱动轮时，该车轮在水平方向上对地面施加一个力，这使车辆移动，但它也受到了车辆质量的阻碍（图 3-15）。为了使车辆更快地移动，由车轮提供的力必须增加到超过相反方向的力。当车辆移动得更快时，随着它的行驶将会推动空气，这会产生一个不断变大的反作用力，驱动轮上的力必须克服该力才能使车辆提高速度。当车辆达到预期的速度后，在驱动轮上就不再需要施加额外的力了。

（1）平衡力和不平衡力　当所有施加的力处于平衡且合力为零时，**物体处于平衡状态**。一个

停放在固态水平表面上的物体是处于平衡状态的。如果将该表面设置一个小的角度，则重力会导致该物体慢慢从该表面滑下。如果该表面有一个很大的角度，则重力将导致该物体快速滑下这个表面。在这两种情况下，该表面仍然提供支撑物体所需的力，但重力产生的拉力更大，合力会导致物体以不同的速度滑下。

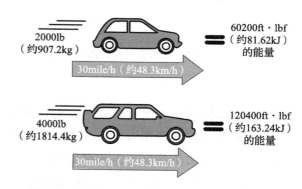

图 3-15　移动车辆所需的能量大小取决于车辆的质量

（2）旋转力矩　力可以造成旋转和直线运动。作用在可自由旋转物体上的力将使物体转动或承受转矩。该转矩等于力乘以该力围绕其作用的旋转中心之间的垂直距离。

2. 轮胎和车轮受到的力

如果在光滑的表面上滚动圆锥形物体，该圆锥体不会沿直线滚动。相反，它将向锥体倾斜的一侧移动（图 3-16）。骑自行车就是这样的一个例子。为了向左转，更容易的方式就是将自行车向左倾斜。一个倾斜的滚动车轮通常会向其倾斜的方向运动。同样的道理，如果车辆的轮胎和车轮倾斜，则轮胎和车轮将趋于倾斜的方向运动。这是车轮定位时要考虑的一个原理。

骑自行车时，你的体重通过自行车的前叉落到路面上。前叉的中心线相对于车轮的垂直中心线向后倾斜。当转动车把时，轮胎围绕车轮的垂直中心线做旋转运动。因为轮胎的旋转点在你的体重落在路面的位置的后面，所以前轮在转弯后会有自动返回正直方向的趋势。当自行车被驱动时，车轮也倾向于保持直线行驶。这个合力的原理是精确定位车轮的基础。

图 3-16　处于一定角度的轮胎将像圆锥体一样滚动

3. 离心力和向心力

当一个物体做圆周运动时，它的方向是连续改变的。所有的方向改变都需要一个力。保持一个圆周运动所需的力称为向心力和离心力。该力取决于圆周的大小以及物体的质量和移动速度。

向心力试图将物体拉向该圆周的圆心，离心力试图使该物体离开圆心。使物体绕绳子末端旋转的向心力是由绳子的拉力产生的。如果绳子断了，就不再有绳子的拉力了，此时该物体会因为受到离心力的作用而沿直线飞出。引力是使地球绕太阳运行的向心力。如果没有这个向心力，地球将在太空中做直线运动。

4. 车轮和轮胎平衡

当车轮和轮胎总成的重量围绕车轮旋转中心均匀分布时，该车轮和轮胎具有适当的静平衡。由于是静态的平衡，因此无论车轮处在何种位置，车轮和轮胎总成都不会自行转动。如果重量分布不均匀，则车轮和轮胎总成是静不平衡的。当车轮和轮胎旋转时，离心力作用在这些静不平衡点上会导致车轮"跳振"或"跳行"（图 3-17）。

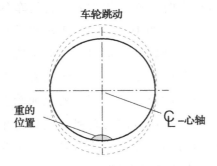

图 3-17　轮胎和车轮总成静不平衡是导致车轮跳动的原因

当旋转的轮胎和车轮总成两侧的重量相等时，则处于动平衡（图 3-18）。为了说明这一点，假设我们有一个杆，杆的两端都用绳子连接了一个球。如果我们旋转这个杆，球将随着杆转动，而且向心力和离心力将使球保持在围绕该旋转杆的轨道上运动。如果两个球的重量相同并且与杆的距离相等，则该杆将平稳地旋转。但是，如果其中一个球较重，则杆在旋转时会摆动。重量差异越大，摆动越大。这种摆动最终会破坏用于该旋转杆的机构。

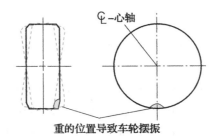

图 3-18　动不平衡导致车轮的摆振

如果我们在具有较轻球的杆的一端添加一些重量，使重量和力变为相等的，则能消除摆动。这就是我们对一个车轮和轮胎总成进行动平衡的基本原理（图 3-19）。

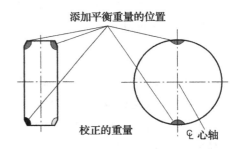

图 3-19　添加一个重量以抵消轮胎和车轮总成偏重的点

当我们想到汽车的所有旋转零部件时，很容易理解为什么正确的平衡是很重要的。不正确的平衡会导致零部件的过早磨损或损坏。

5. 压强

压强是施加在单位面积物体上的力，其公制计量单位为 Pa（有时也用 lbf/in² 或 kgf/cm² 等，$1lbf/in^2 \approx 6894.76Pa$，$1kgf/cm^2 = 98066.5Pa$），习惯上也称为压力。在数学上，压强等于所施加的力除以力所作用的面积。假设桌子上放有两个 10lb 的重物，一个占用了 $1in^2$ 的面积，而另一个占用了 4 in^2 的面积。第一个重物施加的压强为 $10lbf/in^2$ 或 10psi。另一个重物尽管重量相同，但只施加 2.5psi 的压强（$10lbf/4in^2=10 \div 4=2.5lbf/in^2$）。这表明相同的力作用在大面积上的压强小于作用在小面积上的压强。

因为压力是一种力，所以有关力的所有原理都适用于压力。如果对一个物体施加一个以上压力，则该物体将响应于这些压力的合力。此外，所有物质（液体、气体和固体）都有从高压区域向低压区域移动的趋势。

3.4 时间

时间这个词被用来表示很多事情。在本讨论中，时间被定义为对一些已经发生、正在发生或将要发生的事件所持续程度的度量。时间是通过时钟的增量来测量的，即秒（s）、分（min）和时（h）。汽车维修技师往往关心某个事件发生了多长时间，例如一个火花塞点火的时间，称为点火周期，通常约为 3ms（0.003s），而且这个时间是用示波器测量的，因为很难用时钟测量这么短的时间。

技师还会监测一段时间（例如 1min）内重复循环的次数。测量发动机每分钟转数的转速表通常是仪表板上的仪表之一。

3.5 运动

当一个物体上受到的各个力彼此之间不能抵消时，它们会改变该物体的运动速度或方向，或两者兼有。物体的质量越大，改变其运动状态所需的力就越大。这种对变化的阻力被称为惯性。**惯性**是静止物体保持其静止的趋势或运动物体维持其沿一个方向运动的趋势。静止物体的惯性被称为静态惯性，而运动物体的惯性被称为动态惯性。惯性存在于液体、固体和气体中。在推动和移动一辆停放的车辆时，你克服了车辆的静态惯性。如果你接住了运动中的球，则你是克服了这个球的动态惯性。

当一个力克服了静态惯性而移动一个物体时，该物体获得了动量。**动量**是物体的质量和速度的乘积。如果另一个力克服了这个运动物体的动态惯性，则物体失去了动量。

1. 速度

运动速度是物体在一定时间内移动的距离，它是通过用行驶的距离除以行驶该距离所耗的时间来计算的。我们用 mile/h 或 km/h 来表示车辆的速度。**矢量速度**是物体在特定方向上的速度。**加速度**是速度的变化率，它是通过将速度的变化量除以该变化所用的时间来计算的；**减速度**与加速度相反，它是速度的减少率。

2. 牛顿运动定律

力如何改变物体的运动由艾萨克·牛顿（Isaac Newton）先生在其著名的牛顿定律中首先给出了解释。

牛顿第一定律被称为惯性定律，它指出一个静止的物体倾向于保持其静止的状态，而一个运动的物体倾向于保持其运动的状态，除非有力作用在它上面。当汽车停在水平的街道上时，除非被驱动或被推动，否则它会保持静止。

牛顿第二定律指出，当一个力作用在一个物体上时，物体的运动将发生改变。这个改变等于力的大小除以该物体的质量。货车的质量比小轿车大，由于较大的质量需要较大的力来产生所需的加速度，因此，货车需要比小轿车更强劲的发动机。

牛顿第三定律指出，每一个作用力都有一个大小相等且方向相反的反作用力。当车轮撞击道路上的凸起时，就会出现这种情况的实际案例。这个作用力强迫车轮和悬架向上运动，从而将一定的能量储存在弹簧中。此后，该弹簧将以与初始碰撞引起的向上的力相等的力推动车轮和悬架向下运动。

3. 摩擦力

摩擦力是一种减缓或阻止两个接触的物体或两个表面之间相互运动的力。摩擦力可以出现在固体、液体和气体中。正是每个表面上的原子连接或键合才导致了这种摩擦力。当你尝试拉动一个物体滑过一个表面时，在克服这些键合之前，该物体不会移动。光滑的表面产生的摩擦力比较小，因此，只需要很小的力就可以打破原子的键合。较粗糙的表面产生的摩擦力较大，因为这两个表面之间的键合更强（图3-20），所以需要一个更大的力。

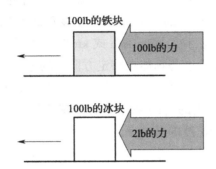

图3-20 冰块在一个表面滑动时产生的摩擦力小于铁等粗糙物体滑动时产生的摩擦力

摩擦力在盘式制动器中得到了很好的利用（图3-21）。制动盘和摩擦片之间的摩擦力降低了车轮的旋转速度，从而降低了车辆的速度。在此过程中，它将车辆的动能转化为热能。

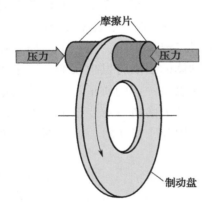

图3-21 当压力施加在摩擦片上时，摩擦片试图使与轮胎和车轮相连的制动盘停住

有两种减少摩擦力的主要方式：润滑或使用滚子。

（1）润滑 在两个表面之间存在的润滑油或其他流体可以保持这两个表面的分离。因为流体（液体和气体）会流动，所以它们允许表面之间的相互运动。该流体保持两表面的分离，使它们能够平稳地滑过彼此（图3-22）。

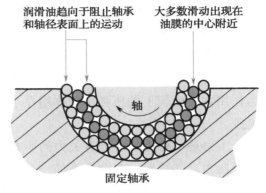

图3-22 润滑油使旋转的轴与固定轴承分离

（2）使用滚子 放置在两个表面之间的滚子也可使两个表面保持分离。放置在滚子上的物体在被推动或拉动时将会平稳地移动。它们的表面不是相互滑动，而是产生旋转力，使每个滚子旋转。这只留下了非常小的相对运动的摩擦力。轴承是一种滚子，用于减少车轮及车轴等运动部件之间的摩擦力（图3-23）。当车轮在车轴上转动时，轴承中的滚子沿轴承内圈滚动，从而大大减小了车轮和车轴之间的摩擦力。

图3-23 各种圆锥滚子轴承及其座圈

4. 空气阻力

一旦车辆行驶，空气就会对车身产生阻力。这种阻力或摩擦力抵抗运动着的车辆的动量或机械能。因此，来自发动机的机械能必须克服车辆的惯性和空气撞击车辆的摩擦力。物体移动得越快，空气阻力就越大。

显然，车身设计会影响由空气撞击车辆而形成的摩擦力。影响运动着的车辆与空气之间的摩擦引起的运动总阻力的一个重要参数被称为风阻系数（Cd）。车速在45mile/h（约72km/h）时，发动机机械能的一半用于克服空气阻力。因此，降低车辆的风阻系数（Cd）是提高燃油经济性的一种非常有效的方法。风阻系数也可称为空气阻力系数。

新式的轿车和货车使用被动和主动的空气动力学技术来减小空气阻力并提高燃油经济性。被动空气动力学技术包括优化车身和后视镜镜壳形状，以改善车辆上方、下方和周围的空气流动状态。许多车辆都使用主动的空气动力学技术，例如可活动的格栅，它们在车辆行驶时会自动打开和关闭。车辆在高速公路行驶期间，关闭格栅可改善空气动力学特性和燃油经济性。

空气动力学是研究空气对运动物体的影响（图 3-24）的科学。这门科学的基础很容易理解。运动物体面对空气的面积越大，空气就越倾向于阻止或阻挡其向前运动。

毋庸置疑，车辆在其前进方向推动的空气越

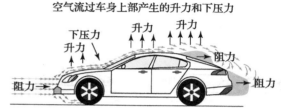

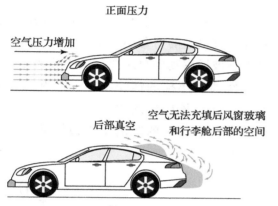

图 3-24　空气流过汽车时产生的各种运动

少，它在给定速度下行驶所需的动力就越小。

大多数空气动力学设计工作最初是在计算机上完成的，然后通过将车辆放置在风洞中来检查和修改其设计（图 3-25）。风洞是一种精心建造的设施，在其一端有一个大的风扇。在风洞内，可以测量车辆上方、下方和周围的空气运动。

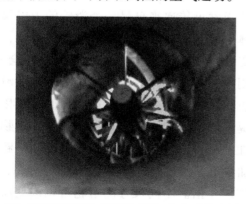

图 3-25　该风洞可产生相当于 150mile/h（约 241km/h）车速的气流

理想情况下，车辆运动将产生附随车辆外形的空气流动，这可以防止空气在被推开时发生古怪的事情。如果在车辆下方流过的空气产生一个向上的升力，车辆就会具有升起的趋势。这会使车辆的操控性变差，这种情况是很危险的。空气也可能在车辆下方产生阻塞，这增加了车辆的空气阻力。如果流过顶部上方的空气推挤车辆，空气阻力也会增加。为了引导空气并使其特性对车辆有利，有些车辆使用了气坝和扰流板或侧翼板。

3.6　做功

当一个力将一个质量块移动了一个特定距离时，就做了功。在完成做功后，质量块可能会克服阻力或反作用力而被提升或推动（图 3-26）。功等于施加的力乘以物体移动的距离（力 × 距离＝功），单位为 lbf·ft、W 或 N·m。例如，如果一个 20lbf 的力将一辆汽车移动了 50ft，则做了 1000lbf·ft 的功（图 3-27）。

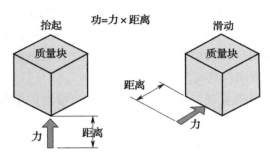

图 3-26 做功完成时，质量块被移动一个距离

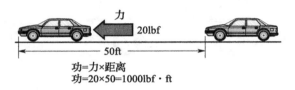

图 3-27 1000lbf·ft 的功

在做功过程中，力作用在物体上使物体移动、停止或改变其运动方向，也有可能施加了一个力而未移动物体。例如，你可能会竭尽全力推动一辆卡在沟里的汽车，但并没有移动它。这意味着没有做功。只有当物体被力移动、停止或改变运动方向时，才完成做功。

1. 简单机械

机械是用于传递力的装置，并可在传递的过程中改变力的大小和／或力的方向。完成这两个功能的一个常见的简单机械实例是气门摇臂。摇臂的一端通过发动机凸轮轴的动作被抬高。此时摇臂的另一端向下推动气门以将其打开。摇臂还被设计成可改变施加其上的力的大小。摇臂在气门侧（摇臂的输出侧）提供了比输入侧更大的位移，这两个位移的比值表示摇臂比。如果摇臂比为 1.5:1，它一端的移动量将是另一端的 1.5 倍（图 3-28）。例如，如果凸轮轴使摇臂的一端移动了 0.5in，则另一端将移动 0.75in。

施加在机械上的力称为作用力，而它克服的力称为负荷。作用力通常小于负荷，如果作用力和作用点的距离增大，那么小的作用力就可以克服一个大的负荷，该机械由此产生了**机械增益**。

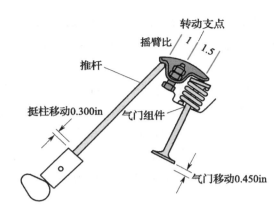

图 3-28 具有 1.5:1 摇臂比的摇臂

（1）斜面　将物体拖上斜坡所需的力比将该物体垂直提起的力要小（图 3-29），但该物体被拉上斜坡所移动的总距离要大于该物体被垂直提升的距离。螺栓的螺纹就是一个缠绕在轴上的斜面，转动该螺栓的力被变成更大的力，该螺栓移动一个较短的距离却要被转动数圈（几英寸长）。

图 3-29 将一定质量拉上斜面所用的力小于将其垂直提升所需的力

（2）滑轮　滑轮是一个轮缘带沟槽的轮子，上面的绳索可传递来自另一个滑轮的力以移动一些物体。一个简单的滑轮会改变力的方向，但不会改变力的大小，而且力移动的距离也不会改变。但使用作为一个整体被连接在一起的多个滑轮的滑轮组，则可以改变力的大小，从而可以用较小的力提升一个重物。使用双滑轮，为移动物体所需施加的力可以减少一半，但该力移动的距离必须增加 1 倍。四重滑轮可以将力减少到 1/4，但距离将增加 4 倍。不同尺寸的滑轮可以改变所需施加的力，并可改变该滑轮为完成做功需要移动的速度或距离（图 3-30）。

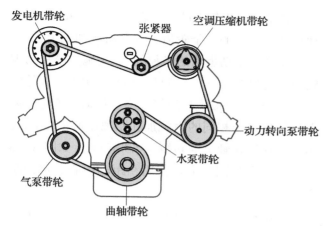

图 3-30　各附件由同一条普通的传动带驱动，但因带轮直径不同而以不同转速旋转

（3）杠杆　杠杆是一根围绕一个被称为支点的固定点转动的杆。杠杆用施加在一端的力来移动另一端的物体。杠杆分为几类。在第一类杠杆中，支点位于作用力和负荷之间（图 3-31），该负荷大于作用力，但它移动较小的距离，钳子是这类杠杆的一个实例；在第二类杠杆中，负荷介于支点和作用力之间，同样，负荷大于作用力并且移动一个较小的距离（图 3-32），独轮手推车是这类杠杆的一个实例；在第三类杠杆中，作用力在支点和负荷之间，在这种情况下，负荷小于作用力，但它可移过一个较大的距离，镊子是这类杠杆的一个实例。

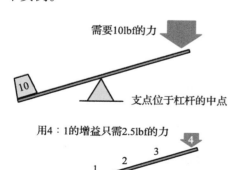

需要10lbf的力

支点位于杠杆的中点

用4∶1的增益只需2.5lbf的力

图 3-31　使用第一类杠杆所获得的机械增益

（4）齿轮　齿轮是一个有齿的轮子，当它与另一个齿轮相啮合时就变成了一个机械装置。一个齿轮的作用与转动杠杆是相同的，它用来转动另一个齿轮。根据齿轮的大小，可以改变一个齿轮施加到另一个齿轮的力的大小。记住，这不会

改变由齿轮所做功的大小，因为力的改变是伴随着移动距离变化的（图 3-33）。力和距离的关系是相反的。齿数比表示一个齿轮与另一个齿轮的数学关系（直径和齿数）。为了利用齿轮所提供的机械增益，齿轮不是必须啮合在一起，它们可以通过链条来连接（此时齿轮常称为链轮）。

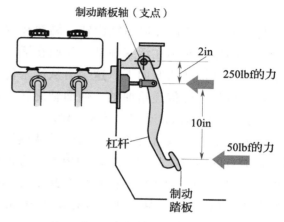

图 3-32　制动踏板总成是第二类杠杆的例子

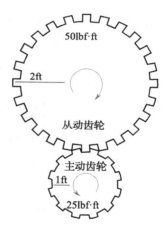

图 3-33　当一个小齿轮驱动一个大齿轮时，大齿轮将以更大的力转动，但移动距离较小，所以做的功是相同的

（5）车轮和车轴　车轮和车轴最明显的应用是车辆的轮胎和车轮，它们围绕车轴旋转并限制了与道路的接触面积。车轮通过滚轮减少了车辆与道路之间的摩擦。大体来讲，轮子越大，转动它所需的力就越小。然而，随着车轮变大，其移动就更远。一个例子是转向盘，如果一个转向盘的尺寸是另一个的 2 倍，则只需要转动另一个转向盘的一半的力来转动该转向盘，但也会需要 2 倍的距离来做同样的功。

2. 力矩

力矩是一种使物体旋转或转动的力，它用所施加的力与其移动距离的乘积来度量。在美国，测量力矩的单位是磅力·英尺（lbf·ft）；然而，更常看到的是力矩被表示为英尺·磅力（ft·lbf）。在公制或国际单位制（SI）中，力矩表示为牛·米（N·m）。

发动机产生转矩并使曲轴旋转。燃油和空气燃烧产生的压力作用在活塞顶部，从而在活塞上产生一个力并推动活塞向下。这个力从活塞传递到连杆，再从连杆传递给曲轴，使曲轴旋转，并通过传动系统传递以转动车辆的驱动轮。

力矩等于力乘以力臂长度，力臂是从旋转点到力施加点的距离。只要用力转动扳手就会产生力矩。如果在 1ft 长的扳手上施加了 20lbf 的力，则产生了 20lbf·ft 的力矩。为了在仅施加 10lbf 力的情况下产生相同数量的力矩，则该扳手需要增加到 2ft 长（图 3-34）。具有力矩，不一定就有移动。在用扳手拧紧螺栓时，向螺栓提供了力矩。当用扳手检查螺栓的拧紧力矩并且螺栓的力矩是正确的时，力矩施加给了螺栓，但螺栓并没有发生移动。如果螺栓在力矩施加期间转动了，就做了功；如果螺栓没有转动，则没有做功。

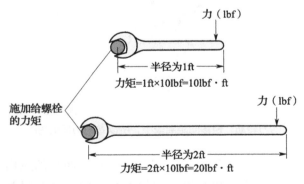

图 3-34 施加给半轴的力矩随扳手长度变化而变化

3. 转矩的增加

当齿轮与不同齿数的齿轮啮合时，每个齿轮将以不同的速度和力旋转。转矩用施加的力乘以从轴心到施力点的距离来计算。

从一个圆的圆心到其外边缘的距离是半径。对齿轮来讲，半径是从齿轮中心到轮齿上施力点的距离。

如果主动齿轮上的一个轮齿正用 25lbf 的力推动从动齿轮上的一个轮齿，并且所施加的力在 1ft 的距离处（主动齿轮的半径处），则施加给从动齿轮的转矩为 25lbf·ft。来自较小的（主动）齿轮轮齿的 25lbf 的力被施加到较大的（从动）齿轮轮齿上。如果这个相同的力施加在距离中心的 2ft 处，则在从动齿轮轴上的转矩是 50lbf·ft，如图 3-33 所示，这个相同的力正作用在距轴中心 2 倍的距离处。

力从动力源施加转矩的大小与其离施加中心的距离成正比。如果放置的支点或转动点更靠近要被移动的物体，则可得到更大的转矩来移动物体，但与支点远离该物体相比，该杠杆必须移动得更远。相同的原理被用于啮合的齿轮，被小齿轮驱动的大齿轮转速更低，但有着更大的转矩。

一个由半径为 1in 且具有 11 个轮齿的主动齿轮与半径为 4in 且具有 44 个轮齿的从动齿轮组成的传动系统，其转矩放大系数为 4，传动比为 1:4。此时，较大的齿轮将以 4 倍的转矩和 1/4 的速度转动（图 3-35）。齿轮齿间的半径充当了杠杆。

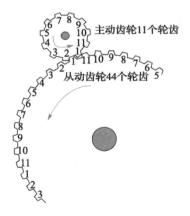

图 3-35 主动齿轮必须转动 4 圈以使从动齿轮转动 1 圈

齿数比反映了一个齿轮与另一个齿轮的数学关系。齿数比可以通过改变啮合齿轮的直径和齿数来改变。齿数比还反映了两个齿轮之间的转矩增加的倍数。该比值是通过从动齿轮的直径或齿数除以主动齿轮的直径或齿数计算的。如果较小的主动齿轮有 11 个轮齿，而较大的从动齿轮有 44 个轮齿，则其比值为 4:1。

4. 功率

功率是对做功的速率的一种度量。功率的公制单位是瓦特（W）。1W 等于 1N·m/s。功率的单位是力和速度单位的组合。例如，如果用 1N 的力以 1 m/s 的速度移动一个物体，则输出功率为 1W。

在电气方面，1W 等于 1A 电流通过 1V 电压产生的电功率，它表示为功率（P）= 电压（U）× 电流（I），即 $P=UI$。

（1）单位　英制的功率单位是马力（hp），它也是产生转矩的速率。公认詹姆斯·瓦特（James Watt）是第一个计算功率的人。他测量了一匹马在特定时间内可以做的功。一匹马可以在 1min 内将 330lb 的物体移动 100ft（图 3-36）。他由此得出一匹马在 1min 内能做的功为 33000lbf·ft 的结论。所以 1hp 等于 33000lbf·ft/min，或 550lbf·ft/s。2hp 可以在 0.5min 内做相同数量的功。如果在 0.25min 内推动一辆 3000lb（1360kg）重的汽车移动了 11ft（约 3.35m），则功率为 4hp。

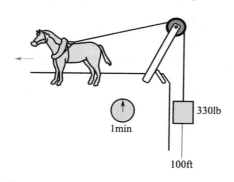

图 3-36　该图展示了詹姆斯·瓦特如何定义 1hp

如果一台发动机在 4000 r/min 时产生了 300lbf·ft 的转矩，则该发动机在 4000 r/min 时发出了 228hp 的功率。这是基于这样一个事实，即英制功率等于转矩乘以发动机的转速，然后再除以 5252 [即（转矩 × 发动机转速）÷5252= 英制功率]。5252 是用于将 r/min 转化为 r/s 的常数。

车间提示

制造商现在用 W（瓦）来评定他们的发动机。1hp 约等于 746W。因此，一台 228hp 的发动机或电动机功率还可以表示为约 170088W 或 170kW。

（2）总功率与净功率　发动机的输出是在飞轮处测量的。1972 年以前的车型，汽车制造商通常都使用称为制动马力（brake horsepower，bhp）的单位来评定和宣传他们的发动机总功率。总功率是使用库存的测试发动机测量的，配备很少的由传动带驱动的附件，有时是配备排气集管而不是现有的排气歧管。从 1972 年起，许多制造商将发动机的功率表示为净功率。这种额定值是在配备传动带驱动的标配附件、排放控制、标准的排气系统、空气滤清器和常见附件的现成发动机上测量的。为了反映发动机的真实功率，北美地区已经建立了自愿测试，该测试的结果被报道为"SAE 认证功率"。

（3）发动机功率与轮边功率　发动机功率是在发动机飞轮处测量的，而且仅配备了为运转发动机所必需的附件。轮边功率是在车辆驱动轮上测量的，并且此时发动机装备了所有附件。因为功率在通过变速器和传动系统时会有所损失，所以轮边功率总是小于发动机功率。通常经过传动系统大约会有 20%~22% 的功率损失。

3.7　波和振动

振荡是一个物体在两点之间的反复运动。当这种运动穿过物质或空间时，它就成为波。例如，一个悬挂在弹簧上的质量块受到两种力的作用：重力和弹簧的张力。在平衡点时，这些力的合力为零。当给该质量块一个向下的推力时，弹簧的张力超过质量块的重力，由此产生的向上的力将使质量块加速返回其原始位置，并且其动量使质量块进一步向上移动。当质量块的重力超过弹簧张力时，它再次向下运动，该振荡会自己重复直到质量块达到平衡。随着质量块趋向平衡位置，振荡的幅度逐渐减小。当质量块发生振荡时，它周围的空气会产生移动并形成空气波。

当物体振荡时，它就会产生振动（图 3-37）。为了防止一个物体的振动引起其他物体的振动，振动的物体必须与其他物体隔离。这通常是一项艰难的任务。例如，所有发动机在其运转时都会振动。为了减少发动机的振动向车辆其他部分的传播，发动机用特殊的悬置来固定。用于悬置的材料必须能将发动机保持在其位置上，并且还必须具有足够的弹性以吸收发动机的振动（图3-38）。如果发动机用固体材料固定，则整个车辆都会感觉到振动。

振动控制对于零部件的可靠性也非常重要。如果不控制振动，物体可能会持续振动以致自身毁坏。控制振动是零部件始终应该按照所设计的固定方式进行安装的最好理由。

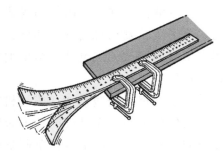

图 3-37 振动以周期形式发生，注意尺子在周期内是如何上下运动的

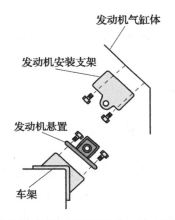

图 3-38 发动机悬置将发动机固定在位，并将发动机的振动与车辆其他部分隔开

多余的和不受控制的振动通常是一个零部件与另一个零部件的振动频率不同而引起的。当两个波或振动相遇时，它们会叠加或相互干涉。这称为叠加原理，该原理适用于所有的波。可以用振幅相等但方向相反的新振动来消除已有振动。在发动机中，平衡轴的使用是这种减振方法的最好例证。这些平衡轴（图3-39）的设计目的是抵消由发动机活塞往复加减速和曲轴扭转引起的振动。平衡轴旋转并产生大小相等但方向相反的振动以抵消曲轴的振动。

图 3-39 平衡轴由曲轴驱动，它借助一个振幅相等但方向相反的振动来抵消曲轴的脉动和振动

振动在1s内发生的次数称为频率。频率通常用赫兹（Hz）来表示（图3-40）。1Hz等于每秒循环一次。该名称是为了纪念德国早期无线电波传输研究者海因里希·赫兹（Heinrich Hertz）。振动的振幅是它的强度或力度（图3-41）。振动速度与振幅和频率相关。所有材料都有其唯一的共振或固有振动频率。

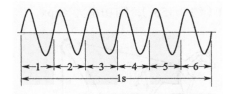

图 3-40 频率是每秒出现多少次循环的表述

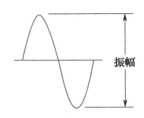

图 3-41 振幅是对振动强度的表述

振动还按它们的阶次分类，它反映每个循环中振动发生了多少次。例如，胎面有一个凸起的轮胎每转一圈就会产生一次颠簸（图3-42），这称为一阶振动。我们示例的轮胎规格为 P225/45/R19，其直径大约为 27in（685.8mm），周长大约为 84.8in（2153.92mm）。该轮胎每分钟行驶 1mile（约1609.34m），行驶过的胎面总长度等于 63360in（约1609.34m），这意味着该轮胎每英里约旋转 747 次或每秒12.5次，这等于 12.5Hz（747/60）。胎面上的凸起每次撞击路面时，其振动都会通过

转向系统传给转向盘并被驾驶员感觉到。二阶振动每一圈发生两次，如图 3-43 所示。例如，假设我们的轮胎不是有一个凸起，而是有两个凸起，这意味着轮胎是椭圆的而不是圆的。当这个轮胎沿着道路行驶时，振动频率将是轮胎旋转频率的两倍，从而引起一个大约 25Hz 的振动。

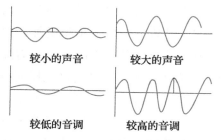

图 3-44　我们所听到的声音与声波之间的关系

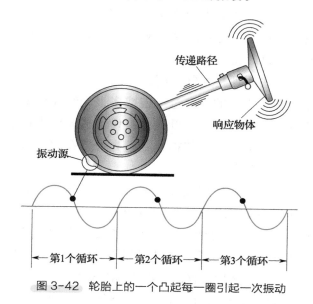

图 3-42　轮胎上的一个凸起每一圈引起一次振动

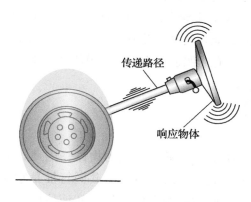

图 3-43　有两个凸起的轮胎每一圈引起两次振动

1. 声音

振动会产生声音。在空气中，产生声音的振动以波的形式在空气分子之间传播，许多其他物质都以类似的方式传递声音。一个振动的物体会引起其周围空气压力的变化，高压和低压的区域分别称为压缩区和稀疏区，以声波的形式穿过空气。压缩使声波的密度增大，而稀疏使它们的密度降低。声波每次压缩之间的距离称为**波长**。波长短的声波有较高的频率和音调（图 3-44）。

当压力变化的频率在 20Hz~20 kHz 之间时，是可被听到的声音。可被听到的声音是由在大气压上下以非常小的幅度快速变化的空气压力引起的。

以下这些内容用来描述声音。

1）声音的音调基于其频率，频率越高，则音调越高。

2）分贝（dB）是声音响度的数字表达单位。

3）强度用于描述声波中的能量。

4）泛音是由于原始音调的空气波而被听到的额外音调。

5）谐波是由两个或多个音调同时出现引起的。

6）当一个质量块的固有振动因另一个振动源或质量块以相同或几乎相同频率振动而极大增加时，就会产生共振。一个空腔具有一定的共振频率，这些频率取决于空腔的形状和大小，以及该空腔内的声速。

在诊断过程中，你经常需要倾听某物体的声音。你需要注意声音的类型及其强度和频率。声音的音调通常可以反映出导致它的材料类型。如果音调高，你就知道声音的来源是正在快速振动的某物，这意味着该声源的刚性比以低音调振动的物体低。尽管音调取决于声音的频率，但频率本身也可以辨别声音的可能来源。例如，如果来自发动机的声音随发动机转速的增加而增加，你会知道该声音的来源必定是随发动机转速增加而运动得更快的某物。

扬声器。扬声器（图 3-45）将电能转化为声能或声波。持续变化的电信号被馈送到位于一块永磁体磁场内的扬声器线圈中。线圈中的信号使其的行为像一个电磁体，使其推动永磁体的磁场。该扬声器的纸盆随后随着电信号被线圈适时地推入和推出。当纸盆向前移动时，在其前面的空气立即被压缩，导致空气压力稍稍增加；然后它移回其静止位置并导致其前面的空气压力降低（稀疏）。这个过程不断继续，使得高低压交替的声波以声速从扬声器纸盆辐射出去。空气压力的这些变化实际上就是声音。扬声器发出的声音可以被环绕该扬声器纸盆的空间或空腔放大。扬声器所在的房间或区域也能放大这个声音。

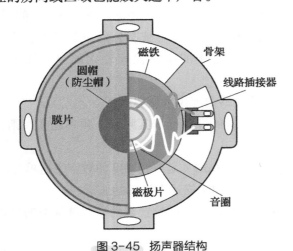

图 3-45 扬声器结构

2. 噪声

噪声是任何不需要的信号或声音。它可以是随机的，也可以是周期性的。要确定噪声源，重要的是要记住噪声是一种振动，而且振动可以通过其他零部件传播。因此，噪声源并不总是在它可以出现的地方。

有三种方法可以用来防止或降低噪声。最有效的方法是进行干预，以使嘈杂的零部件产生更少的噪声。一种相对较新的降噪技术是主动噪声控制，这涉及产生一个与噪声相似但相位不同的声音，从而有效地抵消原始噪声。主动降噪系统正成为当代车辆中用来减少发动机噪声、风噪和道路噪声的常用装备。更普通的被动噪声控制方法包括使用过滤器、隔声材料和隔声板。

3.8 光

光是电磁辐射的一种形式。在自由空间中，它以近 3×10^8 m/s 的速度沿直线传播。当一束光遇到一个物体时，一部分光线可能被反射，一些

光也可能被吸收，一些光被传播。如果没有反射，我们将只能看到能自己发光的物体。光线始终以与它入射角度相同的角度从表面反射。因此，平行光线被非常平滑的表面反射后仍将保持平行。从不规则表面反射的光线将向各个方向散射。穿过物体的光会产生弯曲或折射，折射的角度取决于光线与物体相接触的角度以及光穿过的材料。透镜和镜子可使光线发散或聚合。当光线聚合时，它们可以形成一个焦点。

这些原理是光纤照明的基础。采用光纤可使来自单个光源的光穿过一根或多根光纤线缆来照亮远离光源的点。光纤线缆被设计成能使光在不损失强度的情况下传播，并且光可以在同一时间内传播到多个位置。

一些车辆使用光纤线缆进行数据传输，通常用于信息娱乐系统，例如卫星导航和媒体系统。光纤传输是利用沿着光纤线缆长度反射的光信号来工作的。发射器对光进行编码并沿着光纤线缆发出脉冲，然后接收器接收并解码该光信号。

光伏电池。太阳的内核在核反应过程中产生辐射，这是地球大部分能量的来源。从电磁辐射到电能的能量转移发生在光伏电池（太阳能电池）中。当没有光照射到它时，它就不能供电。

3.9 液体

流体是没有确定形状的物体，因此，液体和气体都是流体。所有流体的共同特征是它们会顺从存放它们的容器形状。气体和液体的主要区别在于气体会始终布满一个密封的容器，而液体可能不会。气体还会根据施加在其上的压力而迅速膨胀或压缩。液体基本上是不可压缩的，这使它们能够传递力（图 3-46）。液体还总是趋向于保持一个相同高度的液面。液体也可以随着温度的升高而变成气体。

液体对浸入其中的物体施加一个向上的合力，该力称为浮力。浮力等于浸入的物体所排开的液体重量。如果物体受到的浮力大于该物体的重量，则该物体会漂浮。大型船只漂浮就是因为它们排开了大量的水而产生了巨大的浮力。

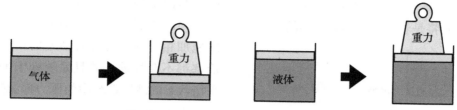

图 3-46 气体可被压缩，而液体不可压缩

1. 液压定律

液压技术是对运动液体的研究。液体会对施加其上的压力做出可预见的反应，可利用液压技术来做功。一个简单的液压系统包括液体、泵、输送液体的管路、控制阀和输出装置。该液体必须是可从连续来源获得的，例如油底壳或机油箱。泵用于移动液体通过的系统。输送液体的管路可以是管道、软管以及壳体中的内孔或通道建立的网络。控制阀调节液体的压力并引导液体的流向。输出装置是利用液体做功的装置。

300 多年前，法国科学家布莱斯·帕斯卡（Blaise Pascal）发现，如果有一个只有一个开口的装满液体的容器，并通过该开口向液体施加力，则该力将均匀地分布在整个液体中。这解释了加压的液体如何用于操作和控制系统，例如制动系统和自动变速器。

帕斯卡构造了第一个著名的液压装置，它由两个用管子连接的密封容器组成。缸体的活塞与每个缸体的缸壁密封，以防止液体泄漏并防止空气进入缸体。当第一个缸体中的活塞受到施加给它的力时，压力会传递到该系统内的任何地方。这个力还通过连接的管子被传递到第二个缸体中。第二个缸体中的压力液体对第二个活塞的底部施加力，使其向上移动并提升其顶部的载荷（图 3-47）。通过使用这个装置，帕斯卡发现他可以增加做功的可用力（图 3-48），就像使用杠杆或齿轮一样。

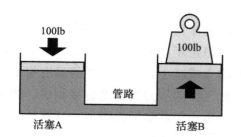

图 3-47 在液压系统中，压力被均匀地传递给整个系统

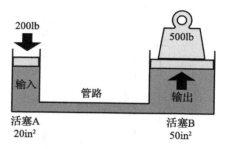

图 3-48 可用来做功的力可通过增大做功活塞的尺寸来增大

帕斯卡发现，当压力施加给液体时，它会均匀地向所有方向传递，而且在容器内的每一点上都会作用有相等的力。为了对液体加压，该液体必须在密闭的容器中。容器中的任何泄漏都会降低该压力。

2. 用液压产生机械增益

液压以与杠杆或齿轮相同的方式做功。这些系统传输能量，但不会创造更多的能量。如果液压泵提供了 100psi（约 689.48kPa）的压力（压强），则在系统每平方英寸上都会有 100lbf 的压力（图 3-49）。如果该系统包含了一个面积为 50in² 的活塞，则每平方英寸都接受了 100lbf 的压力。这意味着施加到该活塞上的力是 5000lbf。较大活塞的使用给了该系统一个机械增益，因为它增加了可用于做功的力。通过液压系统倍增的力与整个系统的活塞面积成正比（图 3-50）。

通过改变液压系统中活塞的尺寸，可使力增加，因此可以使用较小的压力来移动较重的物体。通过使用杠杆来增加施加在活塞上的力，还可以进一步提高液压系统的机械增益。

虽然在一个缸体中使用较大的活塞能够增加可用于做功的力，但较大活塞的总移动量要小于较小活塞的总移动量。液压系统有两个缸体，一个带有一个 1in² 的活塞，另一个带有一个 2in² 的活塞，则第二个活塞上的力将加倍。然而，较大活塞的总移动距离将是较小活塞移动距离的一半。

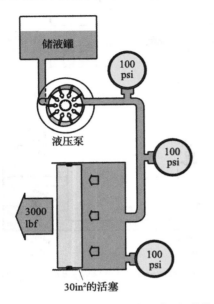

图 3-49 施加给液体的力被等量传递并以相等的力作用在液压回路中的各个点上

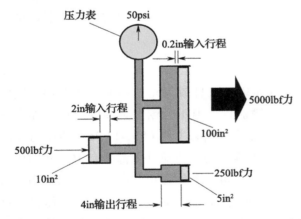

图 3-50 液压系统可增加力（机械增益），但输出行程会按比例减小

当需要考虑系统的尺寸和形状时，液压系统的使用是最常见的。在液压系统中，施加给一个活塞的力可通过液体传递，另一个活塞将受到相等的力。在液压系统中，两个活塞之间的距离不影响静态系统中的力。因此，施加给一个活塞的力可以被不变地传递到位于其他地方的另一个活塞上。

液压系统对施加给它的压力或力做出响应。仅仅是活塞尺寸存在差异并不总能产生流体动力。施加给活塞的压力或者活塞的尺寸中必须有一个是不同的才能产生流体动力。如果给系统中的活塞施加相等的压力并且活塞的尺寸相同，则两个活塞都不会移动，并且系统处于平衡状态。处在平衡状态的液压系统中的压力称为**静态压力**，因为没有流体运动。

当在活塞上施加不相等的压力时，则压力较小的活塞将响应两个压力之间的压力差而移动。同样，如果两个活塞的尺寸不同，而在这两个活塞上施加了相等的压力，则流体将移动。流体移动时的压力称为**动态压力**。

3.10 气体

气体是一种由独立粒子（原子或分子）组成的流体，这些粒子永远处于随机运动的状态。这意味着气体可以布满任何放置它的容器。气体粒子的随机运动还可确保共享同一个容器的任何两种气体能够完全混合，这就是**扩散**。

原子和分子的动能随着温度的升高而增加。固体中的分子比它们在液体或气体中的移动要慢。气体分子的移动要比液体分子快。在较高温度下，气体分子的扩散更快，而在较低温度下，气体分子会更靠近。粒子对容器壁的撞击产生了压力。

1. 气体行为

三个简单的定律描述了可预测的气体行为：玻意耳定律、查理定律和压力（理想气体）定律。其中每一个定律都描述了气体的压力、体积和温度之间的关系。

玻意耳定律指出，在确定温度下的定量气体体积与压力成反比。如果气体的压力提高，它的体积就会减小；同样，如果体积增大，压力便会降低。

查理定律指出，气体的体积取决于其温度。因此，在恒定压力下，气体的体积将随其温度的变化而增大或减小。增加气体的温度将增加其压力，因此气体的压力和温度直接相关，如果使一个增加，另一个就会随之增加。这解释了冷空气的密度为什么会大于暖空气。

2. 气压

由于空气是具有质量的气态物质，它会对地球表面施加压力。从地球表面延伸到大气外边缘处的 $1in^2$ 空气柱在海平面上的重力为 $14.7lbf/in^2$（psi）。因此，海平面的大气压力为 $14.7lbf/in^2$（psi）（图 3-51）。**大气压力**可以定义为地球大气层的总重力。高于大气压力的压力（psig，指相对压力）可以用 psi 压力表测量。使用一个标准的压力表，可以将空气压力与标准的大气压力进行比较。当实际压力为 19.7 psi 时，该压力表将读出 5 psi，它显示的是压力差（即高出标准大气压力的压力）（图 3-52）。实际的压力称为 psi 绝对压力（psia）。

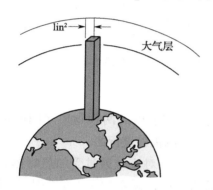

图 3-51 大气层 $1in^2$ 上的空气压力在海平面上为 $14.7lbf/in^2$

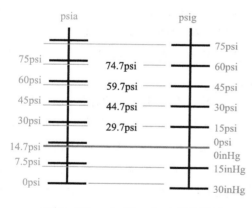

图 3-52 psia 和 psig 之间的关系

当空气变热时，它会膨胀，这种较热的空气比同体积的较冷的空气要轻。与较冷的空气相比，这种较热、较轻的空气对地球表面施加了更小的压力。这意味着大气的重力会随着天气而变化，这种变化是相当轻微的。随着重力的变化，大气压力也随之改变。大气压力的变化是用气压计测量的并被称为气压。标准大气压力为 29.92inHg

（约 760mmHg，101kPa）。气压计是一个装有液态汞（水银）的"J"形管。该管的一端暴露在标准的大气压力下，而另一端暴露给当前的大气压力。当前的大气压力等于标准的大气压力时，汞的液面在"J"形管中的高度达到 29.92in。在当前的大气压力低于标准大气压力时，标准的大气压力将推动汞向下流动；同样，在当前的大气压力高于标准压力时，则当前的大气压力将推动汞向上流动。汞的移动量反映了这两个压力的差值。这符合高压总是向低压移动的普遍规律。

尽管大气压力仅稍有变化，但这些变化的影响对发动机的整体运转却是极其重要的。燃烧过程取决于进入气缸的空气量是否正确。如果对空气和相应燃料量的标定没有考虑大气压力的变化，发动机通常不会获得正确浓度的空气和燃油混合气。现在的发动机都配备了一个监测大气压力的传感器。

为了进一步理解高压总是向低压移动的规律，看看当钉子刺穿汽车轮胎时会发生什么。轮胎内的高压空气泻出，直到轮胎内部的压力与轮胎外部的大气压力相等。当轮胎被修补并重新充好气时，压力高于大气压力的空气被强制充入轮胎。

当你爬到海平面以上的高度时，大气压力会降低。海拔 5000ft（1524m）处的空气柱的重力小于它在海平面的重力。随着海拔高度的不断增加，大气的压力和重力会持续下降。在海平面以上数百英里的高度，就不再有地球的大气层了，在该点之外也就没有大气压力了（图 3-53）。

海拔高度/ft	海拔高度/m	大气压力/（lbf/in²）
0（海平面）	0（海平面）	14.7
18000	5486.3	7.35
52926	16131.9	1.47
101381	30900.9	0.147
159013	48467.2	0.0147
227889	69463.6	0.00147
283076	96281.6	0.000147

图 3-53 海拔高度越高，大气压力越低

3. 真空

严格地讲，**真空**的定义是没有大气压力。然而，它常常指低于大气压力的任何压力。真空还

被简称为低压或负压，因为它是一个低于大气压力的压力。

用 psig 或 psia 可以计量真空，但 inHg 是对真空的最常用的计量单位（图 3-54）。假设有一根被汞部分填充的塑料"U"形管，并且允许大气压力进入该管的一端。如果向"U"形管的另一端施加真空，则大气压力将迫使汞向下移动。当这种移动发生时，在施加真空一侧的汞也会向上移动。例如，如果施加大气压力侧的汞向下移动 10in（25.4cm），施加真空的一侧也向上移动了 10in（25.4cm），则汞总共移动了 20in，该真空度被看作 20inHg。可能实现的最高或最佳的真空度约为 29.9inHg。

图 3-54 真空表以 inHg 为单位测量大气压力

3.11 热能

热能是能量的一种形式。热能的主要来源是太阳、地球、化学反应、电力、摩擦和核能。由于热能来自所有物质中存在的动能，因此万物皆有热能。冷的物体具有较低的动能，因为它们的原子和分子运动得非常慢，而热的物体具有更高的动能，因为它们的原子和分子运动得快。

温度是物体动能的一种表示。温度是用温度计测量的，温度计的刻度有华氏度（℉）、摄氏（℃）或开尔文（K）（图 3-55）。在绝对零度（-459.4℉、-273℃或 0K）时，物质的粒子不会振动，但在所有其他温度下，粒子都会运动。物体的温度是对物体冷热程度的表述。热量和温度不是一回事，热量是动能从一个物体到另一个物体的转

移，而温度则表示某物体拥有的动能大小。热的物体的能量总是会向更冷的物体移动，直到两者的温度相同。两个物体之间的温差越大，热量从一个物体向另一个物体的传递就越快。

热量的国际单位制单位为焦耳（J）。在英、美等国，热量通常以英制热量单位 Btu（British thermal unit）或卡路里（calorie，Cal）计量，1Btu≈1.06kJ，1Cal≈4.19J。1Btu 是加热 1lb 水升高 1℉所需的热量，1Cal 是 1g 水的温度升高 1℃所需的热量。

原始单位	换算到℉	换算到℃	换算到 K
℉	℉	（℉-32）/1.8	（℉-32）×5/9+273.15
℃	（℃×1.8）+32	℃	℃+273.15
K	（K-273.15）×9/5+32	K-273.15	K

图 3-55 ℉、℃和 K 之间的换算公式

1. 热传递

热量在不同温度的两种物质之间的传递是通过对流、传导或辐射进行的。

（1）对流　对流是通过受加热物体的运动来传递热量的。通过观察炉子上的一锅水可以很容易地看到对流。锅底的水是最先被炉子加热的。随着底部的水变热，它会膨胀并变得比锅上部的水轻，这导致较重的水沉向底部并推动较热的水向上。这个过程一直持续到锅内的所有水都处于相同温度。

（2）传导　传导是热量通过介质的传递。燃烧产生的巨大热量被发动机吸收并用来推动活塞向下运动。发动机的冷却系统使用传导的方式来转移零部件的热量以帮助冷却发动机。由于热量从某些较热的物体向某些较冷的物体转移，因此，发动机的热量被转移给在发动机内部循环的冷却液。热量可以传导给液体、气体或固体。

（3）辐射　辐射不依赖于另一种材料来传递热量。物体内运动着的原子和分子会产生具有辐射能的波，这些波通常称为红外线。较热的物体比较冷物体发出更多的红外线。因此，较热的物体会向其周围较冷的物体发出红外线，不需要运动即可传递这种热量。实际上只需将手靠近热的物体，你就能感觉到热辐射在起作用。热的物体

会随着自身的热能辐射出去而变冷。在发动机的冷却系统中，散热器使用辐射的方式将热量从冷却液传递到周围的空气中。

2. 温度变化的影响

只要物体的温度有变化，就已经发生了热量的传递。温度的变化也会导致物体改变其大小或自身物质的状态。当热量进出物质时，该物质中的原子和分子运动会加快或减慢。随着运动的加快，该物质的大小趋向变大或增加，这通常称为**热膨胀**。当热量从物质中移除并且原子和分子运动变慢时，就会发生**热收缩**。所有气体以及大多数液体和固体在加热时都会膨胀，其中气体膨胀量最大。由于固体不是流体，因此它会以低得多的速率膨胀和收缩。重要的是，要意识到所有材料不会以相同的速率膨胀和收缩。例如，铝制部件与铁制的相同部件相比会以更快的速率膨胀。这解释了为什么铝制气缸盖与铁制气缸盖相比需要有独特的维护要求和步骤。

燃油和空气每次在发动机中燃烧时都会发生热膨胀。气缸内的温度突然升高导致了气体的快速膨胀，从而推动活塞向下。

通常，在热量传导给一种物质时，物质的温度会增加，但并非总会这样。在某些情况下，附加的热量没有导致温度升高，而是导致物质改变了其状态（固体变为液体或液体变为气体）。例如，如果我们将一小块冰块加热到 32℉（0℃），它将开始融化（图 3-56）。随着热量传导给冰块，在冰块变成液体前，它的温度不会升高。传导到

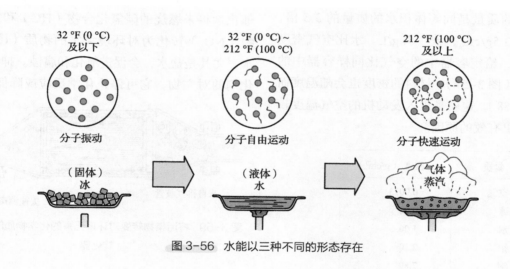

图 3-56 水能以三种不同的形态存在

冰块上而没有使其温度升高，却导致其融化的热量称为潜热或熔解热。此时，每克处于 0℃ 的冰大约需要 80Cal（约 334.87J）的热量才能融化成 0℃ 的水。随着向 0℃ 的水中传导更多的热量，水温将继续升高。这种状态一直持续到水温达到 212℉（100℃）。这是水的沸点。此时，传导给水的任何额外热量都是潜热，它导致水由液态变为气态。这种增加的热量称为蒸发热。

要将气态水变回液态水，就必须从气体中去除将液态水变为气态水所需的热量。这时，气体凝结成液体。随着额外热量的移除，水的温度将下降，直到移除足够的热量以使其温度降到冰点（和融化反向）。在水再次被转变为冰之前的那段时间中，必须从液态水中去除潜热。

3.12 化学特性

某些物体的属性表明了其特征。物理特性是易于观察的特征，例如颜色、大小、光泽和气味。化学特性是只有在化学反应过程中才可观察到的特性，它描述一类物质如何与另一类物质反应而形成一种新的不同的物质。化学特性与物理特性是完

全不同的。一些金属的化学特性具有与氧结合而形成锈（例如铁和氧）或失去光泽（例如银和硫黄）的能力。另一个例子是氢与氧结合形成水的能力。

溶液是两种或多种物质的混合物。大多数溶液是液体，但气态或固态的溶液也是可能存在的。气态溶液的一个例子是我们呼吸的空气，它主要由氧气和氮气组成。黄铜是固态溶液的一个很好实例，因为它由铜和锌组成。溶液中的液体称为**溶剂**，而加入的物质称为溶质（溶解物）。如果两者都是液体，则数量少的物质通常被认为是溶质。根据实际存在多少溶质，各种溶液会有很大变化。严重稀释（含大量水）的酸溶液只有非常少的酸，而且可能不具有明显的酸性。

1. 密度

密度是对一个特定体积中有多少质量的表述。如果某物体的质量是同等体积水的质量的 3.5 倍，则其密度为 $3.5g/cm^3$，或 $3.5kg/L$。水比空气密度更高，因此，给定容器中的空气比同样容器中的水质量要小（图 3-57）。材料的密度也会随温度而变化（图 3-58）。这就是进入发动机的空气温度较低时运转会更有效的原因。

物质	密度/（g/cm³）
空气	0.0013
冰	0.92
水	1.00
铝	2.70
钢	7.80
金	19.30

图 3-57 不同物质与水相比的密度

温度/°F	温度/°C	密度大约变化量（%）
200	93	-21
180	82	-16.8
160	71	-12.6
140	60	-8.4
120	49	-4.2
100	38	-
80	27	+4.2
60	16	+8.4
40	4	+12.6
20	-7	+16.8
0	-18	+21

图 3-58 在大气压力下，温度对空气密度的影响

2. 化学反应

化学变化或化学反应会导致另一种物质的产生，例如木头在其完全燃烧后会转变成炭。化学反应总是伴随着能量的变化，这意味着在反应过程中释放或吸收了能量。一些释放能量的反应需要一些能量来启动反应。当两个或多个分子相互作用并发生以下情况之一时，就发生了化学反应：出现了一个化学变化；作为一系列反应的一部分出现了单一反应；形成了离子、分子或纯原子。

3. 催化剂和抑制剂

化学反应需要一定的能量才能发生。**催化剂降**低了引起化学反应所需的能量。催化剂是影响反应速度而不消耗或改变自身的任何物质。催化剂往往具有高特效性，可与一种物质或一小组物质发生反应。在汽车的三元催化转化器中，铂作为催化剂将未燃烧的碳氢化合物（HC）和氮氧化合物（NO_x）转化为对环境无害的物质（图 3-59）。水，尤其是盐水，会促进氧化和腐蚀。抑制剂是催化剂的对立物，它可停止化学反应或降低其速度。

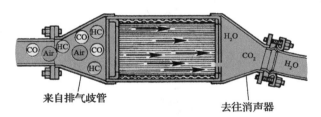

来自排气歧管　　　　　去往消声器

图 3-59 将污染物转变对环境无害的化学物质的简单催化转化器

4. 酸性 / 碱性

离子是带有一个或多个正电荷或负电荷的原子或原子团。当中性分子或其他离子吸收了电子或被移除了电子时，就形成了离子。离子是可使某些物质具有酸性或碱性的物质。

酸性物质是一种化合物，当被放在水性（水）溶液中时会分解成氢（H^+）离子和另一种化合物。它们有酸味，是腐蚀性物质，与某些金属反应生成氢气，与碳酸盐反应生成二氧化碳，而与碱性物质结合时酸性降低。大多数酸性物质反应速度缓慢，尤其是弱酸。酸还可与碱反应生成盐类物质。

碱性物质（碱基）是一种化合物，它释放氢氧

根离子（OH⁻）并与氢离子（H⁺）反应生成水，从而彼此中和。大多数物质是中性的（不是酸性的，也不是碱性的）。碱性物质的感觉是滑腻的，而且在它们与酸性物质结合时，会变为弱碱性。

氢氧根是由一个氢原子和一个氧原子组成的化合物，充当氢氧基或氢氧根阴离子（OH⁻）。氧化物是氧与另一种元素结合而成的化合物。金属氧化物通常与水反应形成碱类物质，或与酸反应形成盐类物质。非金属元素的氧化物与水反应形成酸类物质，或与碱类物质反应形成盐类物质。

盐类物质是酸类物质中的氢被金属取代形成的化合物。通常酸类和碱类物质发生的反应会形成盐和水。

pH 值用来衡量一种溶液的酸碱性，它表示溶液中氢离子浓度的对数值，范围从 0 到 14。蒸馏水（纯水）的 pH 值是 7，酸性物质的 pH 值在 0~7 之间，碱性物质的 pH 值在 7~14 之间。当物质的 pH 值低时，该物质中有更多的 H⁺ 离子；当 pH 值高时，该物质含有更多的 OH⁻ 离子。pH 值有助于让科学家和技师了解物质的性质、成分构成或反应程度。

可以用石蕊试纸检测某种物质的 pH 值。石蕊是一种从几类苔藓中提取的有色有机化合物的混合物。苔藓是一种植物，实际上是菌类和藻类的组合。石蕊试纸可用于检查发动机冷却液的状况（图 3-60）。当石蕊试纸浸入酸性溶液时，会从蓝色变为红色，而当其浸入碱性溶液时，会从红色变为蓝色。

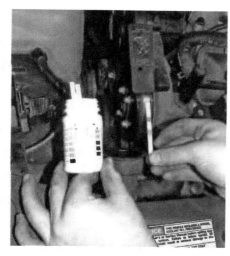

图 3-60　可用石蕊试纸检查发动机冷却液的状况

5. 氧化和还原

氧化是物质与氧结合的一种化学反应。快速氧化产生的热量多到足以产生火焰。当燃油燃烧时，它会与氧气结合形成其他化合物。这个氧化过程称为燃烧，它会产生热量和火焰。

氢原子或电子的增加是还原。氧化和还原总是同时发生的，当 A 物质被 B 物质氧化时，则 B 物质被还原。在氧化过程中，分子提供了电子。在还原过程中，分子接收了电子。氧化反应和还原反应通常称为氧化还原反应。氧化还原反应是电子转移的化学反应。蓄电池通过氧化还原反应在恒定电压下产生电流。

氧化剂（发生还原反应的物质）是一种接收电子并在还原过程中使其他物质氧化的物质。还原剂（发生氧化反应的物质）是提供电子并在被氧化的同时还原其他物质的物质。

6. 冶金学

冶金学是从矿石中提取金属并为特定用途对其加以改变的科学。这涉及化学、物理、金属原子特性和结构以及金属形成合金的结合方式。合金是两种或多种金属的混合物。钢是铁加上碳和其他元素的合金。

金属具有以下一种或多种特性：良好的导热性和导电性；可锻性——可以被锤打、锻打或被压制成某种形状而不会断裂；延展性——可以被延展、拉伸或锤击而不会断裂；较高的光反射率——可使光线从其表面反射；当其氧化物与水接触时，在溶液和氢氧化物中形成正离子而不是酸。自然界中大约 3/4 的元素是金属，储量相对丰富的金属是铝、铁、钙、钠、钾和镁。

（1）生锈和腐蚀　铁生锈是氧化的一个实例。与燃烧不同，生锈发生得非常缓慢，只产生很少的热量。铁与氧气结合生成铁锈，该现象发生的速度取决于几个因素：温度、表面积（更多的铁暴露在氧气中）和催化剂（加快反应速度，但其自身不参与反应）。

腐蚀是物质因化学反应出现的一种流失。每当气体或液体以化学方式侵蚀一个暴露的表面时，就会发生腐蚀。这类反应会因热量、酸类物质和盐类物质而加速。有些材料天然耐腐蚀，其他材料可以通过喷涂油漆、镀膜加工、镀锌或阳极氧化来避免或减缓腐蚀。

镀锌是在铁或钢的表面上镀一层锌，以防止其暴露在大气中。如果镀锌应用得当，它可以保护金属15~30年或更长时间。

为了达到耐腐蚀、电气绝缘、热控制、耐磨、密封、提高油漆附着力和装饰性修整的目的，可对金属进行阳极氧化处理。阳极氧化是在水溶液中用电将氧化膜沉积在金属（通常是铝）表面的一个过程。在此过程中，可以添加各种染料，以使材料具有彩色表面。

（2）硬度　物体的硬度体现了它对划伤的抵抗力。**硬化**是提高金属硬度的一个过程，这是通过刻意的或意外的锤击、滚压、渗碳、热处理、回火，或其他加工方式实现的。所有这些都是通过压缩原子或分子使金属变形以使材料更致密。

（3）渗碳　渗碳是通过加热硬化钢的表面。它在保留金属内部硬度相对较低的同时提高了其表面硬度。这种坚硬的表面和硬度较低的内部相结合，可以承受非常高的应力。这种处理还具有较低的成本和制造灵活性。为了渗碳，要将钢制零部件放置在高温的含碳环境中（如木炭、焦炭、碳酸盐、二氧化碳、一氧化碳、甲烷或丙烷）持续数小时。碳扩散进入钢材的表面，从而改变金属的晶体结构。齿轮、球轴承和圆柱滚子轴承以及活塞销等通常都经过渗碳处理。

（4）热处理　热处理通过加热改变了金属的特性。回火是对合金（特别是钢）的热处理。例如进行油中淬火之前，先将坚硬的钢加热到752℉（400℃）并维持一段时间来降低其硬度和脆性，从而生产出高强度钢。

7. 受拉伸的固体

固体的原子是紧密地挤在一起的，因此，固体具有比大多数液体和气体更大的密度。刚度源于原子间强烈的吸引力。拉动固体的力使这些原子分离得更远，因而产生了一种称为拉力的相反的力。如果用力推动固体，原子会靠得更近，从而产生压缩。这些是弹簧产生作用的原理。弹簧

用于汽车的许多系统中，其中最明显的是用在悬架系统中（图3-61）。

弹性物质是一种固体，它在拉力下变大，在压缩时变小，当没有力作用其上时，它会恢复到原始尺寸。大多数固体都会表现出一些弹性行为，但材料可以承受的力通常是有极限的。当施加过大的力时，材料不再会恢复到它的原始尺寸，并且会变形或破裂。该极限取决于材料的内部结构，例如钢的弹性极限较低，因此只能延展其长度的1%左右，而橡胶可伸长约1000%。另一个影响弹性的因素是材料的横截面积。

图3-61　悬架系统的螺旋弹簧

抗拉强度是当材料在不破裂的情况下被拉伸时所能承受的最大应力，它取决于该材料的横截面积。当小于抗拉强度的应力被移去后，该材料会恢复其原始尺寸和形状。更大的应力会使材料形成一个狭窄的收缩区域，很容易断裂。抗拉强度以单位面积上的力为单位进行测量。

8. 电化学

电化学是电与化学变化之间的关系。许多自发的化学反应会释放电能，其中一些用于蓄电池和燃料电池以产生电能。电力的基础是电子从一个原子到另一个原子的运动。

（1）电解　电解是一个电化学过程。在这个过程中，电流通过一个物质，引起一个化学变化，这个变化导致了电子的获取或丢失。电解通常在电解池中进行，电解池由浸入电解质中的隔开的正、负电极制成。

（2）电解质　电解质是一种因其分子分解为

正离子和负离子而传导电子的物质。最常见的电解质有酸类、碱类和盐类物质，它们在水和乙醇等溶剂中被溶解时会电离。离子向带有相反电荷的电极漂移，并成为电解池中的导电体。

3.13　电与电磁

所有的电效应都是由电荷引起的。有两种类型的电荷：正电荷和负电荷。由于电子对质子有强烈吸引力，这些电荷相互施加静电力。电场是这些力产生作用的区域。质子携带正电荷，而电子携带负电荷。原子通常是中性的，带有相同数量的质子和电子，但原子可以获取或失去电子。电与磁之间有许多相似之处。例如，电荷之间的电场线与磁力线的形式相同，因此可以说磁场类同于电场。同类电荷互相排斥，异类电荷互相吸引（图 3-62）。

1. 电流

电路只是电子流动的路径。电子可以借助静电力沿一个电路移动。电路通常由导电材料组成，例如金属，它们的电子被非常松散地束缚在其原子上，从而使这些电子的移动成为可能。静电力的强度是电压。电子的运动形成电流。电压越高，电流就越大。但电流大小还取决于导体的粗细、长度、温度和性质。电阻阻碍电子的流动。良好的导体具有较低的电阻，这意味着小电压会产生大电流。在蓄电池中，一个电极的分解引起电子

的释放，导致它们移向另一个电极，并形成电流。

2. 磁体

有些材料是天然的磁体，但大多数磁体是人造的。用于制造永磁体的材料通常称为铁磁体材料。它们主要是由加热的铁化合物构成的。加热使原子转换方向，而且一旦它们都指向相同方向，该金属就变成了一个磁体。它建立了被称为北极（N）和南极（S）的两个不同的磁极。磁极位于磁体的两端，并且在分开的两个磁极之间存在吸引力。

磁场形成从北极到南极的闭合磁力线。如果另一个铁或钢的物体进入该磁场，它会被拉向磁体。如果另一个磁体被引入这个磁场，它要么进入该磁场，要么被该磁场推离。这是磁体南北极自然吸引的结果。如果将一个磁体的北极引向另一个磁体的北极，则两个磁极将彼此相斥并推开彼此。如果将一个磁体的南极引向另一个磁体的北极，则两个磁体将结合在一起，因为相反的两个磁极会相互吸引。

环绕磁铁外围的磁场强度分布是始终如一的，即磁力在磁体表面是最强的，并且随着距离的增加而减弱。如果把离开磁体的距离加倍，则磁力会减少为原来的 1/4。

磁场强度通常是用磁力计测量的，单位为安每米（A/m）。

3. 电磁

电流会产生磁性，并以与永磁体相同的方式

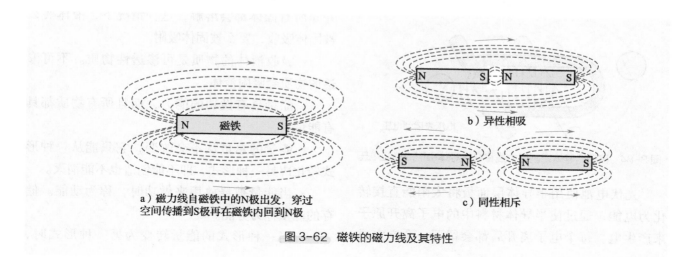

a）磁力线自磁铁中的N极出发，穿过
空间传播到S极再在磁铁内回到N极

b）异性相吸

c）同性相斥

图 3-62　磁铁的磁力线及其特性

影响其他物体。环绕载流导体排列的磁场的磁力线是圆形的。通过将载流导线加工成一个线圈可以增加电流的磁效应（图 3-63）。

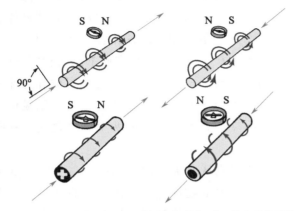

图 3-63 当电流通过导体（例如电线）时，将在导体周围产生与电流方向成直角的磁力线

当把线圈缠绕在一根铁棒上时，它被称为**电磁体**。由线圈产生的磁场磁化了该铁棒，增强了该磁场。产生的磁力强度取决于线圈的匝数和流过该线圈的电流大小。

4. 生产电能

有很多发电的方式，最常见的是使用导线和磁铁制成的发电机。当导线和磁铁彼此相对运动时，就产生了电压（图 3-64）。在发电机中，导线绕成一个绕组，且绕组在磁场中旋转。绕组匝数越多，转动得越快，电压就越大。汽车发电机由发动机的曲轴通过传动带驱动。在发电机中，旋转物体的动能转化为电能。

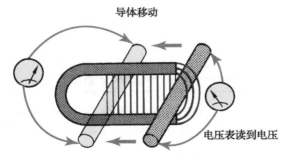

图 3-64 移动的导体切割磁力线将在该导体中形成感应电压

光伏电池使用半导体层面板将太阳能直接转化为电能，通过使半导体材料中的电子离开原子来产生电。每个电子离开后都会留下一个空穴或空隙，其他电子进入这个空穴，在它们的原子中又留下了空穴。这个过程不断持续并形成一个移动的电子链，这就是电流。

雷达是一种探测系统，它使用无线电波来确定一个物体的范围、高度、方向和 / 或速度。它用于探测飞行器、船舶、航天器、导弹、机动车、气象形态和地形。在汽车中，它用于各种系统，包括自适应巡航控制等。其主要部件是一个天线或发射器阵列，它发射无线电波，这些电磁波会在其路径上的任何物体上被反射（图 3-65）。这些电磁波的一部分会反射回天线或接收器阵列，然后计算机分析该物体的距离、方向和接近速度。

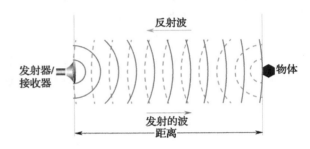

图 3-65 雷达的基本工作原理

3.14 总结

- 任何物质都要占据空间，并以气体、液体或固体的形态存在。
- 所有物质都是由许多被称为原子和分子的微小粒子组成的。
- 当固体溶解在液体中时，就会形成溶液。并非所有固体都会溶解，这种情况下，液体要么被固体吸收，要么被固体吸附。
- 吸收液体的物质是可渗透性物质。不可渗透的物质会吸附液体。
- 能量具有做功的能力，而且所有物质都具有能量。
- 能量的总量从不会改变，它只能从一种形式转化成另一种形式，即不能创造也不能消灭。
- 当能量被释放用来做功时，称为动能。储存的能量称为势能。
- 当一种形式的能量转变为另一种形式时，

就发生了能量转化。

- 质量是物体中物质的数量，并以磅（lb）或千克（kg）为单位。地球引力赋予一个有质量的物体重量。
- 容积是被一个物体占用的空间量。
- 一台发动机所有气缸的工作容积决定了它的排量。
- 发动机的压缩比是活塞在下止点时活塞上方的气缸容积与活塞在上止点时活塞上方的气缸容积之比。
- 力可大可小，并可通过直接接触或远距离施加给物体。
- 物体做圆周运动时，它的运动方向是连续改变的，而且所有方向的变化都需要力。保持圆周运动所需的力称为向心力，试图改变圆周运动状态的力称为离心力。
- 压力（压强）是施加在物体上的力，以帕斯卡（Pa）为计量单位。
- 物体的质量越大，改变其运动状态所需的力就越大。
- 当一个力克服静惯性并移动一个物体时，该物体获得动量。动量是物体质量和其速度的乘积。
- 速度是物体在一定时间内移动的距离。矢量速度是物体在特定方向上的速度。加速度是速度的增加率。减速度与加速度相反，是速度的减少率。
- 牛顿运动定律：①静止的物体趋于保持其静止状态，而运动的物体趋于保持其运动状态；②当一个力作用在一个物体上时，将改变该物体的运动状态；③每一个作用力都有一个与其大小相等且方向相反的反作用力。
- 摩擦力是一种力，它减慢或阻止两个相互接触的运动物体之间的相对运动。
- 摩擦一般可以用两种方式减少：润滑或使用滚子。
- 空气动力学研究的是空气对运动物体的影响。
- 当一个力将一定质量移动了一定距离时，就做了功。

- 机械是用于传递力并在此传递中改变力的大小和/或方向的装置。简单机械的实例有斜面、滑轮、杠杆、齿轮、车轮和轮轴。
- 转矩是一种用来旋转或转动物体的力，并用所施加的力和力移动的距离来度量。
- 齿数比反映了一个齿轮与另一个齿轮的数学关系。
- 功率是对做功速率的度量，单位为瓦特（W）。
- 功率是产生转矩的速率。
- 振荡是物体在其运动的两个极端值之间反复运动。当这种运动穿过物质或空间时，就形成了波。
- 振动在 1s 内发生的次数称为频率，通常用赫兹（Hz）表示，1Hz 即每秒一个循环。振动的幅度是其强度或力度。
- 噪声是任何不需要的信号或声音，它可以是随机的，也可以是周期性的。
- 光是电磁辐射的一种形式，它以约 3×10^8m/s 的速度沿直线传播。
- 气体总是会充满一个密闭的容器，而液体可能不是。气体还很容易因施加在其上的压力而膨胀或压缩。液体基本上是不可压缩的，这使它们能够传递力。
- 液压技术是对运动液体的研究。
- 帕斯卡（Pascal）构造了第一个著名的液压装置并确立了液压方面的帕斯卡定律。
- 液压系统平衡时内部的压力称为静压力，因为没有液体运动。液体在运动时的压力称为动压力。
- 玻意耳定律（Boyle's law）指出，温度不变时，气体的体积与压力成反比。
- 压力定律指出，容积不变，气体的压力随着其温度的升高而增加。
- 查理定律（Charles' law）指出，压力不变时，一定质量气体的体积取决于它的温度。
- 大气压力是地球大气层的总重量。大于大气压力的压力（psig）可用压力表测量；实际压力以绝对压力（psia）为单位测量。
- 严格地讲，真空被定义为没有大气压力，但它通常指的是低于大气压力的任何压力。

• 热能是由原子和分子运动引起的一种能量形式，国际单位制单位为焦耳（J）和千焦（kJ）。

• 温度表示物体动能，是用温度计测量的。

• 对流是通过受热流体的移动来传递热量的。

• 传导是借助材料来转移热量的。

• 通过辐射，热量从一个物体传递到另一个物体。

• 当热量进出一个质量块时，该质量块的大小常常会变化。

• 有时，额外的热量不会导致物质的温度升高，但会使其改变状态，这种热量称为潜热。

• 溶液中的液体称为溶剂，而加入的物质称为溶质。

• 催化剂是一种物质，它影响化学反应，但其自身不被消耗或改变。

• 离子是带有一个或多个携有正电荷或负电荷的原子或原子团。当电子进入中性分子或从中性分子或其他离子中移出时，就会形成离子。离子能使某些物质具有酸性或碱性。

• pH 值用于衡量溶液的酸碱度。

• 氧化是物质与氧结合的化学反应。氢原子或电子的加入称为还原。

• 表面硬化是通过锤击、滚压、渗碳、热处理、回火或其他工艺来提高金属表面硬度的一个过程。

• 弹性物质是一种固体，在拉力下变大，在压力下变小，并在没有外力作用时恢复到原始尺寸。

• 抗拉强度表示一种材料在拉伸时不会断裂的最大应力，它取决于材料的横截面积和特性。

• 电解是电流通过物质而引起化学变化的一个电化学过程。

• 电解质是一种物质或化合物，因其分子分解为带正电荷和带负电荷的离子而导电。

• 任何电流都会产生磁性。被线圈缠绕的铁棒称为电磁体。

• 最常见的发电方式是使用由线圈和磁体制成的发电机。

3.15 复习题

1. 简答题

1）什么是牛顿第一定律？该定律在汽车理论中的一个应用是什么？

2）物质存在哪四种形态？分别举例说明。

3）什么是牛顿第二定律？该定律在汽车理论中是如何运用的？请举例说明。

4）汽车中能量转化的五种不同形式是什么？

5）能量转化的四种不同类型是什么？

6）为什么旋转的倾斜的车轮会朝其倾斜方向移动？

7）为什么气体和液体被认为是流体？

8）不平衡的力是如何影响汽车的？

9）压力对密闭气体体积的影响是什么？

10）为什么用弹性支座（悬置）来连接发动机和车架？

11）请列举三种简单机械。

2. 填空题

1）原子核包含_____和_____。

2）功是用_____乘以_____来计算的。

3）能量可以被定义为_____的能力。

4）当一个物体在另一个物体上移动时，对运动的抵抗称为_____。

5）重力是地球上的_____作用在物体上的度量。

6）力矩是一种用_____动作做功的力。

7）真空被定义为没有_____。

3. 单选题

1）下面哪一个是用来计算发动机排量的正确公式？（　　　）

A. 排量 $= \pi R^2 LN$

B. 排量 $= \pi^2 RLN$

C. 排量 $= \pi DLN$

D. 排量 $= \pi DL^2 N$

2）在讨论能量的不同形式时，技师 A 说被释放出来做功的能量称为潜能；技师 B 说储存的能量称为动能。谁是正确的？（　　　）

A. 仅技师 A 正确

B. 仅技师 B 正确

C. 技师 A 和技师 B 都正确

D. 技师 A 和技师 B 都不正确

3）当讨论物质的摩擦时，技师 A 说摩擦产生热量；技师 B 说摩擦只发生在固体上，液体和气体中不存在摩擦。谁是正确的？（　　　）

A. 仅技师 A 正确

B. 仅技师 B 正确

C. 技师 A 和技师 B 都正确

D. 技师 A 和技师 B 都不正确

4）当讨论质量和重量时，技师 A 说质量是对物体惯性的测量；技师 B 说质量和重量可以用 in^3 来计量。谁是正确的？（　　　）

A. 仅技师 A 正确

B. 仅技师 B 正确

C. 技师 A 和技师 B 都正确

D. 技师 A 和技师 B 都不正确

5）在运用功和力的原理时，以下说法中正确的是哪一个？（　　　）

A. 当力施加在一个物体上时，尽管物体没有移

动，也完成了做功

B. 在公制单位系统中，对做功的测量单位是 cm^3

C. 当一个物体被机械力停住时，就没有完成做功

D. 如果将 50 1b 的物体移动 10ft，则做了 500lbf·ft 的功

6）下面所有关于能量和能量转化的说法不正确的是哪一个？（　　　）

A. 热能可以被定义为光能

B. 当汽油燃烧时，发生了化学能向热能的转化

C. 机械能被定义为做功的能力

D. 当发动机驱动发电机时，发生了机械能向电能的转化

7）关于热传递的描述，下列哪项是不正确的？（　　　）

A. 每当某物的温度变化时，就发生了热传递

B. 传导是通过红外线传递热量的

C. 灯泡是辐射传热的实例

D. 当热的物体移动到温度较低的区域时，就发生了对流

第4章
汽车电气基础

学习目标

- 解释电的基本原理。
- 定义描述电的术语。
- 使用欧姆定律确定电压、电流和电阻。
- 列出电气电路的基本类型。
- 简述串联电路和并联电路的区别。
- 列举各种电气元件及其在电路中的用途。
- 描述不同种类的汽车线路。
- 描述可能出现的不同类型电气问题。
- 读懂电路图，并使用电路图来识别电路和电路故障。
- 使用仪表、试灯和跨接线执行故障排除的流程。
- 描述如何连接和理解每种主要类型的电气测试设备。
- 说明如何使用 DMM 诊断电气和电子系统。
- 说明如何使用示波器诊断电气和电子系统。
- 测试常见的电气器件。
- 诊断常见的电气故障。

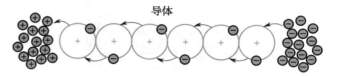

ALL TECH AUTOMOTIVE				维修工单
年份：2002	品牌：Dodge	型号：Ram1500	里程：155581mile	RO：15078
问题：	客户安装了灯条，但灯光看起来没达到它们应有的亮度。			

根据该客户的问题，使用在本章中学到的内容来确定此问题的可能原因、诊断该问题的方法以及纠正此问题所需的步骤。

关于电气和电子这两个术语，经常会出现混淆。在本书中，电气和电气系统是指线路和电气部件，例如电机、车灯和其他基本部件。电子装置是指使用固态集成电路的部件，例如计算机和其他模块。电子装置是以使用晶体管、二极管和由多层导电材料构成电路的电路板为特征的。电子产品用于控制发动机和车辆的许多其他系统。电子系统包括许多组装在一起并且不能单独维修的小的元器件，但电气电路和部件通常可以单独维修的。

充分理解电气结构和原理对于正确诊断任何用电气原理来监测、控制或操作的系统来讲都是非常重要的。

导体

图4-1 电流是电子从一个原子向另一个原子的流动

电子对质子有一种天然的吸引力。电子带负电荷并被带正电荷的物体所吸引。当一个电子离开一个原子的轨道时，该原子就带有了正电荷，这是由离去的电子所留下的空穴造成的。一个电子从一个原子移动到另一个原子，是因为与它紧挨着的原子所带的正电荷明显高于电子正绕行轨道上的其他原子。

电源提供更多的正电荷，而且为使电能够持续流动，它还提供自由电子。要使电持续流动，必须具备三个条件：一个地方有过量的电子，另一个地方电子不足，且两个地方之间存在路径。

汽车的电气系统使用两种电力或电能，它们都是基于化学反应或磁性的。磁性是由电子的受控运动产生的，磁性在许多汽车系统中被用来产生电。

汽车的蓄电池是化学能源（图4-2）。蓄电池中的化学反应使一个地方有过多的电子，而另一个地方缺乏电子。蓄电池有两个端子，正极和负极。一般来讲，负端子是电子的出口，正端子是电子的入口。蓄电池中的化学反应导致正（+）端子处的电子不足，而负（−）端子处的电子过剩。这就造成了电荷的不平衡，从而导致电子通过连接两个端子的路径从一个端子流向另一个端子。

这个化学过程持续提供电子，直到化学物质变弱。蓄电池此时不是耗尽了电子，就是所有的质子都已与一个电子配对。当发生这种情况时，电子不再有条件移动到蓄电池的正极侧，因为正极一侧似乎不再有更多的正极性。幸运的是，车

4.1 电的基本知识

往往很难理解电的一个原因是它通常是看不到的。通过了解它的不同状态，就会更容易理解它。电发生在或可能发生在你所知道的一切事物中，因此，它不是一种魔术！它不仅为电灯、电视、立体声音响和冰箱等提供电力，也是我们大脑与身体其他部分进行交流的基础。

电的作用是可以看到、感觉到、听到和闻到的。闪电是电最常见的表现形式之一。闪电就是电，而且是大量的电！闪电的威力令人难以置信。除闪电外，电通常是不会被看到的，因为它是一种以光速移动的极小物质的运动。

1. 电的流动

电的流动是电子从一个原子流向另一个原子的结果（图4-1）。当一个电子离开一个原子的轨道并跃入另一个原子的轨道时所释放的能量就是电能。产生电流的关键是创造一个让电子移向另一个原子的条件。

辆的充电系统恢复了蓄电池的电子供应，这可使化学反应无限期地继续。

图 4-2 汽车蓄电池

电和磁性是相互关联的，一个可以用来产生另一个。移动一根导线（一个导体）穿过已经存在的磁场（例如永磁体）可以产生电，这种通过磁性产生电的过程被称为感应。车辆充电系统的核心是交流（AC）发电机（图 4-3）。由曲轴通过传动带驱动的磁场转过导线绕成的线圈产生了电。

图 4-3 新型的交流发电机

通过光电、热电和压电的反应也能产生电，这些技术被当今汽车上的许多传感器所采用。

2. 电的有关术语

电流描述电子的运动或流动。在给定的时间内流过给定点的电子数量越多，电路的电流就越大。测量电流的单位是**安培**，通常称为安（A）。安培这个词用来纪念安德烈·安培，他研究了电和磁性之间的关系。用于测量电路中电流的仪器被称为安培计（或电流表）。

当电流流动时，数以百万计的电子以光速通过任何给定的点。任何一个电子的电荷都是极

小的。产生一个能够被测量的电荷需要数百万个电子。

电流有两种类型：**直流电（DC）**和**交流电（AC）**。在直流电中，电子只向一个方向流动；在交流电中，电子以固定的速率改变其移动方向。汽车的大多数系统都依赖于直流电，而家庭和建筑物中使用的电大多是交流电，但有一些汽车部件产生或使用交流电。

出于本书的目的和每个人对电的理解，无论是 AC 还是 DC，电流的流动（图 4-4）都是从一个较高电势（电压）的点移动到一个较低电势（电压）的点。

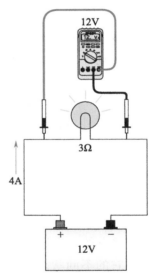

图 4-4 电流在串联电路中始终是从较高电势点
移向较低电势点

当一种带正电的物质与一种带负电的物质分开但彼此相距较近时，它们之间就会产生一个引力场，这种引力所产生的力叫做电的压力或电压。这种引力场是一个静电场，该电场的强度取决于两种物质分开的距离和两种物质之间的电势差。

电压是两点之间的电势差，并用电压作为最恰当的描述（图 4-5），它是电子吸引质子所产生的力。吸引力越强或电势差越大，则电的压力或电压就越高。电压也可称为电动势（EMF），其测量单位为伏特（V）。这些电压测量单位的命名是为了纪念亚历山德罗·伏特（Alessandro Volta），他于 1800 年做成了第一个电池。

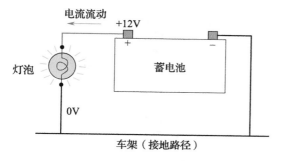

图 4-5　电压是电的"压力"

任何物质在流动时都会遇到**阻力**。电流流动的阻力是可以测量的。电流流动的阻力产生热量，可以通过测量该热量以确定电阻的大小。测量电阻的单位称为欧姆，常见欧姆符号为 Ω，如图 4-6 所示。电阻可以用欧姆表等仪器进行测量。

图 4-6　常见的欧姆符号

为了将电形象化为我们熟悉的东西，许多人用水来作为一种类比。由城市供水系统或水泵提供的水压在概念上类似于电压。电子的流量或电流量类似于从水管或水龙头流出的水量。水管或水龙头开口的大小类似于电阻。稍微打开水龙头，只允许一点点水流过，它具有阻碍流动的效果。进一步打开水龙头就如同减小了电路中的电阻，从而允许更多的电流流过。

3. 交流电

交流电路中的电压值不断变化，电流的方向也是如此。如果使用曲线图来表示蓄电池在固定的一段时间内可提供的直流电压值，则曲线图上的线条将是平坦的，这表示一个恒定的电压。如果在一张曲线图上显示交流电压，它将显示为正弦波（图 4-7），该正弦波显示交流电在波幅（强度）和方向上的变化。最高的正电压等于最高的

负电压。交流电从其在曲线图正侧的峰值到负侧，然后再返回正峰值的移动通常被称为"峰－峰"值。该值表示某一点上的可用电压值。在交流电每个完整的周期中，始终会有两个最大值或峰值，一个是在正半周，另一个在负半周。正负峰值之间的差值用于衡量交流电压（图 4-8）。

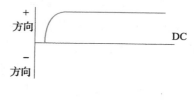

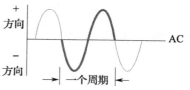

图 4-7　直流电与交流电的区别

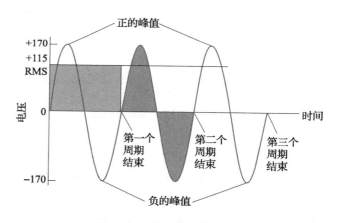

图 4-8　交流电的行为和测量

交流电没有恒定值，因此，当它通过电阻时所产生的热量比直流电少近 29%，这是交流电在为电机和其他电气设备提供电力时优于直流电的原因之一。

当交流电在给定电阻下以与 1A 的直流电相同的速率产生热量时，交流电的有效值为 1A。交流电的有效值等于其最大或峰值电流值的 0.707 倍。因为该电流是由交流电压引起的，所以有效电压与最大电压之比和有效电流与最大电流之比相同，即最大值的 0.707 倍。交流电压的测量值通常用有效值（也称为均方根［RMS］值）表示。

当交流电施加到电阻上时，随着电压值和方

向的变化，电流也发生变化。实际上，电流的变化与电压变化同相。当正弦波之间的电压和电流都彼此精确一致时，就存在"同相"状态。这两个正弦波同时在相同的时间和方向上通过它们的最大和最小值点。在某些电路中，几个正弦波可以是彼此同相的。

如果电路有两个或多个电压脉冲，且每个脉冲都有自己的正弦波，这些正弦波在不同的时间开始和结束其周期，则这些正弦波是"异相的"。如果两个正弦波的相位相差 180°，则在它们具有相同电压和电流时将相互抵消。如果两个或多个正弦波不是同相的，就不会相互抵消，其有效电压和电流则由该正弦波在电路内给定点的位置和方向决定（图 4-9）。

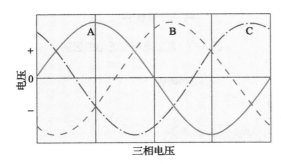

图 4-9 三相交流电的正弦波

4. 电路术语

当一个电路存在连接电源的正极和负极端子的路径时，则认为它是完整的。一个完整的电路被称为**闭合电路**，而不完整的电路被称为**开路**。当一个电路完整时，就有了导通性，这意味着在电流流过的两点之间有一条连续或完整的路径。导线在电气原理图中被绘制为连接两点的一根线条，如图 4-10 所示[⊖]。

在一个完整的电路中，电流可以受控并用来做功，例如点亮前照灯或运转电机。使用电能的部件控制电路中的电流并将电能转换为另一种形式的能量，这些部件被称为电气负载。负载在电气原理图中用代表部件的符号或电阻表示。电阻的典型画法如图 4-11 所示。

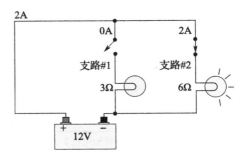

图 4-10 连接路径被绘制为从一点到另一点的线条

图 4-11 电路图中的电阻符号

电路中的总电阻决定了流过该电路的电流大小。如果电压保持不变，电流将随着电路电阻的增加而减小。相反，如果电阻降低，电流就会增加。能够使电流经过负载所用的能量用 V 计量，并被称为电压降。在电路中，电流保持不变，而电压将在其通过负载时下降。测量电压降可以知道电路中的负载、其他部件或连接使用了多少电能。

功率是电能做功的速率，并用 W 表示。1W 等于 1V 乘以 1A。确定负载功率输出的计算方式是通过负载的电流量乘以负载所用的电压。

接地的负载。如图 4-12 所示，大多数汽车电路使用车架作为蓄电池负极的导线。来自蓄电池的电流通过负载、车架，再返回到蓄电池。使用车架作为返回路径或接地消除了在每个部件上都

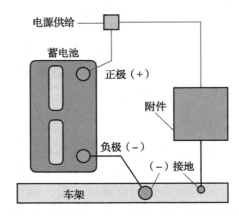

图 4-12 大多数汽车电路使用车架作为蓄电池负极的导线

⊖ 为方便世界技能大赛选手学习原版图书，本书中的电路图均使用原版图书中的电路图，请读者根据我国相关标准自行对照学习。

要设置单独接地线路的需要。如果没有将部件通过车架接地，则需要数百条额外的导线才能使各个电路完整。

　　类似发动机缸体和变速器等主要部件也有连接到车架的接地线，这为直接安装在缸体（图 4-13）或变速器上的部件提供了一个接地电路。其他的部件都有单独的接地线，以便将它们连接到车架、发动机或变速器上，这些连接称为**车架接地**。用作与车架连接的导线通常称为**接地线**或接地导线（图 4-14）。

图 4-13　许多部件通过它们在发动机、变速器或车架上的固定点接地

　　在电路图中，绘制了车身接地的连接以显示该部件的接地连接类型。当通过该部件的固定点来接地时，其连接如图 4-15a 所示。当接地是通过连接至车身的线路完成时，其连接如图 4-15b 所示。

　　有些电路，特别是计算机传感器电路，通常使用非固定的或单独的接地（图 4-15c）。这些

接地电路通常在电路图中显示为参考低电位。在这些电路中，接地不是直接通过车身接地的，而是在计算机内部的。该参考低电位电路通过一个固定电阻悬在车身接地的电位之上。这可使计算机使用一个固定的接地参考电压，该电压不受其他电路产生的噪声影响，这种电路通常是大电流电路。例如，在计算机内部，参考低电位电路的"接地"电压可能比车身接地电压高 0.75V（75mV）。计算机接下来可以将传感器信号高电位（可能是 5~12V 的信号电压）与 0.75V 的低电位参考值进行比较。

图 4-14　蓄电池与车架的连接

　　塑料和其他非金属材料使用量的增加使电气接地更为困难。为确保良好的接地，一些制造商使用公共接地端子和接线网络（图 4-16）。

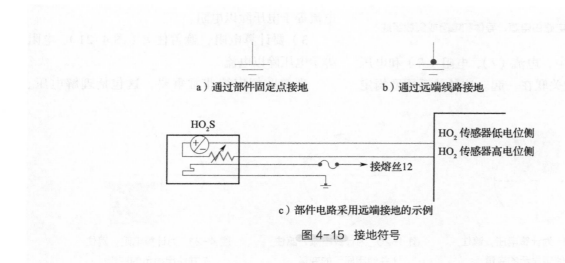

a）通过部件固定点接地　　　b）通过远端线路接地

HO$_2$S　　　　　　　　　　HO$_2$ 传感器低电位侧
　　　　　　　　　　　　　　HO$_2$ 传感器高电位侧
　　　　　　　　　→接熔丝12

c）部件电路采用远端接地的示例

图 4-15　接地符号

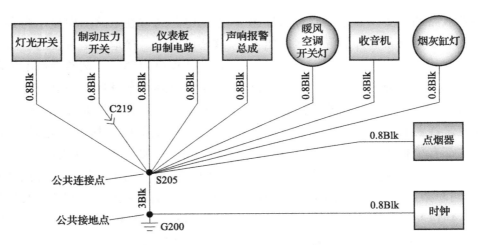

图 4-16 公共连接点和分接点用来减少导线和插接器的数量

5. 欧姆定律

1827 年，德国数学教授 Georg Ohm 出版了一本书，其中收录了他对电的行为的解释。他的观点已经成为理解电学的基础。他发现需要 1V 的电压才能推动 1A 的电流通过 1Ω 的电阻。这一表述成为电学的基本定律，被称为欧姆定律。

一条简单的电路是一个负载通过导体连接到电压源。电阻可以是一个雾灯，电压源可以是蓄电池，导体可以是铜的电线（图 4-17）。

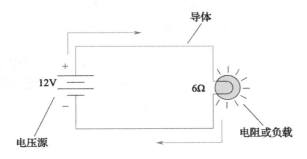

图 4-17 简单电路由电源、导体和电阻或负载组成

在任何电路中，电流（I）、电阻（R）和电压（U）在数学上被关联在一起。这种关系用欧姆定律的数学表述来表达。欧姆定律可应用于整个电路或电路的任意一个部分。当已知其中任何两个要素时，就可以计算出第三个要素。使用图 4-18 所示的圆，可以找出计算未知量的公式。遮住要查找的未知量，则圆中余下显示的就是所需的变量。

图 4-18 欧姆定律

1）要计算电压，遮住 U（图 4-19）。电路中的电压（U）等于以 A 为计量单位的电流（I）乘以用 Ω 作为计量单位的电阻（R）。

2）要计算电流，遮住 I（图 4-20）。电路中的电流等于电压除以电阻。

3）要计算电阻，遮盖住 R（图 4-21）。电阻等于电压除以电流。

理解欧姆定律非常重要，这包括理解电压、

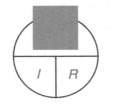

图 4-19 为计算电压，遮住 U 并使用显示的变量

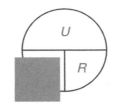

图 4-20 为计算电流，遮住 I 并使用显示的变量

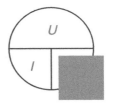

图 4-21 为计算电阻，遮住 R 并使用显示的变量

电流和电阻之间的关系。例如，当面对串联电路中的电阻时，欧姆定律允许将各个电阻相加来确定总的电路电阻。电阻可以被加在一起，是因为它们是同类项。这意味着各点的电压也可以加在一起，就像电流量可以相加一样。因为电压和电流不是同类项，所以它们不能相加。理解欧姆定律的这些内容将有助于理解如何应用它，不仅适用于纸上的电路，而且可以在车辆上的应用。该定律还解释了电压、电阻或电流的增加或减少如何影响一个电路。例如图 4-17 中雾灯的电阻为 6Ω 就决定了该电路中的电流。因为汽车有一个 12V 的蓄电池，已知该雾灯电路中的两个参数值，所以计算第三个参数的值是非常简单的。

$$I（未知）= \frac{U（12V）}{R（6\Omega）} = \frac{12}{6} = 2（A）$$

在一个完整且接线良好的电路中，雾灯将消耗 2A 的电流。如果该电路中的电阻因线路或连接被腐蚀或损坏而增加，将会发生什么呢？假设不良的连接使电路增加了 2Ω 的电阻，此时总的电阻变成了 8Ω（图 4-22）。因此通过该电路的电流被减少。

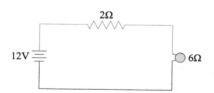

图 4-22　该电路与图 4-17 相同，有一根用额外电阻代表的被腐蚀的导线

$$I = \frac{12}{6+2} = \frac{12}{8} = 1.5（A）$$

如果该灯设计的工作电流是 2A，当降低到 1.5A 时，将导致它发光暗淡。去除腐蚀或安装新的导线和插接器将消除多余的电阻。此时正确的电流将流过该电路，使该灯泡能够达到它应有的亮度。

6. 电压降

电压降是为使电流流过负载所需的电压量。要使电压有下降，电路必须完整（图 4-23a）。一个断开的电路（图 4-23b）不会有任何电压降，因为没有电流流动。电压的下降是电能（电压）变

为另一种能量形式的结果，例如点亮灯泡产生的热量。这种转换使供给电压和电流流动来做功。电路需要一个完整的路径来运行。通过该电路的电子（电流）不会被消耗，但推动电子的力在做功时会降低（即电压降）。当电能流经负载而转变为另一种能量形式时，离开负载的电压会低于进入负载时的电压，由负载降低的电压量取决于该电路的电流和负载的电阻。利用欧姆定律可以计算出电压降。如果已知负载的电阻和该电路的电流，则电压降是两者的乘积。如果该电路中只有一个负载，则电压降将等于源电压。各个负载使电路中的所有可用电压降低，所以在电源负极连接处呈现 0V 的电压。

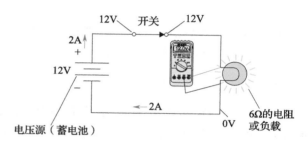

a）电路完整且所有源电压在电路中被降低

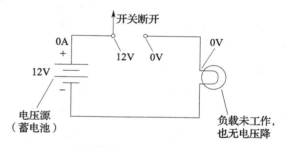

b）电路被断开，因此没有电压降

图 4-23　完整电路与断开电路中的电压降情况

当有多个负载时，电压降会因每个负载的大小不同而不同。例如，假设一个 12V 的电路中有 3Ω 和 9Ω 两个负载，其总电流将是 1A，总电阻是 12Ω。3Ω 负载两端的电压降为 1×3 等于 3V。另一个负载上的电压降将是 1×9，即 9V（图 4-24）。

在交流电路中，对电流的总阻力称为**阻抗**。电阻抗和电阻一样也是以 Ω 为单位来计量的，它代表负载的电阻加上对 AC 电流流动的阻力，该阻力是其与导体内的磁场相互作用而产生的。交流电

路中的电压降是电流与电路或负载的阻抗（Z）的乘积，用公式 $U=I \times Z$ 来表示。

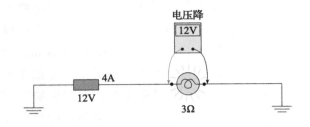

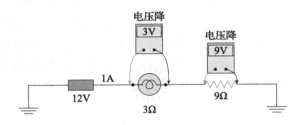

图 4-24　电路中的负载降低了所有可用电压，降低的电压量取决于负载的电阻

7. 功率和瓦特定律

瓦特定律指的是用来计算负载所用电功率（P）的一个公式。这个定律的数学表达式是 $P=I \times U$。换句话说，功率等于电流乘以电压。电功率用瓦特（W）表示，它代表电能转换成另一种能量形式的速率。电能可以转换成声能、热能、光能或动能。

如果两个负载具有相同的可用电压，则具有较低电阻的负载将使用更多的功率。例如一个 40W 的家用灯泡比 100W 的灯泡具有更高的电阻。

尽管在汽车维修中很少需要测量功率，但在排查电气系统的故障时，知道灯泡、电机和其他部件的功率要求有时是有益的。回顾一下雾灯电路的例子，可以计算出该雾灯所用的功率（图 4-25）。

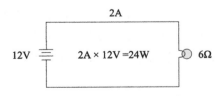

图 4-25　用电压乘以电流计算电功率

$$P=12V \times 2A=24W$$

普通雾灯使用 24W 的功率，而被腐蚀的雾灯

电路导致了下面的结果。

$$P=12V \times 1.5A=18W$$

功率上的减少表明了灯泡亮度降低的原因。

4.2　电路

汽车的大多数电路包含以下五个基本部分。

1）电源，例如蓄电池或发电机，它们提供引起电子流动所需的能量。

2）导体，例如铜线，它为电子流动提供路径。

3）负载，它们是使用电力进行工作的装置，例如灯泡、电机或电阻。

4）控制器，例如开关或继电器，它们用于控制或引导电子的流动。

5）电路保护装置，如熔丝、断路器、熔断线等。

汽车电气系统中使用的电路有三种基本类型：串联电路、并联电路和串并联电路。每种类型在电流、电压和电阻方面都有自己的特点。

1. 串联电路

串联电路由连接到只有一条电子流动路径的电源上的一个或多个负载组成。图 4-26a 所示是一个简单的串联电路，它由一个电阻（在本示例中是 2Ω）连接到一个 12V 蓄电池上组成。其电流可用欧姆定律来确定。

$$I=\frac{U}{R}=\frac{12}{6}=2（A）$$

图 4-26b 所示为另一个串联电路，它由连接到 12V 蓄电池上的一个 2Ω 电阻和一个串联的 4Ω 电阻组成。**串联**一词指的是在整个电路中具有相同电流的电路，这意味着流过电路中某一点的电流与流过电路所有部分的电流是相等的。当该电流离开蓄电池时，它通过导体流向第一个电阻器。当电流流过该电阻时会消耗一些电能或电压，并在该电阻上产生热量（图 4-26c）。当电流流过下一个电阻器时，已减少的电压量被施加到下一个电阻器上。等到电流通过该导体流回到蓄电池时，所有的电压都已经下降完。

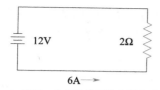

a）只有一个负载的简单串联电路

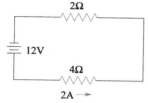

b）有两个负载的串联电路

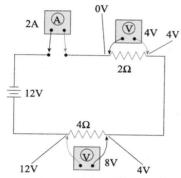

c）标出了电压降和电流读数的串联电路

图 4-26　串联电路

例如，由于该电路的电流是 1A，因此，4Ω 的电阻器降低了 4V 电压（$U=I×R$=1A×4Ω=4V）。

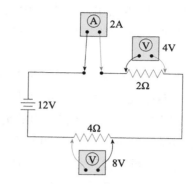

图 4-27　在该电路中测得的电流和电压降

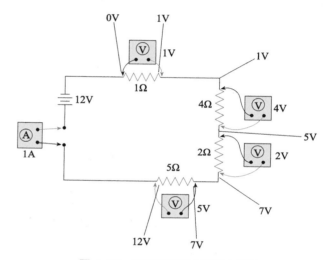

图 4-28　该串联电路中的各个读数

在串联电路中，电路中的总电阻等于各电阻的总和。在图 4-26b 的电路中，该电路的总电阻为 4+2=6Ω。根据欧姆定律，电流 $I=U/R$=12/（4+2）=2A。在串联电路中，电流在整个电路中是不变的。因此，2A 的电流流过导体和两个电阻器。

欧姆定律可用来确定电路各部分两端的电压降。对于 2Ω 的电阻器，$U=I×R$=2×2=4V。对于 4Ω 的电阻，U=2×4=8V。串联电路中所有电压降总和必然等于电源电压，即 4+8=12V。

连接在该电路中任意位置的电流表读数都为 2A，而且连接在各电阻两端上的电压表读数分别为 4V 和 8V，如图 4-27 所示。

无论串联了多少电阻，对串联电路的所有计算方式都是相同的。考虑图 4-28 所示的电路，这个电路有四个彼此串联的电阻。总电阻为 12Ω（5Ω+2Ω+4Ω+1Ω）。利用欧姆定律，可以得到该电路的电流是 1A（$I=U/R$=12/12=1A）。还可以用欧姆定律来确定该电路中每个电阻上的电压降。

串联电路具有以下特点。

1）电路的电流由该电路中的总电阻决定，并且在整个电路中是不变的。

2）如果电阻值不同，则经过每个电阻上的电压降也不相同。

3）所有电压降的总和等于源电压。

4）总电阻等于该电路中所有电阻的总和。

2. 并联电路

并联电路为电流提供两个或多个不同的路径。每条路径都有独立的负载，并且可以独立于其他路径运行。电流的不同路径通常称为并联电路的支路。

并联电路具有以下特点。

1）总的电路电阻始终低于该电路中最低的支路总电阻。

2）如果各支路的电阻值不同，则流经每条支路的电流也不相同。

3）每条支路电流的总和等于总电路的电流。

4）如果与并联电路串联的电路中没有负载，则施加到电路各支路上的电压将在穿过各支路时下降。

考虑图 4-29 所示电路，两个 3Ω 的电阻连接到一块 12V 蓄电池上。因为蓄电池电压（12V）施加到每个电阻上，且它们具有公用的负极引线，所以这些电阻是相互并联的。通过每个电阻或支路的电流可以用欧姆定律确定。对于 3Ω 的电阻，$I=U/R=12/3=4A$。所以总的电路电流为 4+4=8A。应用欧姆定律，发现在两个电阻上都有 12 V 的电压降（图 4-30）。

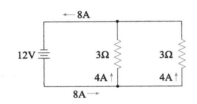

图 4-29　一个简单的并联电路

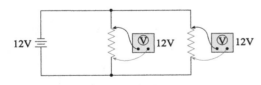

图 4-30　展示了电压降的并联电路

在并联电路中，要计算总电阻，不是将各电阻相加。确切地说，总电阻是由它们的欧姆值乘积除以它们的欧姆值之和来决定的。此公式也适用于电路有两条并联支路的情况。

公式为

$$R_t=\frac{R_1\times R_2}{R_1+R_2}=\frac{3\,\Omega\times3\,\Omega}{3\,\Omega+3\,\Omega}=\frac{9}{6}=1.5\,\Omega$$

对于这个电路，总电阻为 1.5Ω。

如果已知总的电路电流和电压，也可以使用欧姆定律计算总电阻（$R=U/I=12/8=1.5\,\Omega$）。

考虑图 4-31a 所示的另一个并联电路。在这个电路中有两条支路和四个电阻，每条支路都有两个串联的电阻。一条支路中的电阻有一个 4Ω 电阻和一个 2Ω 电阻，该支路的总电阻为 6Ω。另一条支路中有一个 1Ω 电阻和一个 2Ω 电阻，该

支路的总电阻为 3Ω。所以如图 4-32b 所示，它是一个 6Ω 与 3Ω 电阻并联的电路。

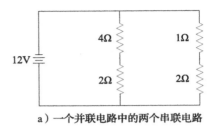

a）一个并联电路中的两个串联电路

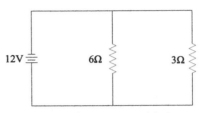

b）每个串联电路的总电阻为各电阻之和

图 4-31　两个串联电路组成的并联电路

流过该电路的电流可以用不同的方法计算。应用欧姆定律可知 $I=U/R$。如果用电压除以每条支路的总电阻，就知道了经过该支路的电流。由于总的电路电流等于流过每条支路的电流之和，所以只需将经过每条支路上的电流相加，就可以得到总的电路电流。

支路 1 电流：$I=U/R=12/6=2A$。

支路 2 电流：$I=U/R=12/3=4A$。

则总的电路电流为 2A+4A=6A。

电路电流也可以通过求该电路的总电阻来确定。为此，使用各电阻乘积除以各电阻之和的公式求得总电阻，再用电压除以这个总电阻值，就可以得到总的电路电流。

$$\frac{\text{支路 1 电阻}\times\text{支路 2 电阻}}{\text{支路 1 电阻}+\text{支路 2 电阻}}=\frac{6\times3}{6+3}=\frac{18}{9}=2\,\Omega$$

因为 $I=U/R$，所以 $I=12/2=6A$（总的电路电流）。

当电路有两条以上的支路时，应使用倒数公式来确定总电路电阻。公式如下。

$$\frac{1}{\dfrac{1}{R_1}+\dfrac{1}{R_2}+\dfrac{1}{R_3}+\cdots\dfrac{1}{R_n}}$$

为了演示如何使用该公式，考虑图 4-32 所示电路。这是一个有四条支路的并联电路。每条支

路上的电阻分别为 4Ω、3Ω、6Ω 和 4Ω。使用上面的倒数公式，可知该电路的总电阻为 1Ω。（注意，总阻值低于电路中阻值最低的支路中的电阻。）

$$\frac{1}{\frac{1}{4}+\frac{1}{3}+\frac{1}{6}+\frac{1}{4}}=\frac{1}{\frac{3}{12}+\frac{4}{12}+\frac{2}{12}+\frac{3}{13}}=\frac{1}{\frac{12}{12}}=\frac{1}{1}=1$$

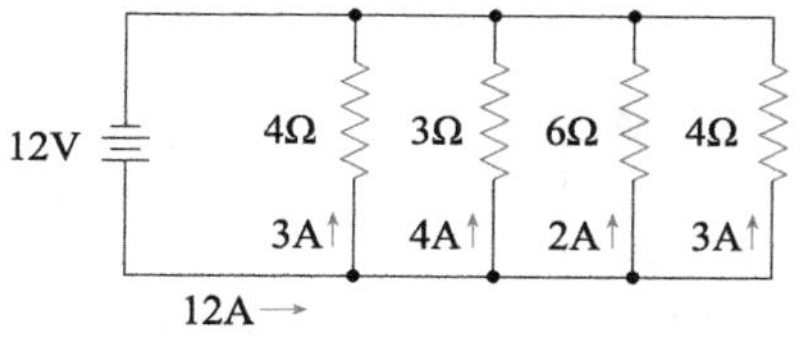

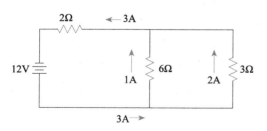

图 4-32　一个具有四条支路的并联电路

这个电路的总电流也可以通过计算每条支路上的电流，然后再将它们加在一起而得到。基于欧姆定律，如果将电压除以总的电路电流，将得到总的电阻。

支路 1 电流：$I=U/R=$ 12/4=3A。

支路 2 电流：$I=U/R=$12/3=4A。

支路 3 电流：$I=U/R=$12/6=2A。

支路 4 电流：$I=U/R=$12/4=3A。

总的电路电流 = 3+4+2+3=12A，则：

$R=U/R=$12/12=1Ω

3. 串并联电路

在串并联电路中，同一电路中会存在串联与并联电路的组合。如果要计算串并联电路的各个参数值，应先确定并联电路的所有参数值。通过仔细观察串并联电路，就会发现它只不过是一个或多个并联电路彼此串联或与一些其他电阻串联而成的。

一个串并联电路如图 4-33 所示。6Ω 和 3Ω 电阻相互并联，再与一个 2Ω 电阻串联。

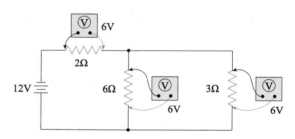

图 4-33　在串并联电路中，经过支路的电流之和必然等于经过该电路串联部分的电流

该电路中的总电流等于电压除以总电阻。总电阻可以通过下述方式确定。因为（6×3）/（6+3）= 2，图 4-35 中的 6Ω 和 3Ω 电阻并联后的等效电阻为 2Ω。这个等效的 2Ω 电阻与另一个 2Ω 电阻串联。为得到总的电阻，将两个电阻值相加，从而得出 4Ω 的总电路电阻（2+2=4Ω）。每个电阻上的电压降为 6V。尽管有两个电阻并联，但当它们与另一个电阻串联时，它们充当一个电阻。因此，总的电流为 I=12/4=3A。这意味着 3A 的电流流过串联的 2Ω 电阻器，并在并联的电阻之间分配这个 3A 的电流。在串并联电路中，流经并联支路的电流总和必然等于串联电阻上的电流。

为得到通过每个并联电阻的电流，首先要知道这些并联电阻上的电压降。当 3A 的电流流过 2Ω 的电阻时，该电阻上的电压降是 $U=IR=3×2=6V$，则在并联的 6Ω 和 3Ω 电阻上留下了 6V 电压。经过 3Ω 电阻的电流为 $I=6/3=2A$，经过 6Ω 电阻的电流为 $I=U/R=6/6=1A$。这两个电流值的总和必然等于电路总电流，即等于 1+2=3A（图 4-34）。电路中并联部分和串联部分的电压降之和也必然等于源电压。

图 4-34　展示了电压降的图 4-33 的电路

4. 基尔霍夫定律

19 世纪 40 年代，德国物理学家古斯塔夫·基尔霍夫（Gustav Kirchhoff）阐述了有关电路的两条定律。这两条定律都与欧姆定律有关，因而有助于解释串联和并联电路的特性。

基尔霍夫的"电压定律"从根本上明确了一个闭合电路中的电压降总和等于施加到该电路的电压。它直接描述了一个串联电路的行为。该定律还描述了具有正电压和负电压的更复杂电路的特性，这些不在这里讨论。

基尔霍夫的"电流定律"解释了电流在并联

电路中的行为。这条定律可以可靠地表述为"在电路的任何节点上，到达该节点的电流等于离开该节点的电流"。如果10A的电流到达电路中的一个节点，当在这个节点上添加一个并联支路后，10A的电流将根据每个支路的电阻来分配，但是总共10A的电流会出现在将这两个支路再次连接在一起的接点上。换句话说，支路电流之和不但等于进入该支路的总电流，而且也等于离开该支路的总电流。

4.3 电路部件

汽车的电气电路包含许多不同的电气部件。下述部分中列出了较为常见的一些部件。

1. 电源

当今的大多数车辆基本上都使用12V的电气系统。之所以使用"基本上"这个词，是因为蓄电池的额定电压为12V，但储存的电压实际上是12.6V，并且充电系统在发动机运转时输出约14V的电压。因为充电系统是电气电源的主要来源，所以客观地说，汽车的电气系统是14V系统。

混合动力和电动汽车使用高压蓄电池和高压系统为电机和空调系统提供电力。其余的所有系统，如照明、刮水器和其他系统则由低压的12V系统提供电力。

1954年，通用汽车（GM）为其凯迪拉克车配备了12V的系统。在1954年之前，车辆采用的是6V系统。电动车窗和座椅等附件的电力需求给6V蓄电池和其充电系统带来了较大压力。使用12V系统可降低充电系统的工作强度，而且可向电气附件提供足够的电力。

电压的增加还可以减小导线的尺寸，这是因为向许多系统提供电力所需的电流减小了。为了解释这一点，假设一个在6V系统中需要20A电流运行的电气附件（功率为120W）。当电压提高到12V时，该系统仅消耗10A的电流。在图4-35中给出了此说明。随着电压的增加，系统降低了对电流的需求。增加系统电压能使导线的线径随着导线载流量的降低而减小。能够预料到的是，

会看到制造商为了跟上不断增长的电力需求，同时减少向许多电气附件供给电力所需导线的尺寸而转向使用48V的电气系统。

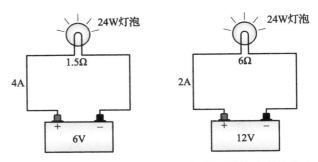

图4-35 将电压提高一倍，可用一半的电流做相同数量的功

目前，我们面临着同样的情况。即使在发动机不运转的情况下，车载电脑的使用和保持它们存储器刷新的需求就会耗尽蓄电池，而且电气附件的数量也已经在增长并将继续增长。

当今的车辆对电压变化非常敏感。事实上，车辆的整体效率都依赖于一个恒定的电压。新技术的需求使得保持恒定电压更为困难，因此，工程师们已经确定必须增加系统的电压来满足这些需求。随着车辆的发展，排放、燃油经济性、舒适性、便利性和安全功能将给电气系统带来更多的电力消耗。这种增加的需求是将纯机械系统改为机电系统，例如转向、悬架和制动系统，以及新的安全和通信系统带来的。据估计，在几年内，对持续电力的需求将达到3000~7000W。当前的14V系统的功率被额定为800~1500W。

为了满足这些需求，有两种可能的解决方案：增加蓄电池和充电系统的电流容量或提高系统的电压。

更高电流容量的蓄电池和发电机只是一种权宜之计。由于发电机是由发动机的动力驱动的，这需要发动机提供更多动力来保证对更高容量蓄电池的充电，这会造成车辆整体效率降低。

如果采用更高的系统电压，蓄电池将会变得更大更重，但因为系统电流会更低，导线直径会更小，因此，电池质量的增加可能会被导线质量的减轻抵消。

2. 负载

电气负载可以被认为是一种能量转换的装置。

负载的一个合适的实例是电机，例如电动车窗和车门锁、车内风扇，以及起动机的电机。其他负载包括喇叭、车灯、后风窗玻璃除霜器、音响和扬声器等。这些部件中的每一个都接收电压和电流，并将它们转换为动能、光能、热能或声能。

有的负载也可能是不希望出现的，例如导线和负载之间的电气连接不良。这种不良的连接形成了电压降和负载，使用中会出现产生热量的功率，有时会损坏该部件（图 4-36）。

图 4-36　因在端子内部产生电压降而损坏的插接器

3. 电阻器

正如在简单电路设计中的解释所示，电阻器用在不需要全电流和电压的电路中以限制电流（从而限制电压）。电阻器是一种为电路增加一定电阻的装置。此外，其他的一些零部件还会用电阻来产生热量，甚至发光。电动车窗除霜器是一种特殊类型的产生热量的电阻器。白炽灯是一种热得能产生光的电阻器。

汽车电路可以包含以下类型的电阻器：电阻值固定式、抽头式或阶梯式，以及可变阻值式。

电阻值固定式的电阻器被设计成只有一个不会改变的额定值。这些电阻器降低了施加到一个零部件上的电压，例如点火线圈。制造商常常使用一种被称为电阻线的特殊导线来限制电路中的电流和电压。这种导线看起来很像普通的导线，但它不是好的导体，因此被标记为电阻器。

抽头式或阶梯式电阻器是将导线连接到电阻器上的几个抽头，因而具有两个或多个可供选择的固定电阻值。可提供不同风扇速度的加热器鼓风机的电阻器组就是此类电阻器的一个实例（图 4-37）。

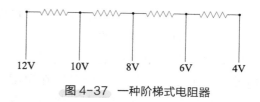

图 4-37　一种阶梯式电阻器

可变电阻器的设计是使用两个或多个抽头和一个控制装置来得到多个可用的电阻范围。这类电阻器的两个例子是**变阻器**和**电位器**。变阻器（图 4-38）有两个连接端，一个连接到电阻器的固定端，而另一个连接到与电阻器接触的滑动触点上。移动控制装置使滑动触点离开或接近电阻器固定端的抽头，从而增加或减少电阻值。电位器（图 4-39）有三个连接端子，电阻两端各一个，另一个连接到电阻器的滑动触点上。移动控制装置使滑动触点从电阻的一端离开并移向另一端。它们被称为电位器是因为它能在另一个电路上产生不同高低的电位或电压。当滑动触点移动时，它产生的电压等于源电压减去触点在当时位置时的电阻所造成的电压降（图 4-40）。

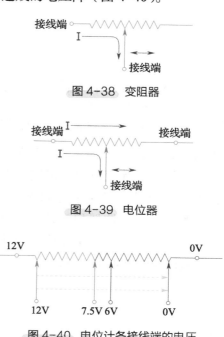

图 4-38　变阻器

图 4-39　电位器

图 4-40　电位计各接线端的电压

另一种类型的可变电阻器是**热敏电阻**。该电阻器的设计是可随温度变化而改变自身的电阻值。大多数电阻器都是精心生产的，以使其在温度范围内将其额定电阻值保持在几 Ω 内，但热敏电阻不是这样的。热敏电阻用于提供部件的修正电压或用来确定温度。作为一个温度传感器，热敏电阻连接在以温度为单位校准的电压表中。当温度升高或降低时，热敏电阻的阻值发生变化，从而引起电路电压的变化。这些变化可以在温度表上读取。热敏电阻还用来感知温度并将信号发送回控制单元（图4-41）。

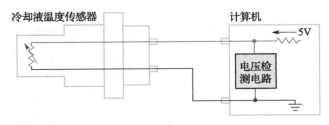

图4-41 热敏电阻用来测量温度，检测单元测量电阻值的变化并将其转换为温度值

车间提示

热敏电阻有两种基本类型：负温度系数（NTC）热敏电阻和正温度系数（PTC）热敏电阻。NTC热敏电阻的电阻值随温度升高而减小，而PTC热敏电阻的电阻值随温度升高而增大。

4. 电路保护装置

⚠ **警告** 熔丝和其他保护装置通常不会磨损。它们出现故障是因为某些方面有问题。在未查明原因之前，切勿更换熔丝或易熔线，或复位断路器。

除非电路具有某种保护装置，否则当电路过载或短路导致过大电流流过时，电路中的导线将发热，绝缘层会熔化，并可能导致火灾。熔丝、熔断线、大型熔丝和断路器的设计是为电路提供电流过大的保护。它们可以单独或组合使用。保护装置的典型符号如图4-42所示。

图4-42 常见的电路保护装置电气符号

（1）熔丝 汽车熔丝一般都额定为用于电压不高于直流24V的电路，但有些可能额定为用于42V的系统。汽车中使用的熔丝有几种基本类型：玻璃管式、陶瓷式和刀片式等（图4-43）。

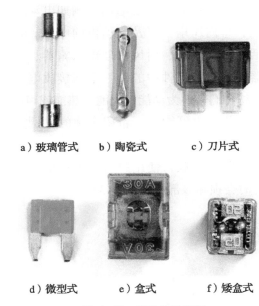

a）玻璃管式　b）陶瓷式　c）刀片式

d）微型式　e）盒式　f）矮盒式

图4-43 常见熔丝类型

玻璃管式或管式熔丝通常用于较旧的美国本土生产的车辆和少数其他国家出口美国的车辆上。它有一根被封闭在透明玻璃或塑料管中的低温可熔金属条。这类熔丝有许多不同的尺寸和额定电流。所有玻璃管式熔丝都有相同的管外径，但长度随额定电流而异。

陶瓷熔丝，有时也被称为博世（Bosch）式熔丝，它们曾用于许多较旧的欧洲产车型上。其基础部分是陶瓷绝缘体，沿着一侧带有导电的金属条。这些熔丝有两种尺寸，包括代码"GBF"（小的）和更常见的代码"GBC"（大的）。电流额定值也标注在绝缘体上。

目前几乎所有新型的美国本土生产的车辆和美国进口车辆都使用刀片式或铲形熔丝。刀片式熔丝有一个塑料体和两个可插入插座的插脚。这类熔丝可以安装在熔丝盒（图4-44）、直排式熔丝安装板或熔丝座中。熔丝安装板通常位于仪表板下方、踢脚板后面或发动机舱内。

刀片式熔丝有几种不同的外形尺寸：低矮小型、小型、微型、中型、多端子和大型。低矮小型熔丝有时被称为"微型"，低矮小型意味着其比小型的更小。但微型熔丝是外部刀片式熔丝，它比大约11mm宽的小型熔丝更窄，大约只有9mm宽。小型熔丝是最常用的电路保护装置。常规的刀片式熔丝也被称为标准熔丝。

图 4-44　典型的熔丝盒或熔丝安装板

大型熔丝是熔断线的可维修式替代品，并用于具有高工作电流的电路中。大型熔丝还可将车辆的电气系统分解为更小的电路，从而使其更容易诊断和维修。例如，如果用单个熔断线保护所有电路中的一半或更多，一旦它熔断，将导致许多电气系统彻底失效。通过用几个大型熔丝替换这种单个熔断线，则因一个电路的问题而导致失效的系统数量将大大减少。这可使维修人员更加容易地精准定位故障源。

在每个熔丝上部都标有额定电流，此外，还会用三字母代码表示熔丝的类型和尺寸，该代码代表熔丝的长度和直径（图 4-45）。每个系列的熔丝长度相同，但额定电流值会不同。代码和额定电流值通常压印在端盖上。刀片式熔丝的电流额定值也可用其塑料外壳的颜色来表示（表 4-1）。

刀片式熔 丝类型	刀片式 熔丝系列	尺寸 长×宽×高
低矮小型	APS，ATT	0.43×0.15×0.34in （10.9mm×3.81mm×8.73mm）
小型	APM，ATM	0.43×0.014×0.64in （10.9mm×3.6mm×16.3mm）
标准型	APR，ATC， ATO	0.75×0.2×0.73in （19.1mm×5.1mm×18.5mm）
大型	APX	0.15×0.33×1.35in （29.2mm×8.5mm×34.3mm）

图 4-45　常用刀片式熔丝的说明

（2）熔断线　熔丝或熔断线用在需要限制最大电流的电路中。它们通常位于发动机舱内靠近蓄电池或蓄电池连接起动机电磁阀的线路上。当从蓄电池到熔丝安装板后再返回到该负载不适合布置导线时也会使用熔断线。

表 4-1　刀片式熔丝的典型色码

颜色	额定电流 /A	低矮小型	小型	标准型	大型
深蓝	0.5	—	—	—	—
黑	1	—	—	×	—
灰	2	×	×	×	—
紫罗兰	3	—	×	×	—
粉	4	—	×	×	—
棕褐	5	×	×	×	—
棕色	7.5	×	×	×	—
红	10	×	×	×	—
蓝	15	×	×	×	—
黄	20	×	×	×	×
透明	25	×	×	×	灰
绿	30	×	×	×	×
蓝 / 绿	35	—	—	×	棕
橙	40	—	—	—	×
红	50	—	—	—	×
蓝	60	—	—	—	×
琥珀 / 棕褐	70	—	—	—	×
透明	80	—	—	—	×
紫罗兰	100	—	—	—	×
紫红	120	—	—	—	×

熔断线（图 4-46）是安装在导体中的一小段小规格的导线。由于熔断线的截面面积小于被保护的主导线的截面面积，它会在电路其余部分发生损坏之前熔断并断开该电路（表 4-2）。熔断线采用特殊绝缘层包裹，当过热时会起泡以表明该熔断线已熔化。

图 4-46　典型的熔断线

表4-2　有关熔断线颜色的说明

颜色	线径规格	可保护的线径
灰色	12 号	8 号或更粗线径
绿色	14 号	10 号或更粗线径
黑或橙色	16 号	12 号或更粗线径
棕或红色	18 号	14 号或更粗线径
蓝色	20 号	16 号或更粗线径

⚠ **警告**　在维修任何熔断线之前，务必断开蓄电池接地电缆。

（3）大型熔丝　许多新型的汽车都采用大型熔丝，而不使用熔断线来保护大电流的电路。这些熔丝的额定电流可能为 100A、125A、150A、175A、200A、225A 或 250A。

（4）断路器　一些电路用断路器来保护（在大多数的熔丝图表和电路图中的缩写是 QF）。它们可以被安装在熔丝板上或线路中。与熔丝一样，它们的额定电流单位也是 A。

在断路器中，电流流过用两种不同金属组合在一起的金属臂。如果该金属臂承载了过大的电流，它就会发热。当一种金属的膨胀速度比另一种金属更快时，金属臂弯曲而打开触点，断开了该电路，由此断开了电流流动的路径。断路器可以是自动循环复位（图 4-47）的，也可以是必须由人工复位的。

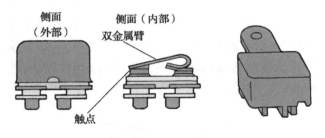

图4-47　循环式断路器

在循环式断路器中，只要电流停止，双金属臂将开始变凉。一旦它恢复到原来的形状，触点就会闭合并恢复供电。如果电流仍然过高，则再次断开电路的循环。

有两种类型的非循环式或可复位的断路器。

一种是通过去除电路中的电源来复位的。在

这种类型中，有一个线圈缠绕在双金属臂上（图 4-48a）。当出现过大的电流且触点断开时，线圈中仍有小电流通过。这个电流虽不足以驱动负载，但它实际上加热了线圈和双金属臂。这使金属臂保持在打开位置，除非电源被去除。

另一种类型是通过按下一个按钮来重置的。一个弹簧向下推动双金属臂从而使两触点保持接触（图 4-48b）。当存在过流状况使该双金属臂变热时，双金属臂弯曲到足以克服弹簧的力，使触点迅速断开。该触点将一直保持打开状态，直到按下复位按钮，使触点迅速重新闭合在一起。

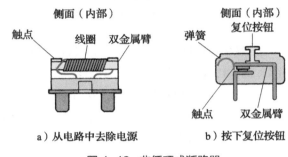

a）从电路中去除电源　　b）按下复位按钮

图4-48　非循环式断路器

一些车辆装有自动复位的断路器。它们是一种固态装置，这意味着它们没有移动的部件。在正常状态下，它们允许电流借助存在的导电路径流过炭颗粒。当过大的电流流过该装置时，这些炭颗粒会受热而膨胀，从而断开电路（图 4-49）。一旦炭颗粒冷却，它们就会收缩，使电路恢复。这种类型的断路器通常用于电动车窗和电动门锁电路中。

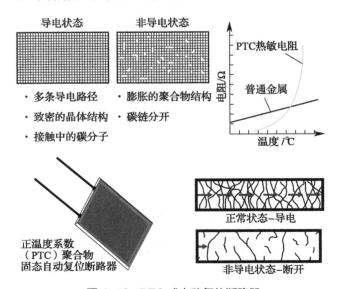

图4-49　PTC式自动复位断路器

（5）高电压系统　高电压（HV）系统需要特殊的电路保护装置。一个特殊的断开高电压的维修插头用于将高压电池与电气系统的其余部分分离。维修插头内部是一个熔丝，通常额定电流超过 100A，它用于保护维修插头的接头。

高电压系统使用各种电气和电子设备来保护电气电路，大多数都有温度传感器和持续监测系统电流的传感器。如果温度升高到限值以上或电流高于正常值，该高电压系统会自动关闭。

（6）电压限制器　某些信息仪表可防止电压的波动，这种波动可能会损坏仪表或给出错误读数。电压限制器限制这种电压波动到达仪表。限制器包含一个加热线圈、一个双金属臂和一组触点。当点火开关处于 On 或 ACC（附件）位置时，加热线圈加热双金属臂，使其弯曲并打开触点。当金属臂冷却下来使触点闭合时，将重复该循环。

5. 开关

各种电路通常用某种类型的开关来控制（图 4-50）。开关有两个作用：接通（turn on）或断开（turn off）电路，或引导电路中的电流流动。开关可以由驾驶员操作，也可以根据电路、车辆或环境的状态自行操作。

图 4-50　用于汽车的各种开关示例

一个开关是用它们所做的工作或在工作中的顺序来定义的。铰链式刀滑动片开关（图 4-51）是最简单的开关类型，它可允许或中断单个导体或电路中的电流流动。这种类型的开关是单刀单掷（SPST）式开关。"掷"的意思是输出电路的个数，而"刀"的意思是由该开关产生的输入电路个数。

另一种类型的 SPST 式开关是一种瞬时接触式开关（图 4-52）。弹簧加压式触点式开关在未对其按钮施加压力时将使电路保持在非闭合状态。喇

叭按钮就是这种类型的开关。由于弹簧会保持触点的断开，因此，这种开关被称为常开开关。而触点在未按下按钮时保持闭合状态的开关则被称为常闭开关。常闭式瞬时接触开关用于在车门打开时点亮迎宾灯。

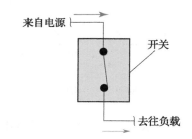

图 4-51　SPST 式铰链式刀滑动片开关示意图

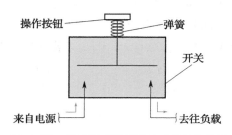

图 4-52　SPST 式瞬时接触式开关示意图

单刀双掷式开关是一根导线输入和两根导线输出的开关。图 4-53 展示了一个为远光灯或近光灯电路提供电源的 SPDT 式铰链式刀滑动片式开关。符号中的虚线表示开关的滑动片可以从一个触点移向另一个触点。

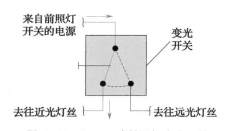

图 4-53　SPDT 式前照灯变光开关

开关可以有多个铰链滑动片和输出点。图 4-54 所示的变速器空档起动开关有两个滑动片和六个掷点，因此被称为**多刀多掷（MPMT）式**开关。它有两个可移动的滑动片（刀爪），电源可以从两组端子的一边同步移动到另一边。虚线表示该滑动片是机械连接或联动的。重要的是，要意识到电流仅沿由开关机械连接的电路流动。大多

数开关是具有不同滑动片和输出点的铰链式刀滑动片和推拉开关的组合。

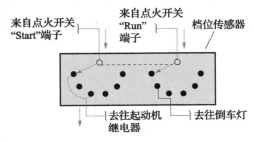

图 4-54 MPMT 空档起动安全开关

有时会使用水银开关来检测一个部件的运动，例如发动机舱中用于点亮发动机舱灯的开关。水银是一种非常好的导体。在水银开关中，一个小容器中被部分充满了水银（图 4-55），该小容器的一端是两个电气触点。该开关安装在发动机舱盖或行李舱盖上。当盖子打开时，水银流到触点端，从而在两电气触点间提供了的一条电路。

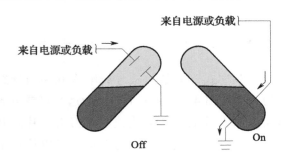

图 4-55 典型的水银开关

温敏开关通常包含一个由电加热或由部件加热的双金属元件。在后一种情况下，该开关被称为传感器。当发动机冷却液低于或处于正常工作温度时，冷却液温度传感器保持其常开状态。如果冷却液温度超过限值，双金属元件弯曲使两个触点接触，此时开关闭合。

6. 继电器

继电器是一种电动开关，它可用小的电流量控制一个大电流电路（图 4-56）。当控制电路的开关断开时，绕组是断开的，此时没有电流流经继电器的线圈。当开关闭合时，线圈通电，将铁心变成一个电磁铁并拉下衔铁，从而闭合了电源电路的触点，将电源连接到负载电路（图 4-57）。

当控制开关断开时，电流停止流动且电磁场消失，从而释放了衔铁，使电源电路触点断开。

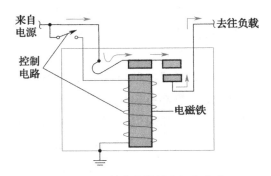

图 4-56 继电器的基本工作方式

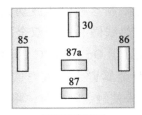

继电器底视图

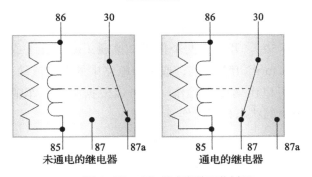

图 4-57 ISO 继电器的工作过程

几乎所有 ISO 继电器的端子都有相同的识别编号，而且每个端子的常规用途也是相同的（图 4-58）。

端子的常规用途	
30	通常连接至蓄电池电压源
85	用于电磁铁（线圈）接地
86	用于电磁铁（线圈）电源
87	继电器通电时与端子30连接
87A	继电器通电时与端子30连接

图 4-58 ISO 继电器端子定义及其用途

7. 电磁阀

电磁阀也是带有可移动铁心的电磁元器件，用于将电流流动转变为机械运动（图 4-59）。它们被广泛地用于各种系统中，也可以闭合触点。在它们充当中继装置的同时，机械性地引起某些事情发生。

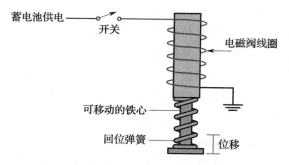

图4-59 电磁阀是一种带有可移动铁心的电磁装置

8. 导体和绝缘体

为控制电流和为电流流动安排线路，需要使用被称为导体和绝缘体的材料（图4-60）。

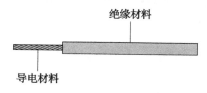

图4-60 导线的基本结构

导体是对电流流动具有低阻力的材料。如果一个原子外层或轨道中的电子数小于4，则将它们固定在轨道上的力是很弱的，为移动这些电子并产生电流流动所需的电压相对较小。例如铜、银和铝等材料都是良导体。

当外侧轨道中的电子数大于4时，将它们固定在轨道上的力是非常强的，为了移动它们需要非常高的电压。这些材料被称为**绝缘体**。它们抵抗电流的流动。热塑性塑料是当今最常用的电气绝缘体。它们可以耐热、耐湿和耐腐蚀，而且不会分解。绕在电气装置内部的导线通常都有一层非常薄的经过烘烤的绝缘涂层，例如继电器和发电机内的导线。

铜导线是迄今为止最受欢迎的导体。一根均匀的圆形铜导体的电阻取决于该导体的长度、直径和温度。如果长度增加一倍，则导体两端之间的电阻也会增加一倍。导体越长，电阻越大。如果导体的截面积增加一倍，其电阻将减小一半。导体的直径越大，其电阻越低。

影响导体电阻的另一个重要因素是温度。随着温度升高，电阻增加。导体中的电阻作用，使任何承载电流的导体都会产生热量。如果该热量变得过高，就会损坏绝缘层。当电流流过导体时会发生电子的碰撞而出现电阻。这些碰撞引起摩擦，进而产生热量。

> ⚠ **警告** 身体是良好的导体。在进行车辆电气系统的作业时要记住这一点。应始终遵守所有的电气安全规程。

9. 导线

两种常用的基本类型导线是单股导线和多股绞线。单股导线中只有一根导线。多股绞线是最常见的，它是由多根细的实心导线绞合在一起形成的一根导线（图4-61）。

图4-61 一根多股的导线

导线尺寸的标准由国际自动机工程师学会（SAE）制定。这些标准被称为美国导线标准（AWG）体系。AWG中，导线尺寸用标准尺寸0~40的编号系统进行标识，其中，编号0是横截面积最大的编号，编号40是横截面积最小的编号。大多数汽车导线的范围是10~24，蓄电池导线通常为4号或更小的编号的导线。蓄电池导线必须是大直径的导线，因为它们必须承载非常大的电流。

一些制造商以公制尺寸列出导线的尺寸。公制导线的尺寸依据的是导线的横截面积。公制导线规定的直径尺寸随着导线直径的增加而增加，这刚好与AWG体系的编号相反。表4-3给出了公制和 AWG 之间导线尺寸最接近的等效尺寸的相互参考。

表 4-3　AMG 导线尺寸规格与公制规格对照

AMG 规格编号	直径 /in	直径 /mm	近似的公制等效尺寸
4	0.2043	5.189	19.0
6	0.1620	4.115	13.0
8	0.1285	3.264	8.0
10	0.1019	2.588	5.0
12	0.08081	2.053	3.0
14	0.06408	1.628	2.0
16	0.05082	1.291	1.0
18	0.04030	1.024	0.8
20	0.03196	0.8118	0.5
22	0.02535	0.6439	0.36
24	0.02010	0.5105	0.22

　　汽车的配线也可分为初级或次级线路。除了点火系统的次级电路外，初级线路承载着车辆电气系统的所有低电压。次级导线，也称为高压线，具有特别厚的绝缘层以便能将高压电从点火线圈输送到火花塞。该导线本身是为小电流设计的。

　　导线通常以线束的方式组合在一起。线束和线束插接器有助于布置电气系统，并为追溯和测试多个电路提供一个方便的起点。大多数主要线束的插接器都位于仪表板或防火墙区域（图 4-62）。

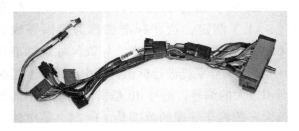

图 4-62　典型的连接到防火墙插接器上的一段线束

　　（1）扁平布线　随着电气和电子设备安装数量的增加，布线的需求也逐渐增加。这会造成更大的质量和更多的潜在问题。线束的尺寸和数量在增加，但将它们藏起来的地方却很有限。例如，一根大型的线束很难装进车顶和车顶内衬之间。减少大量标准线束体积的常用方法是采用扁平布线。

　　扁平布线减少了线束的凸起或厚度。铜导体被压扁，外观不再是圆的。几根扁平导线相互并排布置，并用塑料绝缘材料覆盖。塑料为导体提供保护和绝缘，并使线束保持平整和柔韧性。未来，扁平布线中也可能会嵌入电子元件。采用这种设计，线束不仅更容易隐藏在车身饰板中，而且还可以成为一种几乎能够放置在车辆中任何地方的柔性印制电路。

　　（2）印制电路　许多车辆使用柔性印制电路和印制电路板（图 4-63）。这两种类型的印制电路都能使电路完整，而不需要铺设许多导线。印制电路板通常安装在一个外壳中，例如发动机控制模块。这些电路板是不可维修的，而且在某些情况下也是看不到的。当这些电路板出现故障时，必须更换整个单元。

图 4-63　典型的印制电路板

　　柔性的印制电路减轻了质量，节省了空间。它用表面已沉积了铜等导电金属的非导电塑料薄片制成，一般用酸液蚀刻或侵蚀掉金属的一部分，留下的金属线路形成电路板上各种电路的导体。印制电路通常使用安装在电路板上的插入式插接器与电源或接地线连接。

4.4　电气故障

　　所有电气问题都可以归结为三种故障类型之一：开路、短路，以及有不需要的电阻或电阻过大的问题。识别问题的类型可以使技师在诊断电气问题时确定要执行的正确测试。下面是对不同类型电气问题的说明。

1. 开路

开路出现在电路不完整时。没有完整的路径，电流不能流动（图 4-64），电压也不会下降，负载或部件将不工作。开路可能由断开的导线或插接器、断线或处于 off 位置的开关引起。当电路断开时，它是开路的。当电路接通时，它是闭合的。开关用于断开和闭合电路，但有时故障会导致其开路，例如开关中的触点磨损或烧蚀。断开一个电路会终止流过该电路的电流。此时电压仍然被施加到该开路点上，但由于没有电流流动，电压也不会被负载降低。没有电流流动，各种负载的两端就没有电压降。

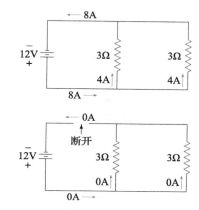

图 4-64　在断开的电路中，由于开路，
电路中将不会有电流流动

2. 短路

当电路有一个不需要的电流流动路径时，它就是一个**短路**。短路可以是与电源或与地线短路。短路有时可以看作一个电阻极低的电路。当通电的导线意外接触了汽车车架、车身或另一根导线时，电路电流会以非预期的方向通过该导线，这会产生一个不可控的电路，并导致高电流通过该电路。短路是由导线绝缘损坏、导线或连接松动、连接损坏、不正确的接线或附件安装不规范造成的。

短路在电路中建立了一个不需要的平行支路或路径。如果对地短路，电路的电阻降低，电流增加。电流增加的量取决于形成短路的电阻。增加的电流会烧毁导线或部件。电路保护装置的目的就是防止这种情况。当电路保护装置因高于正常电流而断开时，短路是一个可能的原因。此外，如果一个插接器或一组导线出现烧损或绝缘烧熔的迹象，大电流是其原因。

短路可能由多种原因引起，并且可以通过多种方式表现出来。短路通常与负载并联，并提供一条接地的低电阻路径。如图 4-65 所示，这个短路是绝缘不良导致的，它使该灯泡的电源供给接触到同一灯泡的接地线，这样就建立了一条并联的电路。图 4-66 相当于图 4-65，但画出了一条具有极低电阻的并联支路以显示短路。图中分配给短路的电阻可能大于或小于实际短路电阻，但给出 0.001Ω 是为了说明短路的情况。短路时，电路具有三个处于并联的负载：0.001Ω、3Ω 和 6Ω。此并联电路的总电阻小于其中最低的电阻（0.001Ω）。因此，电路的电流超过 12000A，这远远超过熔丝的承受能力。大电流将烧毁熔丝，因而电路将不工作。有人称这个问题为"电路搭铁"或"铜对地"短路。

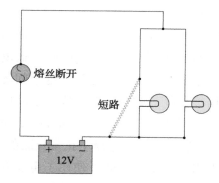

图 4-65　与地短路

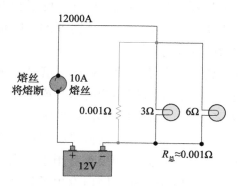

图 4-66　对图 4-65 应用欧姆定律，
注意电路中电流的增加

两个单独的电路有时会短接在一起。发生这种情况时，每个电路都被另一个电路控制。这

可能导致奇怪的事件，例如每次踏下制动踏板时喇叭都会响起（图4-67），反之亦然。在这个示例中，制动灯电路与喇叭电路短路。这通常称为"铜对铜"或"线对线"短路。

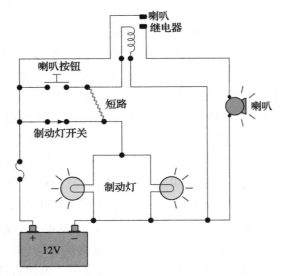

图4-67 线对线的短路

3. 电路电阻过大

当电路中有不需要的电阻时，就会出现电阻引起的问题。高于正常值的电阻将降低电流，导致此电路中的部件工作不正常。这个问题的常见原因是插接器处的腐蚀。腐蚀成为电路中一个额外的负载（图4-68）。这个负载分配了该电路的一些电压，影响了给该电路中正常负载的总电压。由于该电阻造成了电压降，使用了电能并将其转换为另一种形式的能量，通常是热能。这会导致导线和插接器过热和熔化。因此，除了预期的负载无法正常工作之外，这个不需要的电阻也会对导线和插接器造成损伤。

许多传感器都有一个5V参考信号。根据正在测量的状态，来自传感器的信号或电压会低于5V。参考电压电路中接地不良会导致返回计算机的读数高于正常读数，这似乎与其他电阻过高的问题相矛盾。然而，如果查看用于提供参考电压的典型分压电路，就会明白发生了什么。在图4-69中，有两个串联的电阻，它们之间有一个参考电压的分接头。由于该电路中的总电阻是12Ω，因此，电路电流为1A。因而7Ω电阻器上的电压降为7V，则在分接头上剩下5V。

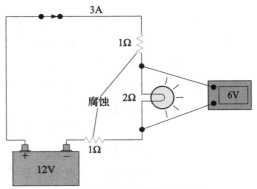

a）带有额外电阻的简单灯光电路

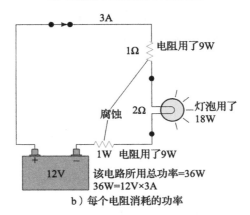

b）每个电阻消耗的功率

图4-68 腐蚀对电能的消耗

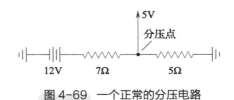

图4-69 一个正常的分压电路

图4-70是同一个电路，只是增加了一个引起接地不良的1Ω电阻。这个电阻可能是由连接处的腐蚀造成的。由于接地不良，总电阻现在为13Ω。这将该电路的电流降到大约为0.92A。在这个较低的电流下，跨过7Ω电阻器的电压降现在约为6.46V，电压分接头处剩下5.54V。这意味着参考电压比应有的电压高了0.5V。根据传感器和车辆的工况，这可能是至关重要的。

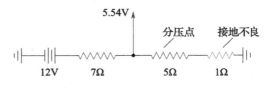

图4-70 接地不良的分压电路

4.5 电气电路图

接线图，有时也被称为电路图，它显示了电路是如何构建的。这些图用于诊断和维修车辆的电气系统。它们反映了车辆每个电路中的导线和插接器。显然，如此一来，它们也就显示了电路中部件的位置以及它们是如何连接的。

电路图不显示部件的实际位置或它们的外观，也不标明各部件之间的导线长度。它只是显示导线绝缘层的颜色（图 4-71），有时还显示导线的线径。通常情况下，导线的绝缘层是用颜色标识的，见表 4-4。第一位字母或一组字母一般表示绝缘层的基础颜色。第二组指的是导线上条纹、散列标记或点状物的颜色（如果有的话）。通过识别特定颜色导线的起点和终点来追踪贯穿整个车辆的电路。

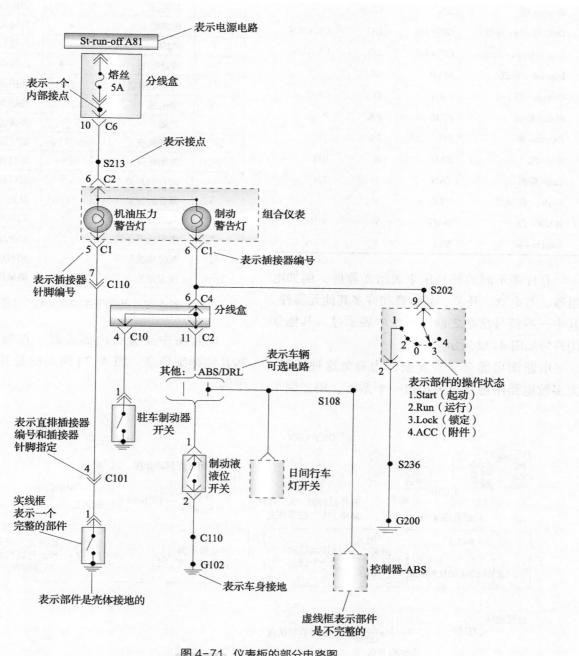

图 4-71 仪表板的部分电路图

表4-4　标准的导线颜色编码

颜色	缩写		
Black– 黑	BLK	BK	B
Blue– 蓝	BL	BLU	L
Dark Blue– 深蓝	BLU DK	DB	DK BLU
Light Blue– 浅蓝	BLU LT	LB	LT BLU
Brown– 棕	BRN	BR	BN
Glazed– 釉色的	GLZ	GL	
Gray– 灰	GRA	GR	G
Green– 绿	GN	GRN	G
Dark Green– 深绿	GRN DK	DG	DK GRN
Light Green– 浅绿	GRN LT	LG	LT GRN
Maroon– 褐红	MAR	M	
Orange– 橙	ORN	O	ORG
Pink– 粉红	PNK	PK	P
Purple– 紫	PPL	PR	
Red– 红	RED	R	RD
Tan– 棕褐	TAN	T	TN
Violet– 紫罗兰	VLT	V	
White– 白	WHT	W	WH
Yellow– 黄	YEL	Y	YL

　　有许多不同的符号用于表示元器件，例如电阻器、蓄电池、开关、晶体管和许多其他元器件。其中一些符号已在之前的讨论中展示过。其他常用符号如图4-72所示。

　　电路图可能会非常复杂，为避免这种情况，大多数电路图通常只表示出一个系统，例如倒车灯电路、机油压力显示器电路或刮水器电机电路。在更复杂的点火、电子燃油喷射和计算机控制器系统中，一张图可能只表示出整个电路中的一部分。

接线图中使用的符号			
┼	正极		温度开关
—	负极		二极管
	接地		齐纳二极管
	熔丝		马达
	断路器	C101	插接器101
	电容器		公接头
	欧姆		母接头
	固定电阻		连接点
	可变电阻器	S101	连接点编号
	变阻器		热敏元件
	线圈		多脚连接器
	常开触点	88:88	数字读出器
	常闭触点		单灯丝灯泡
	闭合的开关		双灯丝灯泡
	断开的开关		发光二极管
	联动开关（N.O.）		热敏电阻
	单刀双掷开关		PNP双极晶体管
	短时接触开关		NPN双极晶体管
	压力开关		测量仪表

图4-72　电路图中的常见电气符号

　　电路图中还会给出插接器、连接点、接地和其他详细信息。图4-73所示的是其中的一些示例。

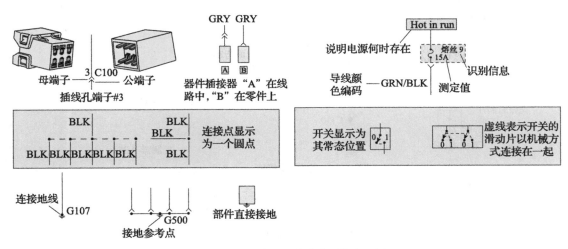

图4-73　电路图所含的典型信息示例

电气端子是压合或焊接在导线一端的铜、黄铜或钢的端子。当与另一个端子配对时，形成了电气连接。这些端子安装在塑料插接器中。根据连接的不同，插接器会滑入或滑过另一个插接器；插接器有公头和母头之分。当插接器扣在一起时，其内部的端子相连（图 4-74）。端子保持在插接器中的方式取决于插接器的类型。图 4-74 中是常见的插接器类型。

模压型插接器：这种插接器通常是将 1~4 根导线和端子模压成一个单元。

多线硬壳型插接器：这种插接器有一个用于固定端子的硬塑料外壳。

隔板型插接器：这种插接器用在有多条导线必须穿过防火墙时。隔板连接通常使用固定螺栓来防止插接器松动。

防气候包装插接器：这种插接器用在端子可能暴露在自然环境中的情况下，它有橡胶密封件以保护端子。

Metri-pack 插接器（德尔福公司的一种插接器）：这种插接器类似于一种防气候包装插接器，但没有密封件。

热收缩包裹针脚型插接器：用于单线连接并采用收缩包装保护的一种插接器，这种类型的插接器通常用于气囊电路中。

使用维修信息

电气符号在整个汽车行业中尚未标准化。不同制造商对某些元器件可能会有不同的表示方法。特别是那些不常见的元器件。为了避免混淆，应始终参考维修信息中列出的参考图表、导线颜色编码图表和缩写表。

维修信息中有时还会使用图 4-75 所示的线束图。

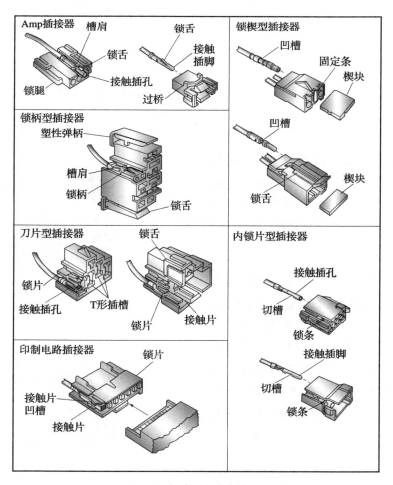

图 4-74　各种硬壳式多线插接器

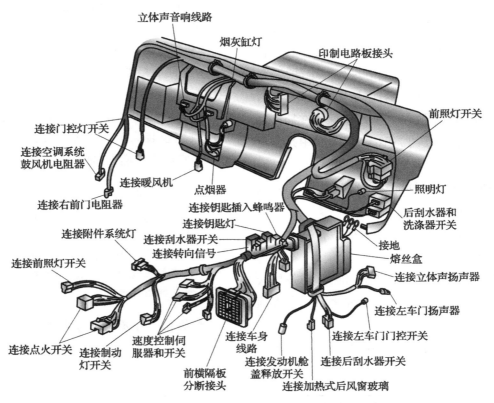

立体声音响线路
烟灰缸灯
印制电路板接头
前照灯开关
连接门控灯开关
连接空调系统
鼓风机电阻器
连接暖风机
点烟器
照明灯
连接右前门电阻器
连接钥匙插入蜂鸣器
后刮水器和
洗涤器开关
连接钥匙灯
连接附件系统灯
连接刮水器开关
接地
连接前照灯开关
连接转向信号
熔丝盒
连接立体声扬声器
连接左车门扬声器
连接点火开关
连接制动
灯开关
速度控制伺
服器和开关
连接车身
线路
连接左车门门控开关
连接后刮水器开关
前横隔板
分断接头
连接发动机舱
盖释放开关
连接加热式后风窗玻璃

图 4-75 常见电气部件的布线示意图

4.6 诊断仪和电气测试工具

一些仪器仪表用来测试和诊断控制系统和电气系统。它们是诊断仪、电压表、欧姆表、电流表和电压 / 电流测试仪。这些仪表可能会与跨接线、试灯和可变电阻器（箱）一起使用。

1. 诊断仪

诊断仪（图 4-76 和图 4-77）是一种用来与车上计算机进行通信的设备。它通过诊断插接器连接到电子控制系统上，由于当前车辆上的许多系统都是由计算机控制或监控的，因此，诊断仪可作为诊断发动机、车身电气、防抱死制动、转向和悬架以及其他的车载计算机系统等的有效工具。它可以从计算机存储器中检索诊断故障码（DTC），运行测试以检查系统的操作，并监测系统的工作状况。故障码和测试结果可显示在屏幕上，或在与诊断仪连接的打印机上打印出来。诊断仪还可以根据车辆的年份和品牌执行其他的诊断功能。

图 4-76 典型的故障诊断仪

图 4-77 实耐宝 Solus Edge 诊断仪

诊断仪是通过特定的诊断插接器连接到车辆上的。尽管在早期的旧型车辆上使用了若干个诊断插接器，其中每个插接器与一个或多个车载计算机相连接，但当前绝大多数制造商都只使用一个诊断插接器。每个车载计算机的数据线分别连接到该插接器上的特定端子。诊断仪内必须有针对被测车型年份、品牌、发动机类型的诊断程序。

采用 OBD-Ⅱ 的诊断插接器（通常称为数据链路插接器，即 DLC）在所有车辆上都位于相同的区域。大多数 OBD-Ⅱ 诊断仪都能够存储或"冻结"路试期间的数据（图 4-78），并可在车辆返回维修店后回放这些数据。

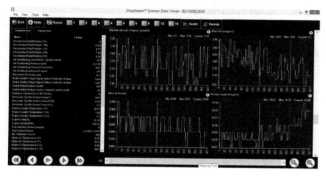

图 4-78 诊断仪可记录路试期间的数据并可在返回维修店后回放

当电压信号完全超出其正常范围时，通常会产生故障码。这些故障码有助于技师辨别问题的原因。若一个信号在其正常范围内，但实际上是不对的，则计算机可能显示故障码，也可能不显示，但是故障依然是存在的。为了帮助识别这类问题，大多数制造商建议仔细查看计算机输入输出的各个信号。这是通过观察串行数据流或使用断开测试盒（breakout box）来完成的（图 4-79）。

有许多不同的诊断仪，有些诊断仪与其他诊断工具组合使用，例如与示波器和图形万用表的组合；有些诊断仪可通过无线通信方式（例如蓝牙）直接与计算机或智能手机配合使用。这些小型手持装置可读取 DTC、监测传感器的活动并查看检查/维护系统的测试结果，以快速确定车辆需要进行哪些维修。大多数诊断仪都具备下述功能：

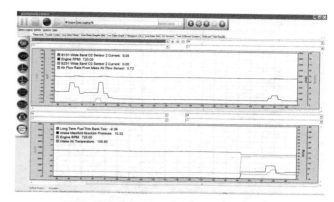

图 4-79 数据用图表形式显示在诊断仪上

读取 DTC，显示完整的 DTC 描述并可打印 DTC/冻结帧；实时监控系统运行和传感器的数据，并报告被监控系统的测试结果；执行系统的诊断测试；生成排放报告；查看 IM/ 模式 6 的信息；为车辆上的电子控制模块重新编程；显示适当的维修信息，包括电路图；显示相关的技术服务公告（TSB）和故障排除说明。

2. 万用表

万用表是排查电气系统故障的最重要工具之一。万用表根据其测量内容和所具有的功能不同而有不同的名称，基础型的万用表可测量 DC 和 AC 电压、低电流和电阻，被称为 VOM。当今的大多数万用表都属于数字式万用表（DMM）（图 4-80、图 4-81）。大多数 DMM 除了可测量电压、电阻和低电流以外，还可以检查发动机转速、信号频率、闭合角/占空比、脉冲宽度、二极管的导通和温度。通过转动万用表上的控制旋钮或按下按键来选择所需的测试功能。这类仪表可用于测试简单的电气电路、点火系统、输入传感器、喷油器、蓄电池以及起动和充电系统。

图 4-80 数字式万用表（DMM）

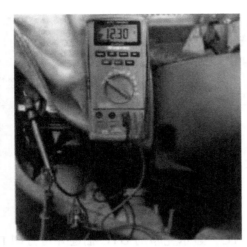

图4-81 典型的多功能低阻抗万用表

目前市场上还有新型的可无线远程显示的DMM。这种万用表有一个可从仪表主体中滑出的可分离的显示屏。该显示屏可以放置在容易看到的地方，最远可达10m。这可使仪表被放置在进行测量的最佳位置。可分离的显示屏有一个有磁性的背面和平的底面，使其可以被放置或固定在任何平面上。当显示屏总成位于万用表主机中时，它可作为普通的DMM使用。

万用表显示方式分为数字显示或模拟显示。DMM能以计量单位的1/10、1/100或1/1000的分辨率来提供更高的测试精度。万用表通常都为每一个测量功能提供几种测试范围。有些万用表的多种测试范围必须人工选择；其余的是自动选择的。

模拟式万用表使用在刻度上摆动的指针来显示读数，因此不如数字式万用表精确。模拟式万用表的输入阻抗低，所以不应用于敏感的电子电路或器件上。数字式万用表具有较高的阻抗，因而可用于电子电路和电气电路。

（1）电压表 电压表用来测量电气系统中任何一点的可用电压。电压表还可用来检查电气电路、器件、开关或插接器两端的电压降。电压表也可用来检查电路是否正确接地。

电压表依赖两条引线：红色的正极引线和黑色的负极引线。红色引线应连接到电路或器件的正极侧。黑色引线应连接至地线或器件的负极侧。电压表应跨接（即并联）在被测电路或器件的两端。

（2）欧姆表 欧姆表用来测量电路中的电阻。它与要借助电路中可用电压工作的电压表不同，欧姆表是由电池供电的。被测电路必须没有电源。如果电路有电源，读数将不正确，而且可能会损坏该欧姆表。

欧姆表的两根引线与被测电路或器件跨接或并联放置。红色引线置于电路的正极侧，黑色引线置于电路的负极侧。欧姆表本身发送电流通过器件，并根据负载两端的电压降来确定电阻值。欧姆表读数的刻度为0～∞（无穷大）。0的读数意味着电路中没有电阻，也可能表示本应显示一个特定电阻的器件中有短路。无穷大的读数表示一个电阻已超过欧姆表能够测量的量程，这通常代表一个断开的电路。

（3）电流表 电流表用来测量电路中的电流。电流的测量单位是A（安培）。与电压表和欧姆表不同，电流表必须放置在电路中并与被测电路串联。一般来讲，需要从器件上断开导线或插接器，并将电流表连接在导线或插接器与器件中间。电流表的红色引线应始终连接到插接器中最靠近蓄电池正极的一侧，而黑色引线应连接到另一侧。

使用带有感应式电流夹钳（图4-82）的电流表测试电流要容易得多。电流夹钳环绕在被测导线或电缆上。电流表根据电流流过导线所产生的磁场来确定电流值。这种类型的电流夹钳取消了为插入电流表而分离电路的需要。

图4-82 带感应传感器的电流表

（4）电压/电流测试仪（VAT） 电压/电流测试仪用于测试蓄电池、起动系统和充电系统（图4-83）。该测试仪包含一个电压计、一个电流计和一个碳电阻堆。碳电阻堆是一个可变电阻器。当测试仪连接到蓄电池上并打开时，碳电阻堆汲取蓄电池中的电流。电流计将读取汲取的电流量。将在可接受电压下从蓄电池汲取的最大电流与蓄电池的额定电流值进行比较，以查看蓄电池是否正常。电压／电流测试仪还可测量起动机的电流消耗和充电系统的电流输出。

图 4-83　检查蓄电池、起动和充电系统的电压／电流测试仪被称为电流探头

3. 图形万用表

图形万用表（GMM）显示随时间变化的读数，类似于示波器。图形万用表显示图表中的最小和最大读数，以及当前读数（图 4-84）。技师通过观察该图表可以检测从低读数到高读数过渡期间的任何不良变化，反之亦然。在没有图形万用表或示波器的情况下，这些小故障常常是一些很难识别到的问题。

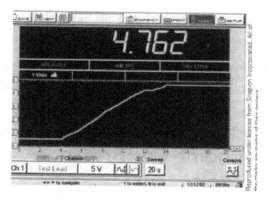

图 4-84　图形万用表的显示内容

4. 示波器

示波器是一种可快速响应和可视化的电压计（图 4-85），它能测量电气信号并将其转换为一段时间内电压变化的视觉图像。这类信息以连续电压线的形式显示，这些电压线被称为**波形**或**扫描线**（图 4-86），因此，示波器可以显示电压发生的任何变化。轨迹向上移动表示电压增加，而电压降低则会导致轨迹向下移动。当电压扫描线横越过示波器屏幕的一段时，它代表了这段时间电压的变化。这些信息在监测电路的运行时特别有价值。波形显示了正在发生的事件，因而可以通过波形观察到发生的任何问题。这使技师能观察到导致变化原因。

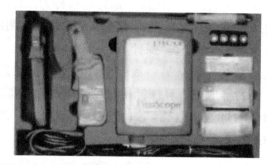

图 4-85　许多维修店都使用基于个人计算机的示波器

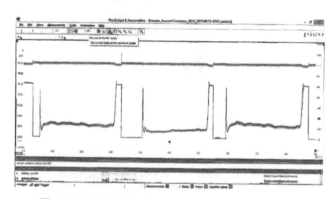

图 4-86　电动车窗电路中的电压和流过的电流波形

被显示的波形大小和清晰度取决于所选择的电压比例尺和时间基准。大多数示波器都配备了可选择电压和时间间隔的控制装置。

双通道示波器可以同时显示两种不同的波形。这种类型的示波器对于诊断间歇性故障尤其重要。

大多数新型的示波器都可以显示两个以上的波形，它们要么是手持式的，要么是基于个人计算机的。一些示波器还会附有已知正常信号的电子数据库，它可使技师将他们看到的波形与正常信号的波形进行比较。有些示波器还含有电路图和附加的诊断及测试信息。

示波器常常与压力传感器和称为电流探头的电流钳一起使用。这些装置将压力、真空度或电流等测量值转换为一个电压读数，然后显示在示波器上。

5. 其他测试设备

为了诊断一个电气电路，可能还需要其他电气测试设备。

（1）电路测试器　电路测试器（图4-87）用于检查电气电路中的电压，通常也被称为试灯。它看起来像是一根短且粗的冰锥。其手柄是透明的，里面含有一个灯泡。探针从手柄的一端伸出，接地夹子及其导线从另一端引出。当接地夹子连接到良好的接地点，且探针接触到通电的插接器时，手柄中的灯泡将点亮。如果该灯泡不点亮，则表明插接器上没有可用的电压。

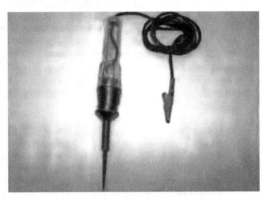

图4-87　典型的被称为试灯的电路测试器

它常用于识别电气电路中的短路和开路。低压的电路测试器用于6~12V电路的故障排除。高压的电路测试器可诊断更高电压的系统，例如次级点火电路。高阻抗的试灯可用来诊断电气系统，但大多数制造商不推荐使用它们。

　警告　切勿使用12V试灯去诊断计算机系统中的部件和导线，这种试灯的电流消耗量可能会损坏计算机系统的部件，但高阻抗的试灯可用于诊断计算机系统。

无电源的试灯用于检查可用电压。将引线连接到良好的搭铁点，同时将测试仪的探针连接到电压点，试灯被存在的电压点亮（图4-88）。电压

的大小决定了试灯的亮度。将试灯引线连接到电源，可以用其来检查接地。用试灯替代一个不工作的部件（例如灯或电机）并将其插入一个电路中，则试灯可以在电路接通时指示是否有电流流过该电路。

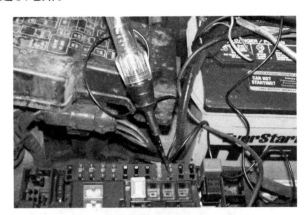

图4-88　当试灯探针接触到电路通电的部分时试灯将被点亮

自带电源的试灯被称为导通性测试仪。它用于测试一个断开的电路。从外表看它像一个普通的试灯，但内部有一个小的电池。当接地夹子连接到电线或电路的一端，且探针接触另一端时，如果该电路存在导通性，灯泡将被点亮；如果存在断路，则灯泡将不会被点亮。

　警告　切勿使用任何类型的试灯或电路测试仪去诊断车辆上的气囊系统。对这些系统的诊断，仅可使用生产商推荐的设备。

（2）跨接线　跨接线用于旁通单独的线路、插接器或部件。一般来讲，跨接线是一根长约18in的导线，它的两端各有一个鳄鱼夹。旁通一个部件或线路有助于确定该零部件是否有故障（图4-89）。如果症状在连接跨接线后明显不存在了，则被旁通的部分有故障。建议仅使用带有熔丝的跨接线，这些跨接线在两端之间有一个断路器或熔丝，它们的作用是保护被测电路避免其承受过大的电流。

（3）背面探测工具　测试电气电路常常需要技师从插接器背面进行探测以便使测试引线接触到插接器内的端子。为此，需要将背面探测工具（图4-90）滑入插接器的背面。一旦工具接触到所希望接触的导线端子，则测试仪表的引线就可以与探针伸出插接器的金属部分相连（图4-91）。

正确使用这些工具可防止对插接器及其密封件造成损坏。如果将背面探测工具或仪表表笔强行插入母端子可能损坏端子并扩大其开口，导致在重新连接该插接器时，就可能造成一个开路或接触不良。

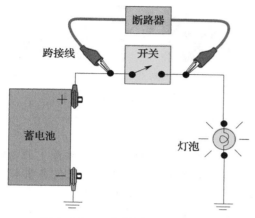

图4-89　可用跨接线旁通一个开关

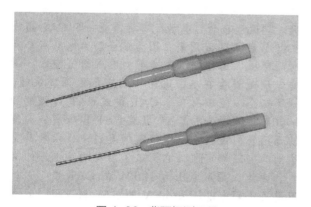

图4-90　背面探测工具

图4-91　背面探测工具应从插接器背面正确插入

（4）计算机内存保护装置　内存保护装置是一种外部电源，它用于在车辆蓄电池断开时维持

电子附件、发动机、变速器和车身计算机中的记忆电路（图4-92）。该保护装置插在车辆的点烟器插座上。它可用9V或12V蓄电池来供电。

图4-92　计算机内存保护装置

每当需要断开车辆蓄电池时，应在车辆上连接一个内存保护装置。使用此工具可防止丢失驾驶性能方面的编码、诊断代码、收音机防盗代码、无钥匙进入代码、收音机电台预设、车载电话设置、有关舒适性的个性化设置和其他与内存相关的功能。

插入OBD-Ⅱ DLC的内存保护装置仅连接到DLC的正极和接地针脚。因此，它们不会影响任何被存储的故障码或其他诊断信息。考虑到与远距离电源的连接，OBD-Ⅱ插接器可连接一根长导线。有些保护装置还含有一个使用点烟器插座的适配器。为了保护该电路，所有电源引线都带有一个内置的熔丝或可复位的断路器。其他部分被容纳在一个保护壳体中，并带有一个被密封的汽车蓄电池，上面带有一个充电状态的指示器。

一些内存保护装置是多功能组合装置的一部分。它们还被用作跨接起动发动机的12V电源、12V长时电源以及应急灯和无绳工具的电源。它们配备免维护的密封蓄电池或凝胶蓄电池，并且可能有一个LED显示屏，可显示内部蓄电池的荷电状态。

如果在发动机舱盖下连接内存保护装置，当连接到蓄电池电缆夹上（图4-93）时要小心。在取下和重新安装蓄电池时可能会使内存保护装置的鳄鱼夹脱落而导致其无效。替代的方式是将保护装置的负极（–）引线连接到良好的发动机接地处，将正极（+）引线连接到任何时间都有电的点上，例如发电机或接线盒上与蓄电池连接的点上。

图 4-93 使用外部电源作为内存保护装置

有些内存保护装置还有下述特点：可连接到车辆的点烟器插座、标准 120V 交流电源插座或 OBD-Ⅱ端口上；可使用内置阀 9V 电池（不包括在购买套件内）；当电源断开时，保持车载电脑的内存；有 LED 显示内部电池的荷电状态；有 LED 用于确认点火开关打开或关闭时点烟器和车辆电池之间的电路状态；可以扫描发动机代码，同时还可以充当内存保护器，存储车辆数据以供查看和分析。

4.7 万用表的使用

万用表可提供模拟或数字显示。

模拟式万用表使用一个指针来指向刻度盘上的一个值，很少用于当今的车辆。模拟式万用表不应用于测试电气部件，它们的内阻过低（输入阻抗），过低的输入阻抗会使过大的电流流过电路，因而会损坏精密的电气装置。

数字式万用表以数字形式显示数值。最常用的数字式万用表是 DMM，有时也被称为数字电压/电阻表（DVOM）。DMM 具有较高的输入阻抗，一般为 1~10MΩ 或更高（图 4-94），而且，用于电阻测试的定量电压低于 5V，从而降低了损坏精密电气元器件和电路的风险。

图 4-94 这两个万用表分别显示了测量的内阻（左）和测电阻时的电压输出（右）

车间提示

用于混合动力电动汽车高压系统上的 DMM 应该归类为Ⅲ类或Ⅳ类仪表。电气仪表基本上有四类，每一类都是为特定用途制造的并符合特定的标准。这些类别定义了仪表在测量特定电路时的安全程度。不同类别的标准由美国国家标准协会、国际电工技术委员会和加拿大标准协会定义。测试混合动力电动汽车时需要一个 CAT Ⅲ 或 CAT Ⅳ 级别的万用表，因为混合动力电动汽车具有高电压、三相电流和高瞬变电压的可能性。瞬变电压是发生在 AC 电路中的电压浪涌或尖峰。为了安全，应该有一个 CAT Ⅲ 或 CAT Ⅳ 级别的 1000V 的万用表和 CAT Ⅲ 或 CAT Ⅳ 级别额定值的万用表引线。在一个特定的类别中，仪表具有不同的电压额定值，它反映了承受瞬变电压的能力。因此，额定电压为 1000V 的 CAT Ⅲ 万用表比额定电压为 600V 的 CAT Ⅲ 万用表提供了更强的保护。

DMM 的正面通常由四个部分组成：显示区域、量程选择器、模式选择器和测试引线插孔（图 4-95）。显示屏中央是展示测量值的大数字，

图 4-95 DMM 的正面通常有四个不同部分：显示区域、量程选择器、模式选择器和测试引线插孔

通常是带有小数点后四到五位的数字。在数字的右侧，显示的是测量单位（V、A 或 Ω），这些单位可以通过符号的进一步定义来表示一个大于或小于 1 的值（图 4-96）和电压类型（AC 或 DC）（图 4-97）。

符号	名称	值
mV	毫伏	V×0.001
kV	千伏	V×1000
mA	毫安	A×0.001
μA①	微安	A×0.000001
kΩ	千欧	Ω×1000
MΩ	兆欧	Ω×1000000

①汽车技师很少使用到微安级的读数。

图 4-96 用来定义 DMM 上测量单位的符号

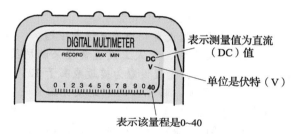

图 4-97 测量值的显示还带有其他主要信息，其中一些界定了测量值、电压类型（AC 或 DC）和量程

在 DMM 上设置一个量程是很重要的。某些 DMM 上的量程是手动设置的。如果测量值超出设定量程，万用表将显示"OL"的无穷大读数或显示超过限值。在图 4-98a 所示的万用表中，为测量蓄电池的电压，该万用表必须设置到 40V 的量程。尽管 4V 的设置更接近蓄电池的电压，但这种设置只能读到 4 V 的电压，因此，对测量大多数汽车电路来讲是无用的。有些万用表具有"自动量程（Auto range）"的功能，这种万用表自身能自动选择适当的量程，如图 4-98b 所示。在不知道预期值时，自动量程是很有用的。使用具有自动量程的万用表时，务必注意万用表正在应用的量程。10Ω 和 10000000Ω（10MΩ）之间差异很大。

⚠ **警告** 许多具有自动量程的 DMM 在显示测量值时会带有十进制的小数点。要确认已观察到图 4-99 所示的小数和量程。0.972kΩ 的读数等于 972Ω。如果忽略了小数点，就会把读数理解成 972000Ω 或 0.972Ω。

a）要设置量程的 DMM　　b）自动转换量程的 DMM

图 4-98 设置 DMM 的量程

$$0.345kΩ=345Ω$$
$$1025mA=1.025A$$

图 4-99 使用自动量程的 DMM 时，要注意小数点的位置和量程

模式选择器定义了仪表将要测量的内容。可用模式的数量随万用表的设计而异，但几乎所有万用表都具有图 4-100 所示的设置内容。

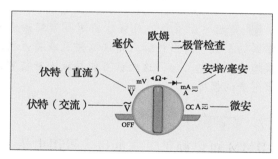

图 4-100 模式选择器定义了 DMM 要测量的内容

大多数 DMM 都有两条测试引线和四个输入插孔。黑色的测试引线始终插入 COM 输入插孔，而红色的测试引线根据要测量的内容插入其他输入插孔。技师通常有多组测试引线，每组用于特定的测试目的。例如，带有小尖端的引线组是在难以触及的位置或狭窄空间中进行探测的理想引线。其他测试引线可以装鳄鱼夹以便在测试中将引线保持在某个测量点上。

一般来讲，三个输入插孔分别是"A"——用来测量最大为 10A 的电流；"A/mA"——用于测量最大为 400 mA 的电流；"V/Ω/diode"——用于测量电压、电阻、电导、电容和检查二极管。

只要 DMM 的控制器设置正确，它就可以用作电流表、电压表或欧姆表。将万用表正确地连接到电路是非常重要的（图4-101）。

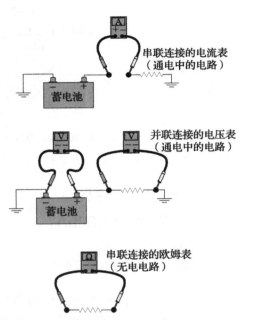

图4-101 正确连接至电路的DMM可用来测量电压、电流和电阻

⚠️ **警告** 万用表的设置和使用不当包括选择了错误的模式、将引线插入错误的插孔或将万用表错误地连接到电路上，这些都可能导致人身伤害或对万用表的损坏。

1. 测量电压

DMM可以测量电源电压、可用电压（图4-102）和电压降。电压是通过将万用表并联在被测元件或电路中测量的。

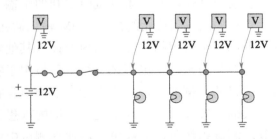

图4-102 用电压表检查电路中各点的可用电压

在测量电压步骤的第三步中，规定将黑色引线连接到一个良好接地处。经常会看到一些参考资料要求将某物连接到"良好接地处"，但这是什么意思呢？在钥匙处于on位置且发动机不运转（KOEO）时，车辆上的最具负极性的点就是蓄电池的负极端子，它是一个"良好接地处"。然而，一旦发动机运转，发电机外壳就成为最具负极性的点。车辆电气系统的其余部分通过各个公共接地处的连接返回到蓄电池的负极，公共接地处包括车架、车身和蓄电池负极电缆。如果出现故障，例如发动机或车身与负极电缆之间的连接松动或有电阻，将会影响连接万用表引线的"良好接地"。为了排除这个问题，许多技师在进行电压测试时使用蓄电池负极端子作为接地点。如果测试部件的接地点是发动机，并且测试是在发动机运转时进行的，则应将接地引线连接到发电机外壳或发动机缸体上。

步骤

按照下述步骤测量DC电压：

1. 将模式选择器设置切换为直流电压档。

2. 选择自动量程，或人工设置量程来满足预期值。一般情况下，量程设置为接近或高于12V。

3. 将测试引线并联在被测电路或元器件上。红色引线应首先连接至最具正极性的一侧（最接近蓄电池的一侧），黑色引线连接至良好接地处。

4. 读取显示屏上的测量值。如果读数是负值，则可能是引线接反了。

⚠️ **警告** 混合动力电动汽车具有更高的电压，在进行高压电路的作业时，应始终遵守所有安全预防措施和维修步骤。

（1）电压降测试 测量电压降是一项非常重要的测试。该测试可以在电路中的任何两点之间以及任何部件的两端执行，例如导线、开关、继电器触点和线圈以及插接器。图4-103中的步骤1）~5）为电压降测试的基本步骤。

该测试可以发现用欧姆表可能无法检测到的电路中的过大电阻。因为当元器件与电路绝缘时，欧姆表上只会通过一个很小的穿过元器件的电流，而电压降测试是在电路以正常的电流值工作时进行的。

需要进行电压降测试的常见现象之一是至起动机、发电机和其他电路的蓄电池电压过低（图4-104）。正常的电压降应为导线或插接器两侧的电压降不超过200mV；开关或继电器两侧的电压降不超过100mV；接地连接处的电压降不

1）执行测试前准备的工具：DMM、背面测试探针和翼子板护罩

2）将电压表设置为最低的 DC 量程

3）为测试整个前照灯电路各连接处的电压降，将正测试引线连接到蓄电池正极端子，它是电路中最具正极性的一侧

4）用背面探针将负极测试引线接入前照灯插座中近光灯的电源端子

5）打开近光灯，查看观察电压表读数。这是从蓄电池到近光灯整个电路上的电压降。电压降过大表明该部分电路中有多余电阻（负载）

图 4-103　电压降测试的基本步骤

超过 100mV；所有传感器连接两侧的电压降应为 0~50mV。

图 4-104　测量蓄电池极柱与电缆两侧的电压降可很容易地看出电压降为何过高

为了理解电压降测试的真正目的，考虑一个简单的电路（图 4-105）。如果蓄电池上的可用电压是 12V，则在开关闭合时，每个灯上也应有 12V 的电压。作为一个例子，如果测量到的电压低于 12V，则意味着电路中的某些地方还存在一些额外的电阻。此时灯光可点亮，但达不到它们应有的亮度。

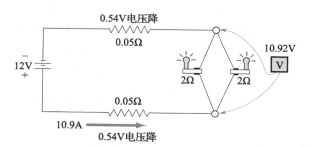

图 4-105　导线的电阻导致该电路上微小电压降

图 4-104 举例表明两个前照灯（每个电阻为 2Ω）用两根导线连接在 12V 蓄电池上。每根导线都有一个 0.05Ω 的额外电阻。两个前照灯是并联连接的，因此，它们的总电阻为

$$\frac{2\Omega + 2\Omega}{2\Omega + 2\Omega} = 1\Omega$$

总的电路电阻（包括额外电阻）为

$$1\Omega + 0.05\Omega + 0.05\Omega = 1.1\Omega$$

因此，该电路中的电流是

$$I = \frac{E}{R} = \frac{12}{1.1} \approx 10.9A$$

穿过每段导线的电压降是

$$E=I×R$$

$$E=10.9×0.05≈0.54V$$

这意味着在导线上总共有 1.08V 的电压降。当从 12V 电源电压中减去导线的电压降后，用于前照灯的电压只剩下 10.92V。

如果没有导线中的电阻，前照灯可接收到 12A 的电流；有了该电阻，电流减少到 10.9 A。这个降低了的电流和电压降意味着前照灯将不如正常时明亮。重要的是，在电气系统中都会存在电压降，因此，在部件处测量到的电压往往会低于蓄电池电压。导线和连接的每一部分都降低了很微小的电压。当电压降过大时，就会出现故障。

（2）检查接地电路　DMM 还可用于检查电路接地是否正常。例如，如果电压表显示灯泡上有蓄电池电压但没有看到灯泡点亮，则灯泡或插座可能损坏，或接地的连接有故障。检查灯泡失效的一个简单方法是将其更换为好的灯泡，但也可以使用欧姆表检查灯泡的导通性。灯泡昏暗可能是接地电路中有过大电阻导致的。通过电压降测试可以识别这个问题。

如果灯泡没有失效，则是灯座或接地线有问题。在灯泡安装在插座中的状态下，按照图 4-106 所示，将电压表正引线连接在该灯泡的接地线上，并使负引线良好接地。如果测量到的电压为 0V，则将正引线移至该灯泡插座内的电源端子上，如果在那里测量到的电压是 0V，则为灯座或端子故障。在正常的灯光电路中，灯泡负极一侧的电压应接近 0V。如果在灯泡接地端子上读取到蓄电池电压，则接地电路中存在开路。如果插座没有问题，而在接地侧测量到一些电压，则接地电路有

故障。接地侧电压读数越高，接地电路中的电压降越大。这个问题会导致灯泡昏暗或根本不点亮。检查接地电路到蓄电池负极端子的电压降，该读数将表明有多少电压损失在该电路的接地点和蓄电池负极之间。如果电压降过大，则需要诊断返回蓄电池负极的接地电路以找出产生该电阻的原因。

（3）测量 AC 电压　DMM 能够以最大值（E_{max}）、有效值（E_{rms}）和平均值（E_{avg}）的方式显示 AC 电压。当一个 AC 电压信号是真正的正弦波时，这些方法各自显示的读数将是不变的。由于大多数汽车的传感器产生的正弦波信号不是纯正的正弦波，因此，在将测量电压与标准值进行比较时，了解电压表将如何显示 AC 电压读数是非常重要的。峰峰值表示最高电压峰值与最低电压峰值之间的数值范围。例如，如果正的最高峰值为 60V，负的最低峰值也是 60V，则峰峰值为 120V。

有效值是电压表将 AC 电压信号转换为可比较的 DC 电压信号，平均值显示的是电压峰值的平均值，这两者都是基于峰值电压的。应经常检查电压的技术参数，看其技术参数是否为有效值（RMS）电压，如果是，应使用 RMS 仪表测量（图 4-107）。

2. 测量电流

测量通过一个电路中的电流可以真实地反映该电路中发生的情况，这是因为该电路是在有负载的情况下被测试的。过小的电流表示该电路中有过高的电阻，而过大的电流表示该电路中电阻过小。许多技师不检查电流，因为很少有标准给出什么样的电流值是正常的，但这应该不是问题，

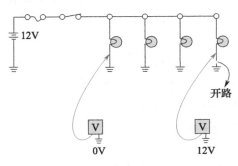

图 4-106　用电压表检查开路的接地线

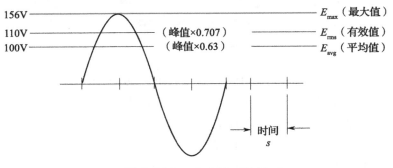

图 4-107　AC 电压：RMS

因为如果知道了电路中的电阻和电压，就可以计算出电流。记住，要获得电流，电路必须是完整的，并且必须有电压作用在它上面。

图 4-108 中的电路正常情况下会消耗 6A 的电流，并由 10A 的熔丝保护。如果电路中该熔丝不断被熔断，一定是电路中的电阻降低了，而且电路中的某处可能存在短路。从数学上讲，每个车灯将消耗 1.5A 的电流。为找到短路点，可将所有车灯从其插座中取出来判断故障。闭合开关并读取电流表。断开负载后，仪表读数应为 0A。如果有任何读数，则熔丝与插座之间的导线存在与地短路。

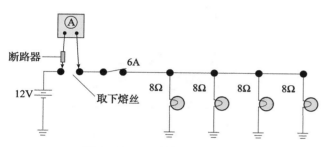

图 4-108　用电流表检查该电路

如果测量到的电流为 0A，则按顺序逐次连接每个车灯。每连接一个灯泡，读数都应增加 1.5A。如果在进行到任意一个连接时，读数高于预期值，则说明问题出在该车灯电路的那部分。

⚠ **警告**　当测试是否短路时，切不可用导线绕过熔丝，而且要确保该电路中已安装了熔丝。熔丝的额定容量不应高于规定值的 150%。这样做既提供了电路保护，又为测试提供了足够的电流。发现并纠正问题后，一定要安装一个符合规定额定值的熔丝。

在检查电流之前，确保电流表能测量被测电流值。如果怀疑被测量的电流值高于电流表的最大额定值，则使用感应式电流探头进行测量。

不带电流探头的电流表必须与电路串联连接，这样才可使电路的电流流过电流表。

⚠ **警告**　切不可将电流表的测试引线横跨在蓄电池或负载上。这将使电流表与电路并联，并会烧断电流表内的熔丝，或可能损坏电流表。

（1）感应式电流探头　使用电流探头就不再需要将电流表串入电路中。这些探头可感知电路中的电流流动形成的磁场（图 4-109）。通常，为了使用电流探头，DMM 的模式选择器应设置为读取 mV 的量程。然后将探头连接到 DMM 并打开它。在进行测量之前，某些探头必须归零，这是在将探头夹在导线上之前要完成的。DMM 有一个零点调整操作装置，可一直转动这个装置，直到电流表显示屏上显示读数为 0。使夹钳圈住被测电路的导线，确保夹钳上的箭头指向电流流动的方向。夹好夹钳后，接通电路，显示器上会显示电压读数，将电压读数转换为电流读数，例如 −100mV=1A。

图 4-109　配备感应传感器的电流表不再需要串联在电路中

步　骤

遵循下述步骤测量电流：

1. 关闭电路。

2. 将测试引线连接到 DMM 上的正确输入插孔。

3. 把模式选择器设置为正确的电流单位（通常为 A 或 mA）。

4. 选择自动量程功能，或手动选择预期电流的量程。

5. 在可以插入仪表的位置断开该电路。

6. 将带有熔丝的跨接线连接在一根测试引线上。

7. 将红色测试引线连接在该电路中最具正极性的一侧，将黑色引线连接至该电路的另一侧。

8. 接通该电路。

9. 读取 DMM 上的显示。

10. 将读数与标准值或计算值进行比对。

（2）电流爬升　电流探头与示波器一起使用是一种重要的测量方法。它是评估电气电路运行状态最快、侵入性最小的方法。探头将电磁信号转换为可以在示波器屏幕上显示的电压信号（图 4-110）。查看给某些电路通电以及中止时的电流被称为观察电流的爬升，这是诊断电子电路的一种非常有效的方法。

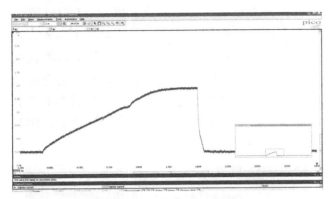

图 4-110　电流流过喷油器时的波形

3. 测量电阻

为了测试电路的导通性和电阻，首先必须断开该电路或部件的电源（图 4-111）。将欧姆表连接到带电的电路中会导致欧姆表损坏。

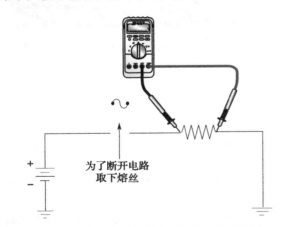

为了断开电路
取下熔丝

图 4-111　用欧姆表测量电阻。在断开电路的电源后，欧姆表应与部件并联

通过测量部件（图 4-112）或电路的电阻可以检查它们的状况。通常，标准值会给出特定部件正常的电阻值范围。如果电阻过高，应检查是否有开路或部件是否有故障。连接松动、损坏或脏污是电阻过大的常见原因。如果电阻过低，应检查是否有短路或部件是否有故障。

欧姆表还可用于检查导线。将欧姆表的两个表笔分别连接到导线的两端。如果仪表上显示的电阻很低，则该导线是完好无损的；如果没有测

量到电阻，则该导线是开路的。然而这个测试并不能确认导线实际上是否是完好的，因为汽车用的导线是由多股线制成的，对于给定的一段导线，为欧姆表提供电阻读数只需要一股线，但如果实际上只有一股线流过电流，则电压降会很大。因此，重要的是，电阻测试可用来确认导线有问题的，但不能依靠它来确定导线是完好的。

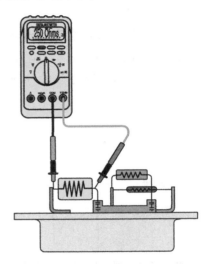

图 4-112　欧姆表还可测量已从电路中取下的元器件的电阻

导通性测试。 许多 DMM 都有导通性测试模式（图 4-113），当被测物品从头到尾存在导通时，万用表就会发出声响。只要存在导通，这种可听见的声响就会一直持续，这可以用于对灯泡或开关进行快速、简单的测试。这个功能用于查找间歇性问题的原因也很方便。这种测试需要将 DMM 串联在一个电路上并摆动线束，当声响在移动一段特定的导线后停止，则表明该段导线存在问题。

图 4-113　在 DMM 上选择导通性测试模式

⚠️ 小心　为避免在测试时造成仪表或设备的损坏，在测量电阻之前，应断开该电路的电源并对所有高压电容器放电。在测试安全气囊时，应始终遵循制造商的测试步骤。

4. 最小 / 最大值

一些 DMM 具有最小 / 最大（MIN/MAX）值功能，该功能可显示一段时间内所记录的最大、最小和平均电压，这在检查传感器或查找电气噪声时是非常有用的。电气噪声主要是由射频干扰（RFI）引起的，这种干扰可能来自点火系统。RF 是有害的电压信号，它会附加在另一种信号上。这种噪声会导致难以捉摸的间歇性问题。噪声会导致电压轻微地增加和减小。当计算机接收到带有噪声的电压信号时，它会力图对这些微小的变化做出反应，从而导致计算机对噪声信号而不是真实的电压信号做出了响应。

步　骤

按照下述步骤测量电阻：
1. 确保电路或零部件未与电源连接。
2. 将 DMM 模式选择器设定为测量电阻。
3. 选择自动量程或手动选择合适的量程。
4. 为了校准欧姆表，需要将两个测试引线接在一起并将欧姆表读数调整到零。在某些 DMM 上，在改变量程后应重新检查校准。
5. 将欧姆表的测试引线并联在被测部件或零件上。
6. 读取显示屏上的数值，当电路连接良好时，DMM 将显示零或接近零的读数。如果显示无穷大或 OL，则表示电路未导通。

5. 其他测量

万用表可能还有测量占空比、脉冲宽度和频率的功能。占空比以百分比表示（图 4-114）。60% 的占空比意味着一个装置在一个周期内有 60% 的时间是开启（on）的，有 40% 的时间是关闭（off）的。在测量占空比时，查看的是被测装置在一个周期内处于开启（on）时间。脉冲宽度（图 4-115）通常用 ms 作为计量单位。在测量脉冲宽度时，查看的是被测装置的开启（on）时间，被测装置的频率表示某事物在 1s 内被启用或运行

多少次（图 4-116）。

为了准确地测量占空比、脉冲宽度和频率，必须设置万用表的触发电平。触发电平告诉万用表何时开始计数。触发电平可以设置为某个电压、电压的上升沿或下降沿。万用表通常会有一个与电压量程设置相对应的固定触发电平。如果被测电压未达到这个触发电平，万用表将不识别为一个周期。用于触发周期计数的电压上升或下降通常被称为正斜率或负斜率触发。

一些 DMM 还可以测量温度，这些万用表有一个热电偶。温度读数可以用 °F 或 ℃ 表示。该热电偶连接到 DMM 上并被放置在被测对象上或其附近。许多 DMM 还具有存储并下载数据到计算机中的功能。

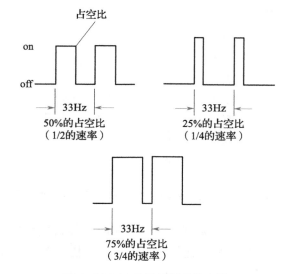

图 4-114　占空比用百分比表示

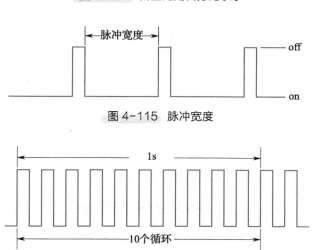

图 4-115　脉冲宽度

图 4-116　频率表示一个装置 1s 内被启用的次数

4.8 示波器的使用

示波器已成为一种可选择的诊断工具。DMM每秒对电压采样数次，并以特定的速率刷新读数。如果电压是恒定的，则使用普通的电压表就可以进行很好的测量。然而，示波器能显示电压发生的任何变化，这对于诊断间歇性问题是很重要的。

屏幕将时间和电压划分成许多小格（图4-117），它们在屏幕上形成了网格图形。水平方向代表时间，垂直方向代表电压。示波器显示电压随时间的变化，因此，扫描线从左侧（测量时间的开始点）向右（测量时间的结束点）移动。可以通过调整每格刻度代表的值来优化电压轨迹的图形显示。

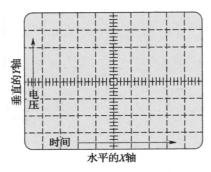

图4-117 示波器屏幕上用作时间和电压参考的网格

因为示波器显示实际电压，所以它会显示出伴随电压信号的任何电气噪声或干扰（图4-118）。信号中的电气干扰或毛刺是瞬时变化的。它们可能是电路中间歇性的对地短路、对电源短路或电路开路所引起的。这些问题可能只发生片刻之间，也可能持续一段时间。示波器可以方便地发现这些问题和其他间歇性问题的原因。观察电压信号并且晃动或拉动线束，任何松动都可以通过电压信号的变化被检测到。

1. 模拟示波器与数字示波器

模拟示波器显示电路的实际活动，被称为实时或现场示波器。这意味着在屏幕上看到的就是当时正发生的事情。模拟示波器具有较快的刷新速率，这可使其显示的信号活动没有延迟。

数字示波器通常被称为数字存储式示波器（DSO），它将电压信号转换为数字信息并将其存储到它的存储器中。一些DSO将信号直接发送给计算机或打印机，或将其保存到硬盘中。技师可以"冻结"被捕获的信号以便仔细分析。DSO还具有捕捉低频信号的能力。低频信号在模拟屏幕上显示时往往会一闪而过。在这类短时出现的信号消失前，DSO就可显示该信号。只有非常轻微的延迟。大多数DSO具有每秒一百万次的采样速率，对于出色的诊断工具来讲这足够快了。这种极快的采样速率可显示电压的细微变化，在模拟示波器上无法观察到这种细微和快速的电压变化。

与模拟信号相比，数字信号的显示可能会稍有波动，但其对电压信号的采样频率更高，从而能产生更精确的波形。随着从示波器存储器中不断提取信号，波形将被持续刷新。

模拟和数字示波器都会有双通道（图4-119）或多通道（图4-120）显示，这意味着它们能够同时显示不止一个信号的轨迹。通过同时监视这些轨迹，可以观察传感器信号间的因果关系，并且可以将正确或正常的波形与正在被测试的波形进行比对。

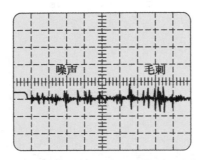

图4-118 可能出现电压信号上的RFI噪声和毛刺

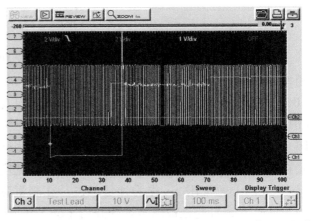

图4-119 在多通道示波器上可观察多个不同的信号，这对诊断是非常有用的

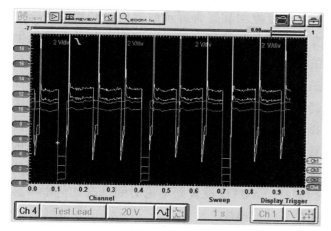

图 4-120　一些示波器或图形万用表可显示多个通道的
信号轨迹

2. 波形

由于波形的高度代表电压，因此，扫描线高度的任何变化都代表电压的变化。当电压不变时，扫描线是一条直的水平线。向上或向下的斜线表示电压的逐渐增加或减少。扫描线的突然上升或下降表示电压的突变。

正常的 AC 信号随时间改变其极性和振幅。AC 电压产生的波形通常被称为正弦波（图 4-121）。一个完整的正弦波显示了电压从零点移动到其正的峰值，然后向下移动通过零点到其负的峰值并返回到零点。

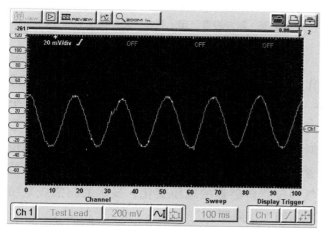

图 4-121　AC 电压的正弦波形

一个完整的正弦波是一个循环。每秒发生的循环次数是信号的频率。频率用每秒的循环数（单位为 Hz）来度量。检查频率是检查某些电气元器件运行情况的一种方法。产生 AC 电压的各类输

入传感器是最常见部件。可用示波器检查永磁电压发生器产生的 AC 电压（图 4-122）。还可检查 AC 电压波形上的噪声和毛刺，它们可能会向计算机发送虚假信息。

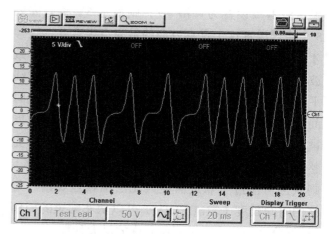

图 4-122　典型的永磁电压发生器或传感器的 AC 电压波形

DC 电压波形可能表现为一条直线或一个显示电压变化的线条。DC 电压波形有时会显示为方波，这表示电压产生了一个瞬时的变化（图 4-123）。方波具有笔直的垂直侧边和平顶。这种波形可以表示正在施加电压（电路通电）、保持电压（电路保持通电）和未施加电压（电路被断开）。

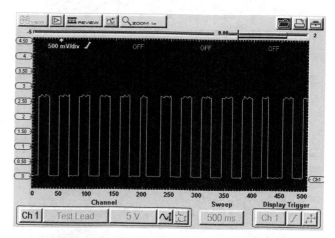

图 4-123　典型的方波（on-off 或高 - 低）

3. 示波器控制装置

根据示波器的制造商和型号不同，其控制装置的内容会有所不同。但几乎所有的示波器都具有垂直（Y 轴）调整、水平（X 轴）调整和触发调整功能。

垂直方向的调整用于控制每一格可显示的电压，或当电压超过预设值（如 20V）加以控制，（图 4-124）。如果示波器被设置为每格代表 0.5V（500mv），则显示 5V 信号需要 10 格。同理，如果示波器被设置为每格 1V，则显示 5V 将只需要 5 个格。设置这个垂直方向的最高点很重要，这样才能准确地读到电压。电压设置得过低可能导致波形移出屏幕，而设置得过高可能会造成扫描线平坦而难以辨别。水平位置的控制是对扫描线时间长度的控制（图 4-125）。如果每格的时间长度被设置得太短，则可能在整个屏幕上无法显示完整的轨迹，但如果每格的时间长度被设置得太长，则轨迹可能过于靠近而使人无法细致地观察。每格的时间长度（TIME/DIV）可以从非常短的周期（百万分之一秒）设置到所允许的最大秒数。

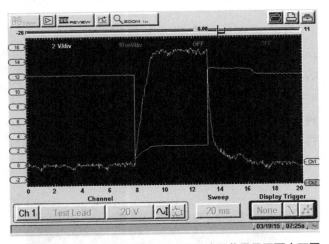

图 4-124 垂直分格代表电压。注意该屏幕显示了两个不同的电压范围，每个信号一个

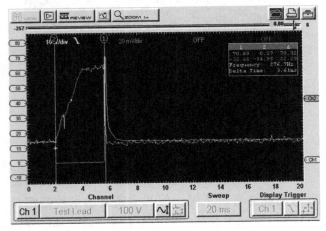

图 4-125 水平分格代表时间长度

触发控制装置告诉示波器何时开始产生一个穿过屏幕的扫描线。它对试图观察某件事情发生的时间来讲是很重要的。合适的触发控制可使扫描线在屏幕上的相同位置重复开始和结束。示波器上通常有多种触发控制装置设置。触发模式选择器有 NORM（标准）和 AUTO（自动）两种设置。在 NORM 设置中，当一个电压信号没有出现在设置的时间基准范围内时，屏幕上不会有它的扫描线；AUTO 设置则不论时间基准如何都将显示信号的扫描线。

斜率和电平控制设置用于定义实际触发的电压。斜率开关决定扫描线是在信号上升还是下降时开始（图 4-126）。电平控制是根据斜率上特定点设置扫描基线何时被触发。

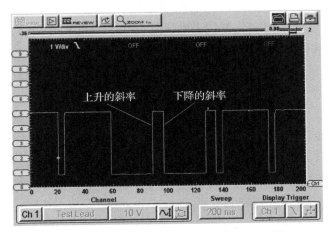

图 4-126 触发设置可用上升或下降的电压来启动扫描线

触发源切换用来告诉示波器用哪个输入信号作为触发源。可能是通道 1、通道 2、线路电压或一个外部信号。外部信号触发的方式在观察一个可能受到另一个部件操作影响的部件的信号波形时非常有用。这方面的一个例子是观察节气门位置发生变化时喷油器的活动，外部触发信号是节气门位置传感器的电压变化，显示的扫描线是喷油器的工作周期。

4. 图形显示万用表

图形显示万用表（Graphing Multimeter, GMM）将 DMM 和示波器集成在一个总成中，它们可以显示电压、电阻、电流和频率的数值曲线图。GMM 还能够显示来自多个来源的数据

（图 4-127）。这类万用表可能是查找低压 DC 电路间歇性问题原因的最佳工具。

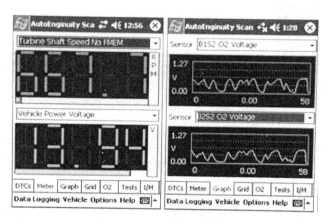

图 4-127　用 GMM 可获得的信息示例

一些 GMM 具有信号和数据记录、单个部件测试、同时显示测量值和图形、毛刺捕捉和声音警示的功能。一些 GMM 还带有正常信号的电子资料库，允许将实时图形与预期值或已知的正常波形进行比较。有些甚至还配有电路图和特定车辆的诊断和测试信息数据库。

向个人计算机传输数据。 许多 DSO 和 GMM可以通过传输线或无线接口将捕获的信息传输给个人计算机。利用这项功能可以更方便地查看波形和其他数据，还可以创建个人资料库，后者在未来可能会是很有用的。

4.9　基本电气部件测试

所有电气部件都可能失效。在大多数情况下，检查电气部件的最佳方法是由部件的功能决定的。如果我们考虑它可以做什么，我们就可以知道如何测试它。通常来讲，拆下部件并在工作台上测试是检查它的最佳方法。

1. 保护装置

当过载或短路导致电流过大时，线路会变热，绝缘层会熔化，除非电路有某种保护装置，否则可能会导致火灾。熔丝、熔断线、大型熔丝和断路器可以用来提供过电流保护，它们可以单独或组合使用。

⚠ **警告**　熔丝和其他保护装置通常不会磨损。它们的损坏是因为电路中出现了问题。在未查明它们损坏的原因前，切勿更换保险丝、熔断线或重置断路器。

电路保护装置可以用欧姆表或试灯进行检查。如果它们是好的，它们应是导通的。为了用电压表测试一个电路保护装置，可在该装置的两个端子处测试可用电压（图 4-128）。在两端应该都有电压。

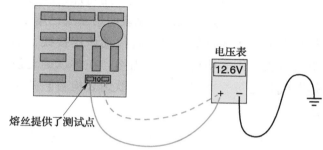

图 4-128　可以用电压表检查电路保护装置以确认其两侧都有电压

测量电压降可比单纯测量导通性更好地反映该装置的更多状况。如果熔丝、熔断线或断路器是良好的，则测量到电压降是 0V。如果可用电压的读数为 0V，则熔丝已开路。任何介于 0~12V之间的读数都表明存在多余的电阻，应更换熔丝。还要确保已检查过熔丝插座的电阻。

（1）熔丝　熔丝可以通过查看其内部的金属条进行目视检查。从插座上取下熔丝，透过透明的塑料外壳观察元件，查看内部是否有中断或变色（图 4-129）。刀片式熔丝的顶部带有小的开口，这可使测量表的测试引线接触到熔丝的两个端子。有时很难看到熔丝内的中断，因此，许多技师使用试灯或 DMM 检查熔丝两侧的电压。如果仅在熔丝的一侧有电压，则它是开路的。

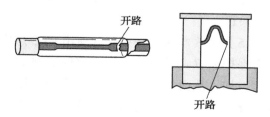

图 4-129　通常可目视检查熔丝的状况

种方法是改变其温度，同时查看其阻值是否改变。

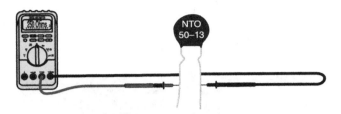

图4-130 用欧姆表检查PTC热敏电阻

在安装新的附件时，为了计算所需的熔丝额定电流，可使用瓦特定律：功率除以电压等于电流。例如，如果正在安装一对55W的雾灯，用蓄电池电压去除55，就可以得到该电路将消耗多少电流。在该示例中，电流大约是5A。为了承受电流的浪涌，电路中内联熔丝的额定电流应该略高于正常电流。在本示例中，一个8A或10A的熔丝应能胜任。

（2）熔断线　熔断式连接线用特殊绝缘材料包裹，在过热时会起泡，以此表明熔断线已熔断。如果看上去绝缘良好，可轻轻拉动该连接线，如果可拉长，则表明已熔断。当然，在难以确定该熔断线是否被烧坏时，可使用欧姆表检查它的导通性。

警告　不要将熔断线误认为是一根电阻线。电阻线一般较长，并清楚地标明"电阻线不能切割或拼接"。

若要更换熔断线，应切断被保护导线与熔断线的连接，然后紧密压合或焊接一根具有相同额定值的新熔断线来替代原来的熔断线。

警告　在维修任何熔断线之前，一定要先断开蓄电池的接地线。

（3）大型熔丝　大型熔丝要比熔断线更容易检查和更换。要检查大型熔丝，可通过透明塑料外壳查看熔丝元件。如果元件中存在中断，则它已烧毁。若要更换它，应将其从熔丝的安装盒或面板中拉出。始终用具有相同电流额定值的熔丝更换已熔断的大型熔丝。

（4）断路器　在使用中有两种类型的断路器。一种是通过切断电路的电源来复位；另一种是通过按一个下复位按钮来复位。如果断路器无法复位并保持断开，应在确保该电路中没有过大电流后更换它。

（5）热敏电阻　一些系统使用PTC热敏电阻作为保护装置。当有较大的电流时，热敏电阻的阻值增加，从而导致电流减小。它们可以用欧姆表检查（图4-130）。如果欧姆表显示为无穷大的读数，则热敏电阻已开路。检查热敏电阻的另一

2. 开关

要检查一个开关，先断开开关上的插接器。分别在开关处于on（接通）和off（断开）位置时检查开关端子之间的导通性（图4-131）。在off（断开）位置时，两端子间应该不导通；在on（接通）位置时，端子间应有良好的导通性。如果开关是机械式的，且当它应该接通电路时却没有接通，应检查开关是否调整正确（有些开关是不可调的），如果已调整正确，则更换该开关。检查开关的另一种方法是用跨接线旁通它，如果元件在开关被旁通时工作，则开关已损坏。

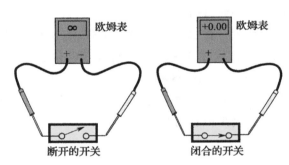

图4-131 用欧姆表检查开关

对多刀多掷式开关应在其每个可能的位置进行检查。使用电路图确定该开关在每个切换位置时应有哪些端子具有导通性。

变阻器也可以用欧姆表或电压表进行检查。要测试一个变阻器或电位器，先识别输入和输出端子，并在它们之间连接一个欧姆表。检查时应该将变阻器滑动片在整个可移动范围内移动并同时观察仪表（图4-132），读数应在规定范围内并应逐渐变化。任何意外的变化都表明变阻器或电位器有故障。当阻值在测试中急剧增加或降低时，使用示波器来测试变阻器能很容易地观察到这些毛刺。

图 4-132　移动变阻器滑动片的同时观察电位计的导通状态

还应检查开关两端的电压降。理想情况下，一个闭合的开关应该没有电压降。电压下降表示其有电阻，应更换该开关。

3. 继电器

继电器可以使用跨接线、电压表、欧姆表或试灯进行检查。如果继电器端子是可接近的且不受计算机控制的，则使用跨接线和试灯是最快的方法。继电器的原理图通常展示在继电器外壳上，如果没有，应检查电路图以识别继电器的端子。还要检查电路图以确定继电器是用电源还是接地开关控制的。

如果继电器端子无法接近，应取下该继电器，使用欧姆表检查继电器线圈端子之间的导通性。如果仪表显示无穷大的读数，则应更换该继电器；如果是导通的，可使用一对跨接线或一个 9V 电池给继电器线圈通电。检查继电器触点的导通性。如果读数是无穷大，则继电器有故障；如果是导通的，则继电器是良好的。

参阅维护信息中的电阻规格，并将其与继电器线圈的电阻值进行比较。过低的电阻值表示线圈短路。如果线圈短路，则计算机中的晶体管和 / 或驱动电路会因电流过大而损坏。

下面是测试由计算机控制的继电器的一般步骤：

步　骤

为了测试由计算机控制的继电器，应使用被设置为适当 DC 电压量程的高阻抗电压表，并遵循以下步骤（图 4-133）。

1. 将电压表负极引线连接到良好接地点。

2. 将正极引线连接到继电器的输出线上。如果没有电压存在，则继续测试。如果有电压，断开继电器的接地电路，此时电压表的读数应是 0V。若是，则继电器是好的；若电压仍然存在，则继电器有故障。

3. 将电压表正极引线连接到继电器的电源输入端子上，若此处未测量到接近蓄电池的电压，则继电器电源电路有故障；若有电压，则继续测试。

4. 将正极引线连接到继电器的控制端子上，若此处未测量到接近蓄电池的电压，则检查从蓄电池至继电器的电路，若有电压，继续测试。

5. 将正极引线连接至继电器的接地端子。若此处的电压超过 1V，则该电路接地不良。

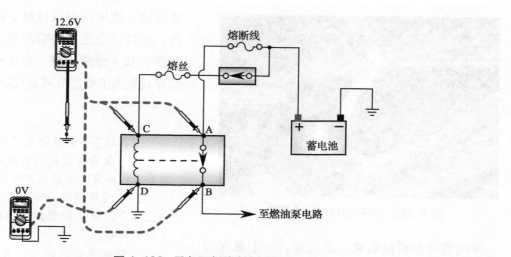

图 4-133　用电压表测试继电器

4．分段式电阻器

为了测试分段式电阻器，取下该继电器并在其两端连接一个欧姆表。将读数与标准值进行比较。也可以用电压表检查分段式电阻器。测量每段电阻组后面的电压，并将读数与标准值进行比较。

5．导线

导线的绝缘层应处于良好状态。破损、磨损或损坏的绝缘层会导致短路（图4-134）。这些状况还会造成安全隐患，应更换所有绝缘损坏的导线。

图4-134　破损、磨损或损坏的绝缘层会导致通电导线短路

在检查一个电路时，务必检查接地的连接，包括从发动机或其他部件到车架的接地金属线带。发动机的地线通常是编织的扁平连接线，它具有一定的柔韧性（图4-135）。不良的接地连接线在许多不同电路中都会造成故障。

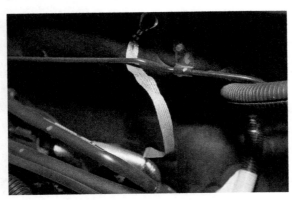

图4-135　扁平编织的接地金属带

导线通常都被组装成一条线束。一个独立的线束插接器可能成为许多电路的连接点。线束与线束的插接器有助于布置电气系统，并可为许多电路的测试提供一个方便的切入点。线束通常用塑料套管做防护，套管的颜色表示套管内导线的工作电压，以下是对套管颜色的说明。

- 不带彩色条纹的黑色 = 低温和12V。
- 带有绿色或蓝色条纹的黑色 = 高温和12V。
- 蓝色或黄色 = 电压范围为12~42V。
- 黄色通常是为气囊和其他增加的辅助约束系统（SRS）部件和导线预留的。
- 橙色 = 电压范围为42~650V。

6．印制电路

新型的车辆使用柔韧的印制电路板。印制电路板是不可维修的，并且在某些情况下是看不见的。当这些板出现故障时，需更换整个单元。

在进行有关印制电路板的作业时应注意以下事项。

1）切勿触摸电路板的表面。手指上的污物、盐分和酸性物质可能腐蚀电路板表面并形成电阻。

2）铜导体可以使用专用的清洁剂清洁或用橡皮擦轻轻擦拭整个表面。

3）印制电路板很容易被损坏，因为它很薄。应小心不要划破表面，尤其是在插入插接器或灯泡时。

4.10 排查电气故障

在排查电气故障时，采取合乎逻辑的方法非常重要。做出假设或过早下结论的代价可能会很高，而且完全是在浪费时间。本书中所给出的应遵循的基本诊断步骤，在这里同样适用，仅有的差异只是为了更适合对电气故障进行排查。

> **步　骤**
>
> 遵循以下步骤排除电气问题：
> 1．收集有关该问题的信息。从客户处发现问题发生的时间和地点以及究竟发生了什么。
> 2．核实该问题的存在。对车辆进行路试，或测试客户所担忧的部件，并在可能情况下尽可能复现该问题。
> 3．仔细界定问题是什么，以及在何时发生。

注意问题出现时的状况。还应注意整个车辆，其他的问题对您来讲可能很明显，而对客户不一定如此。最重要的是要全面了解该问题。

4. 研究所有可用的信息以确定问题的可能原因。查看所有与该问题有关的维修公告和其他维修信息，看看是否与该问题属于同一问题。研究系统的电路图并找到与该问题相关的系统或某些部件。

5. 剥离该问题。根据对问题和电路的了解，列出可能的原因。通过检查明显或易于检查的项目来缩小可能原因的清单，包括全面的目视检查。

6. 继续测试以查明该问题的原因。一旦知道了故障可能出在哪里，就进行测试直到找到它！着手测试以确定最可能的原因是否是该问题的真正原因，如果它不是，应继续测试下一个最可能的原因，直到问题被解决。

7. 确定并修复该问题，然后验证修复的结果。一旦确定了原因，进行必要的维修。永远不要假定所做的工作已经解决了最初的问题。运行该电路的所有部件以确认最初的问题已得到纠正，并且在该电路中没有其他故障。

1. 排查逻辑

电气故障有以下三种基本类型。了解正在引起客户担忧的问题的类型将决定应该进行哪些测试。

1）如果某些部件不工作，则问题很可能是由短路或开路引起的。

2）如果该电路的熔丝被熔断，则问题是短路；如果熔丝是好的，则问题是开路。

3）如果某个部件工作不正常，例如灯泡昏暗，则问题是电阻过高。

快速的电压检查有助于确定问题。检查工作不正常的部件的电压，如果存在电源电压，则部件是坏的或接地电路有故障。如果在部件处测得的电压低于电源电压，则该部件的电源供给存在故障。检查部件接地电路上的电压，高于 200mv 的电压读数表示接地电路中存在电阻。此外，测量部件两端的电压降，电压降能够显示出与零部件有关的问题。如果怀疑部件失效，则应更换。

在用仪器仪表进行任何检查时，应尽量在插接器处进行所有的测量。从被断开的插接器的接合侧（前部）进行的测量，被称为正面探测；在从被连接的插接器背面或导线侧进行的测量，被称为背面探测。有时可能需要刺穿绝缘层与导线直接接触，要确保不损坏金属导线，并在事后用电工胶带密封所穿刺区域，这可以防止铜线被腐蚀。

2. 使用电路图

在诊断过程中，最重要的一个信息来源是电路图。电路图展示了一个电路与其他电路的关系。基于对电路图、电气以及某一系统工作原理的理解，就能够确定测试点。大多数维护信息的电气部分都包含了电路图。

电路图包含了每个电路的全貌，它包括了装置之间的所有插接器、导线、信号连接（总线）以及电路中的电气或电子器件和部件。这些图是用对应插接器之间线路的线条绘制的。大多数电路图都是将汽车前部的内容画在电路图的左侧，而电源画在电路图的上部，接地点在下部。

电路图通常显示以下内容。

1）每根导线的编号或颜色编码。导线是通过电路编号、颜色和 / 或尺寸（在某些情况下）来辨别的。

2）导线的截面尺寸。一些制造商会同时标明导线的尺寸和颜色编码。

3）地线的连接。大多数电路图表会显示电路的接地点。

车间提示

为了更容易地识别接地点、连接点和插接器在车辆上的位置，制造商使用了一套编号系统来识别它们的基本位置。例如，许多制造商，如通用汽车（GM）在 G、S 和 C 后面设有代表位置的三位数字。通常情况下，100~199 表示接地点、连接点或插接器在发动机舱盖下，200~299 表示在仪表板下，300~399 表示在乘客舱，而 400~499 表示在行李舱中。

4）导线连接点。独立的插接器显示为"C"并用编号列出。注意插接器的符号会因制造商而异。

5）导线延续部分的参考。电路图中特定导线延续的部分有时候会作为另一张电路图或分段区域的参考。

6）连接点的位置。一组导线用电气方式连接在一起的地方（铰接点）通常会标示为"S"。

7）端子名称。显示特定导线在一个多针脚的插接器中位置的数字或其他标识。

8）部件符号。电路图使用一套符号来表示电气部件或装置。尽管这些符号都是非常标准化的，但也可能会随制造商不同而有所变化。

9）开关。电路中开关的绘制通常显示为它们的常态位置（常开或常闭）。

10）熔丝标示。显示熔丝和其他电路保护装置的位置和额定值。

11）继电器信息。显示所有继电器的位置及其端子的连接。

（1）获得正确的电路图　电路图应与车辆的确切年份、品牌和型号相符。大多数电子维护信息系统会将电路图与车辆的 VIN 匹配。为了检索到有助于诊断一个问题的电路图，应将部件与电路图索引相匹配。该索引将列出每个主要部件和许多不同连接点的字母和编号，可参考这些信息。一旦选择了部件，大多数电子信息系统将自动显示适当的电路图。

电子信息系统可能会按系统列出电路图。一旦选择了正确的系统，根据系统的大小和复杂程度，可能会得到一张或多张可用的电路图。这些电路图可能是联动的，这意味着可以通过单击来突出显示特定的导线或部件，以便更容易地追溯电路的各个部分。

（2）追溯一条电路　在获得正确的电路图后，查明与该部件直接相关的所有部件、插接器和导线，这是通过从部件开始追溯该电路来实现的，这将确定部件的电源、控制装置和接地电路。追溯该电路还可以了解电路的运行，并确定要测试的位置以及在这些测试点会发生什么。记住，所有电路都有电源、负载和一个接地的路径，要确保查明这些内容。

追溯电路可简化一个复杂的电路图。复杂的电路图由许多单独的电路组成。有些是直接相关的，有些则不是。当一个有关的电路被从电路图中摘出后，更容易查明它的连线和部件。追溯电路还可以减少被可能不是故障原因的连线分散注意力的可能性。

追溯完电路后，研究它并确信自己已了解它是如何工作的，然后描绘问题，并问自己可能是什么导致了问题出现。把想到的答案限定在所追溯的电路图中，另外，再把答案限定在对故障的描述上。现在查看电路中的部件和导线，找出只会引起这个问题的部分。换句话说，如果电路的一部分给其他电路供电，而且它们工作正常时，那么问题的原因就不太可能在那里，电路的接地侧也是如此。同样，如果整个系统都不能正确地工作，则其原因很可能是在该系统的公用电路部分中。

明智的做法是制作一份所有可能导致该问题的原因清单，然后根据可能性对它们进行排序。例如，如果仪表板上的所有灯都不工作，则最可能的原因不是所有灯泡都坏了，而是熔丝或电源供应不良。在列出所有可能的原因后，按可能性排序，然后查看电路图以确定如何对每个假设的原因进行快速测试。

追溯整个电路的最简单方法是在一张纸上画出该电路。它不需要很漂亮，只需要准确。画出部件（可以是一个简单方框）和所有提供电源和接地的线路以及控制装置。用导线的颜色标记每根导线，并确保注意到颜色的任何变化，还要标记电路中包含的所有控制装置和部件。

追溯还可以通过使用荧光笔或记号笔在复印的电路图上涂色的方法来实现。有许多不同的方法来实现这点，这里给出的只是一个建议。只要坚持，自己开发的方法也会产生效果。在电路图中找到相关的部件并用黄色勾勒出它们的外形。朝电源方向追溯电源线，该电源可能还为其他部件供电，但应暂时忽略它们。追溯通向部件的电源线，直到它连接到一个控制装置或负载的点，把这条线路涂成红色。这条线路上应该有电源电压。如果控制装置是一个 on-off（通 - 断）开关，当开关闭合时将存在电源电压，将从控制器到部件的线路涂为橙色。如果控制器将向部件传递一个可变电压，则将该输出线路涂为绿色。再来查看部件的接地侧，如果该路径是没有控制的直接接地，则将该线路涂成黑色。如果接地路径有一个控制装置，则将连接到控制装置的线路涂成蓝色，再将从控制装置到接地的输出端线路涂为黑色。

涂有颜色的电路提供了电路中每条线路应是什么的简单参考。红色线路应始终有电源电压，

橙色线路只有在控制装置闭合时才有电源电压，绿色线路上的电压会随着控制装置的变化而变化，黑色线路在任何时候都应是 0V；然而，蓝色线路在控制装置断开时应具有电源电压，在其闭合时应是 0V，测试应该基于这个逻辑。使用电路图来确定测试点。图 4-136 展示了右侧近光灯的电路。注意该电路图中用黄色凸显了仅有可能导致一个

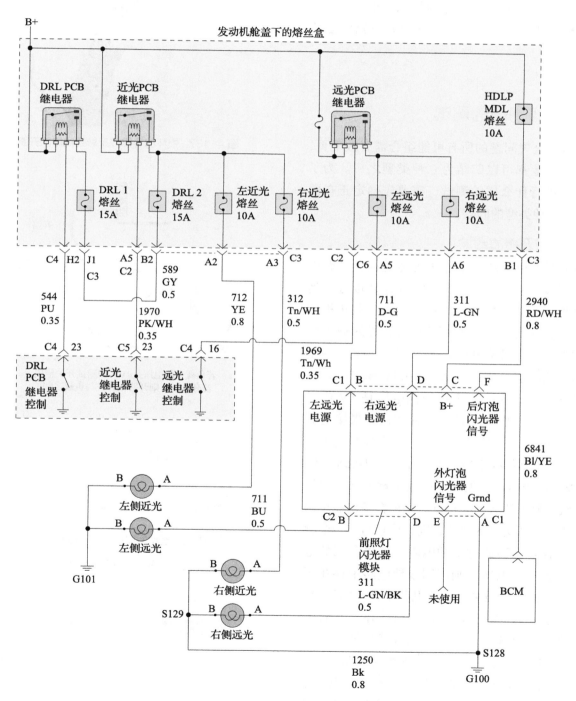

图 4-136　用黄色凸显右侧近光灯电路的前照灯系统电路图

前照灯出现问题的电路。这里没有追溯会影响不止一个前照灯的所有线路和部件，这样做可简化对有问题电路的诊断。

如果某个部件的电源还为多个部件提供电源，或其地线与其他部件共用，应检查这些部件的工作情况。如果它们工作正常，则可知道公共的电源和接地电路是良好的。因此，问题必然是该部件与公共点之间的连接上。同理，如果其他部件都工作不正常，则可知道问题出在电路的公共部分。

4.11 常见问题的测试

要描述电气问题的所有可能组合需要数千页，但是所有问题都可以归结为三种类型之一。为了界定需要进行什么样的测试，需要先确定正在面对的是哪一种类型的问题。

1. 针对开路的测试

一个部件或电路不工作很可能是因为开路的问题（图4-137）。应从电路中最容易接近的地方开始测试并从此处开始作业。检查负载正极侧的电压，如果是0V，则转到控制装置的输出端（图4-138a）；如果至少有10.5V，则开路是在控制装置和负载之间。如果读数是10.5V或更高，则检查负载的接地侧。如果接地侧电压是1V或更低，而负载不工作，则是负载损坏；如果接地侧的电压大于1V，则接地电路电阻过大或开路（图4-138b）。如果负载正极侧的电压小于10.5V，但高于0V，应将电压表的正极引线朝蓄电池方向移动，沿线路测试所有的连接点。如果在任何插接器上存在10.5V或更高的电压，则在该点与前一个测试点之间存在开路或过高的电阻。如果负载的地线上存在蓄电池电压，则表明接地电路中存在开路，可用一根跨接线来查找在电路中开路的位置。

如果电路间歇性开路，即时工作，有时不工作，则可能是插接器中有问题或插接器内的端子安装不当。尝试缩小可能为开路的电路范围，可轻轻移动、扭动、拖动和拉动导线和连接处，如果出现断断续续的开路状况，则可能已经找到

了有问题的区域。分离插接器并检查端子是否有损坏迹象，可能需要使用测试端子（图4-139）来检查每个可疑端子的插脚的配合情况或拖拽阻力。

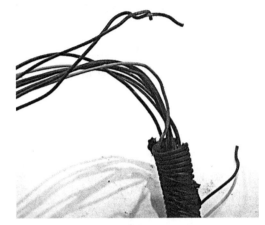

图4-137 损坏的导线线束导致线路的开路

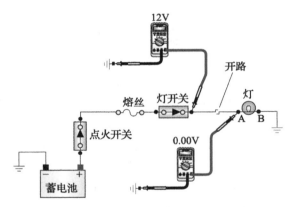

a）若负载上的电压是0V，则测试开关输出，若有电压，则开路在开关与负载之间

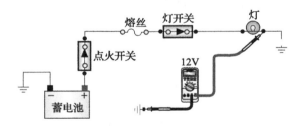

b）若负载的接地侧有电压，则是接地侧电路开路

图4-138 针对开路的测试

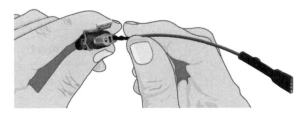

图4-139 使用特定端子工具检查端子或插脚的配合情况

⚠ 警告　有时候电路问题仅仅是通过拔开并重新插接插接器"解决"的。端子的尺寸会继续缩小且两个端子之间的接触面积可能会变得非常小。分离和重新连接端子的动作只能暂时纠正松动或接触不良的问题。

2. 开路和接地不良

在某些电路中，一个开路的地线导致的问题可能不会被认为是开路的故障。例如在图 4-140a 所示一个尾灯电路中，几个灯泡都与一个公共地线连接在一起。如果图 4-140b 中所示的转向信号灯 / 行车灯的地线开路，当接通左转向信号灯时，电流可以从转向信号灯灯丝流向行车灯灯丝，然后电流继续流向其他的转向信号灯 / 行车灯灯泡来接地。这使三个灯丝串联在一起并建立了一个可影响两个电路的多余路径。根据车辆和各个灯泡的电阻，该电路可能导致两个行车灯随着转向信

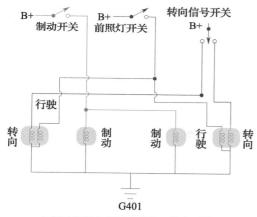

a）制动和转向信号开关在off状态下的电路

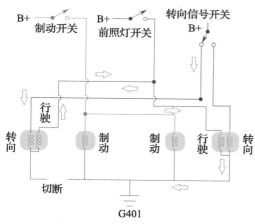

b）同一电路在开路时的电流流向

图 4-140　尾灯电路中地线开路的影响

号灯一起闪烁，或者可能导致所有三个灯都发暗。不论如何，灯光方面的问题会是很明显的。

为了诊断此类接地问题，应首先查看电路图。因为本示例中的所有尾灯都共享一个接地点，所以这是应该检查的第一个接地点。如果该接地看起来完好无损，则返回到测量蓄电池接地侧的电压降。如果电压降的读数正常，则表明问题出在各个灯的接地电路中。接下来，测量每个灯泡的电压降，此类故障将导致受影响灯泡的地线上的电压降过大。地线上过高的电压是与该地线串联的其他灯泡灯丝的电阻造成的。诊断此类故障的另一种方法是使用跨接线将每个灯泡接地。当该电路开始正常工作时，就可确定导致该问题的电路。

根据连接的不良程度以及正在使用该接地的电路的不同，接地点松动或腐蚀会导致各种不同的电气故障。接地电路中的任何过大的电阻都会影响每个负载使用的电压，这种影响可从电路完全不工作扩展到通信总线问题和传感器读数超出范围。

3. 针对短路的测试

使用欧姆表可检查一个部件（如继电器或喷油器）中是否存在内部短路。如果部件是良好的，则欧姆表会读到一个特定的电阻或者至少有一些电阻。如果部件是短路的，电阻读数会低于正常值或是 0。此外，如果部件有两个以上的端子或插脚，应检查所有这些端子之间的导通状态。参照电路图以查看什么位置应是导通的。任何异常的读数都表明内部有短路。

如果熔丝被熔断，可能是由于线与线有短路或对地短路（图 4-141）。为了测试这些电路，应

图 4-141　检查是否对地短路时，使用断路器以保护该电路

使用带有断路器的特殊跨接线来替代被熔断的熔丝。这种跨接线与一个 10~20A 的可自动复位的断路器配合使用。这样即可测试该电路，又不会对电路中的导线和部件造成损坏。一些工具品牌的断路器中还会有一个内联的蜂鸣器。

当怀疑导线与导线短路（图 4-142）时，应查看所有受影响部件的电路图。确认受影响的电路共享一个插接器的所有点。检查该电路的电路保护装置。检查导线是否有绝缘烧熔和插接器是否有熔化的迹象，因短路引起的大电流常会导致这种情况。如果目视检查无法确定短路的原因，可取下受影响电路的熔丝中的一个，在熔丝插座两端的端子上安装专用跨接线，启用该电路，并断开原先用开关控制的负载，这将建立一个开路，因此，在正常情况下，不会有电流流动。如果跨接线中的蜂鸣器发出声音，则表明电流仍在电路中的某处流动。逐个断开电路中的所有插接器，如果蜂鸣器声响在某个插接器被断开时停止，则短路就在该电路中。

导线与导线短路的一种常见类型是多功能开关内的电路短路或横向连接。这个问题会导致不相关的电路，如风窗玻璃刮水器在启用转向信号时也开始动作。通过查看电路图检查受影响的电路之间是否有任何公共点。如果唯一的公共点是开关，则在开关插接器上进行测试，以查看在操作另一个电路时受影响的电路是否出现电源。如果开关是短路的原因，应更换该开关。

如果问题是对地短路，电路的熔丝或其他保护装置将会断开。如果该电路没有得到保护，则导线、插接器或部件将被烧毁或熔化。为了保持电路中的电流流动以便可以对其进行测试，可将专用的跨接线连接在熔丝插座的两端。断路器会因短路而循环断开和闭合，这样便于测试电路中的电压。将试灯与循环的断路器串联。使用电路图确定该电路中各个插接器的位置。从该电路的接地端开始，每次断开一个插接器，查看连接在每个插接器后面的试灯，短路位于试灯熄灭时被断开的电路中。

车间提示

许多制造商不建议在测试中用断路器来替代熔丝，而是建议用跨接线将一个密封式前照灯跨接在熔丝座的两端（图 4-143）。前照灯作为负载限制了电路中的电流。只要有电流流过该电路，前照灯就会被点亮。一些技师使用一个与跨接线并联的前照灯作为替代。喇叭可以充当声响指示器，这对于维修人员在远离熔丝盒和前照灯的地方作业时是很有用的。

短路检测器。一些技师使用指南针或高斯计

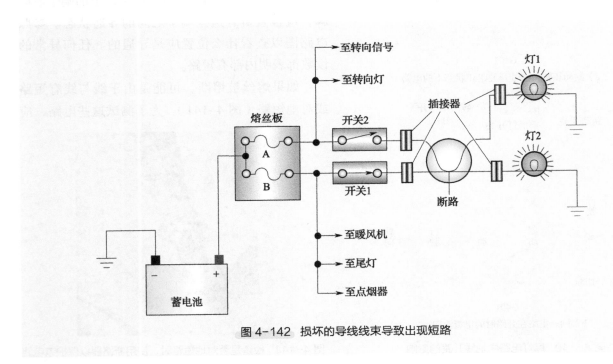

图 4-142 损坏的导线线束导致出现短路

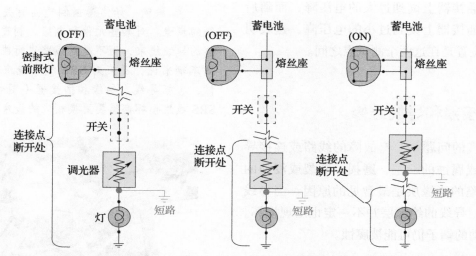

图 4-143　许多制造商不建议在测试中用断路器来替代熔丝，而是建议用跨接线将一个密封式前照灯跨接在熔丝座的两端

来查找短路的位置（图 4-144）。载流导体的周围会形成一个磁场，而指南针会对磁场做出反应。短路的电路会产生较大电流，因此，在短路的电路周围会形成强的磁场。结合电路图和其他维护信息，查明受影响电路中的线路走向，将带断路器的跨接线跨接在被烧毁的熔丝插座的两端，将指南针放在该线束上方或附近，线路的磁场将导致指南针的指针偏离其指向北方的位置。随着断路器的循环，指针会摆动。当指南针缓慢地横移过该线路时，它会继续摆动，直到它通过短路点。为了找到短路的精确位置，应检查该区域的导线，寻找导线过热、破损、破裂、裸露或刺伤的迹象。

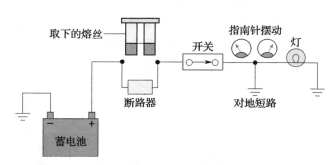

图 4-144　使用指南针查找短路的位置

4. 测试多余电阻

电阻过高的问题通常是由端子端部的腐蚀（图 4-145）、松动或连接不良，以及导线磨损和损坏所引起的。当怀疑电阻过高时，应检查该电路的两端。从检查负载两端的电压降开始，电压降应

接近蓄电池的电压，除非该电路在负载之前有电阻。如果电压低于预期值，应检查从开关到负载的电路两端的电压降。如果电压降过大，则该部分电路包含了多余的电阻；如果电压降是正常的，则过高的电阻在开关中或在为开关供电的电路中。

图 4-145　已腐蚀的端子

检查开关两端的电压降。如果电压降过大，则问题在开关处；如果电压降正常，则过高的电阻在为开关供电的电路中。如果负载上有蓄电池电压，则应检查负载的接地电路。将电压表的红色引线连接到负载的接地端，将黑色引线连接到该电路的接地点。如果电压降正常，则问题在接地点；如果电压降过大，则将电压表的黑色引线向红色引线一侧移动。检查每一段的电压降。最

终会在一个插接器上读到过大的电压降，而随后会在下一个插接器上读到过小的电压降，这表明电阻过高的位置是在这两个测试点之间。

4.12 插接器和导线维修

许多电气的问题是由有故障的线路或连接导致的。松动或腐蚀的端子，磨损、断裂或浸油的导线和有缺陷的绝缘层是最常见的原因。当导线内部损坏时，导线的绝缘层并不一定也出现损坏。此外，不松动的端子仍可能被腐蚀。

1. 导线和端子维修工具

许多汽车电气故障都可以追溯到线路问题。最常见的原因有端子松动或被腐蚀，导线磨损、断裂或浸油，以及绝缘故障。

导线和插接器经常需要维修或更换，有时要更换整根导线，有时只更换一段导线。无论哪种情况，导线都必须具有正常的端子或插接器才能在电路中正常工作。剪线钳、剥线工具、端子压接器和插接器插脚拆取器是线路修复最常用的工具。此外，焊接设备用于为导线与导线以及导线与插接器之间提供可靠的电气连接。

插接器插脚拆取器的作用是伸入电气插接器并脱开端子上的锁舌，以便将端子和其连接的导线从插接器中取出。

2. 修复导线端子和插接器

当今的车辆上使用了许多不同类型的插接器、端子和接线盒。在大多数情况下，电路图会显示出特定应用中所用的类型。导线端部的端子用作各种导线的连接点，它们通常由镀锡的铜制成，并有多种形状和尺寸，它们可以在现场进行焊接或压合。在安装端子时，应选择合适尺寸和类型的端子，确保它适合装置的连接插孔或插脚，并且应在其所应用的电路中具有足够的载流能力。

检查所有插接器是否腐蚀、脏污和松动。几乎所有的插接器都有压下释放式的锁定装置，应确保它们没有损坏。许多插接器都有封套以保护它免受灰尘和湿气的影响，为了保持这种保护作用，应确保它们是安装正确的。

⚠ 警告 始终遵循制造商有关导线和端子维修的步骤。对某些元件和电路，制造商建议更换完整的导线线束，而不是对线路进行维修。对于大多数车辆来说，不应对 SRS 气囊线束的部件进行维修，包括导线、绝缘和插接器（图 4-146）。任何 SRS 线束损坏都需要更换相应的线束。

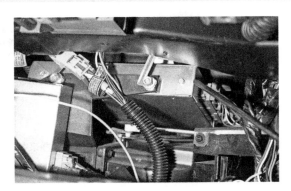

图 4-146 SRS 的导线带有黄色的插接器

当原插接器已熔化（图 4-147）或有其他损坏而需要更换时，应尽可能用相同类型和尺寸的插接器来更换。这可能很困难，因为汽车上使用了许多不同类型的插接器，而且不是所有类型的插接器都可得到。通常，可用的插接器是以与原插接器具有相同形状和相同端子插线孔数量为基础的来选择的。因此，最好使用能满足需要的插接器，这可能意味着有一些端子插线孔是空的。例如，如果原始的插接器有 6 个端子，但可用的替代品有 8 个，以该插接器只有 6 个端子的方式用来安排导线的连接，这会使导线保持有序以便将来的诊断，并留下两个空闲端子插线孔。当然，要做到这一点，必须一起更换插接器的公母端。有时，替换的插接器所需要的端子与原始插接器的不同，这就需要同时更换公和母插接器上的导线端子。

图 4-147 已熔化的导线和已腐蚀的插接器

如果端子或插接器损坏，则需要从插接器上拆下导线和端子。如果插接器是整体模压的，则是不可拆解维修的。如果损坏了，只能更换。

> **⚠ 警告**　当进行插接器的作业时，不要通过拉拽导线来分开插接器，这可能会产生以后很难发现的接触不良和间歇性的问题。始终使用为分离连接器而设计的专用工具来防止这个问题。

硬壳插接器的端子上通常有一个锁舌以保持端子。为了取下端子，需使用插接器插脚拆卸工具压下该锁舌（图 4-148）。维修完成后，在将端子插入插接器之前，使用插接器拆卸工具将锁舌弯回其原始形状（图 4-149）。

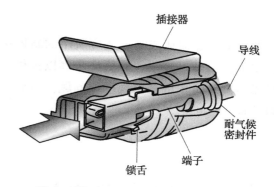

图 4-150　Metri-pack 插接器中的锁舌

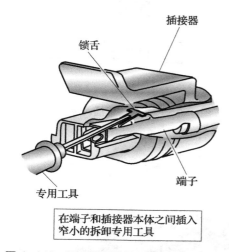

在端子和插接器本体之间插入窄小的拆卸专用工具

图 4-148　压下锁舌以便从插接器中取出端子

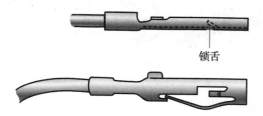

图 4-149　插回端子之前，将锁舌恢复原形状

Metri-pack（德尔福的品牌）插接器的端子可以通过插入插接器拆卸工具并压下锁柄解锁来取下（图 4-150），从插接器的前面将端子和导线推出。

如果要取下耐气候封装插接器中的端子，则通过将第一级锁定装置向上移动并拉动插接器来分离公母插接器（图 4-151），然后解锁第二级锁定装置并断开它们（图 4-152）。

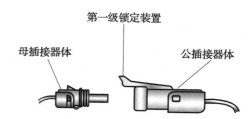

图 4-151　耐气候封装插接器有两级锁定装置，先拉开第一级锁定装置将插接器分成两部分

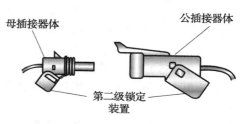

图 4-152　解锁第二级锁定装置取出端子

使用专用工具，通过推动该工具套住端子来压下端子的锁片（图 4-153）。压下锁片后，可从插接器的背面取出导线和端子。

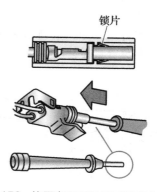

图 4-153　使用专用工具压下端子上的锁片

使用含有新密封件的耐气候封装插接器修理套件。修复完成后，将导线穿过插接器的密封件，还原锁片并将插接器的两部分组装在一起。

3. 更换端子

当端子端部损坏或需要适应所用的新插接器时，需更换端子。必须注意更换步骤以提供良好的导通性，并防止将来出现电气问题。下面是更换端子的一般步骤。

步 骤

端子更换指南：

1. 用千分尺或游标卡尺测量导线绝缘层的直径。

2. 识别端子的类型并使用测量值来选择正确尺寸的替换端子。

3. 选择正确尺寸的替换导线。

4. 从线束中的导线上剪下旧的端子。

5. 用旧的导线作为参照，将替换导线剪得稍长一些。

6. 使用工具（图4-154）剥去线束中导线一端和替换导线两端的绝缘层。通常应去除3/8in（约9.53mm）的绝缘层。在去除绝缘层时，确保不要损坏导线的金属线。

7. 如果准备用热缩管密封连接处，可将适当长度的热缩管套入被连接的导线端部。

8. 将导线端部放入端子和插接器，然后压合该端子（图4-155）。为了使压合可靠，将插接器的开口部分朝向工具的压头，确保导线在压合后被压紧。

9. 将端子装入插接器。确保锁夹处在正确位置，如果不正确，可使用端子拆卸工具将其轻轻弯回原来的形状。

10. 将端子推入插接器直到听到咔嗒声。

11. 轻轻拉动导线，如果端子被锁定在插接器中，它应无法移动。

12. 用胶带把新导线缠在线束上（图4-156）。如果线束包含在导线管中，应确保它被完全围住，并在导线管外部缠上胶带。

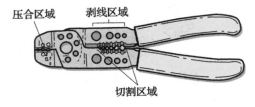

图4-154 用于电气维修的典型压合工具

在维修时切勿改变原先的走线，重新走线可能会导致附近的部件产生感应电压。感应电压通过磁力产生来自本电路部件之外的有害信号，这些杂散的电压信号会干扰电子电路的功能。如果对双绞线进行维修，务必保持每英尺间隔所需的相绞次数。未能重新扭绞的数据总线线路可能会导致通信问题，因为如果导线未按要求相绞，可能无法消除电子干扰。

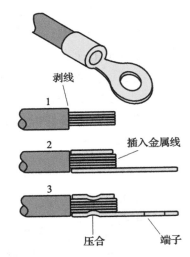

图4-155 将金属线插入端子并压合

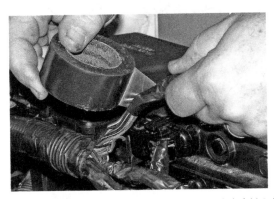

图4-156 用胶带包好导线的所有维修部分以防止腐蚀和损坏

车间提示

在组装之前，在所有的连接处涂上介电脂，这能防止以后的腐蚀问题。一些制造商建议在插接器处使用凡士林。

⚠ **警告** SRS气囊线束的绝缘层和相关插接器的颜色通常为黄色或橙色，不要将任何附件或测试设备连接到与SRS相关的导线上。

4. 更换导线

电路问题常常需要更换一段或两段导线。重要的是，用这样的方式不但纠正了原始的问题，而且不会产生新的故障。所有更换的导线在直径上应与原导线一致或更大些。如果增加了附件，新导线应大到足以确保安全和可靠的性能要求。然而，过大的导线会增加质量和费用，并给将导线连接在一起增加了难度。如果导线过细，可能会出现多余的电压降。在确定导线的正确尺寸时，必须考虑的两个因素是该电路的总电流和每条电路中所用的导线总长度（电阻随长度增加而增加），包括地线。电路的容限，包括地线，都已含在表 4-5 中。

5. 连接导线

当需要更换一段导线时，先将导线损坏的一段从主导线上剪下。新导线的尺寸要与旧导线相匹配。测量替换导线的长度，确保它比被替换的导线略长，然后将新导线与主导线连接在一起。

原导线与替换导线的连接有几种方法。对接式插接器能够提供导线间的良好连接，但连接导线或安装插接器的首选方法是焊接。焊接通过熔

表 4-5　不同长度及电流下所需的导线线径规格

12V 电路的电流 /A	导线长度								
	3ft	5ft	7ft	10ft	15ft	20ft	25ft	30ft	40ft
1	18	18	18	18	18	18	18	18	18
2	18	18	18	18	18	18	18	18	18
4	18	18	18	18	18	18	18	16	16
6	18	18	18	18	18	18	16	16	16
8	18	18	18	18	16	16	16	16	16
10	18	18	18	18	16	16	16	14	12
15	18	18	18	18	14	14	12	12	12
20	18	18	16	16	14	12	10	10	10
30	18	16	16	14	10	10	10	10	10
40	18	16	14	12	10	10	8	8	6
50	12	12	10	10	6	6	4	4	4
100	10	10	8	8	4	4	2	2	2
200	10	8	8	8	4	4	2	2	1

化铅锡合金并使其流入连接点将两段金属连接在一起。烙铁或焊枪用于加热钎料。钎料也有不同类型，但电路中只应使用松香型焊剂或有树脂型焊芯的钎料。

在使用烙铁之前，应确保烙铁头干净且已镀锡。烙铁头是用铜制成的，铜在使用过程中会被腐蚀。被腐蚀的烙铁头不能像正常的烙铁头那样传递热量。可使用锉刀去除烙铁头上的所有残留物，去除完成后，烙铁头应是光滑和平整的。接通烙铁并使其加热，然后将热的烙铁头浸入焊接用的松香焊剂中，然后取出并立即将有松香型焊芯的钎料涂抹在烙铁头的整个表面，使钎料流过烙铁头，该烙铁头此时已被镀锡了。

图 4-157 中的步骤 1) ～12) 展示了将两根铜线焊接在一起的步骤。一些制造商在他们的导线中使用了铝材，铝是不能被焊接的。在维修铝的导线时，应遵循制造商的指南。

> ⚠ 警告　不要使用酸芯钎料，它会造成腐蚀并损坏电子元件。

连接完成后，必须进行绝缘处理，可以用热缩管或胶带来实现。当使用胶带时，将胶带的一端放在离连接点约 1in（25.4mm）的地方，然后环绕导线紧紧地缠绕胶带。在缠绕胶带时，后一圈胶带应覆盖住已缠绕完的一圈的一半。当缠绕的胶带超过该连接点 1in 时，即可切断胶带，用力按

1）焊接铜导线的工具包括100W的电烙铁、60/40松香芯焊料、压合工具、连接线夹、热缩管、加热枪和防护眼镜

2）取下给待修电路供电的熔丝。注意，若该电路没有熔丝，应断开蓄电池的接地线

3）剪断已损坏的导线

4）使用尺寸合适的剥线钳，从断开的导线上剥去 1/2in（12.7mm）长的绝缘层

5）从替换导线的两端各剥去 1/2in 长的绝缘层。替换导线的长度应略长于被剪去的导线

6）选择尺寸合适的连接线夹

7）将直径和长度都合适的热缩管套在替换导线的两端

8）将两根要连接的导线端部重叠，将连接线夹套在重叠部分的中间位置，确保两根导线的末端伸出连接线夹外

9）将连接线夹紧紧压合到位

10）将电烙铁端部平面贴在连接线夹上加热，同时将钎料涂在连接线夹的开口处。不要将钎料涂在电烙铁上。电烙铁与连接线夹角应为180°。随着连接线夹和导线变热，钎料会流入连接线夹

11）将电烙铁放在烙铁支架上，然后拔下电源插头。待钎料冷却后，把热缩管滑到连接线夹处

12）用加热枪加热热缩管，直到它收缩在连接线夹周围。不要使热缩管过热

图 4-157　将两根铜线焊接在一起的常规步骤

压胶带的末端以形成良好的密封。

在使用热缩管时，应确保其略大于连接点的直径。剪下的热缩管长度应比连接点更长一点。在将导线连接在一起之前，先将热缩管套进其中一根导线，然后开始连接操作。在导线被连接后，移动热缩管并包住连接点，使用一个加热枪加热热缩管，直到它紧紧地收缩在连接点周围。热缩管只会收缩一定的量，因此，在收缩到位后不要继续加热，这样会熔化热缩管和/或导线的绝缘层。

车间提示

一些技师在焊接连接点之前会将两根导线的末端紧紧地拧在一起，而不是使用连接线夹。当这样做时，重要的是要知道钎料不提供机械性的连接，而提供焊接之前的牢固连接的是扭绞。

3C：Concern（问题）、Cause（原因）、Correction（纠正）

ALL TECH AUTOMOTIVE				维修工单
年份：2002	制造商：道奇	型号：Ram1500	里程：155581mile	RO：15078
问题：	客户安装了灯条，但灯光看起来没达到它们应有的亮度。			
技师确认灯光不是很亮。在检查该灯的电压时，测量的正极侧电压为12.4V，接地侧的电压为4.4V。				
原因：	检查该灯和接地螺栓之间的线路，发现接地电路上的电压降过大，该灯用螺栓固定在防滚架上			
纠正：	通过对线路的检查确定接地线连接在防滚架上是不适当的。重新布线到洁净的车身接地处后，该灯正常工作且明亮。			

4.13　总结

- 电流产生的原因是电子从一个原子向另一个原子的流动。
- 在给定时间内流过给定点的电子数量越多，电路中的电流就越大。测量电流的计量单位是安培（A）。
- 电流有两种类型：直流（DC）和交流（AC）。在直流电中，电子仅以一个方向流动。在交流电中，电子以固定频率改变流向。
- 电压是电的压力，或者可以说是电子对质子的吸引所产生的力。
- 电阻的计量单位是欧姆（Ω），它是对物质抵抗电流流动的阻力大小的一种度量。
- 一个完整的电路被称为闭合电路，而不完整的电路被称为开路。如果一个电路是完整的，则称它具有导通性。
- 负载消耗电流的量通常被称为电力做功的用量或瓦特（W）。
- 电流、电阻和电压之间的数学关系在欧姆定律中表示为 $U=IR$。
- 电压降是使电流流过一个负载所需电压的量。
- 大多数汽车电路都包含五个基本部分：电源、导体、负载、控制器和电路保护装置。
- 汽车电路有三种基本类型：串联电路、并联电路和串并联电路。
- 串联电路由一个或多个仅用一条电子流动路径连接到电压源的电阻器（负载）组成。
- 并联电路为电流的流动提供两条或多条不同的路径。
- 在串并联电路中，串联和并联组合在同一电路中。
- 电阻器限制电流的流动。
- 熔丝、熔断线、大型熔丝和断路器保护电路以避免过载。
- 开关控制电路的接通 / 断开（on/off）并引导电流的流动。
- 继电器是一种电动式开关。

- 电磁阀是一种将电流流动转换为机械运动的电磁装置。
- 控制电流和为电流指定路径需要使用被称为导体和绝缘体的材料。
- 常用导线的两种基本类型是单股导线和多股绞线。单股导线中只有一根导线。多股绞线是最常见的，它是由多根细的实心导线绞合在一起而形成的一根导线。
- 所有电气故障都可以归类为开路、短路或电阻过高的问题。辨别问题的类型将有助于确定诊断电气电路时所需的正确测试。
- 电路图显示导线的连接位置、电路中的部件、导线绝缘层的颜色，有时还会显示导线的规格尺寸。
- 电压表、欧姆表、电流表和 / 电压 / 电流测试仪用于测试和诊断电气系统。它们可与跨接线、试灯和可变电阻器同时使用。
- 万用表是多功能的，它可以测试 DC 和 AC 电压、电阻及电流。一些万用表还可用来测量发动机转速、占空比、脉冲宽度、频率和温度。
- 数字式万用表（DMM）有两种显示 AC 电压的形式：有效值（RMS）和平均值。
- 一些数字式万用表还具有最小 / 最大值功能，它可以显示测试期间仪表记录的最大、最小和平均电压。
- 在示波器上，扫描线向上移动表示电压增加，而向下移动表示电压降低。当扫描线在屏幕上从左向右移动时，它反映了特定时间长度上的电压变化。
- 若要排查一个问题，应从核实客户的抱怨开始，然后操作该系统和其他系统以获得对该问题的全面了解。使用正确的电路图并确定测试点和可能存在问题的区域。测试并使用推理方法来确定该问题的原因。
- 电路图对于诊断是非常重要的。对电路进行追溯可以帮助维修人员认真思考该电路是如何工作的以及应该在哪里测试。
- 汽车的许多电气问题都可以追溯到线路的故障，例如端子松动或腐蚀、导线磨损、断裂或浸油以及绝缘不良。

• 连接导线或修复一个插接器端子的首选方法是焊接。切勿使用酸性的钎料，它会产生腐蚀并损坏电子部件。

• 电学的所有基本定律都适用于电子控制。

4.14 复习题

1. 简答题

1）公式 $U=IR$ 中的 U、I、R 分别代表什么？

2）导线的两种类型是什么？哪一种是汽车中最常用的？

3）什么是电压降？

4）什么是电路保护？

5）当电阻增加时，电路中会发生什么？

6）电压和电流的区别是什么？

7）什么是 SPST 开关？

8）求解下图所示的并联电路的总电路电阻、电流和通过每条支路的电流。

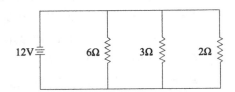

9）如果一个电路中存在短路，该电气电路会出现什么情况？

10）当一个电路中存在多余的电阻时，该电路会出现什么情况？

11）在一个部件的接地侧出现蓄电池电压的读数表示什么？

12）应该使用什么类型的钎料来修复电气导线？

2. 判断题

1）在并联电路中，通过电路所有部分的电流都是相同的。对还是错？（　　）

2）一个断开的开关是一个可使电流流过的开关。对还是错？（　　）

3）某些 DMM 上的 MIN/MAX 功能可用来检查电气噪声。对还是错？（　　）

4）欧姆表上的读数为 0 意味着电路或部件开路。对还是错？（　　）

5）在 12V 电路中，插接器两端的电压降所导致的最大允许电压损失为 1.2V。对还是错？（　　）

6）在排查一个问题时，确定问题确切原因的关键是测试车辆的所有部件和电路，直到找到故障为止。对还是错？（　　）

7）在电路图中追溯一个电路时，要记住所有电路都有电源、负载和接地的路径，因此它们都需要被鉴别。对还是错？（　　）

3. 单选题

1）汽车电路中常用哪种类型的电阻？（　　）

A. 电阻值固定式　　　　B. 阶梯式

C. 可变阻值式　　　　　D. 以上所有

2）下列哪一项不是并联电路的特点？（　　）

A. 总电路的电阻总是小于各支路中总电阻最低的那条支路的电阻

B. 如果各支路的电阻值不同，则通过每条支路的电流也不同

C. 总电路的电阻等于每条支路中总电阻的总和

D. 源电压在穿过并联电路的每条支路时被降低

3）以下哪一个定律陈述了一个闭合电路中的总电压降等于施加到该电路上的电压？（　　）

A. 欧姆定律　　　　　　B. 瓦特定律

C. 基尔霍夫定律　　　　D. 功率定律

4）以下关于刀片式熔丝的表述中不正确的是哪一个？（　　）

A. 它们有几种不同的尺寸可供选择

B. 它们是根据其电压容量进行颜色编码的

C. 它们通常布置在发动机舱盖下的熔丝盒中

D. 它们可将车辆的电气系统分解为较小的电路

5）下列哪一种开关通常被用作变速器的空档起动开关？（　　）

A. 水银式开关

B. 瞬时连接开关

C. MPMT（多刀多掷式）开关

D. SPST（单刀单掷式）开关

6）电流表与电路的连接方式始终是（　　），而电压表与电路的连接方式始终是（　　）。

A. 并联，串联　　　　　B. 并联，并联

C. 串联，并联　　　　　D. 串联，串联

7）下列哪一项不是电路中存在多余电阻或电阻过高的典型原因？（　　）

A. 端子端部腐蚀

B. 一条与底盘接触的电源线

C. 松动或不良的连接

D. 磨损和损坏的导线

8）导线线束通常用塑料套管防护。与 SRS 相关的线路通常采用的防护套管是什么颜色的？
（　　）

A. 黑色　　　　　　　B. 绿色

C. 黄色　　　　　　　D. 橙色

9）在尝试观察一个事件进行的时长时，必须设置示波器的哪些控制装置？（　　）

A. 强度控制装置　　　B. 垂直控制装置

C. 水平控制装置　　　D. 触发控制装置

10）以下哪一项表述是正确的？（　　）

A. 对地短路导致电流减小

B. 开路导致多余的电压降

C. 电阻过高的问题能够导致线路和连接损坏

D. 电阻过高的问题可能会导致熔丝熔断

11）以下哪一项信息是电路图中没有给出的？
（　　）

A. 对接导线的颜色编码

B. 线束的布线位置

C. 端子名称

D. 部件名称

4. ASE 类型复习题

1）在讨论电阻时，技师 A 说电流会随着电阻的减小而减小；技师 B 说电流会随着电阻的增大而减小。谁是正确的？（　　）

A. 仅技师 A 正确

B. 仅技师 B 正确

C. 技师 A 和 B 都正确

D. 技师 A 和 B 都不正确

2）技师 A 说一个消耗 12A 电流的 12V 灯泡有 1W 的功率输出；技师 B 说如果将一个具有 1Ω 电阻的电机连接到 12V 蓄电池上，其额定功率为 144W。谁是正确的？（　　）

A. 仅技师 A 正确

B. 仅技师 B 正确

C. 技师 A 和 B 都正确

D. 技师 A 和 B 都不正确

3）在讨论下图所示的电路时，技师 A 说该电路的总电阻是 1Ω；技师 B 说流经 6Ω 电阻的电流是 12A。谁是正确的？（　　）

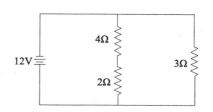

A. 仅技师 A 正确

B. 仅技师 B 正确

C. 技师 A 和 B 都正确

D. 技师 A 和 B 都不正确

4）在讨论电气装置的接地时，技师 A 说部件可以通过其在主要金属部件上的安装点来接地；技师 B 说某些部件必须通过将其正极端子连接到车身的金属部分来接地。谁是正确的？（　　）

A. 仅技师 A 正确

B. 仅技师 B 正确

C. 技师 A 和 B 都正确

D. 技师 A 和 B 都不正确

5）在讨论电压降时，技师 A 说一个闭合电路中的电压降必定等于源电压；技师 B 说电压降可以通过将电路电压与负载电阻相乘来计算。谁是正确的？（　　）

A. 仅技师 A 正确

B. 仅技师 B 正确

C. 技师 A 和 B 都正确

D. 技师 A 和 B 都不正确

6）在讨论电路中的继电器时，技师 A 说当电路的控制开关断开时，继电器的线圈被通电，该动作将电源连接到负载电路；技师 B 说继电器是一种电动式开关，它是一个允许用大电流来控制小电流的电路。谁是正确的？（　　）

A. 仅技师 A 正确

B. 仅技师 B 正确

C. 技师 A 和 B 都正确

D. 技师 A 和 B 都不正确

7）在讨论铜导线时，技师 A 说如果线的长度增加一倍，则导线两端的电阻也增加一倍；技师 B 说如果导线的直径增加一倍，导线两端之间的电阻也会增加一倍。谁是正确的？（　　）

A. 仅技师 A 正确

B. 仅技师 B 正确

C. 技师 A 和 B 都正确

D. 技师 A 和 B 都不正确

8）在讨论电流流动时，技师 A 说电流是电子被吸引到质子的结果；技师 B 说电流实际上是从较高电势的点流向较低电势的点。谁是正确的？（　　）

A. 仅技师 A 正确

B. 仅技师 B 正确

C. 技师 A 和 B 都正确

D. 技师 A 和 B 都不正确

9）在讨论电压时，技师 A 说电压是电子对质子的吸引所产生的力；技师 B 说电子对质子的吸引所产生的力被称为电动势，并用伏特（V）为计量单位。谁是正确的？（　　）

A. 仅技师 A 正确

B. 仅技师 B 正确

C. 技师 A 和 B 都正确

D. 技师 A 和 B 都不正确

10）在讨论美国导线标准（AWG）体系时，技师 A 说大多数汽车导线的尺寸范围是从 0~4 的规格编号；技师 B 说，导线的规格编号越大，则导线的直径越大。谁是正确的？（　　）

A. 仅技师 A 正确

B. 仅技师 B 正确

C. 技师 A 和 B 都正确

D. 技师 A 和 B 都不正确

11）在讨论电的问题时，技师 A 说开路会导致不必要的电压降；技师 B 说电阻过高的问题会导致电流增加。谁是正确的？（　　）

A. 仅技师 A 正确

B. 仅技师 B 正确

C. 技师 A 和 B 都正确

D. 技师 A 和 B 都不正确

12）在讨论 NTC 型热敏电阻时，技师 A 说有些系

统将这种类型的热敏电阻用作一种保护装置；技师 B 说当电路中存在过高的电流时，热敏电阻的阻值会增加并导致电流减少。谁是正确的？（　　）

A. 仅技师 A 正确

B. 仅技师 B 正确

C. 技师 A 和 B 都正确

D. 技师 A 和 B 都不正确

13）在用欧姆表测量一根导线的电阻时，技师 A 说如果欧姆表上显示的电阻过低，表示导线已短路；技师 B 说如果测量到无穷大的电阻，则表示导线已短路。谁是正确的？（　　）

A. 仅技师 A 正确

B. 仅技师 B 正确

C. 技师 A 和 B 都正确

D. 技师 A 和 B 都不正确

14）在测试可变电阻器时，技师 A 说当用电压表检查变阻器时，电压应该随着控制器的变化而平滑地改变；技师 B 说可以用示波器检查一个电位器。谁是正确的？（　　）

A. 仅技师 A 正确

B. 仅技师 B 正确

C. 技师 A 和 B 都正确

D. 技师 A 和 B 都不正确

15）用欧姆表测量一个部件的电阻值时，技师 A 说如果该部件具有规定的电阻值，则它就是良好的；技师 B 说有电阻值并不能确保该部件是良好的。谁是正确的？（　　）

A. 仅技师 A 正确

B. 仅技师 B 正确

C. 技师 A 和 B 都正确

D. 技师 A 和 B 都不正确

16）技师 A 用试灯来测试电路的保护装置；技师 B 使用电压表来测试电路的保护装置。谁是正确的？（　　）

A. 仅技师 A 正确

B. 仅技师 B 正确

C. 技师 A 和 B 都正确

D. 技师 A 和 B 都不正确

17）技师 A 使用试灯来检测电阻过高的问题；技

师 B 使用一根跨接线来测试断路器、继电器和车灯。谁是正确的？（　　）

A. 仅技师 A 正确

B. 仅技师 B 正确

C. 技师 A 和 B 都正确

D. 技师 A 和 B 都不正确

18）在诊断导线与导线短路的位置时，技师 A 检查受影响电路的线路是否有绝缘烧毁和导体熔化的迹象；技师 B 检查两条受影响电路共享的公共插接器。谁是正确的？（　　）

A. 仅技师 A 正确

B. 仅技师 B 正确

C. 技师 A 和 B 都正确

D. 技师 A 和 B 都不正确

19）在测量电阻时，技师 A 在该部件未与其电路断开之前使用欧姆表来测量部件的电阻；技师 B

使用电压表测量电压降，电阻非常低的电路将会有 0V 或非常小的电压降。谁是正确的？（　　）

A. 仅技师 A 正确

B. 仅技师 B 正确

C. 技师 A 和 B 都正确

D. 技师 A 和 B 都不正确

20）在讨论如何测试一个开关时，技师 A 说可以用电压表监测开关的动作；技师 B 说能够通过测量开关在不同位置时的电阻来检查开关的导通状态。谁是正确的？（　　）

A. 仅技师 A 正确

B. 仅技师 B 正确

C. 技师 A 和 B 都正确

D. 技师 A 和 B 都不正确

第5章
电子与计算机系统基础

学习目标

- 说明使用电子控制系统的优点。
- 列举并描述计算机所用各种传感器的功能。
- 说明计算机通信的基本原理。
- 列举并描述输出执行器的工作原理。
- 说明多路传输的原理。
- 描述在诊断电子系统时必须采用的安全防护措施。
- 进行多路传输系统的通信检测。
- 在车上对控制模块编程。

如果没有电子设备，当今车辆计算机化的发动机控制和其他功能是不可能实现的。电容器、晶体管、二极管、半导体、集成电路和固态器件都被认为是电子设备的一部分，而不再仅仅是电气设备。但应记住，电学的所有基本定律都适用于电子控制。

3C：Concern（问题）、Cause（原因）、Correction（纠正）

ALL TECH AUTOMOTIVE			维修工单	
年份：2005	制造商：大众	型号：甲壳虫	里程：113902mile	RO：18047
问题：	客户反映检查发动机的故障灯一直点亮，已到汽车配件店检查过该故障灯的问题，但配件商店未能读取到故障码。			
根据该客户反映的问题，使用本章中所学的知识来确定此问题的可能原因、诊断该问题的方法以及纠正问题所需的步骤。				

5.1 电容器

电容器用来储存和释放电能。电容器还可以用来消除电流波动，储存和释放高压电，或者隔离 DC 电压。尽管蓄电池和电容器均可储存电能，但蓄电池以化学方式储存能量，而电容器是通过一对电极之间产生的电场来储存能量的。

电容器可以瞬间释放其所储存的所有能量，而蓄电池则缓慢地释放它的能量。电容器能快速放电和快速充电，蓄电池则需要一些时间来放电和充电，但它可以提供持续的电能。电容器仅以突发的方式提供电能。

1. 工作原理

一个电容器有正、负两个端子（图 5-1），每个端子连接到一个薄的电极或极板（通常由金属制成）上。两极板互相平行并用称为电介质的绝缘材料隔开。电介质可以是纸、塑料、玻璃或任何不传导电流的物质。放置于极板之间的电介质允许极板彼此靠近但又不允许它们相互接触。

图 5-1　汽车电路中可能见到的电容器

当向电容器施加电压时，其两极板获得数量相同但极性相反的电荷（图 5-2），负极板接受电子并将电子储存在极板表面，连接电源的另一个极板失去电子。这个过程给电容器充电。一旦电容器被充满电，则与电源具有相同的电压。这个能量可以被静态地储存直到两极的端子彼此连接。

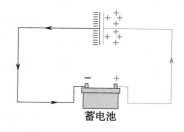

图 5-2　向电容器施加电压时，两极板获得数量相同但极性相反的电荷

电容器储存电荷的能力称为电容量，电容量的标准计量单位是 F（法拉第）。1F 的电容器在 1V 电压下可以储存 1C（库仑）的电荷。1C 为 6.25×10^{18} 个电子。1A 等于每秒 1C 的电子流量（1C/s），所以 1F 的电容器在 1V 电压下，可容纳 1A·s（安·秒）的电子。电容器的电容量与极板的表面积和电介质的绝缘性成正比，而与极板之间的距离成反比。大多数电容器的电容量额定值都远小于 1F，因而它们的值用以下专用单位之一来表示：微法（μF，$1\mu F=10^{-6}F$）；纳法（nF，$1nF=10^{-9}F$）；皮法（pF，$1pF=10^{-12}F$）。

电容器阻止电压的变化。如果按照图 5-2 所示将蓄电池连接到电容器，当电流从蓄电池流向极板时，电容器将被充电。该电流将一直持续，直到两极板上具有与蓄电池相同的电压时，电容器被充满电，电流停止流动。

电容器保持带电状态，直到极板之间的电路被接通。如果经过电压表对电容器充电，会发现电容器将以其所充的与蓄电池相同的电压进行放电。这个说法说明了为什么电容器通常用于过滤或净化电压信号，例如用来净化立体声扬声器的声音。电流只能在电容器充电或放电期间流动。

汽车电容器通常都被封装在金属壳体中，其接地的外壳提供与一个极板的连接，其绝缘的引线则连接到另一个极板。

可变电容器被称为微调电容或调谐器，而且因其极板尺寸较小，其额定电容量非常低，因此仅适用于非常敏感的电路，例如收音机或其他电子应用领域。

2. 超级电容器

超级电容器（图 5-3）用于混合动力电动汽车和一些试验性的燃料电池电动汽车上（图 5-4）。超级电容器是具有较大电极表面积和极小电极间距的电容器。这些特性使它们具有非常高的电容量，有些额定值可以高达 5000F。超级电容器将在本册的第 10 章中详细讨论。

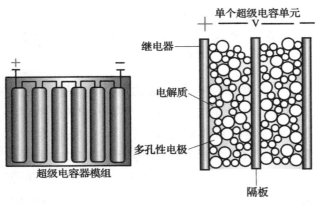

图 5-3 超级电容器结构

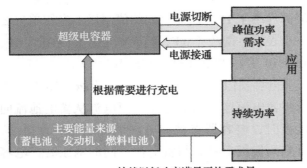

图 5-4 混合动力或燃料电池车辆超级电容器的功率流

5.2 半导体

半导体是可以用作导体或绝缘体的一种材料或器件。半导体中没有运动的零件，因此，它们几乎不会磨损或需要被调整。半导体或固态器件的体积也很小，工作起来只需要很小的功率，并产生的热量非常少。基于这些原因，半导体有许多应用，但由于会产生热量，所以必须限制通过它们的电流。

因为半导体可以作为一个导体或一个绝缘体工作，因此经常作为一种开关装置使用。其如何作用取决于它是由什么制成的，以及电流流过（或试图流过）它的方式。两种常见的半导体器件是二极管和晶体管，二极管用于元器件或电路的隔离、箝位，或从交流到直流的整流，晶体管被用来进行放大或切换。

半导体材料的电阻比绝缘体小，但比导体大。它们也具有晶体结构，这意味着它们的原子不会像导体那样失去和得到电子。相反，半导体中的原子彼此共享外层电子。在这种原子结构中，电子被紧紧地束缚住，因此元素是稳定的。常见的半导体材料有硅（Si）和锗（Ge）。

因为电子不是自由的，所以晶体不能传导电流，因此被称为**电惰性材料**。为了起到半导体的作用，必须添加少量的微量元素，即**杂质**，杂质的类型决定了半导体的类型。

N 型半导体具有不受约束或过量的电子，它们具有负电荷并且可以携带电流。N 型半导体的杂质在其外轨道上带有五个电子（称为五价原子），这些电子中的四个纳入一个晶体结构，而第五个电子是自由的。这种多余的电子产生了负电荷，如图 5-5 所示。

P 型半导体是带正电荷的材料，它们是通过添加在外轨道上具有三个电子（三价原子）的杂质来制成的。当在硅或锗的材料中添加这种元素时，外轨道的三个电子会纳入该晶体的模式中，从而留下了一个空穴，使第四个电子可以嵌入其中。该空穴实际上是一个带正电的空洞，它承载 P 型半导体中的电流，图 5-6 展示了一个 P 型半导体的原子结构。

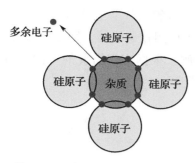

图 5-5　N 型硅半导体的原子结构

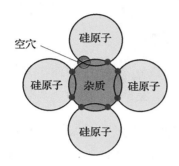

图 5-6　P 型硅半导体的原子结构

1. 空穴流

要理解半导体如何在不失去电子的情况下传输电流，则需要了解空穴流的概念。P 型半导体中的空穴带正电，会吸引电子。尽管电子不能从它们的原子中被解放出来，但它们可以重新排列并占据邻近原子中的空穴。每当这种情况发生时，该电子原占据的位置现在就成了一个新的空穴。这个空穴随后又被另一个电子填充，而且这个过程持续进行。电子移动到该结构的正极侧，而空穴则移动到负极侧。

2. 二极管

二极管是一种简单的半导体。最常用的二极管有普通二极管、发光二极管、齐纳二极管、箝位二极管和光电二极管。二极管只允许电流沿一个方向流动，因此，根据电流流动方向，它可以用作导体或绝缘体（图 5-7）。在交流发电机中，交流电压通过二极管整流。多个二极管被布置成只允许电流以一个方向离开交流发电机（作为直流电）。

二极管内部具有被边界区域隔开的正极区域和负极区域。该边界区域被称为 PN 结，当二极管的正极侧连接到电路的正极侧时，它被称为**正向偏置**（图 5-8）。

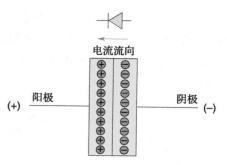

图 5-7　二极管及其图示符号

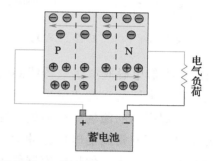

图 5-8　正向偏置电压可使电流流过二极管

异性电荷相互吸引，而同性电荷相互排斥，因此，电路中的正电荷被吸引到负极侧。电路的电压比二极管内部电荷的电压要强得多，这导致二极管中电荷的移动。二极管的 P 型材料被电路的正电荷排斥，从而被推向 N 型材料，而 N 型材料则被推向 P 型材料，这导致 PN 结成为一个允许电流流动的导体。

当对二极管施加**反向偏置**时，P 和 N 区域都连接了相反的电荷。由于异性相吸，P 型材料移向电路的负极部分，而 N 型材料移向电路的正极部分，从而流空了 PN 结，因而电流停止流动。

齐纳二极管的工作方式在达到一定电压前类似于一个标准的二极管。当电压达到额定值时，它允许电流反向流动。齐纳二极管常用于电子电压调节器中（图 5-9）。

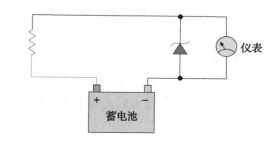

图 5-9　一个简化的仪表电路，其中齐纳二极管用于保持仪表供电电压的恒定

147

发光二极管（LED）在电流通过时会发光（图5-10），发出的光线颜色取决于用来制造LED的材料。典型的LED由可产生不同颜色的各种无机半导体材料制成。

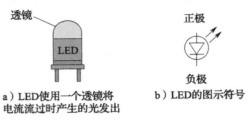

a）LED使用一个透镜将电流流过时产生的光发出

b）LED的图示符号

图5-10 发光二极管（LED）

每当流过类似电磁阀或继电器线圈的电流中断时，就会产生电压的浪涌或脉冲尖峰。这种浪涌的起因是线圈周围的磁场突然消失。穿过绕组的磁场突变引发了非常高的电压脉冲尖峰，它会损坏电子元器件。过去是使用电容器作为"缓冲器"来防止这种浪涌对元器件的损坏。在当今的车辆上，通常会使用一个箝位二极管来防止这种电压脉冲尖峰。安装一个与线圈并联的箝位二极管，在电路被断开时，该箝位二极管可为电子提供一个旁路（图5-11）。

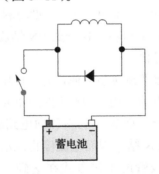

蓄电池

图5-11 当开关断开时，与线圈并联的箝位二极管防止了电压脉冲尖峰

箝位二极管的一个应用实例是应用在某些空调压缩机的离合器上。由于这种离合器是利用电磁工作的，在断开离合器线圈的电路时，会产生一个电压脉冲尖峰，如果不控制该尖峰，有可能会损坏离合器线圈继电器的触点或车辆的计算机，箝位二极管是以反向偏置方式连接到电路中的。

3. 晶体管

晶体管是将三部分半导体材料连接在一起制

成的。同二极管一样，它作为开关装置，即可用作导体，也可用作绝缘体。图5-12展示了晶体管的一些示例。根据应用需要的不同，有许多不同的尺寸和类型。

图5-12 典型的晶体管

晶体管像一个多了一侧的二极管。它由两个P型材料和一个N型材料或两个N型材料和一个P型材料组成，分别被称为PNP型晶体管和NPN型晶体管。在这两种类型中，节点出现在材料连接处。图5-13展示了一个PNP型晶体管。注意晶体管三个部分中的每一个都连接有相应的引线，这可使三个部分中的每一个都连接到电路上。三条引线（电极）的名称分别是发射极、基极和集电极。

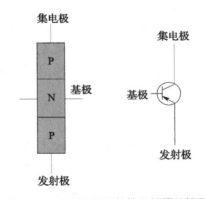

图5-13 PNP型晶体管及其图示符号

中间部分被称为基极，它是电路的控制部分，或是电路中较大受控部分的开关。接地路径是发射极。在基极电路中通常使用一个电阻来保持较低电流，这可防止损坏晶体管。发射极和集电极组成控制电路。电气原理图中所绘制的晶体管，其发射极上的箭头指的是电流流动的方向。

PNP型晶体管的基极是通过它的接地来控制

的。电流从发射极流过基极，然后接地。必须在基极上施加反向电压或接地来接通 PNP 型晶体管。当晶体管导通时，从发射极到集电极的电路被接通。

NPN 型晶体管与 PNP 相反。当向 NPN 型晶体管的基极施加正向电压时，集电极至发射极的电路被接通（图 5-14）。

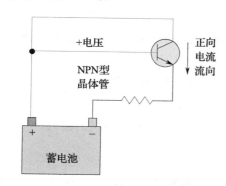

图 5-14 当向 NPN 型晶体管施加正向电压时，电流流经集电极和发射极

晶体管还可用作可变开关。改变施加到基极的电压，发射极和集电极之间电路的完整性也将变化，借助基极电路中的一个可变电阻器就可简单实现，该原理被用于灯光亮度调节电路中。

电子继电器使用一个晶体管或某种其他类型的半导体作为继电器中的主开关元件。它们有很多用途，如检测和隔离故障、逻辑功能和延时功能，不同类型的电子继电器由启用它们的系统来定义。

光耦合器不是电子继电器，然而，它们以相同的方式工作并完成同样的工作。它们依靠一个发光二极管将它们的信号发送给控制触点的光电晶体管。固态继电器还可以利用光电传感器，而且它们没有移动部件，所以它们反应快速，持续使用时间长，并且发出电磁干扰的程度也大大降低。

压电式继电器使用压电材料替代磁铁来控制继电器的触点。热电式继电器通过热量工作。进入的能量加热了继电器中的双金属元件，以机械的方式闭合触点。

4. 集成电路

单个晶体管或二极管完成复杂任务的能力受到限制，但当许多半导体组合在一个电路中时，它们可以实现复杂的功能。

集成电路不过是大量的二极管、晶体管和其他电子元件安装在单块半导体材料上（图 5-15）。这创造了能执行许多功能的非常小的封装件。由

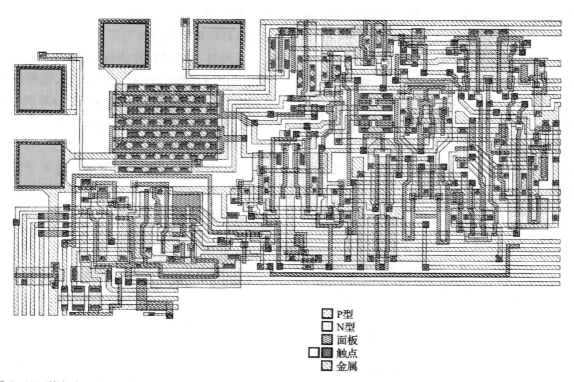

□ P型
□ N型
▨ 面板
■ 触点
▨ 金属

图 5-15 装有成千上万晶体管、二极管、电阻和电容的集成电路（芯片）放大图，这块芯片的实际尺寸不到 1/4in²

于集成电路的尺寸优势，许多晶体管、二极管和其他固态组件可以安装在汽车中来进行逻辑决策并向发动机的其他区域发出指令。这是发动机控制系统计算机化的基础。

5.3 计算机基础

计算机几乎控制了汽车中的所有系统。曾经一度用真空、机械和机电装置控制的系统现在都用电子装置控制和操作。这些都是电子控制系统。它们由传感器、输出和中央处理单元组成，有时被称为**微处理器**。电子控制装置是为了让系统能以其最有效的方式运行。它们也为驾驶员提供了诸多便利。虽然今天的车辆有许多不同的计算机，但它们都有两个主要的计算机，即动力总成控制模块（PCM）和车身控制模块（BCM）。

除了控制各种系统外，PCM 和 BCM 持续不断地监测可能的系统故障和运行状态。计算机将系统的状态与程序中设定的参数进行比较。如果状态超出这些范围，计算机会将其识别为故障。一个故障码将存储在计算机存储器中以表明故障的系统部分。技师可读取该故障码以帮助诊断。

中央处理器（CPU）基本上是将数千到数百万个晶体管放在一起的小芯片。CPU 在计算机的存储器中写入和读取信息（图 5-16）。输入信息在 CPU 中进行处理，并用存储在其存储器中的程序进行检查，CPU 还检查存储器中保存的所有其他相关信息。CPU 获取所有这些信息并使用计算机的逻辑来确定应该或不应该发生什么。一旦做出这些决定，CPU 就会发出指令以对系统进行必要的修正或调整。

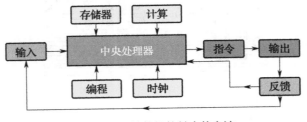

图 5-16 计算机的基本信息流

计算机是一种存储和处理数据的电子装置。它依赖于半导体，实际上是一组集成电路。计算

机的四个基本功能如下。

1）输入：信号来自一个输入装置，该装置可以是一个传感器或一个由驾驶员、技师或机械部件启用的开关。

2）处理：计算机使用输入信息并将其与程序指令进行比较，该信息由计算机中的逻辑电路处理。

3）存储：将程序指令存储在计算机的存储器中，一些输入信号也被存储以供随后处理。

4）输出：计算机在处理完输入并检查其程序指令后，向各个输出装置发出指令。这些输出装置可以是仪表板显示器或输出执行器，一台计算机的输出也可能是其他计算机的输入。

1. 输入

PCM 接收输入信息，并与程序设定的值进行核对。根据输入，计算机控制各执行器直到获得程序的结果。这些输入可来自其他的计算机、驾驶员、技师或各种传感器。

驾驶员输入的"on"信号通常是通过一个开关的短暂接地来提供的。计算机接收到该信号并执行预期的功能。例如，如果驾驶员希望重置数字式仪表板上的行程里程表，可按下重置按钮，该开关会提供一个瞬时接地，计算机将其作为输入并将行程里程表设置为零。

各种开关都可以作为仅需要 yes/no 或 on/off 状态的任何操作的输入。其他输入包括通过传感器提供的输入和以**反馈**形式返回到计算机的那些信号。反馈意味着将计算机指令结果的数据作为输入信号返回给计算机。

如果计算机发送一个指令信号来驱动一个输出装置，从执行器可以发回一个反馈信号来告知计算机它的任务已被执行。该反馈信号确认了输出装置的位置和执行器的动作。另一种形式的反馈是计算机监测的开关、继电器或其他执行器在启用时的电压。改变执行器的位置可以导致计算机电压感知电路中出现可预见的变化。如果计算机没有收到正确的反馈信号，它可能设置诊断代码。

所有输入都具有相同的基本功能，它们检测机械状况（运动或位置）、化学状态或温度状况，并将其转换为供计算机制定决策的电信号。每个传感器都有特定的任务（例如监测节气门位置、车速和歧管压力）。

除了可变电阻器，另一个常用的参考电压传感器是开关。通过断开和闭合一个电路，开关向计算机提供必要的电压信息，由此车辆可以保持合适的性能和驾驶性。

生成电压信号的传感器。尽管许多传感器是可变电阻器或开关，但生成电压的传感器也是常用的。这些传感器包括速度传感器、霍尔效应开关、氧传感器和爆燃传感器。它们能够为控制系统生成一个电压输入信号。这种变化的电压信号可使计算机监测并随即调整系统的运行以满足当前的需求。

> ▶ 参见
>
> 有关传感器的更多信息参见第 2 册第 9 章。

2. 通信信号

尽管电压是推动电流流动的压力，但电压并不流经导体。然而，电压可以用作一个信号，例如，电压电平的差异、变化的频率或从正值到负值的切换都可以作为一个信号。

计算机能够读取电压信号。CPU 使用的程序是以一系列数字的形式"烧录"到 IC 芯片中的，这些数字代表计算机能够解释的各种电压组合。给计算机的电压信号可以是模拟的或数字的。模拟信号意味着电压信号在给定范围内是连续可变的，或是可被改变的。数字信号意味着电压信号是处于两种状态之一的，即 on 或 off、yes 或 no，以及 high 或 low（高或低）中的任意一种。数字信号产生**方波**，波形代表电压信号的即时变化。之所以被称为方波，是因为数字信号产生一系列水平和垂直线，这些线连接起来在示波器上形成方形的图形（图 5-17）。在数字信号中，电压由创建二进制代码的一系列数字表示。

大多数的输入传感器都产生一个连续变化的电压信号。例如来自环境温度传感器的电压信号永远不会突变。该信号与温度的逐渐升高或降低相一致，因此是一个模拟信号。

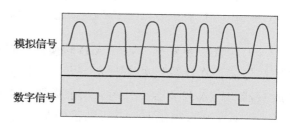

图 5-17　模拟信号可连续变化，数字信号是 on 或 off、high 或 low（高或低）中的任意一个

计算机只能读取数字式二进制信号。为了克服这种通信问题，所有模拟的电压信号都通过一个被称为模 / 数转换器（A/D 转换器）的装置转换为数字格式。A/D 转换器位于处理器中（图 5-18）。

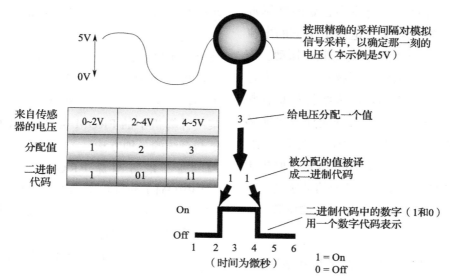

图 5-18　A/D 转换器给输入电压分配一个数值，并将该数值转换为二进制代码

A/D 转换器将一系列信号转换为由 1 和 0 组成的二进制数。高于给定值的电压转换为 1，零电压转换为 0（图 5-19）。每个 1 或 0 代表一个信息位，8 位等于一个字节（有时被称为一个字）。CPU、存储器和接口之间的所有通信都是以二进制代码进行的，每个信息以字节方式进行交换。

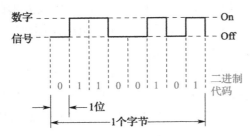

图 5-19 每个 0 和 1 都代表一个信息位。当 8 个信息位以特定顺序组合时，就构成了计算机语言基础的一个字节

（1）施密特触发器 除了 A/D 转换外，有些电压信号需要在计算机处理前先放大。一种被称为放大器的输入调节器可以用来增强微弱的电压信号，这对于来自霍尔效应开关的信号尤其重要。当信号电压离开传感器时，它是一个微弱的模拟信号。该信号被放大和颠倒，然后被发送给**施密特触发器**，它也是 A/D 转换器的一种类型，在那里它被数字化并调整处理成规则的方波。该信号随后被发送给一个开关晶体管，该晶体管响应该信号而导通和截止，并设定了该信号的频率。

（2）时钟频率 输入信号在生成、调节处理并传送给计算机后，即将为执行某些工作和显示信息而被调整处理。计算机具有发布恒定时间脉冲的晶体振荡器或时钟。当某一电压电平下的电流施加给晶体振荡器时，它将以固定的频率振动。该振动产生一系列非常规则的电压脉冲。时钟通过为每个脉冲传输一位二进制代码来维持信息在整个计算机电路中的有序流动。时钟使计算机能够知道一个信号何时结束以及另一个信号何时开始。

（3）通信速率 计算机处理的信息量取决于其速度，或说是**波特率**。波特率是通信的速度，而且它大致等于一台计算机每秒能够处理的位数。

3. 存储器

计算机的存储器用来保存程序和其他数据，例如 CPU 在进行计算时会参考的车辆标定数据。

程序是必须遵循的一套指令或流程。程序中包含**查找表**，它告诉计算机何时检索输入（基于温度、时间等）、如何处理这些输入以及在输入被处理后应该用来做什么。查找表是一组指令，而且计算机可能检测到的每一种可能情况都会有查找表。

微处理器以两种方式与存储器一起工作。它可以从存储器中读取信息，或通过写入或存储新的信息来改变存储器中的信息。为了在存储器中写入信息，每个存储器的存储位置都被分配了一个被称为地址的数字（也是用二进制代码写入的）。这些地址从 0 开始按顺序编号，并被微处理器用来检索数据和将新的信息写入存储器。在处理过程中，CPU 接收的数据往往多于它能够立即处理的数据。在此种情况下，某些信息必须被临时存储或写入存储器，直到微处理器需要它时。

准备就绪后，微处理器访问恰当的存储位置（地址），存储器发送一份所存储内容的副本同时，存储器仍保留了原先的信息以备将来使用。

当今汽车的 CPU 中基本上都会用到三种类型的存储器（图 5-20）：只读存储器（ROM）、可编程只读存储器（PROM）和随机存储器（RAM）。

（1）只读存储器 永久信息存储在只读存储器中。即使系统关闭或 CPU 与电池断开，ROM 中的信息也无法擦除。顾名思义，只能从 ROM 中读取信息。

微处理器在做出决策时，会时时参考存储的信息和来自传感器的输入。CPU 通过比较来自这些来源的信息来做出明智的决策。

（2）可编程只读存储器 可编程**只读存储器**与 ROM 的不同之处在于它是插入计算机的，并且可以重新编程或用一个包含修正程序的存储器来替换。它包含为不同车型标定的特定程序信息。某些计算机中的 PROM 是可更换的，并且可作为更新系统的一种方法。

（3）电可擦除 PROM 电可擦除 PROM（EEPROM）允许以电的方式一次一个比特地改变信息（图 5-21）。一些制造商使用这种类型的存储器来存储有关里程、车辆识别码和选项设置的信息。一个"闪存"EEPROM 可以通过系统的 DLC 进行重新编程。

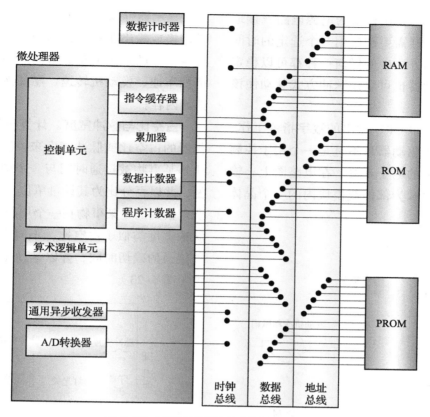

图 5-20 三种存储器连接到微处理器的方式

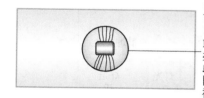

电可擦除PROM有一个可以观察到微电路的窗口。该窗口通常用一块Mylar™（聚酯薄膜）类型的材料覆盖着，因此，它里面的信息不会因其暴露在紫外线下而被擦除

图 5-21 当 EEPROM 存储器的电路暴露于紫外线中时，该存储器将被擦除

（4）随机存储器 随机存储器在计算机运行期间用于存储临时信息。CPU 可以以任何顺序从 RAM 中写入、读取和擦除信息，这就是它被称为随机的原因。RAM 的一个特性是当点火开关关闭且发动机停机时，RAM 中的信息会被擦除。RAM 用于存储来自传感器的信息、计算结果和受持续不断变化影响的其他数据。

当前在用的 RAM 有两个类型：易失性和非易失性。易失性 RAM 通常被称为持续作用的存储器（KAM），它具有 RAM 的大部分功能。信息可以写入 KAM，也可以从 KAM 中读取和擦除。它不像 RAM 那样，KAM 中的信息在点火开关关闭和发动机停机时不会被删除，但是，如果断开了至处理器的蓄电池，KAM 中的信息将被删除。

非易失性 RAM（NVRAM）在其被断开电源时，不会丢失其存储的信息。带有数显里程表的车辆通常将里程的信息存储在非易失性 RAM 中。

4．执行器

一旦计算机的程序确定必须在被控系统中进行修正或调整，一个输出信号就会发送给被称为执行器的控制装置。这些执行器包括电磁阀、开关、继电器或电机，它们实际地动作或执行由计算机发出的指令。

实际上，执行器是一种将电流转换为机械动作的机电装置。这种机械动作随后可用于打开和关闭阀门、控制去其他部件的真空，或接通和关闭各种开关。当 CPU 接收到一个或多个工作状态发生变化的输入信号时，CPU 将决定应对这些状况的最佳策略。CPU 随后将控制一组执行器以实现预期的效果或策略目标。为了让计算机控制执行器，它必须依赖一种被称为**输出驱动器**的部件。

输出驱动器应用在执行器的电源电路或接地电路中。如果执行器需要被启用一个选定的时间量，上面两种应用方式中的任何一种都可以稳定地达到目的。驱动器也可以以脉冲方式脉动使该执行器动作。

输出驱动器按照 CPU 发出的数字指令工作。从本质上讲，输出驱动器只不过是一个用于控制特定执行器开和关的电子开关。在电路图上，输出驱动器通常被表示为部件或模块内的一个晶体管（图 5-22）。

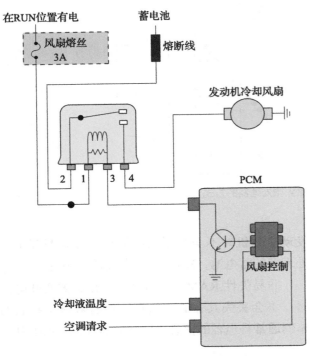

图 5-22 输出驱动器在许多电路图中用晶体管来代表

为了说明这种关系，我们假设计算机想要接通发动机冷却风扇。它一旦做出了决定，就会向控制冷却风扇继电器（执行器）的输出驱动器发送一个信号。在输出驱动器为继电器接地时，继电器接通了蓄电池和冷却风扇电动机之间的电源电路，因而使风扇运转。当该风扇运转足够长的时间后，计算机向输出驱动器发出信号来断开继电器的控制电路（通过去除继电器的接地），从而断开蓄电池至该风扇的电源电路。

对于无法用数字信号控制的执行器，CPU 必须将其数字编码指令转换成一个模拟信号。这个转换由 D/A 转换器完成。

显示器可以由 CPU 直接控制，它们不需要数模转换或输出驱动器，因为它们含有对微处理器数字信号的解码电路。解码后的信息可用于指示诸如车速、发动机转速、燃油液位或诊断仪的数值等内容。

占空比与脉冲宽度。计算机通常通过控制执行器的占空比或脉冲宽度来控制输出结果。占空比是某事物被接通时间与一个周期时间相比的度量，并以百分比为其计量单位。当测量占空比时，所观察到的是某事物在一个周期内被接通的时间。脉冲宽度类似于占空比，不同之处在于它是某物被接通的确切时间，并以毫秒（ms）作为计量单位（图 5-23）。

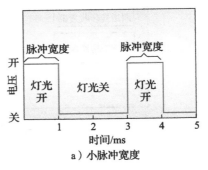

a）小脉冲宽度

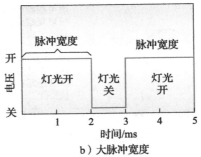

b）大脉冲宽度

图 5-23 脉冲宽度调制式输出信号

车间提示

计算机通常会使用低侧驱动器来控制执行器。这些驱动器用来完成输出装置的接地电路。许多较新的系统使用高侧驱动器，它们通过改变至驱动器的功率来控制输出。大多数高侧驱动器是金属 - 氧化物 - 半导体场效应晶体管（MOSFET），它们被另一个晶体管控制。高侧驱动器用于需要对开路、短路和温度变化做出快速响应的电路中。因为一个电路的性能取决于正在使用的驱动器，所以在诊断该系统之前先检查维修信息是很重要的。

5．电源

CPU 包含了一个电源，该电源向微处理器和内部时钟提供所需的各种电压。内部时钟提供时钟脉冲，该脉冲进而控制传感器读取和改变输出的速率。CPU 还包含保护微处理器免受来自车辆中其他系统干扰的保护电路和监测所有输入和输出的诊断电路，并在任何值超出规定的参数值时点亮警告灯。这个警告灯被称为故障指示灯（MIL）。

6．唤醒 / 休眠模式

控制模块能够在唤醒模式下控制或执行它们的所有功能。当系统功能的正常控制或监测已经停止并且超过一定时限后，它们会进入休眠模式。在休眠模式期间仍会有一些活动；至于发生什么则取决于系统。在休眠模式期间，基本上只提供用来维持存储器和对某些系统进行定期监测的电力。一旦正常的计算机活动被调用，计算机则被唤醒并恢复其正常功能。

7．线控技术

由于高性能计算机在当今车辆上的使用，线控技术已经成为现实。这项技术消除了加速踏板与燃油喷射系统之间的机械连接（图 5-24）。这个装置被称为电子节气门控制单元（图 5-25）。线控换档技术也在被使用。线控技术还被少数制造商用在驻车制动系统和自适应巡航控制中。日产拥有一个线控转向系统，该系统使用传感器和电动转向齿条进行车辆转向控制，万一电子系统出现

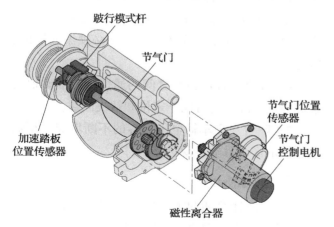

图 5-24　该电子节气门控制装置消除了加速踏板与燃油喷射系统之间机械联动装置

问题，有一个机械系统作为备用。如果线控转向技术被证明是可靠的并且被消费者接受，预计会有更多的制造商推出类似的系统。

图 5-25　节气门体上的电子节气门控制总成

线控驾驶系统使用传感器将踏板、转向盘和其他部件的运动转换为电子信号。车辆的计算机接收这些信号并指令电机执行驾驶员的指令。这些系统的响应比机械联动装置要快得多，并且可以在其运行时向计算机发送反馈。使用线控系统的另一个原因是车辆要配备稳定性控制系统。通过使用大量输入和线控系统，车载计算机可以在有必要使用应用稳定性控制的驾驶事件中介入车辆的操作。这将在《汽车底盘检修技术分册》相关章节中进行更详细的讨论。

5.4　多路传输

当今的车辆装有数百个电路、传感器和其他电气部件。为了使控制系统正确运行，它们之间必须有通信。通信可以通过连接每个传感器的导线和连接相应控制模块的电路进行。当涉及多个控制模块时，则必须使用额外的连接传感器的成对导线或连接其他模块的电路。这种通信网络的结果是数英里长的导线和数百个插接器。为了消除对所有这类导线的需求，制造商正在使用多路传输（图 5-26）。

多路传输也被称为车载网络，它为车辆各系统之间提供高效的通信渠道。多路传输是依赖一根或两根导线的通信，它替代了许多导线并允许多个系统间进行通信。多路传输的一个例子是有线

155

电视。多路布线系统使用串行数据总线将不同的计算机或控制模块连接在一起。每个模块都可以在串行数据总线上发送和接收数字代码，这可使一个模块与其他模块共享信息。例如与发动机转速有关的信号是发动机控制、变速器控制、电子制动控制和悬架控制都需要的。串行数据总线不是为每个模块都提供单独的发动机转速输入，而是将该信息和其他信息传送到所有控制模块。

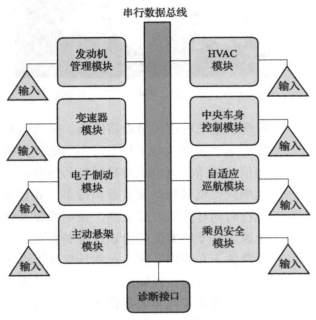

图5-26 多路传输系统使用串行数据总线实现各模块之间的通信

每个传感器都用导线直接连接到主要依赖该传感器信号的控制模块上。控制模块再将此信息发送到串行数据总线上。每个控制模块在网络上都有一个地址或标识码，以及一个在串行数据总线上读取和发送报文的代码读取装置或芯片。有些芯片只能发送或只能接收，这取决于它们的作用。尽管串行数据总线上的所有信息可用于所有控制模块，但每个装置的芯片都会将编码的报文与自己存储器的列表进行比较以确认该信息是否与自己的工作有关。

该芯片还通过每次仅允许传输一个信号的方式用来防止信号的重叠。每个数字信号的前面都有一个确定其优先级的识别码。如果两个模块试图同时发送报文，则首先传输具有较高优先级代码的信号。由于控制模块一次仅处理一个输入，因

此，它按照自身对信号的需求进行排序。当正在接收一个输入时，将忽视其他输入。尽管这可能会导致出现时间的推移，但需要注意的是，大多数计算机的通信速率每秒可达10000~1000000位（1Mbit/s）。较新型的车辆具备10Mbit/s的数据总线速度，而且根据网络的类型，速率还可以更高。

数据是以二进制数字传输的，因此，在它们成为信息之前，必须通过某种类型的数据处理进行诠释。穿过总线的数据流被称为串行数据，它本质上是计算机之间传输的每次一位的数据。在许多车辆上，串行数据可以通过连接到车辆DLC上的诊断仪来监测。监测的串行数据可帮助技师诊断各个控制模块并查看是否有故障码。

串行数据总线通常由做成双绞线的两条导线组成：一根低电平信号线和一根高电平信号线的导线。这两根导线绞在一起以减少可能会导致虚假信息的电磁干扰。低速系统可以使用单线，而非常高速的系统可以使用光缆。

1. 优点

与传统的布线相比，多路传输提供了许多优势。

1）消除了对多余传感器的需求。因为传感器数据可通过串行数据总线获取，因而可被多个控制模块使用，例如车速和发动机温度。

2）通过软件的改变，可以轻松地将附件和车辆特性添加到车辆中。

3）每个系统的运行需要的导线更少，这意味着线束更小、成本和质量更低、可维护性和可靠性更佳和安装更便捷。如果没有多路传输，每当将电子部件添加到车辆上时，都必须添加接地、电源和控制线。

4）改进的控制模块之间的通信可更准确地记录和报告故障，这有助于定位和解决问题。

5）随着当今车辆电子内容的不断增加，车辆对联网的需求日益显现。

2. 通信协议

协议是计算机彼此"交谈"时使用的"语言"。协议的差异取决于使用的技术和通信的速度。SAE已经按照速度和用途对不同协议进行了分类。

（1）A 类（低速通信）　这是用于舒适性系统的通信，例如音频、行车电脑、座椅控制、车窗和照明。大多数 A 类功能只需廉价的低速通信，并使用一般的通用异步接收发送设备（Universal Asynchronous Receiver/Transmitter，UART）。这些功能是专有的，而且还没有被行业标准化。由于 CAN 和 LIN 系统的采用以及更新系统对高速数据传输的需求，A 类系统不再被普遍使用。

（2）B 类（中速通信）　B 类多路传输主要用于仪表组、车速和排放数据记录。在这个类别中包含有不同标准，由标准的编号标出。最常用的是 SAE J1850《B 类数据通信网络接口》标准。此外，这些标准按其运行进行划分，一种是使用单总线的可变脉冲宽度（VPW）类型，另一种是使用两线差分总线的脉冲宽度调制类型。

（3）C 类（高速通信）　该高速协议用于与动力总成、车辆动力学、线控制动和其他系统的通信。该协议可以使用双绞线，但为了降低噪声干扰，也可以使用带屏蔽的同轴电缆、5 类（Cat 5）网络电缆或光纤。主要的 C 类协议是可传输高达 500kbit/s 的 CAN 2.0（控制器局域网络版本 2.0）。CAN 为每条报文分配一个唯一的标识代码，该标识代码对报文的内容和正被发送报文的优先级进行分类，每个模块只处理标识代码在其接受清单中的那些报文。

（4）LIN 总线　本地互联网络（LIN）是一种单线串行数据网络，它有 1 个主模块和可多达 16 个从属模块。LIN 主要用于低速（低于 20kbit/s）的与行驶不相关的系统，例如电动车窗和门锁、照明、刮水器和座椅控制装置。单独的开关可用作 LIN 总线上的一个模块来传递一个输入请求，例如打开加热座椅。

（5）Flex Ray　Flex Ray 是一种高速硬件和数据总线系统（10Mbit/s），它用于与车辆动力和行驶安全相关的部件，包括发动机控制、ABS、电动转向和电子悬架系统。

（6）MOST 总线　MOST 总线这种用于媒介系统的传输总线是一种可达 150Mbit/s 的高速系统，因而被用于 GPS、多媒体和信息娱乐系统。MOST 总线可以在塑料光纤传输线上传输实时音频和视频信号。MOST 系统最多可以连接 64 个模块，但通常情况下，汽车的 MOST 网络中仅有 5 到 10 个模块。MOST 网络以环形或圈形布置，每个模块都可以发送和接收数据（图 5-27）。

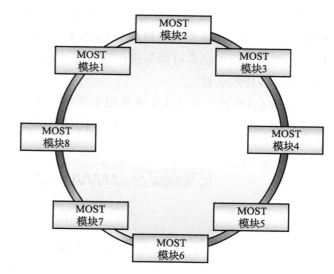

图 5-27　MOST 总线的配置，通常作为网关模块

在一辆车上装有各种不同类别的多路传输（图 5-28）是很常见的。一些系统，例如动力总成控制和车辆动力学系统需要高速通信，而其他系统则不需要高速通信。

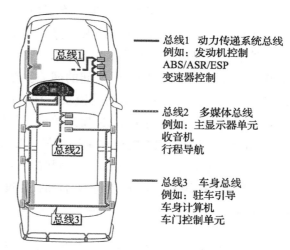

图 5-28　车辆上常见的各种通信协议

早期的多路传输系统通常是基于通用 UART 或定制装置的专有串行总线，这需要专用和特定的诊断仪，每一个都只能工作于特定的系统。OBD Ⅱ 要求标准化的诊断工具，这意味着必须应用标准协议。从 2008 年开始，C 类通信被指定为用于诊断的协议。

3. CAN 总线

大多数车辆上的全部网络会包括 3~6 个 CAN 总线。这些网络中的每一个都可以用不同的速度运行。不同的 CAN 总线可用前缀或后缀加以辨别。例如，中速总线可以称为 CAN B 或 MS-CAN。同样地，高速总线可以称为 CAN C 或 HS-CAN。制造商用的标称可能与这些不一致，所以它们有各种各样的名称。

低速 CAN 或中速 CAN 通常用于车身方面的功能，例如车内和车外灯光、喇叭、门锁、风窗玻璃刮水器、座椅、车窗、基本的音响系统。

高速总线用于实时的功能，如发动机管理系统、防抱死制动系统、变速器控制系统、胎压监测系统、车辆稳定性系统、气囊和安全系统。

这些网络通过网关被组合在一起。**网关模块允许不同总线之间进行数据交换，它将一条总线上的报文进行转换并将其传输到另一条总线且不改变该报文（图 5-29）。网关根据总线协议与每个总线交互。这是一个重要的功能，某些信息是需要共享的。例如，当驾驶员将气候控制的设置调到"冷"

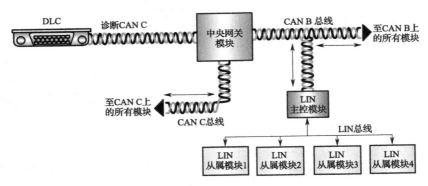

图 5-29　CAN 通信系统的基本架构

并打开空调时，HVAC 控制面板向气候控制模块发出一个请求。气候控制系统很可能处在低速 CAN 或 LIN 网络上，因而无法直接要求或打开空调系统的压缩机，而是由网关模块接收该请求。在许多车辆中，BCM 充当了不同总线之间的网关。在一些较新型的车辆上，DLC 是网关模块。BCM 将 HVAC 制冷的请求通过高速 CAN 发送给电子控制模块（ECM）以使 ECM 接合空调压缩机。ECM 和 BCM 通信以确认压缩机是否工作。同时，BCM 与气候控制模块通信以保持所需的温度。

车间提示

虽然 BCM 被设计为车身控制系统，但如果 BCM 工作不正常，车辆可能无法起动，这是因为它的角色是网关。如果安全或防盗系统与发动机控制系统之间没有通信，发动机将不会起动，因为 PCM 需要知道它运转发动机是安全的。

每个网络总线可以携带不同的电压（图 5-30），例如带有 10 或 12V 唤醒信号的 5V 或 7V 通信信号。CAN 总线通信使用两根导线，一根 BUS+（正）和一根 BUS-（负）。闲置或未通信时，两根导线都带有 2.5V 电压。在通信期间，正极的信号从 2.5V 切换到 3.5V，而负极的信号电压从 2.5V 下降到 1.5V（图 5-31）。

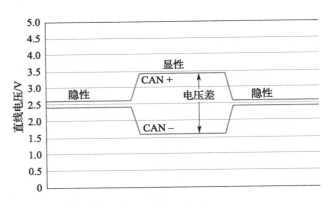

图 5-30　为了发送报文，驱动器被通电以上拉 BUS+ 和下拉 BUS- 上的偏压，两线必须是差动的

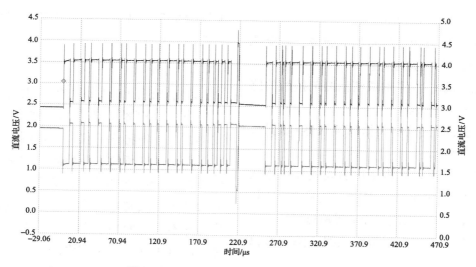

图 5-31 HS-CAN 上通信信号的一个示例

信号互为镜像是为了消除电气干扰和减少通信错误。两个信号之间的差值为 2V。即使是最轻微的电压变化也会影响一个或多个系统的运行，因此必须消除所有可能的电压尖峰、电气噪声或电磁感应。绞合的导线消除了当电流流过一根导线时在另一根导线中会感应出电压的可能性。为了消除其他可能的尖峰和噪声，两个 120Ω 的电阻器被并联在主 CAN 总线的两端，它们被称为终端电阻（图 5-32）。电阻的位置可能会有不同，一种可能位于熔丝盒中，而其他的可能是在 ECM 或 PCM 和 BCM 的内部。

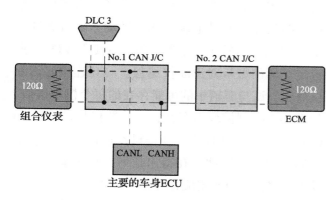

图 5-32 为了消除可能的电压尖峰和噪声，两个 120Ω 的终端电阻并联在主 CAN 总线的两端

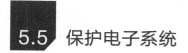

保护电子系统

当车辆进入维修车间时，技师最不愿意做的事情就是重现故障，尤其是当问题涉及电子元件时。应该了解在储存和维修过程中保护电气系统和电子元件的方法。在任何时候都应牢记以下几点。

1）由于电压尖峰可能导致损坏，车辆由计算机控制的系统应避免提供和接受跨接起动。

2）在钥匙打开的情况下不要连接或断开电子部件。

3）切勿触摸任何电气或电子部件上的电触点，皮肤的油脂会导致腐蚀和接触不良。

4）注意制造商标记的用来警告技师该部件对静电放电（ESD）敏感的代码或符号（图 5-33）。

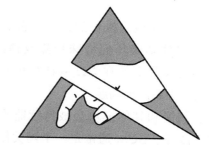

图 5-33 GM 的静电放电标志提示技师该部件或电路对静电敏感

5）在触摸计算机之前，一定先触摸一个良好的接地点，这可安全地泄放掉任何静电。静电可以产生高达 25kV 的电压，因而很容易损坏计算机。

6）工具公司提供防静电的工作垫用于在车内

工作时，让人不必担心产生静电。

7）工具公司还有接地的防静电腕带，一根导线将腕带连接到良好的接地点。

8）切勿让油脂、润滑剂或清洁溶剂接触传感器的端部或其电气插接器。

9）拆卸元件时注意不要损坏插接器和端子，这可能需要专用工具。

10）当检查步骤要求将测试引线或导线连接到电气插接器时，应小心并遵循制造商的说明。在连接测试引线之前，确定正确的被测端子。

11）不要在传感器上连接跨接线，除非维修信息中指明要这样做。

12）切勿将 12V 电压直接施加给电子部件，除非要求这样做。

13）切勿使用测试灯测试电子点火或任何其他的计算机控制系统，除非要求这样做。

14）意外地将测试探针同时接触两个端子会导致短路。

15）传感器导线切不可改变原布线走向。更换线路时，每次都应查看维修信息并遵循布线说明。

16）作业时，断开任何可能会受到焊接、锤击、磨削、研磨或金属校直影响的模块。

5.6 诊断模块和网络

在排查由控制模块操作的系统之前，应先检查维修信息以便知晓任何特殊步骤或预防措施。测试一个系统实际上是在尝试从计算机及其系统基本功能之一中剥离出问题。

网关、网络和其他模块会被持续监测以发现可能的系统故障。BCM 通常是一个网关模块，它将系统的状态与编程参数比较，例如网络上模块的数量和类型。如果状态超出这些范围，例如音响模块停止了响应，BCM 会检测到故障并设置一个表明系统中哪部分有故障的故障码。

如果故障导致系统工作异常，计算机可以通过启用失效安全功能以使故障的影响最小化。在此期间，计算机将用已设定的数值替代输入信号来控制系统。这可使系统在受限的基础上运行而不是完全关闭。

1. 故障码

进行诊断的方法如同汽车制造商数量一样多。几乎所有车辆都需要一台诊断仪来检索故障码（DTC）。技师将诊断仪插入被测系统的诊断插接器，并通过诊断仪选择要测试的系统。一旦检索到 DTC，应按照相应的诊断图表来剥离故障。重要的是要按照制造商推荐的顺序检查故障码。故障码并不一定明确了有故障的部件，它只表明了这一没有正常运行系统中的一个电路。为了确定问题，需要遵照针对该故障码的维修信息中的诊断流程来诊断。

诊断后应对该故障码所涉及的电路进行良好的目视检查。检查所有传感器和执行器是否有物理性的损坏。检查传感器、执行器、控制模块和接地点的所有连接。检查线路是否有烧损或摩擦的痕迹，是否被挤压，或者是否与锐利部件或高温排气部件接触。

2. 通信检查

对带有多路传输系统的车辆进行诊断性的检查时，应从通信检查开始。首先找到**数据链路插接器**（DLC）。在 1996 年及以后带 OBD Ⅱ 的车辆上，DLC 位于驾驶员侧仪表台的下方区域。连接诊断仪并打开其电源，然后转动车辆点火开关至"RUN（运转）"位置，必要时使用 VIN 依据特定车辆的型号对诊断仪编程。一旦连接好诊断仪后，尝试与车辆中的可能存在的每个模块通信。如果某个控制模块不存在，则诊断仪将显示"No Comm"。如果该模块存在但没有通信，也会显示相同的信息。因此，在得出任何结论之前，务必参考维修信息以确定应存在哪些模块。

诊断仪可能具有网络或模块测试的功能，这可使技师与每个系统及其模块进行"ping（适配）"或通信。未响应的模块可能不会显示在列表中，因为诊断仪不知道该车辆是否配置了该模块。例如，一辆车可能配备了升级的娱乐系统，其中包含一个用于后排座椅的视频显示单元。如果该模块出现故障，它可能不会响应网络或模块的测试。诊断仪不会将该模块标记为无响应，因为诊断仪不知道该车辆是否配备了这个特定的模块，但在其他模块中应该存在与该视频模块通信失败的 DTC。

如果诊断仪无法与车辆通信，则需要诊断通信网络。没有通信可能有不同的原因，包括数据链路开路或短路以及模块有故障。在试图诊断车辆之前，先参阅制造商针对具体测试步骤的维修信息。此外，检查是否安装了售后市场的零配件，尤其是立体声音响系统。如果安装了售后市场的立体声音响，而诊断仪又不能与车辆通信，则可断开立体声音响并重试。

一般情况下，如果诊断仪上电，但与车辆或网络没有通信，可在 DLC 的 5 号插脚处测试 DLC 的信号接地电路。如果此电路开路、短路或电阻过高，则诊断仪将无法与网络通信。如果 HS-CAN 网络出现故障，数据总线电路的快速检查方法是测试 DLC 的 6 和 14 号插脚（它们是 CAN+ 和 CAN- 端子）之间的电阻，如果电路完好，应测到 60Ω 的电阻。总线开路将导致 120Ω 的读数。小于 60Ω 的读数表明数据总线中有短路。

由于 DLC 中可能有不止一个总线可用，因此在诊断网络或通信问题时，可尝试与不同的网络进行通信。如果 HS-CAN 出现故障，可尝试车身或 HVAC 网络的通信。如果诊断仪能够与低速网络或中速网络通信，或许能够获得通信方面的 DTC 以帮助诊断故障。如果诊断仪与车辆完全没有通信，可在不同车辆上尝试该诊断仪以确保它是工作正常的。

系统会周期性地检查自身是否存在通信错误，不同的总线在其发送一个报文后会立即相互发送报文。报文之间的报文用于检查通信网络的完整性。网络中的所有模块也会在一个特定时间内收到一条报文。如果控制模块没有收到该报文，将设置一个陈述它没有收到该报文的 DTC。

CAN 总线使用以下四种类型的 DTC。

1）通信缺失。当模块之间的通信出现问题时，会设置通信缺失（和总线关闭）的 DTC。这可能是由连接、导线或模块的问题引起的。在大多数情况下，通信缺失的 DTC 是被设置在有通信问题的模块以外的模块中的。

2）信号错误。控制模块可以在某些输入电路上进行诊断以确定它们是否在正常运行。如果电路未通过该测试，则会生成 DTC。

3）内部错误。各模块还会运行内部检查，如果存在问题，它将设置一个内部错误的 DTC。

4）总线开路或短路。系统还会监测通信总线本身是否有故障，如果总线电压超出了预设的限值，将设置 DTC 以表明对电源或对地的短路。

3. 维修通信总线

如果总线的导线因开路、短路或过高的电阻而需要维修，不得将其迁移或取消绞合。双绞线的绞合有非常重要的作用（图 5-34）。通过焊接修复总线的导线后，用乙烯基胶带包裹该部分导线。千万不要用绕过绞合部位的方式来修复导线。如果绕开了双绞线，CAN 总线可能会受到噪声的影响。

图 5-34　为阻止会干扰或改变电压信号的有害感应电压，网络系统使用特殊屏蔽的导线或相互绞合的一对导线

4. 重新编程控制模块

在对电子控制电路进行深入诊断之前，最好先检查是否有与故障相关的技术服务公告（TSB）。常常会有一个对计算机重新编程的建议，这通常被称为对计算机进行“刷写”。当计算机进行刷写时，会擦除旧的程序并写入新程序。当制造商发现通过更改系统的软件可以解决共性问题时，通常会重新编程。新的程序被下载到诊断仪中，然后再通过专用电路下载到车载计算机中。

每种类型的诊断仪都有不同的刷写程序，应始终遵循制造商的说明。一些诊断仪可连接到计算机上，软件可从光盘或网站上传输给诊断仪。图 5-35 的步骤 1）~9）展示了对一个 BCM 进行刷写的典型流程。

在闪存中的任何中断都能毁坏一个新的模块。将清洁的蓄电池充电器（与编程功能相配的）连接到车辆，并在刷写时要保持正确的蓄电池电压。如果蓄电池电压降得过低或升得过高，重新编程可能失败。此外，在开始更新一个模块之前，先检查车辆是否安装了售后市场的零部件，例如立体声音响。售后市场的零部件可能会破坏重新编程的进程。

5.7　测试电子电路和元件

大多数电子电路可以用与其他电气电路相同的方式进行检查，但只能使用高内阻的仪器仪表。示波器是诊断电子电路的有益工具。示波器主要用于测量电压、脉冲和占空比。

示波器显示随时间变化的电压，可以通过修改电压和时间的量程来很好地实现对电路活动状态的观察。时间周期显示电压信号的频率。**频率**是描述信号在单位时间内可以进行的完整循环次数的术语，并以赫兹（Hz）作为计量单位。为确定

1）将诊断仪或 J-2534 传输装置连接到车辆 DLC 上。务必阅读并遵循制造商对模块编程的所有指南

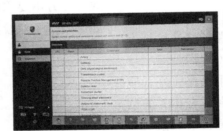

2）浏览软件以确定需要编程的模块

3）在执行编程前，通常需要确定模块的零件号和软件版本以确保使用了正确的软件。许多 OEM 不允许覆盖当前的程序或再安装旧版本的软件

4）在开始编程前，验证模块的所有信息是正确的

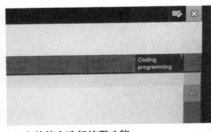

5）在软件中选择编程功能

6）若需要编程，选择要执行的编程功能种类

7）启用该编程功能

8）受模块不同和其他因素影响，编程可能需要几分钟到几小时。注意观察软件看是否在编程过程中需要其他操作

9）编程一旦完成，通常需要关闭和再打开点火开关以重新启动模块。完成编程后重新检查是否有任何 DTC 并确认系统工作正常

图 5-35　对 BCM 进行刷写的流程

某事件的频率，用完成一个完整循环所用的时间长度除单位时间。

任何时候在一条电路上使用示波器时，应始终按照示波器的说明书进行连接和正确设置。大多数维修手册都有不同电子部件预期波形的插图。如果测得的波形与手册中的不符，则说明有问题。该问题可能在部件内，也可能在其电路上，需要进一步测试以确定问题的确切原因。

1. 测量变化的电压

数字万用表（DMM）可能有交流电压和电流的模式供选择。这些模式用于测量快速改变极性或电平的电压和电流。大多数万用表显示的是交流电路中的平均电压或电流。一些万用表可显示有效值（RMS）读数，它非常接近平均值读数，但因为这个刻度对电压和电流的过分波动做了补偿，因此可能会与平均值有轻微的差异。

2. 测试执行器

每个制造商可能规定了检查执行器的特定流程，并且这些检查取决于执行器的类型。测试可能要使用诊断仪或示波器。在检查一个输出时，应注意 BCM 的指令和执行器的响应。图 5-36 展示了典型的诊断仪对执行器控制侧操作的显示。

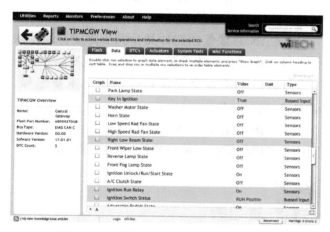

图 5-36　用诊断仪查看执行器控制侧的状态

3. 二极管检查

万用表可用于检查二极管，包括齐纳二极管和发光二极管。不管二极管的偏置如何，它都应只允许电流沿一个方向流动。将万用表测试引线跨接在二极管的两端并观察万用表的读数，然后

颠倒引线并再次观察读数。在一个方向上的电阻应该非常高或无穷大，而在另一个方向上应接近零（图 5-37）。如果观察到任何其他的读数，则证明二极管已损坏。在两个方向上都是低电阻的二极管是短路的，在两个方向上都是高电阻或无穷大的二极管是开路的。

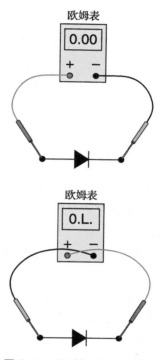

图 5-37　用欧姆表测试二极管

在用高内阻数字万用表检查二极管时可能会遇到问题。因为许多二极管在电压低于 0.6V 时不允许电流通过它们，而数字式万用表可能无法对二极管施加正向偏置，这将导致显示二极管开路的读数，但实际上可能并非如此。很多万用表为此都配备了一个二极管测试功能，这使增加测试引线上的电压成为可能。该功能显示二极管两端在测试期间的电压降。这个测试还可用于检查 LED 的工作状态。

二极管也可以用电压表测试。使用与欧姆表测试时相同的逻辑来测试二极管两端的电压降。电压表在一个方向应读到较低的电压，而在另一个方向读到较高的电压。大多数汽车上的二极管的电压降为 500~650mV。

⚠ 注意　为避免损坏仪表或被测零部件，测试前，应断开电路电源并将所有高压电容器放电。

3C：Concern（问题）、Cause（原因）、Correction（纠正）

ALL TECH AUTOMOTIVE				维修工单	
年份：2005	制造商：大众	型号：甲壳虫	里程：113902mile		RO：18047
问题：	客户反映检查发动机的故障灯一直点亮，已到汽车配件店检查过该故障灯的问题，但配件商店未能读取到故障码。				

技师确认了该问题并随后检查了 DLC 的电源和接地，两者都正常，但诊断仪不能与任何系统或模块通信。技师随后查阅了如何诊断诊断仪不能与车辆通信的维修信息。该维修信息说要检查车辆是否安装了售后市场的任何电气附件。技师发现安装了售后市场的立体声音响系统，并从工厂线束上拔下了该立体声系统。

原因：	在安装售后市场的立体声音响时造成了车身控制系统音频电路短路，断开立体声系统并重新读到了蒸发排放物控制（EVAP）系统泄漏的故障码。
纠正：	由于客户不想用原厂的收音机替代其已安装的收音机，因此在维修完成后重新正确安装了售后市场的立体声音响。

5.8 总结

- 电学的所有基本定律都适用于电子控制。
- 电容器用来储存和释放电能。
- 二极管允许电流沿一个方向流动，但不能向相反方向流动。它是由 P 型半导体材料与 N 型半导体材料结合形成的。
- 晶体管类似于多了一侧的二极管。有 PNP 型和 NPN 型晶体管，它们用作切换装置。一个非常小的电流施加给晶体管的基极能控制一个流过整个晶体管的更大电流。
- 计算机是进行电子决策的中心。被称为传感器的输入装置向计算机提供信息，计算机处理这些信息并向所控制的装置发送信号。
- 大多数输入传感器是参考电压式传感器或生成电压式传感器。
- 计算机以数字方式工作，所以它们必须接收数字信号或在处理模拟信号前，先将模拟信号转换为数字信号。
- 典型的电子控制系统由传感器、执行器、微型计算机和相关线路组成。
- 微型计算机及其处理器是计算机化的发动机控制装置的核心。
- 计算机使用三种类型的存储器：ROM、PROM 和 RAM。
- 作为输出的传感器或执行器是将电流转换为机械动作的机电装置。
- 车载诊断功能包含在车载计算机中，它监测几乎每个可能影响排放性能的部件。每个部件都通过一个诊断程序进行检查以证实其运行是正常的。

- 多路传输提供车辆各系统之间的通信，它使用串行数据总线将不同的计算机或控制模块连接在一起。
- 控制器局域网络（CAN）是当今车辆中最常用的通信协议。
- 静电可产生高达 25kV 的电压并损坏某些部件。触摸电子部件时必须采取针对静电放电的预防措施。
- 车辆中各种控制模块之间的通信对于车辆的整体运行至关重要。
- CAN 总线使用四种类型的故障码：通信缺失、信号错误、内部错误和总线开路或短路。
- 有时制造商会建议对控制模块重新编程，这通常被称为刷写计算机。
- 大多数电子电路可以用与其他电气电路相同的方式进行检查，但只能使用高内阻万用表。

5.9 复习题

1. 简答题

1）用在计算机系统中的三种存储器类型是哪三种？

2）什么信号与一个方形图案相似？

3）什么信号会有变化的电压电平？

4）有关计算机指令结果的数据被作为输入信号返

回给计算机这一过程被称作什么?

5）包含有关车辆特定信息并且可以被替换或重新编程的存储器类型被称为什么?

6）最简单的半导体是哪种类型?

7）术语脉冲宽度是什么意思?

8）晶体管是如何被用在汽车电子器件中的?

9）应如何用万用表测试二极管?

10）能使多路传输系统中不同串行总线相互通信的模块的名称是什么?

11）微处理器中的 ROM 和 RAM 之间的主要区别是什么?

2. 判断题

1）查找表是一种存储在 ROM 中的信息。对还是错?（　　）

2）在高速 CAN 系统中，串行数据总线用于允许车辆中各控制模块之间通信。对还是错?（　　）

3. 单选题

1）以下哪一种器件不是用半导体材料制成的?（　　）

　A. 齐纳二极管　　　　B. 热敏电阻

　C. 永磁发电机　　　　D. 霍尔效应开关

2）以下哪一项是计算机的基本功能?（　　）

　A. 存储信息　　　　B. 处理信息

　C. 发出指令　　　　D. 上述所有的

4. ASE 类型复习题

1）技师 A 说当在 NPN 型晶体管的基极存在正向电压时，该晶体管导通；技师 B 说当 NPN 型晶体管导通时，电流流过晶体管的集电极和发射极。谁是正确的?（　　）

　A. 仅技师 A 正确

　B. 仅技师 B 正确

　C. 技师 A 和 B 都正确

　D. 技师 A 和 B 都不正确

2）用数字万用表（DMM）检查空调压缩机离合器线圈的箝位二极管，当对二极管在两个方向上测量时，DMM 都显示无限大的电阻，技师 A 说该二极管开路；技师 B 说除非对二极管施加特定的电压，否则所有二极管都会有如此表现。谁是正确的?（　　）

　A. 仅技师 A 正确

　B. 仅技师 B 正确

　C. 技师 A 和 B 都正确

　D. 技师 A 和 B 都不正确

3）技师 A 说某些类型的电压传感器通过改变或控制一个恒定的预定电压信号向计算机提供输入信号；技师 B 说冷却液温度传感器是生成电压式传感器。谁是正确的?（　　）

　A. 仅技师 A 正确

　B. 仅技师 B 正确

　C. 技师 A 和 B 都正确

　D. 技师 A 和 B 都不正确

4）技师 A 说多路传输是一种在不增加车辆质量前提下增加数据通信的一种方法；技师 B 说多路传输使用了数据总线来共享信息。谁是正确的?（　　）

　A. 仅技师 A 正确

　B. 仅技师 B 正确

　C. 技师 A 和 B 都正确

　D. 技师 A 和 B 都不正确

5）技师 A 说当一个二极管被放置在一个电路中时，电路的正极侧连接到二极管的正极侧，电路的负极侧连接到二极管的负极侧，此时二极管被称为反向偏置；技师 B 说二极管的 P 型材料被电路的正电荷排斥并被推向 N 型材料，而 N 型材料被推向 P 型材料。谁是正确的?（　　）

　A. 仅技师 A 正确

　B. 仅技师 B 正确

　C. 技师 A 和 B 都正确

　D. 技师 A 和 B 都不正确

6）技师 A 说电容器总是以与充电相同的电压放电；技师 B 说电流只有在电容器充电或放电时才流过电容器。谁是正确的?（　　）

　A. 仅技师 A 正确

　B. 仅技师 B 正确

　C. 技师 A 和 B 都正确

　D. 技师 A 和 B 都不正确

7）在讨论多路传输系统协议时，技师 A 说 CAN 通信是以单根总线上携带的可变脉冲宽度为基础的；技师 B 说 B 类通信是在绞合的一对导线上提供实时通信的。谁是正确的？（　　）

A. 仅技师 A 正确

B. 仅技师 B 正确

C. 技师 A 和 B 都正确

D. 技师 A 和 B 都不正确

8）技师 A 说来自霍尔效应开关的信号在其能够被计算机处理前需要通过施密特触发器；技师 B 说霍尔效应开关产生一个模拟信号。谁是正确的？（　　）

A. 仅技师 A 正确

B. 仅技师 B 正确

C. 技师 A 和 B 都正确

D. 技师 A 和 B 都不正确

9）在诊断网络通信故障时，技师 A 检查有问题的网络中是否有通信方面的故障码；技师 B 检查所有网络和模块中是否有故障码。谁是正确的？（　　）

A. 仅技师 A 正确

B. 仅技师 B 正确

C. 技师 A 和 B 都正确

D. 技师 A 和 B 都不正确

10）技师 A 说只有网关模块含有 HS-CAN 系统中的终端电阻；技师 B 说 MOST 网络不需要终端电阻。谁是正确的？（　　）

A. 仅技师 A 正确

B. 仅技师 B 正确

C. 技师 A 和 B 都正确

D. 技师 A 和 B 都不正确

第 6 章
汽车基本系统简述

学习目标

- 介绍近期影响汽车发展的重大事件。
- 说明承载式车身与非承载式车身车辆之间的区别。
- 列出构成汽车的基本系统并概述它们的主要部件和功能。

6.1 历史背景

自从第一辆不用马拉的车辆在美国街道上行驶以来，汽车已经发生了很大的变化。1896年，亨利·福特（Henry Ford）和蓝森·艾里·欧兹（Ransom Eli Olds）都试驾了他们的第一辆汽油动力汽车。在此之前，也有其他人在制造自己的汽车，这些汽车大多数是由电力或蒸汽驱动的。以1896年来标志汽车工业的开始，不是因为福特或欧兹作为个人做了什么，而是因为在1896年，杜里亚兄弟（Duryea Brothers）在第一家为客户制造汽车的工厂制造了13辆汽车。福特T型车的引入是汽车行业的一个转折点，因为它是第一款在装配线上生产的汽车，而且价格非常实惠（图6-1）。

图6-1 福特的T型车

最初，汽车的设计看起来就像一辆马车。1919年，90%的汽车都有一个像敞开式车身的车厢。这些早期的汽车采用后置发动机和非常高的轮胎，目的是载着人员在泥土路上行驶。

随着道路变成铺砌路面、更多人拥有汽车且制造商试图销售更多汽车、人们对安全和环境关注的增长以及新技术的开发，汽车发生了变化（图6-2）。所有这些变化使汽车变得更实用、更便宜、更安全、更舒适、更可靠和更快速。尽管对原始设计已经做了许多改进，但以下汽车的基本要素被改变得很少。

1）当今大多数的机动车几乎都还在使用汽油发动机来驱动两个或多个车轮。

2）汽车的行驶方向仍使用转向系统来控制。

3）制动系统仍被用来使车辆减速或停止。

图6-2 过去的汽车

4）悬架仍被用来吸收路面的冲击，并帮助驾驶员在颠簸的路面上保持对车辆的控制。

5）主要系统都安装在钢制车架上，车架用车身面板覆盖。

6）车身面板赋予汽车的外观造型并保护车内人员免受天气和灰尘的侵扰。

7）车身面板也可以在汽车发生事故时为乘客提供一些保护。

尽管这些基本要素在过去100年里变化很小，但各个系统的设计却发生了很大的变化。与早年福特和欧兹的车型相比，整个汽车在技术上几乎已经完全改变了。新的技术已使20世纪初的速度慢、不可靠、难于操作的汽车变成了能够高速行驶、可以无故障地运行上千英里并能提供舒适性的汽车，这在1896年即便是很富有的人也是无法想象的。

在过去的几十年里，社会和政治压力对汽车设计产生了巨大影响。1965年通过了限制汽车排放有害气体数量的法律。尽管当时这对行业只有很小的即时影响，但汽车制造商被迫着眼于未来。他们需要制造燃烧排放更清洁的发动机。在接下来的几年里，又通过了更严格的排放法规，因而要求制造商去开发新的排放控制系统。

20世纪70年代发生的世界大事继续影响着汽车的发展。1973年，阿拉伯国家的石油禁运导致汽油价格飞涨到正常价格的4倍。这一事件使大多数美国人意识到汽油和其他不可再生资源的供应是有限的。汽车购买者希望汽车不仅对环境友好，而且还要使用更少的燃油。

企业平均燃油经济性（Corporate Average Fuel Economy，CAFE）标准于1975年制定。这些标

准要求汽车制造商制造消耗燃油更少的汽车。在 CAFE 标准下，每个制造商的不同型号的车辆都要进行每加仑汽油可行驶里程数的测试。这些车辆的燃油效率加在一起再平均，得到一家企业所有车型整体的燃油消耗平均值。CAFE 标准自建立以来已经提高了很多次。不能满足特定车型年份 CAFE 标准的制造商将面临巨额罚款。当前提出的 CAFE 标准将在 2022—2025 年将整车油耗限值提高到 54.5mile/gal。

在试图生产燃油消耗更少的汽车时，制造商用四缸和其他小型发动机取代了大型的八缸发动机。类似化油器和触点点火等的基本发动机系统已被电子燃油喷射和电子点火系统取代。

到了 20 世纪 80 年代中期，所有汽车都配备了某种类型的电子控制系统。这些系统用于监测发动机的运行，而且可以在最大限度地减少燃油消耗和排放的前提下提供更高的功率输出。电子传感器用于监测发动机和许多其他系统。计算机化的发动机控制系统控制空气和燃油供给、点火正时、排放控制系统运行以及许多其他相关操作。其结果是提供一种燃烧排放清洁、高燃油效率且动力强劲的发动机（图 6-3）。

图 6-3 新型 V10 汽油发动机剖面图

6.2 设计演变

过去，几乎每辆轿车和货车都采用非承载式车身结构、后轮驱动和对称设计。现在的大多数乘用车都没有单独的车架，取而代之的是将车架和车身制成一个部件，被称为承载式车身。大多数大型的皮卡和 SUV 仍然使用非承载式车身结构。

设计的另一个主要变化是从后轮驱动转变成前轮驱动。前轮驱动有不少优点，最显著的优点是改善了驱动轮的牵引方式、增大了车内的空间、缩短了发动机舱盖长度、传动系统更加紧凑。由于皮卡的设计目的是运载一定的质量和载荷，因此，大多数皮卡仍然是后轮驱动的。

多年来，最明显的设计变化也许是车身风格的变化。车身风格的改变是要响应其他设计的变化和当时的趋势。例如，在 20 世纪 50 年代，美国民众对未知的外太空有着热切的关注，这种潮流使市面上出现了具有火箭状尾翼的汽车。后来，尾翼消失了，而车身样式已经变得更具圆顺以减小空气阻力。

1. 非承载式车身结构

在非承载式车身结构中，车架是车辆的基础。车身和汽车的其他所有主要部件都安装在车架上。车架必须坚固到足以在发生碰撞时能使车辆的其他部分不会出现过大的变形。

车架是一个独立的部件。车身通常用螺栓紧固到车架上（图 6-4），为了减小进入乘客舱的噪声和振动，在车架和车身之间安装有大的专门设计的橡胶垫。这些垫子常常采用两层橡胶以提供

图 6-4 在非承载式车身结构中，车架是车辆的基础

更平顺的乘坐感受。车架纵梁用冲压的钢板构成，它们被焊接在一起。一些车架是通过**液压成型**工艺制成的，该工艺使用高压液体而不是加热将钢板塑造成所需的形状。

2. 承载式（整体式）车身结构

承载式车身（图6-5）是一种承受应力的船形结构，车身的每个部件都为整个车辆提供了结构上的支撑和强度。承载式车身的车辆往往结构更紧凑，因为主要部件都焊接在一起。这有助于在碰撞中保护乘员，但也导致了它与非承载式车身结构的车辆有不同的损坏模式。与局部损坏不同，承载式车身设计中较硬的部分常常被用来将碰撞能量传递和分配给整个车辆的其他更多部分。

图6-5 承载式车身的汽车，图中不同颜色代表用来构建车身的不同材料

几乎所有的承载式车身都是由钢制成的，但一些较新型的轿车和SUV采用铝质车身。铝质的汽车车身和车架的质量要比钢质的同样的车身小40%。大多数采用前轮驱动、具有承载式车身结构的车辆都有一个吊架或副车架，用于支撑前轮的动力传动系统和悬架。

3. 车辆结构

当今的车辆不但要满足各种燃油经济性和安全性的标准，还要具备消费者期望的新技术。为了满足这些需求，制造商正在使用新的材料和制造工艺来制造他们的车辆，包括轻质高强度的钢、碳纤维部件，以及使用黏合剂取代铆接或焊接工艺。

6.3 乘用车分类

对车辆分类的方法有很多种。车辆可以按发动机类型、车身/车架结构、燃油类型、驱动类型或其他消费者最常见的分类方式（车身形状、座椅布置和车门数量）进行分类。目前使用的基本车身形状有以下十种。

（1）轿车 可容纳4~6人的带有前后排座椅的车辆被归类为两门或四门轿车（图6-6）。两门轿车通常被称为双门轿车（coupe）（图6-7）。

图6-6 本田雅阁是典型的新型轿车

图6-7 野马Boss 302是一辆双门轿车

（2）敞篷车 敞篷车有一个可以升起或落下的人造革车顶。一些新款的敞篷车以可折叠的金属车顶为特色，当车顶落下时可收在行李舱中。一些敞篷车有前排和后排座椅，那些没有后排座椅的车通常被称为跑车（图6-8）。

图6-8 德国宝马敞篷跑车

（3）掀背式或舱背式车型　这种车型的显著特点是它的后行李舱是乘客舱的延伸，可通过向上打开的舱门式车门（图 6-9）进入行李舱。采用这种设计的汽车可以是三门或五门的车型，第三个或第五个车门是后行李舱门。

图 6-9　本田飞度是舱背式车型，其后行李舱是乘客舱的后延

（4）旅行轿车　旅行轿车的特点是其车顶径直向后延伸，使后部有一个宽敞的车内行李舱（图 6-10）。该车型背后的行李舱门根据车型的不同有多种不同的打开方式。旅行轿车通常有 4 个车门并有可容纳最多达 7 名乘客的空间。

图 6-10　斯巴鲁新型旅行轿车实例

（5）皮卡　皮卡在乘客舱后面有一个开放的载货区。现在的皮卡有各种变型，包括紧凑型、普通型、全尺寸型和重型皮卡。它们还可以是两门、三门或四门的车型。有些车型具有加长的驾驶室区域，在前排座椅后面还有后排座椅（图 6-11）。它们可以是两轮驱动、四轮驱动（4×4）或全轮驱动的。

（6）面包车　面包车的车身设计有一个较高的车顶和一个全封闭的载货或乘客区。根据面包车的尺寸和设计不同，可容纳 2~12 名乘客。基本上有两种尺寸的面包车：小型和全尺寸。最常见的是小型面包车（图 6-12）。

图 6-11　加长驾驶室的道奇 Ram 是一款深受欢迎的皮卡

图 6-12　本田小型面包车实例

（7）运动型多功能车（SUV）　对 SUV 最恰当描述是多用途车辆，根据尺寸和设计不同，搭载的乘客数不同。大多数好的 SUV 都是四轮驱动的，但有一些则不是。大多数小型 SUV 都是基于某个轿车平台的，并具有许多不同的外观和特点（图 6-13）。中型 SUV 更大些，并通常提供更多的功能和更高的舒适性。此外，还有许多大型的 SUV 可供选择（图 6-14）。大型 SUV 最多可容纳 9 名成人和拖带高达 6t 的质量。

图 6-13　斯巴鲁中小型 SUV

图6-14 路虎揽胜是一款大型SUV

（8）跨界车 这类汽车看起来像SUV，但质量更小，从而提供了更佳的燃油经济性。它们实际上是旅行轿车和SUV的结合。它们具有SUV的特点，但尺寸不完全相同。与普通SUV相比，跨界车的基本结构使其乘坐感更像SUV，而不是货车（图6-15）。它们也不是为拖拽重物或越野使用而设计的。

图6-15 日产Rogue是一款跨界车

（9）混合动力电动汽车 现在有许多混合动力电动汽车可供选择，每一种都采用了不同的技术，以实现更低的排放和更高的燃油效率。雪佛兰Volt是串联式混合动力电动汽车，也被称为增程式电动汽车（图6-16）。

图6-16 雪佛兰Volt增程式电动汽车

（10）电动汽车 随着时间的推移，越来越多的厂商正在推出纯电动汽车，其中一款是日产的聆风（Leaf）（图6-17）。

图6-17 日产聆风（Leaf）

<h2>6.4 发动机基本组成</h2>

发动机提供驱动车辆的动力。所有汽车的发动机，包括汽油机和柴油机，都归类为内燃机，这是因为向车辆提供动力的燃烧过程发生在发动机的气缸内部。**燃烧**是空气和燃油混合气的燃烧和火焰传播过程。由于燃烧，发动机内部产生很高的压力。这种压力或能量用来为汽车提供动力。发动机必须制造得足够坚固以承受燃烧形成的压力和温度。

柴油发动机已经存在很长时间并主要用在大的重型货车上，但也用于一些皮卡车中，并且由于其燃油经济性高而在汽车中变得越来越普遍（图6-18）。尽管汽油和柴油发动机的构造相似，但它们的运转原理却完全不同。柴油发动机比相同排量的汽油发动机有更好的燃油经济性。随着新技术和更清洁的燃油的出现，柴油发动机的排放水平可以与最好的汽油发动机相媲美。

汽油发动机依靠火花点燃燃油和空气的混合气来产生动力。柴油发动机也使用燃油和空气混合气，但它不需要火花来点燃。柴油发动机通常也被称为压燃式发动机，这是因为它的工作原理是进入气缸的空气被紧密地压缩，从而极大地提高了缸内空气的温度，随后燃油被喷入压缩的空气中，压缩空气的热量使燃油自燃。

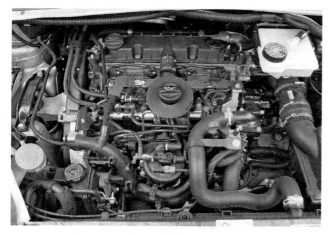

图 6-18　一台用于汽车的四缸柴油发动机

以下内容主要介绍了汽油发动机的基本部件和主要系统。

1. 气缸体

发动机中最大的部件是**气缸体**，也被称为**发动机缸体**（图 6-19）。气缸体是一个大型的金属铸件（铸铁或铸铝），气缸体上有钻的各类孔洞作为润滑液和冷却液在气缸体内流动的通道，此外，还有机械部件运动的空间。气缸体上有气缸孔，气缸孔是适合活塞运动的圆柱形通道。气缸体中布置和容纳了发动机的主要机械部件。

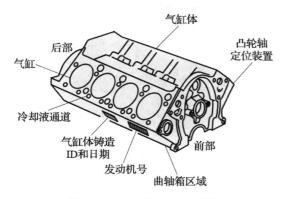

图 6-19　V8 发动机的气缸体

2. 气缸盖

气缸盖安装在气缸体的顶部以密封气缸（图 6-20）。**燃烧室**是压缩进入的空气 – 燃油混合气和燃烧的地方。气缸盖包含了燃烧室的全部或大部分。气缸盖还包含一些通道接口，空气 – 燃油混合气通过它们进入燃烧室并使燃烧后的气体排出气缸。气缸盖可以用铸铁或铸铝制造。

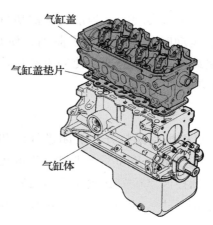

图 6-20　气缸体和气缸盖是发动机的两个主要部件，它们之间用气缸盖垫片密封并用螺栓紧固在一起

3. 活塞

空气和燃油的燃烧发生在气缸盖和活塞顶部之间。**活塞**是紧贴气缸孔内壁装配的圆柱状零件（图 6-21）。在四冲程发动机中，活塞通过 4 个不同的行程完成一个循环。这 4 个行程分别是进气行程、压缩行程、做功行程和排气行程。在进气行程，活塞向下运动，将空气 – 燃油混合气引入气缸。当活塞向上运动时，压缩气缸内的空气 – 燃油混合气来为燃烧做好准备。当活塞到达上止点之前，点火并开始燃烧。膨胀气体的压力推动活塞在做功行程中向下运动。当活塞换向再次向上运动时，进入排气行程。在排气行程，活塞将燃烧后的废气推出气缸。

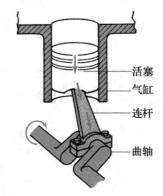

图 6-21　发动机的活塞紧贴气缸孔内壁装配并通过连杆与发动机曲轴相连

4. 连杆和曲轴

活塞的往复运动必须转变为曲轴的旋转运动才能驱动汽车车轮。这种转变是通过连接活塞的

曲柄连杆机构来实现的。当活塞在做功行程中被推动向下运动时，连杆推动了曲轴，使其旋转。曲轴的尾端连接到变速器，使动力经过传动系统传递给车轮。

5. 气门机构

气门机构是用来打开和关闭进气门和排气门的机构。气门是打开和关闭进排气道的可移动部件。凸轮轴控制气门的运动（图6-22），使它们在适当的时间打开和关闭。弹簧用于帮助关闭气门。

图6-22 顶置气门发动机中一个气缸的气门机构

6. 进排气歧管

歧管是一个管道总成，用来引导流进或流出燃烧室的气体。有两个不同的歧管连接到**气缸盖**上（图6-23）。**进气歧管**将空气和燃油混合气输送到进气门。**排气歧管**安装在排气口上，燃烧后的废气经过排气门和排气歧管离开气缸。

图6-23 蓝色的歧管是进气歧管，红色的是排气歧管

6.5 发动机各系统简述

以下内容是对保持发动机运转的各系统的简要说明。

1. 润滑系统

发动机的运动部件需要持续润滑。润滑减小了发动机中的磨损并降低了摩擦力。

发动机机油是用于润滑发动机的油液。几夸脱（qt，1qt=946ml）的机油储存在一个用螺栓固定在发动机气缸体底部的油底壳中。当发动机运转时，机油泵从油底壳中吸取机油并推动其通过机油油道。这些油道是将机油引导到发动机各个运动部件的小通道。

来自油底壳的机油在流经发动机之前先通过一个机油滤清器（图6-24）。该滤清器用于去除机油中的污物和金属微粒。机油中的污物会导致零件过早磨损和损坏。定期更换机油滤清器和机油是预防性维护项目中的一项重要内容。

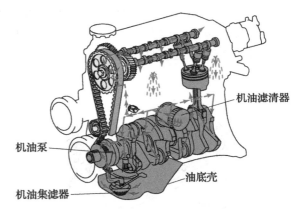

机油滤清器

机油泵

机油集滤器

油底壳

图6-24 机油在典型发动机润滑系统中的流动

2. 冷却系统

空气和燃油混合气的燃烧在发动机中产生大量热量。这种热量不能累积，而且必须减少。该热量会损坏发动机或改变发动机零件的形状。为了防止这种情况，发动机都配有一个冷却系统（图6-25）。

冷却发动机的最常见方法是利用发动机气缸体和气缸盖中的通道来循环液态的冷却液。发动机也可以通过流过发动机上方和周围的空气来冷却，但当今在汽车中采用风冷方式的发动机已不多见。

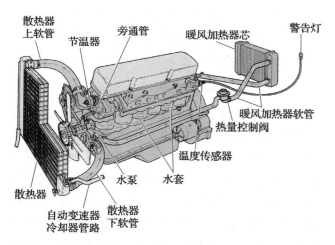

图 6-25　典型的发动机冷却系统

典型的冷却系统依赖于一个**水泵**以使**冷却液**在系统中循环。水泵由发动机或一个电动机驱动。冷却液是水和防冻剂的混合液。冷却液被推动流过气缸体和气缸盖中被称为**水套**的通道以带走气缸周围区域的热量。冷却液吸收的热量被送到**散热器**中。当冷却液流经散热器盘管时将冷却液的热量传递给外界的空气。为了帮助空气从冷却液中带走热量，冷却系统使用冷却风扇带动外界的冷空气流过散热器的散热片。

为了提高冷却液的沸点，冷却系统被加压。为了保持这个压力，散热器盖或**压力盖**被安装在散热器上。**节温器**用于在达到预设温度前阻止冷却液在系统中的循环，这可使发动机更快地暖机。节温器还可使发动机的温度保持在预定的温度水平上。由于冷却系统的各个部件位于汽车发动机舱盖下的不同位置，因此，使用软管来连接这些部件并保持系统的密封。

3. 燃油和进气系统

燃油和进气系统的设计目的是向发动机气缸提供正确数量的燃油和空气。该系统还具备以下功能：储存燃油以备后续的使用；向控制进入发动机燃油量的装置输送燃油；收集和清洁从外面进入的空气；将外部空气输送到各个气缸；改变燃油和空气的比例以满足发动机在不同工况下的需求。

燃油系统由不同的零件组成。燃油箱储存液态的汽油。燃油管路将燃油从燃油箱输运送给系统的其他部分。燃油泵驱动燃油从燃油箱流过燃油管路。滤清器从燃油中去除污物或其他的微粒。燃油压力调节器将压力保持在指定水平。空气滤清器清洁输送到气缸的外部空气。燃油喷射器将燃油与空气混合并注入气缸中或直接将燃油喷入气缸。进气歧管引导空气至每个气缸（图 6-26）。

图 6-26　宝马双涡轮增压发动机的进气系统

4. 排气系统

在排气行程期间，发动机的活塞使燃烧过的空气 - 燃油混合气（或者说是废气）排出气缸并进入排气歧管。从排气歧管出来的这些气体穿过排气系统，直到被排到大气中（图 6-27）。排气系统的设计目的是引导有毒的废气远离乘客舱并减小排气脉冲的噪声，同时燃烧或催化废气中的污染物。

5. 点火系统

空气 - 燃油混合气输送到气缸并被活塞压缩后，它必须被点燃。汽油发动机使用电火花点燃混合气。点火系统的作用是产生这种电火花。

点火线圈产生引发这个电火花的电压（图 6-28）。该线圈将蓄电池的低电压转换为 30~100kV 的脉冲电压，利用这个脉冲电压点燃混合气。混合气必须在适当的时间被点燃，而确切的时间随发动机的设计而异。点火必须发生在活塞完成其压缩行程前的某个点。

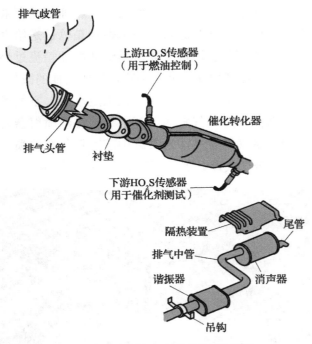

图 6-27 当前汽车上典型的排气系统

图 6-28 四缸发动机的点火模块和点火线圈总成

在大多数发动机中，活塞的运动和曲轴的旋转由曲轴位置传感器监测。该传感器以电气方式跟踪曲轴的位置并将该信息传递给控制模块。根据曲轴位置传感器的输入，电控发动机计算机在精确的时间导通和切断流向点火线圈的蓄电池电流，以使一个电压脉冲在正确的时刻到达某个气缸。

这个脉冲电压必须分配给正确的气缸，因为每次只能点燃一个气缸。在早期的系统中，这是分电器的工作。**分电器**由凸轮轴驱动，它按照正确的点火顺序将高电压脉冲从点火线圈转移到火花塞高压电线。火花塞高压电线再将高压电传送给拧在气缸盖中的火花塞。该电压在每个火花塞头部两个电极之间的间隙中产生火花，该火花点燃空气－燃油混合气。

现在的点火系统不再使用分电器。这些系统有多个点火线圈，每个火花塞或一对火花塞有一个线圈。当线圈被控制模块触发时，高电压流过一个火花塞电路。控制模块全面控制各个气缸中引发电火花的电压产生的时间和顺序。

6. 起动和充电系统

起动系统负责起动发动机（图 6-29）。当点火钥匙转到起动位置或按下"START"（起动）按钮时，小的电流从蓄电池流向**电磁线圈**或继电器。这将使电磁线圈或继电器工作并闭合另一个电路以允许蓄电池的全部电压加在起动机上。随后，起动机与发动机曲轴上的飞轮啮合并使曲轴旋转。当曲轴转动时，活塞运动通过其各个行程。点火系统在每个气缸工作过程中的正确时刻提供火花以点燃空气－燃油混合气。如果发生了良好的燃烧，那么发动机将不再需要起动机而可以自行旋转。此时，点火钥匙被允许返回到"on"位置。从此时起，发动机将继续运转，直到关闭点火钥匙。

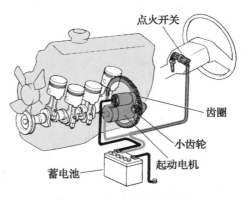

图 6-29 典型的起动系统

操作起动机电路的电力来自蓄电池。在起动机转动曲轴期间，它会使用大量的电流，这往往会降低蓄电池的电力。因此，需要一个为蓄电池再充电的系统，以便今后可以再次起动发动机。

充电系统的设计目的是进行补充充电和保持蓄电池的荷电状态。充电系统还在发动机运转时向点火系统、空调器、加热器、照明、收音机和所有电气附件提供电源。

充电系统包括 AC（交流）发电机、电压调节器、指示灯和必要的线路。由发动机曲轴通过传动带转动的 AC 发电机（图 6-30）将机械能转化为电能。交流电在交流发电机内转换为直流电（DC）。当来自充电系统的输出或电流流回蓄电池时，蓄电池被充电。而当电流流出蓄电池时，蓄电池则在放电。

图 6-30　新型 AC 发电机的主要部件

7. 电控发动机控制系统

几乎所有车辆都有一个电子发动机控制系统，该系统由许多电子和机电部件组成。设计它们的目的是持续监测发动机并进行调整以使发动机运转地更有效。电子发动机控制系统极大地提高了燃油续驶里程、发动机性能和驾驶性能，并大大减少了尾气排放。

电子控制系统有三种主要类型的部件：输入传感器、计算机和输出装置（图 6-31），所有这些部件都通过网络连接。计算机分析来自输入传感器的数据，然后根据输入和保存在其存储器中的指令，计算机指示输出装置对某些系统的操作进行必要的改变。

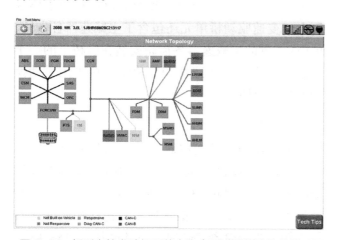

图 6-31　新型电控发动机系统有许多通过网络连接的处理器

电子控制系统带来的一个优势是其非常灵活。由于它使用计算机，因此可以对其进行编程以满足各种发动机性能的整合或标定。通过修改存储在计算机存储器中的数据，可以轻松地改变决定发动机性能的关键临界值。

8. 排放控制系统

当今设计的发动机已经能只排放极少的被确定的污染物。已经被大幅度减少的污染物有碳氢化合物（HC）、一氧化碳（CO）和氮氧化物（NO_x）。美国环境保护署（EPA）制定了限制车辆排放这些污染物的数量标准。

为了满足这些标准，汽车企业对发动机本身进行了许多改进，还开发了一些系统并将其添加到发动机中以减少它们排出的污染物。下面是最常见的污染物控制装置。

（1）曲轴箱强制通风（PCV）系统　该系统通过从曲轴箱中抽取燃油和机油蒸气并将它们送入进气歧管，再经进气歧管输送到气缸中燃烧，从而减少 HC 的排放。该系统可防止被加压的燃油和机油蒸气从发动机逸出而进入大气。

（2）蒸发排放物控制（EVAP）系统　该系统通过从燃油系统中收集燃油蒸气并将其释放到进气系统中进行燃烧来减少 HC 的排放。这个系统阻止了这些蒸气泄漏入大气中。

（3）排气再循环（EGR）系统　该系统将部分排气引入进气以降低燃烧过程中所达到的温度。它降低了在燃烧过程中形成 NO_x 的概率。

（4）催化转化器　催化转化器位于排气系统中，可将 HC、CO 和 NO_x 燃烧或转化为无害物质，例如水。

（5）空气喷射系统　该系统通过将新鲜空气引入排气气流中以使发动机排气中的 HC 进行小幅度的燃烧以减少 HC 排放。大多数较新的发动机已不需要这类系统即可达到可接受的排放水平。

许多用于汽油发动机的系统也用于柴油发动机来减少它们的排放物。排放物过去一直是使用柴油汽车的一个障碍。这个问题现在正在迅速消失。许多新的柴油汽车都有不同种类的捕集器和过滤器，以使尾气在排出尾管前得到清洁；其他车辆则使用选择性催化还原（SCR）系统。SCR 是将还原剂喷射到排气流中然后吸纳到催化器上的过程。还原剂从一种物质中迁移出氧，并使氧与另一种物质结合从而形成另一种化合物。在本应用中，氧气从 NO_x 中分离出来并与氢结合形成水。

9. 车载诊断系统

当今的发动机控制系统是车载诊断（OBD）系统的第二代系统 OBD- Ⅱ。开发这些系统是为了通过监测排放相关部件的劣化和故障来确保排放控制系统在车辆使用寿命内正常运行。OBD 系统由发动机和变速器控制模块、传感器、执行器以及诊断软件组成。

计算机（图 6-32）甚至可以在驾驶员注意到驾驶性能问题之前检测到系统问题，因为影响排放的许多问题本质上可能是电气的，甚至是化学的。

图 6-32 典型的汽车计算机

当 OBD 系统确定存在一个问题时，一个相应的诊断故障代码（DTC）就会存储在计算机存储器中。计算机还会点亮仪表板上标有"检查发动机""尽快维修发动机"或显示一个发动机图标的黄色提示灯。该灯通知驾驶员车辆需要维修，但不需要马上停车。

仪表板上该灯闪烁则表示发动机出现严重失火。当发生这种情况时，驾驶员应降低发动机转速和负荷，并尽快维修车辆。在问题解决后，仪表板上的该灯将会熄灭。

6.6 传动系统简述

传动系统由将动力从发动机传递到车辆驱动轮的所有零部件组成。车辆传动系统中使用的实际零部件取决于车辆是后轮驱动（RWD）、前轮驱动（FWD）还是四轮驱动（4WD）的。

当今，大多数轿车和小型面包车都采用前轮驱动。一些较大的豪华和高性能汽车是后轮驱动的。大多数皮卡和大型 SUV 也属于后轮驱动车辆。RWD 车辆中的动力流经**离合器**或**变矩器**、手动或自动变速器以及传动系统（驱动轴总成），然后通过主减速器、后差速器、后轮驱动半轴，到达后轮。

FWD 车辆传动系统的动力经过离合器或变矩器、手动或自动变速器，然后经过前差速器、驱动半轴到达前轮。

四轮驱动或全轮驱动（AWD）车辆结合了后轮和前轮驱动系统的特点，因此可以永久或按需向所有车轮输送动力。一般来讲，如果货车、皮卡或大型 SUV 是四轮驱动的，则该系统是在 RWD 的基础上添加了前驱动桥。当汽车是 AWD 或 4WD 时，其动力传动系统是一个改良的 FWD 系统。改动部分包括一个后驱动桥和一个将部分动力传输到后桥的总成。

1. 变速器和变速驱动桥

变速器用于 RWD 车辆，而 FWD 车辆使用变速驱动桥，两者都提供各种驱动齿轮以允许车辆向前和向后移动。变速器和变速驱动桥的主要区别在于变速驱动桥单元还包含了主减速器各齿轮。RWD 车辆的主减速器各齿轮安装在后桥上的一个单独的桥壳中。变速器和变速驱动桥可用手动换档或自动换档。

2. 离合器

离合器与手动变速器 / 变速驱动桥一同使用，它将发动机飞轮机械地连接到变速器 / 变速驱动桥的输入轴上（图 6-33）。这种连接通过一个特殊的摩擦片来实现，该摩擦片通过花键连接到变速器输入轴。当离合器接合时，该摩擦片与飞轮连接，从而将发动机动力传递给变速器输入轴。

当停车、起步或从一个档位换到下一个档位时，通过踏下离合器踏板来分离离合器，从而移动离合器摩擦片离开飞轮，中断了传输到变速器的动力。此时驾驶员可以在不损坏变速器或变速驱动桥的情况下进行换档。松开离合器踏板会重新接合离合器并允许动力从发动机传输到变速器。

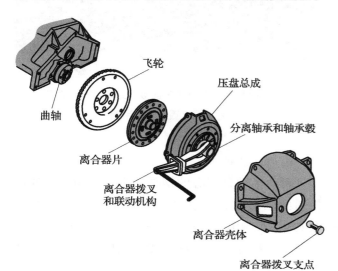

图 6-33　手动变速器离合器总成的主要部件

3. 手动变速器

手动或普通的变速器是一种需要驾驶员自己手动选择档位的变速器。选择合适的档位可以获得良好的驾驶性，但需要对驾驶员进行一些培训。

每当两个或三个齿轮的轮齿啮合在一起时，就形成了一个齿轮组。该齿轮组中一个齿轮的运动将导致其他齿轮的运动。如果该齿轮组中的任何齿轮与其他齿轮的大小不同，则该齿轮将以不同的转速运动。齿轮组的尺寸比被称为该齿轮组的传动比。

手动变速器中包含有许多单独的齿轮组，它们产生不同的传动比（图 6-34）。驾驶员手动操作选择所需的档位或传动比。典型的手动变速器有 5 或 6 个前进档，还有空档和倒档。

4. 自动变速器

自动变速器不需要离合器踏板，可以在没有驾驶员操作的情况下更换所有的前进档位。自动变速器使用变矩器代替离合器来将动力从发动机

的飞轮传输到变速器的输入轴。变矩器可以在发动机所有转速下传递动力（图 6-35）。

图 6-34　典型手动变速器的内部视图

图 6-35　展示了箱体内变矩器的 8 速自动变速器的剖视图

自动变速器的换档由液压和 / 或电子控制系统控制。在液压系统中，各种阀和其他零部件组成的复杂油道网使用液压来控制行星齿轮组的工作。这些齿轮组提供 4~10 个前进档，还有空档、驻车档和倒档。较新的电子换档系统使用电磁阀来控制换档机构。电子换档是精确的，并且可以改变参数以适应特定的工况。所有配备新型自动变速器的车辆都采用电子换档。

5. 双离合器（轴）变速器

节省燃料和减少排放的最新趋势之一是采用双离合器（轴）变速器（图 6-36）技术。这类变速器是自动和手动变速器的结合，并可以根据需要进行手动或自动换档。

图 6-36 双离合器变速器的剖视图

图 6-37 传动部件用于连接变速器的输出轴和
差速器装置及驱动半轴

6．无级变速器（CVT）

无级变速器是一种自动变速器，但不使用齿轮组来改变速度，而使用两个可变直径的带轮和一条金属带。通过改变输入和输出带轮的直径，CVT 可以将发动机转速保持在其最有效的运行范围内，从而提高了燃油经济性。

7．传动部件

传动部件用于 RWD 车辆和 4WD 车辆。它们用于将变速器的输出轴连接到 RWD 车辆后桥壳中的主减速器，还用于将变速器输出轴连接到 4WD 车辆的前、后驱动桥。

传动部件由空心的驱动或传动轴组成，传动轴借助万向联轴器连接到变速器和驱动桥。这些万向联轴器使传动轴能够随着后悬架的移动而移动以免损坏传动轴。

8．差速器

在 RWD 车辆上，传动轴以垂直于车辆向前运动的方向转动。后桥壳中的差速器齿轮装置用来改变动力的方向，以使其可以用来驱动车轮。动力输入到**差速器**，在此处改变运动方向，然后分配到两个后驱动半轴和车轮上（图 6-37）。

差速器中的齿轮装置还通过主减速器的减速来放大它从传动轴接收的转矩。此外，它还可以在左右驱动半轴和车轮之间分配该转矩，从而实现轮速差。这意味着在转弯时一个车轮可以比另一个车轮转动地更快。

9．驱动半轴

驱动半轴是实心的钢轴，它将转矩从差速器传递到驱动轮。一根驱动半轴对应一个驱动轮。在 RWD 车辆中，驱动半轴被封装在保护和支撑这些部件的桥壳中。一些后轮驱动的半轴装置安装在独立悬架上，这类驱动半轴总成与 FWD 车辆的驱动半轴类似。

每个驱动半轴都连接在差速器中的侧齿轮上。半轴的内端通过花键装入侧齿轮中。当该侧齿轮转动时，用花键连接的半轴以相同的转速转动。

驱动轮连接在车桥的外端。每个车桥的外端都有一个安装用的法兰。**法兰**是将一个零件与另一个零件连接的圆形凸缘。车桥末端装有双头螺栓的法兰将车轮安装到位。**双头螺栓**是一个螺纹杆，类似于没有螺母的螺栓。双头螺栓的一端被拧入或压入车桥轮毂端部的法兰中。车轮安装在双头螺栓上，车轮螺母拧紧在双头螺栓的另一端上，以使车轮被固定到位。

差速器壳支撑每根半轴的内端。桥壳内的轴承支撑半轴的外端。这类轴承被称为半轴轴承，它可使半轴在桥壳内平稳旋转。

10．变速驱动桥

变速驱动桥用在 FWD 车辆上。变速驱动桥由被封装在一个总成中的变速器和差速器组成（图 6-38）。变速驱动桥中的齿轮组提供所需的传动比并直接把动力传给差速器。差速器齿轮装置提供主减速器的减速功能并将动力分配到左右驱动半轴。

图 6-38　自动变速驱动桥的剖视图

驱动半轴从变速驱动桥的两侧伸出。驱动半轴的外端被装配在驱动轮的轮毂上。安装在驱动半轴两端的**等速（CV）**万向联轴器允许驱动半轴改变长度和角度，且不会影响动力流向车轮。

11. 四轮驱动系统

4WD 或 AWD 车辆结合了 RWD 变速器和 FWD 变速驱动桥的特点。额外的**分动器**在前差速器驱动的前轮和后差速器驱动的后轮之间分配动力。这个分动器可以是直接用螺栓固定在变速器 / 变速驱动桥外壳上的，也可以是一个安装在传动系统某处的独立外置装置。大多数基于 RWD 的 AWD 车辆都有一根将变速器输出与后桥连接的传动轴，和另一根将分动器输出连接到前驱动桥的传动轴。一般来讲，AWD 汽车都有一个用来分配前后驱动桥之间转矩的中央差速器。

6.7　行驶系统简述

车辆的行驶系统包括车轮和轮胎以及悬架系统、转向系统和制动系统。

1. 悬架系统

悬架系统（图 6-39）通常由弹簧、减振器、麦弗逊（McPherson）式支柱、扭力杆、车桥和连接的连杆机构等部件组成。它们被设计用来支撑车身和车架、发动机和传动系统。如果没有这些系统，驾驶车辆的舒适性和驾驶的便捷性将会降低。

图 6-39　典型悬架系统的支柱总成

弹簧或者**扭杆**被用来支撑车辆的车桥。常用的两种弹簧类型是螺旋弹簧和钢板弹簧。扭杆是一根长的弹簧钢杆。杆的一端连接到车架，而另一端连接到车桥的可移动部件。当车桥上下移动时，扭杆会扭曲，从而扮演了弹簧的角色。

减振器抑制弹簧的上下运动，这对于限制汽车对道路颠簸的反应是必要的。

2. 转向系统

转向系统可使驾驶员控制车辆的方向。它包括转向盘、转向器、转向轴和转向连杆机构。

目前有两种基本类型的转向系统在被使用：**齿条齿轮式系统**和**循环球式系统**。齿条齿轮式系统通常用于乘用车，循环球式系统仅见于较大的重型皮卡和 SUV。转向系统主要有两种结构，如图 6-40 所示。

a）平行四边形转向系统　　　　b）齿条齿轮式转向系统

图 6-40　转向系统

转向器使用齿轮减速以使改变车轮的方向更为容易。在大多数车辆上，为了减小转动车轮的力，转向器会带有动力辅助。在动力辅助转向系统中，一个转向助力泵产生压力并向转向器提供液压油。加压的油液被引导到转向器的一侧或另一侧，以便驾驶员更容易地改变车轮的方向。在新型车辆上通常使用电动机来提供动力辅助转向。

一些车辆上装备速度感应式转向动力辅助系统。它们根据车辆的速度改变动力辅助力的大小。动力辅助力在车辆缓慢移动时达到最大值并会随车速的增高而降低。

3．制动系统

显然，制动系统是用来使车辆减速和停止的（图6-41）。位于每个车轮上的制动器利用摩擦来减慢和停止车辆。

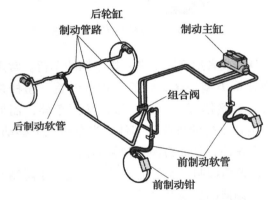

图6-41 前后轮都采用盘式制动器的典型液压制动系统

当驾驶员踏下制动踏板时，制动器被启用。制动踏板与制动主缸中的柱塞相连，制动主缸中充满制动液。当压力加在制动踏板上时，力就会施加到制动主缸中的制动液上。这个力被制动主缸增加，并通过制动软管和管路传递给四个制动器总成。

目前主要有两种类型的制动器：**盘式制动器**（图6-42）和**鼓式制动器**。许多车辆使用这两种类型的组合：盘式制动器在前轮，鼓式制动器在后轮；其他的一些车辆在所有车轮上都采用盘式制动器。

绝大多数车辆都采用动力辅助制动。有些车辆使用一个真空**制动助力器**来提高施加在制动主缸活塞上的压力，其他的一些车辆使用来自动力转

向泵的液压来增加制动液的压力。这两种系统都减小了必须施加到制动踏板上的力，并提高了制动系统的响应能力。

图6-42 带有ABS轮速传感器的盘式制动器

所有新型的车辆都配有**防抱死制动系统（ABS）**。ABS的目的是防止在紧急制动时的滑移，以便使驾驶员在紧急停车时能保持对车辆的控制。

4．车轮和轮胎

车辆与道路唯一接触的位置就是它的轮胎和车轮。轮胎充满空气并由橡胶和其他某些赋予它们强度的材料制成。车轮由金属制成，并用螺栓固定在车轴或轴头上（图6-43）。车轮使轮胎保持在合适的位置。车轮和轮胎有许多不同的尺寸，它们的尺寸必须彼此匹配并与车辆相配。

图6-43 一种采用高性能制动器和轮胎的合金车轮

6.8　总结

- 在过去的几十年里，汽车发生了巨大的变化，包括增加了排放控制系统、采用更省油和燃烧排放更清洁的发动机，以及具备质量更小的车身。

- 除了比非承载式车身汽车结构更轻外，整体式（承载式）车身还通过将冲击力分配给整个车辆以提供更好的乘员保护。

- 当今计算机化的发动机控制系统可以调节诸如空气和燃油供给、点火正时和排放等功能，其结果是整体效率的提高。

- 所有汽车发动机都归类为内燃机，因为燃油和空气的燃烧发生在发动机内部。柴油发动机具有与汽油发动机类似的主要零部件，但柴油发动机不使用火花来点燃空气 – 燃油混合气。

- 冷却系统保持了适当的发动机温度。

- 润滑系统将发动机机油分配至整个发动机中。该系统还有一个机油滤清器以除去机油中的污物和其他杂质。

- 燃油系统不仅负责燃油的储存和供给，还负责将燃油雾化并按正确的比例与空气混合。

- 排气系统有三个主要作用：引导有害的废气避开乘客舱，消除排气脉冲（噪声），减少燃烧废气中的污染物。

- 汽车的电气系统包括点火、起动、充电和照明等系统。发动机电控装置通过计算机精确地调节这些系统。

- 当今的自动变速器使用计算机将加速需求与发动机速度、车轮速度和负荷状况相匹配，然后选择合适的传动比，并在必要时进行换档。

- 行驶系统对控制车辆是至关重要的。它包括悬架系统、制动系统、转向系统、车轮和轮胎。

6.9　复习题

1. 简答题

1）车辆按照企业平均燃料经济性（CAFE）标准进行测试的内容是什么？

2）什么是内燃机的四个行程？

3）除了蓄电池，充电系统还包括什么？

2. 单选题

1）下面哪一项不属于常见的排放控制系统？（　　）

A. EGR　　　　　　　　B. PCV

C. EVAP　　　　　　　 D. 空气喷射

2）自动变速器使用（　　）取代了离合器将动力从飞轮传递到变速器的输入轴。

A. 差速器　　　　　　　B. 万向联轴器

C. 变矩器　　　　　　　D. 等速万向联轴器

3）下列哪一项不是四冲程发动机的行程之一？（　　）

A. 压缩行程　　　　　　B. 进气行程

C. 排气行程　　　　　　D. 点火行程

4）技师 A 说 PCV 系统的设计目的是限制 CO 排放物；技师 B 说催化转化器可减少尾管处的 HC 排放物。谁是正确的？（　　）

A. 仅技师 A 正确

B. 仅技师 B 正确

C. 技师 A 和 B 都正确

D. 技师 A 和 B 都不正确

5）气门机构的功能是什么？（　　）

A. 向控制进入发动机燃料量的装置输送燃料

B. 装有发动机的主要部件

C. 将往复运动转变为旋转运动

D. 打开和关闭每个气缸的进气口和排气口

6）技师 A 说采用液体冷却发动机有助于使发动机的工作温度保持一致；技师 B 说机油通过冷却系统循环以移去发动机零部件的热量。谁是正确的？（　　）

A. 仅技师 A 正确

B. 仅技师 B 正确

C. 技师 A 和 B 都正确

D. 技师 A 和 B 都不正确

7）当用起动机起动发动机时，发动机无法起动并发现火花塞处没有火花。技师 A 说问题可能是蓄电池的问题；技师 B 说点火系统最有可能有问题。谁是正确的？（　　）

A. 仅技师 A 正确

B. 仅技师 B 正确

C. 技师 A 和 B 都正确

D. 技师 A 和 B 都不正确

8）哪一个排放控制系统将废气引入进气以减少 NO_x 在燃烧室中的形成？（　　）

A. EVAP

B. EGR

C. 空气喷射

D. PCV

9）技师 A 说许多车辆使用 AC 发电机作为充电装置；技师 B 说所有车辆都使用 AC 发电机作为充电装置。谁是正确的？（　　）

A. 仅技师 A 正确

B. 仅技师 B 正确

C. 技师 A 和 B 都正确

D. 技师 A 和 B 都不正确

10）技师 A 说变速驱动桥向前、后驱动桥传递转矩；技师 B 说变速驱动桥在 4WD 皮卡和 SUV 上最为常见。谁是正确的？（　　）

A. 仅技师 A 正确

B. 仅技师 B 正确

C. 技师 A 和 B 都正确

D. 技师 A 和 B 都不正确

11）下面哪一项不是行驶系统的零部件？（　　）

A. 差速器

B. 转向系统

C. 悬架系统

D. 制动系统

12）下面哪一项关于承载式车身结构的表述是不正确的？（　　）

A. 承载式车身结构是一种承受应力的船体结构，其中每个车身部件都为整个车辆提供结构支撑和强度

B. 承载式车身结构的车辆通常结构紧凑，因为主要部件都被焊接在一起

C. 所有承载式车身结构均由钢材制造

D. 大多数采用承载式车身结构的前轮驱动车辆都有一个吊架或副车架

13）哪种类型的变速器使用带轮来改变发动机转速？（　　）

A. 双离合器变速器

B. 手动变速器

C. 无级变速器

D. 自动变速器

14）以下哪个部件用来抑制车辆弹簧的上下运动？（　　）

A. 扭杆

B. 减振器

C. 等速万向联轴器

D. 连接的连杆机构

15）发动机通过哪两个主要部件的共同作用将活塞的往复运动变为旋转运动？（　　）

A. 曲轴和连杆

B. 凸轮轴和曲轴

C. 凸轮轴和连杆

D. 曲轴和气门机构

16）发动机冷却系统中的冷却液沸点是通过（　　）被升高的？

A. 节温器

B. 压力盖

C. 散热器

D. 水泵

17）下列哪一项不是由汽油发动机的燃油和进气系统完成的？（　　）

A. 储存燃油供后续使用

B. 收集并清洁来自外部的空气

C. 将燃油输送到控制进入发动机燃油量的装置

D. 在任何发动机运转工况下保持燃油和空气的比例不变

第 7 章
汽油、柴油和其他燃料

学习目标

- 描述汽油的基本成分。
- 说明为什么要在汽油中添加一些物质以提高效率。
- 说出在汽油中用作氧化物的常见物质的名称并说明它们的作用。
- 描述如何测试燃料的质量。
- 说明各种替代燃料的优缺点。
- 说明柴油和汽油的区别。

3C：Concern（问题）、Cause（原因）、Correction（纠正）

ALL TECH AUTOMOTIVE				维修工单	
年份：2015	制造商：路虎	车型：揽胜	里程：48588mile		RO：18825
问题：	车辆被拖入。客户最近购买的汽车，没有历史维修记录。发动机无法起动，且在仪表盘上显示有警告信息。				
根据该客户的问题，应用本章所学的内容，确定该车故障的可能原因、诊断方法以及必要的维修过程。					

本章将介绍用于驱动车辆的燃料。尽管汽车使用的燃料有不同类型，但汽油是最常用且最容易获得的。然而，人们对寻找汽油的合适替代品有着更大的兴趣，本章也将讨论这些内容。

无论用于燃烧的燃料是何类型，其效率都取决于正确数量空气与正确数量燃料的混合。汽油发动机的理想空气－燃料比（简称空燃比）或理论空燃比是大约14.7lb的空气与1lb汽油混合，它提供了一个14.7：1的比例。不同的燃料具有不同的理论空燃比。因为空气比汽油轻得多，所以需要约10000gal的空气与1gal的汽油混合来达到这个空燃比。15：1到16：1的稀混合比提供更佳的燃油经济性。浓的混合气具有低于14.7：1的空燃比，它可提供更高的发动机功率，但燃油消耗量更高（图7-1）。

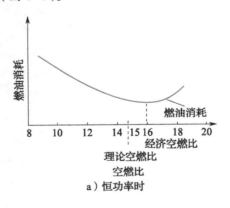

a）恒功率时

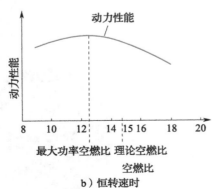

b）恒转速时

图7-1 不同空燃比时的燃油消耗和动力性能

7.1 原油

原油也被称为石油，意思是来自地下的石油。这个名字很贴切。原油是从地表以下的储油层和沙子中提取出来的。从地下提取的石油被称为原油，因为它有待加工或精炼。原油通常被称为化石燃料，因为它是由生活在很久以前并被泥土覆盖多年的植物和动物腐烂而自然产生的。原油是外观上各不相同的液体，它通常是深棕色或黑色的，但也可以是黄色或绿色的。

尽管原油的成分有所不同，但通常包含84%的碳、14%的氢、1%~3%的硫（以硫化氢、硫化物、二硫化物和元素硫的形式存在）、低于1%的氮、低于1%的氧、低于1%的金属等元素（通常是镍、铁、钒、铜和砷）、低于1%的盐分（以氯化钠、氯化镁和氯化钙的形式存在）。

因从原油生产出的产品含有高浓度的碳和氢，所以被称为碳氢燃料或碳氢化合物。

1. 石油制品

大部分从地下提取的石油被加工成碳氢化合物的产品，如沥青、石蜡、汽油、柴油、航空煤油、供暖和其他用途的燃料油、润滑油和油脂、液化石油气和天然气。大约16%的原油被加工后制作成各种产品，如聚合物、塑料、洗涤剂、除臭剂和药品。

碳氢化合物。原油中的碳氢化合物（HC）的分子有许多不同的长度和结构。因此，它们之间的唯一共同点是它们都含有碳原子和氢原子。HC分子中的碳原子数决定了该分子的长度。与氢原子结合的多个碳原子有时被称为链。具有最短链的HC是甲烷（CH_4），它是一种非常轻的气体。具有5个或更多碳原子的较长链的物质是液体或固体。沥青具有35个或更多碳原子。HC含有大量的能量，这就是它们多年来一直被用作能源的原因。

每种不同的 HC 必须从原油中分离出来才是有用的，这种分离过程被称为提炼。一桶（42gal 或约 159L）原油提炼后将产生 20gal（约 75.7L）汽油、7gal（约 26.5L）柴油和少量其他各种石油产品。

2. 提炼

炼油厂是分离原油的地方。分离各种 HC（被称为馏分）的最简单和最常见方法是分级蒸馏（图 7-2）。这种方法的基本原理很简单，即不同的 HC 化合物具有渐进增高的沸点。

以下是一些示例：丙烷将在低于 104℉（40℃）时沸腾；汽油将在 104~401℉（40~205℃）时沸腾；喷气燃料将在 350~617℉（177~325℃）时沸腾；柴油将在 482~662℉（250~350℃）时沸腾；润滑油将在 572~700℉（300~371℃）时沸腾；沥青将在温度高于 1112℉（600℃）时沸腾。

在分馏过程中，用高压蒸汽将原油加热至约 1112℉（600℃）。这将导致所有原油沸腾形成蒸气。蒸气被移入具有许多托盘或盘子的分馏塔。当蒸气在塔中向上移动时，它会冷却。当蒸气到达塔中温度等于某馏分沸点温度的位置时，蒸气就会冷凝变成液体。因此，具有最低沸点的馏分将在塔内的最高温度处冷凝，而那些具有高沸点的馏分将在较低温度处冷凝。不同托盘收集不同的冷凝物并将其液体排出分馏塔。

离开分馏塔的馏分几乎不可直接使用，它们必须经过处理和清洁以去除杂质。此外，炼油厂会对各种馏分进行组合以制成所需的产品。例如，通过混合不同的馏分，可以得到不同辛烷值的汽油。一些馏分经过化学处理以使它们可用于特定的用途，而剩余的馏分经过化学处理以生产其他产品。成品被储存起来，直到可以将它们运送到它们的市场。

（1）化学加工 一些馏分经过化学处理以产生不同类型的 HC。这样做可使炼油厂改变一些 HC 以满足市场需求。如果对汽油的需求量很大，通过加工可以将柴油改变为汽油。

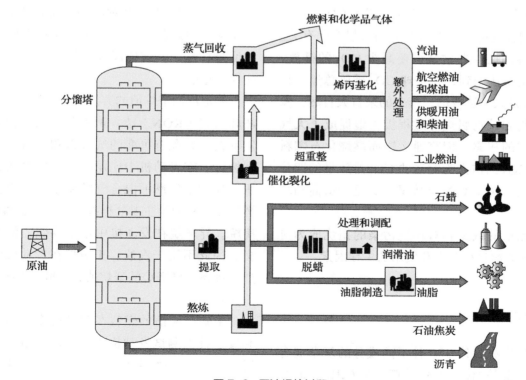

图 7-2 原油提炼过程

将沸点较高的 HC 分解为沸点较低的 HC 的过程被称为裂化。在裂化过程中，HC 被引入高温或高压条件下，强制使 HC 分解。催化剂通常用于加速裂化的过程。

此外，HC 分子的结构可以重新排列以提供不同的 HC。这通常被用于生产汽油的辛烷值增强剂。

（2）清洁和调配 从分馏和化学处理中获取的馏分需要经各种方式处理以去除所有杂质。炼油厂使用的技术包括使馏分通过硫酸以去除不饱和碳氢化合物，通过干燥塔去除水分，以及通过硫化氢洗涤器去除硫。

清洁后的基础馏分与少量其他馏分调配以制成不同产品，例如各种等级的汽油、润滑油和油脂。

3. 担忧

化石燃料是世界上最重要的能源，但使用它们是有代价的。尽管今天似乎有大量石油可用，但在将来可能会被耗尽。

据估计，包含油砂在内的可用石油储量大约有 3.74 万亿桶（440km³）。这看起来似乎很多，但目前每年的石油消费水平大约是 8400 万桶（3.6km³）。这意味着已知的石油储量将在 2039 年用完。

另一个担忧是 HC 在燃烧时会释放 CO_2。这是一个日益增长的担忧，因为 CO_2 与气候变化有关。尽管世界各国已经非常强调要减少 CO_2 的排放，但重要的是要认识到，在全球 CO_2 排放总量中只有不到 4% 是人为造成的，其余的来自大自然，像呼吸、植物和动物腐烂等过程极大地促成了大气中二氧化碳的积累。因交通运输而燃烧化石燃料所产生的 CO_2 约占人为制造的 CO_2 排放量的四分之一。因此，减少 CO_2 排放量一直是制造商和政府的目标。

石油储量的减少和对环境污染的担忧成为对替代燃料和能源进行开发和使用的主导因素。

7.2 汽油

汽油是含有大约 300 种不同成分的复杂混合物，其中主要是 HC。其化学符号是 C_8H_{15}，表示每个汽油分子含有 8 个碳原子和 15 个氢原子。汽油是一种无色的液体，并具有极好的汽化能力。

炼油厂必须符合美国测试与材料协会（American Society for Testing and Materials，ASTM）和 EPA 指定的标准和一些州的要求，以及公司自己的标准。汽油的许多性能特性可以在炼制和调配过程中得到控制。在向公众提供之前，已在汽油中混入了许多添加剂（图 7-3）。影响燃料性能的主要因素是抗爆性、挥发性、硫含量和沉积物控制。

类型	添加剂
辛烷值提升剂	甲基叔丁基醚（MTBE）、叔丁醇（TBA）、乙醇、甲醇
氧化抑制剂	丁基、甲基、乙基和二甲基苯酚各种其他的酚类和胺类
金属钝化剂	双水杨酸水酯 -N- 甲基二丙烯 - 三胺 N,N′- 双水杨醛水酯 -1,2- 乙二胺 其他相关胺类
燃烧控制剂	邻磷酸三甲酚酯（TOCP）
结冰抑制剂	异丙醇
清洁剂和分散剂	各种磷酸盐、胺类、酚类、醇和羧酸
腐蚀抑制剂	羧酸类、磷酸类和磺酸类

图 7-3 当前在车用汽油中混合的各种添加剂

1. 抗爆性

石油行业开发了辛烷值或者说是对辛烷值进行了分级，因此可以对汽油的抗爆性进行评定。辛烷值是对燃料在发动机中不发生爆燃的可能性的度量标准。辛烷值越高，发动机发生爆燃的可能性就越小。

测定汽油辛烷值的方法有两种：马达（MON）法和研究（RON）法。两者都使用实验室的单缸发动机，并配有可变的气缸盖和测量爆燃强度的爆燃计。在发动机中使用的样本燃油随着发动机压缩比和空气燃油混合气的调整将产生特定的爆燃强度。有两种主要的标准参照燃油：**异辛烷和正庚烷**。异辛烷在发动机中不会爆燃，但由于它很贵，因此不用于汽油。正庚烷在发动机中会产生严重爆燃。异辛烷的辛烷值为 100，正庚烷的辛烷值为 0。

未知辛烷值的燃料在配备可变压缩比气缸盖和爆燃计的测试发动机中运行以测量该燃料的爆燃严重程度。然后在发动机的运行中使用不同比例的异辛烷和正庚烷以复现使用测试燃料时发动机爆燃的严重程度。当用异辛烷和正庚烷混合的燃料引起的爆燃与被测燃料引起的爆燃相一致时，则被测燃料的辛烷值由混合燃料中异辛烷的百分比来确定。例如，若 85% 的异辛烷和 15% 的正庚烷的混合燃料所产生的爆燃强度与被测燃料相同，则被测燃料的辛烷值将被评定为 85。

法律要求的辛烷值和加油站汽油泵上显示的辛烷值是抗爆指数（Antiknock Index，AKI）。它是 RON 法测试结果 R 和 MON 法测试结果 M 的平均值，即 AKI 等于（$R+M$）/2。

大多数近代的发动机都可使用普通等级的汽油高效运行，而不需要使用高辛烷值汽油。高辛烷值汽油比低辛烷值汽油燃烧得慢，这就是它不太容易引起爆燃的原因。大多数发动机控制系统都有一个传感器来检测是否发生爆燃，因此，PCM 可以推迟点火正时来防止爆燃。高辛烷值汽油用于高性能发动机，因为这类可提供更大功率输出的发动机都具有高压缩比。

2. 挥发性

汽油极易挥发，它会迅速蒸发，所以很容易与空气混合而燃烧。汽油的挥发性会影响下述性能特性或行驶工况。

1）冷起动和暖机：如果燃油不能迅速气化，将在暖机过程中导致起动困难、加速迟缓和顿挫。过于容易气化的燃油在炎热天气下会在燃油供给系统中形成蒸气，导致气阻或性能损失。如果汽油在燃油管路中蒸发，它会阻止汽油的流动。有压力的燃油会压缩蒸气，影响其流过燃油管路。气阻会导致各种驾驶性问题。夏季（炎热天气）调配的汽油比冬季汽油的挥发性要小（即不容易蒸发）。

2）海拔：汽油在高海拔地区更容易蒸发，因此，在调配汽油时，应根据燃油销售地点的海拔来控制燃油的挥发性。

3）曲轴箱机油稀释：燃油必须蒸发以防止液体燃料稀释曲轴箱机油或破坏气缸壁上的油膜，从而导致擦伤或划伤。液体最终会进入曲轴箱中的机油中，形成油泥、胶质和漆膜状沉积物，并影响机油的润滑特性。

有三种测量燃料挥发性的方法。最常见的是**里德蒸气压力**（Reid Vapor Pressure，RVP）测试。RVP 测试是通过将汽油样本放入一个连接有压力测量装置的密闭金属容器中来进行的。将容器浸入已加热的水（100°F 或 38℃）中。随着燃料被加热，它会蒸发。记住，越易挥发的燃料，就越容易蒸发。当燃料蒸发时，它会在容器内产生蒸气压力。蒸气压力的测量单位为 psi。

3. 硫含量

在炼制的汽油中可能会有原始原油中的一些硫分。硫含量在炼油厂得到降低以限制它可能对发动机和排气系统造成的腐蚀。当燃料中的氢被燃烧时，燃烧的副产品之一是水。水以蒸汽的形式离开燃烧室，而在通过冷的排气系统时又会凝结成水。当发动机关闭并冷却时，蒸汽重新凝结成液体并形成水滴。

燃料中的硫分在燃烧时与氧气结合形成**二氧化硫**。这种化合物会与水结合形成硫酸，它是一种腐蚀性很强的化合物。这种酸是导致排气门点蚀和排气系统劣化的主要原因。硫酸还会侵蚀主轴承和连杆轴承的内层。这是需要定期更换发动机机油的原因之一。使用催化转化器时，二氧化硫会在发动机预热期间产生像臭鸡蛋一样的难闻气味。为了减少硫酸引起的腐蚀，汽油中的硫含量应限制在 0.01% 以下。

4. 沉积物控制

汽油中添加了不同的添加剂以控制有害的沉积物，这些沉积物包括胶质或氧化抑制剂、清洁剂、金属钝化剂和防锈剂。

7.3 常用汽油添加剂

以往所有汽油生产公司在提供汽油时所需要做的只是从地下抽取原油，将原油通过提炼进行分离，然后在每加仑汽油中加入几克铅，最后将制成品运送到加油站。当然，那时的汽车要简单得多，它们燃烧形成的东西似乎并不重要。只要汽油容易气化，不引起发动机爆燃，一切就都是好的。

那时候是在汽油中加入四乙基铅（TEL）和四甲基铅（TML）这样的铅化合物来提高汽油的辛烷值的。但自 20 世纪 70 年代中期以来，车辆被设计为仅可使用无铅汽油，含铅燃料不再被用作汽车燃料。由于铅对人体和催化转化器有毒害作用，当今限制每加仑汽油中的铅含量不得超过 0.06g。因此，目前为了达到所需的辛烷值，通常会在汽油中添加甲基环戊二烯基三羰基锰（MMT）。

1. 防冰冻剂或除冰剂

异丙醇被季节性地添加到汽油中作为防冰冻剂，以防止燃油管路在寒冷天气下冻结。

2. 金属钝化剂和防锈剂

这些添加剂用于抑制燃油与燃料系统中的金属发生化学反应，这些反应会形成有研磨作用和堵塞滤清器的物质。

3. 胶质或氧化抑制剂

一些汽油含有芳香胺类和酚类以防止形成胶质和漆面状沉积物。在储存期间，一些汽油分子的相互作用以及与氧气之间的反应，会形成有害的胶质沉积物。添加氧化抑制剂可以促进汽油的稳定性。它们有助于控制胶质和沉积物的形成从而保持汽油的有效性。

汽油中胶质的含量受汽油存放的年限和其暴露于氧气和某些金属（例如铜）中时间的影响。如果允许汽油蒸发，其残留物会形成胶质和漆面状沉积物。

4. 清洁剂

清洁添加剂的目的就像它们名称一样只是为了清洁发动机内部的某些关键部件，它们不影响辛烷值。

性能提示

向空气 – 燃油混合气中添加一氧化二氮并不是炼油厂做的事，而是那些想从自己的发动机中寻求更大瞬时功率的人做的。一氧化二氮以致密液体的形式注入。当一氧化二氮被加热时，它会分解成氮气和氧气，这会在燃料点燃时向气缸内提供更多的氧气。因为有更多的氧气，因而允许向气缸内喷入更多的燃油，从而使发动机产生更大的功率。一氧化二氮还通过冷却气缸中的气体使空气密度更大从而提高了发动机的性能。当驾驶员按下按钮启用该系统时，一氧化二氮被喷入发动机的进气系统中。许多发动机都可以使用一氧化二氮套件，包括将套件添加到发动机上的所有部件。一氧化二氮罐通常可储存足够使用 3~5min 的一氧化二氮。

7.4 含氧有机物

含氧有机物是含氧的化合物，例如醇类和醚类。由于燃料携有氧而有减稀混合气的倾向。含氧有机物可提高燃烧效率，从而减少了排放。许多含氧有机物在与汽油混合时还可作为良好的辛烷值增强剂（图 7-4）。含氧有机物燃料通常都有较低的 CO 排放量。

应当注意的是，使用氧化后的汽油可能会使新型车辆的燃油经济性略有下降。这是因为 HO_2S 传感器检测到多余的氧气，致使 PCM 通过加浓混合气来对此做出响应。

添加到汽油中的含氧有机物会产生所谓的**重整汽油**（reformulated gasoline，RFG）。RFG 也被称为"清洁燃烧"汽油，其成本略高于普通汽油。大多数发动机不需要改动即可使用 RFG。RFG 是为减少尾气排放配制的。

参数	乙醇	MTBE	ETBE	TAME
化学分子式	CH_3CH_2OH	$CH_3OC(CH_3)_3$	$CH_3CH_2OC(CH_3)_3$	$(CH)_3CCH_2OCH_3$
辛烷值（R+M）/2	115	110	111	105
氧含量（%）	34.73	18.15	15.66	15.66
混合后的蒸气压力（RVP）	18	8	4	1.5

图 7-4 常见含氧有机物的典型特性

1. 乙醇

迄今为止，使用最广泛的汽油含氧有机物添加剂是乙醇或谷物酒精。**乙醇**是由可再生生物资源制成的，无腐蚀性且相对无毒。将 10% 的乙醇混合到汽油中会提高 2.5～3 个单位的辛烷值。使用混合乙醇的汽油，排放到空气中的有毒物质可减少约 50%。由于乙醇具有较高的含氧量，因此可减少 CO 的排放。

乙醇还可以疏松可能聚集在车辆燃油系统中的污染物和残留物。所有醇类都具有吸收燃油系统中因冷凝而生成的水分的能力，从而降低了燃油管路在寒冷天气发生结冰的可能性。

2. 甲醇

甲醇在醇类中是最轻和最简单的，也被称为木醇。它可以从煤或其他来源中分馏得来，但目前使用的大部分甲醇来源于天然气。

许多汽车制造商警告驾驶者不要使用混合甲醇和 CO 溶剂的体积比例超过 10% 的燃料。与乙醇相比，它对燃料系统部件具有更强的腐蚀性，而正是这种腐蚀引起了汽车制造商的担忧。甲醇还是高毒性的，因此，摄入、与眼睛或皮肤接触以及吸入都会有安全问题。

甲醇可以直接用作汽车燃料，但要使用甲醇，必须改动发动机。甲醇还可用于灵活燃料汽车，如 M85，即 85% 的甲醇，但这种车辆并不常见。甲醇未来有可能是向氢燃料电池电动汽车提供氢气的一种可选燃料。

3. 甲基叔丁基醚（MTBE）

在过去，甲基叔丁基醚（MTBE）因其与汽油良好的相容性而被用作辛烷值增强剂。甲醇可用来制造 MTBE，但由于被发现 MTBE 会污染地下水，MTBE 的生产和使用量已有所下降。自 2004 年起，汽油中已不再使用 MTBE，MTBE 被乙醇和其他含氧有机物所取代，例如叔戊基甲基醚（TAME）和乙基叔丁基醚（ETBE）。

4. 芳香烃类化合物

这类化合物都是石油衍生的化合物，包括苯、二甲苯和甲苯，它们被用作辛烷值增强剂。

5. 顶级汽油

随着燃油喷射和先进的排放控制系统成为当前发动机的标准配置，燃油添加剂留下的沉积物成为一个关注点。汽油中的各种物质，如烯烃，会分解并在进气门和喷油器上留下具有黏性的沉积物。这些沉积物会影响发动机的运转情况，也会对尾气排放产生影响。为了帮助减少燃料分解导致的问题，含顶级清洁剂的汽油被开发出来。

这种燃油通常被称为顶级清洁汽油，它是汽车制造商和燃油供应商共同努力的结果。符合顶级汽油等级的燃油带有特殊的清洁剂，它在汽油直喷发动机常见的高热负荷下不会分解。顶级汽油使用经过性能标准测试的清洁剂。顶级汽油的目标是减少进气门和燃烧室沉积物的形成和喷油器积垢的可能性。大多数汽油供应商品牌都提供顶级汽油和柴油燃料。

7.5　汽油质量检测

有两种测试可以用来测试汽油的质量：里德蒸气压力（RVP）测试和乙醇含量测试。

1. 测试汽油的 RVP

RVP 是汽油挥发性的量度。易挥发的燃油更容易蒸发，从而产生更大的压力。提高汽油的 RVP 可使发动机在寒冷天气下更容易起动。混合的冬季汽油的 RVP 约为 9.0 psi。夏季等级的汽油 RVP 通常约为 7.0 psi。

为了测试汽油的 RVP，需要专门的燃油蒸气压力测试仪。要确保正被测试的汽油是凉的，然后将样品放入测试仪的容器中，并在汽油进入容器后立即将其可靠地密封在容器内。将热水放入另一个容器中，然后将装有燃油的容器放入其中。确保装有燃油容器的大部分被水浸没。将压力表总成连接到装有汽油的容器上。将温度计放入水中，当水温为 105℉（约 40℃）且至少 2min 时，读取压力表的读数并将其与规范值进行比较。

2. 燃油中乙醇含量测试

加油站的汽油可能含有少量乙醇，通常最多

不超过10%。如果超过10%，则可能导致诸如燃油系统腐蚀、燃油滤清器堵塞、燃油系统橡胶部件劣化和混合气过稀等问题。这些因燃油中乙醇过量而引起的燃油系统问题可能会导致驾驶性能方面的减弱，例如动力不足、加速顿挫、发动机熄火和无法起动。如果向发动机输送的燃油量是正确的，并且有证据表明混合气稀，则应检查进气系统是否漏气，然后检查汽油的乙醇含量。

有许多不同的方法可以检查汽油中乙醇的百分比。有些方法更精确，而有些方法则需要复杂的仪器。

测试步骤

采用以下步骤检查汽油样本中的乙醇含量。

步骤1：取一个最小刻度为1mL的100mL量筒。

步骤2：在量筒中加入汽油至90mL刻度处。

步骤3：在量筒中加入10mL的水，使液面正好处在100mL处。

步骤4：在量筒上安装一个塞子，并用力摇晃10~15s。

步骤5：小心松开塞子，释放量筒中的所有压力。

步骤6：再装上塞子，再用力摇晃10~15s。

步骤7：小心松开塞子，释放量筒中的所有压力。

步骤8：将量筒放在水平面上并等待5min以使液体分离。

步骤9：观察量筒中的液体。燃料中的所有乙醇都会被水吸收并沉到量筒底部。如果量筒底部的水量超过10mL，则表明燃料中有乙醇。例如，如果此时的水量为15mL，则燃油中含有5%的乙醇。

注意：由于这个方法不能提取燃料中100%的乙醇，因此，燃料中的乙醇百分比可能高于指示值。

7.6 汽油的替代品

用于发动机中的汽油的实际使用成本不限于每加仑或每升的汽油价格，还有其他因素或代价需要考虑：我们的环境、我们对进口石油供应的依赖以及未来石油供应的枯竭。任何减少化石燃料的使用都将为子孙后代带来好处。让我们来看

以下一些简单的事实。

1）美国的家用汽车数量正在增长，从1969年到2001年几乎增加了两倍。上一年，北美地区售出了近2000万辆新轿车和轻型货车。这些数字还不包括行驶在道路上的非当年购买的汽车。目前在道路上已有超过2.5亿辆汽车。

2）据估计，这些汽车在一年内所行驶的总英里数远超2万亿。为了更好地理解这一点，让我们假设所有这些车辆每加仑燃油行驶的平均里程为20mile。这意味着每年有超过1000亿gal的石油被汽车消耗掉。

3）近年来，美国石油消费量逐年增长，而美国对进口石油来源的依赖度超过30%。

4）若轿车和轻型货车对化石燃料的消耗减少10%，每天将减少2400万gal石油的使用。

5）美国人每分钟花费近10万美元去购买外国石油，而石油购买是造成国家贸易逆差的主要原因。

6）汽车和汽油造成污染。汽车不仅排放污染物（图7-5），而且汽油的提炼、生产和销售也会导致空气污染、水污染和石油漏损。

7）由于严重依赖化石燃料，交通运输行业成为二氧化碳和其他吸热气体的主要来源之一，这些气体造成了全球气候的变暖。

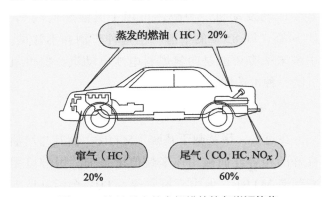

图7-5 汽油动力的车辆排放的各类污染物

1. 替代燃料

对燃烧化石燃料及其储量下降的担忧促使人们开始对替代燃料的全面探索。在考虑替代燃料的可行性时，考虑了很多因素，包括排放、成本、可用性、能量密度、安全性、发动机寿命、加油设施、燃料箱的质量和空间要求，以及汽车加满

燃料后的续驶里程。通过使用替代燃料，我们不仅可以减少对石油的依赖，还可以减少汽车排放和尾气对全球变暖的影响。其中的许多燃料还被认为是燃料电池电动汽车的可选燃料。

可再生燃料的来源已受到广泛关注。**可再生燃料**是那些来自非化石资源、由植物或动物制品或废弃物（生物质）中提取的燃料。生物质燃料，例如生物柴油和乙醇，可以在内燃机中燃烧。生物质燃料往往是可进行碳中和的，这意味着在燃烧过程中，它们释放的二氧化碳量等于植物或动物生存时从大气中吸收的二氧化碳量。燃烧不会导致二氧化碳排放量的增加。乙醇和甲醇可以被用作与汽油混合的含氧有机物，也可以被用作内燃机的主要能源。然而，由于乙醇是由可再生资源制成的，因此它是最常用的。

能量密度。这些替代燃料中的每一种都可以从**能量密度**的角度来考虑其性能。能量密度是每种燃料单位质量所能提供的能量。能量密度通常是以 J/kg 作为计量单位来评价的。1J 可以定义为在 1s 内产生 1W 功率所需的能量。表 7-1 为常见能源的能量密度。

表 7-1　常见能源的能量密度

原料	每千克大约能提供的能量
铀–238	20TJ
氢	143MJ
天然气	53.6MJ
LPG 丙烷	49.6MJ
汽油	47.2MJ
柴油	46.2MJ
乙醇汽油燃料 E10	43.54MJ
生物柴油	42.20MJ
乙醇汽油燃料 E85	33.1MJ
煤	32.5MJ
甲醇	19.7MJ
超级电容器	100kJ
铅酸蓄电池	100kJ
电容器	360J

2. 乙醇

乙醇是一种高品质、低成本、高辛烷值

的燃料（辛烷值为 115），它比汽油燃烧更清洁。将乙醇作为燃料并非一个新的概念。福特的 T 型车被设计成只用酒精（乙醇）运转。乙醇（CH_3CH_2OH）通常被称为谷物酒精，它是一种可用几乎任何含碳物质制成的可再生燃料（图 7-6），通过发酵和分馏玉米、秸秆、小麦、甘蔗、其他谷物或生物质废料来生产乙醇是最常见的方法。乙醇可用作车辆的高辛烷值燃料，而且通常与汽油混合来提高汽油的辛烷值。

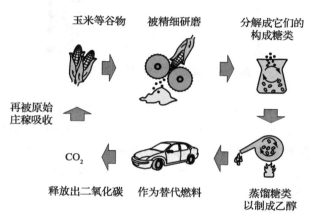

图 7-6　乙醇的碳循环

乙醇是酒精，它可以吸收燃料系统中可能存在的水分。被吸收的水分随燃料一起流动并被发动机燃烧掉，但如果燃油中的水分含量过高，水就会从燃油中分离出来，并沉到燃油箱的底部。如果怀疑出现这种情况，应从燃油箱中放出所有燃油和水，然后重新加注干净的用乙醇混合的燃油。

为了给汽车的使用，通常将乙醇与汽油混合。常见的混合物是 E10 混合物，即 10% 的乙醇和 90% 的汽油，还有 E15 和 E85，E85 是 85% 的乙醇。北美地区大多数以汽油为动力的车辆能够使用的乙醇混合物最多可含 10% 的乙醇，而有些车辆则有能力使用 E85 运转（图 7-7）。

使用 E85 比使用传统汽油有很多优点：它在美国生产，因此可减少美国对其他国家石油的依赖；车辆不需要做更多改装即可使用它；它的排放物比汽油更清洁；二氧化碳排放量要低得多；乙醇混合燃料可保持燃料系统的清洁，因为它不会留下漆面状或黏性沉积物。

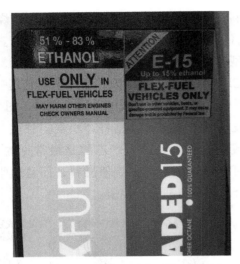

图 7-7　加油站有两种类型的乙醇燃油

图 7-8　印地赛事使用乙醇燃料的赛车发动机

然而，E85 的基础设施薄弱，很少有提供 E85 的加油站。生产 E85 需要的能量多于它所能提供的能量。而且 E85 释放的能量也比汽油少 25%，这使得常规车辆的燃油经济性也下降大约同样的比例。

3. 甲醇

甲醇（CH_3OH）是一种可清洁燃烧的醇类燃料，通常由天然气制成，但也可以由煤和生物质制成。由于北美地区有丰富的这类原料，因此，使用甲醇可以减少美国对他国油品的依赖。甲醇具有很强的腐蚀性，为使用该燃料而设计的发动机必须配备特殊的塑料和橡胶零件，以及不锈钢的燃料系统。甲醇作为燃料的应用这些年来一直在减少，但它可能会成为燃料电池电动汽车的燃料。目前，通常将这些醇类与 15% 的汽油混合，形成 M85。少量的汽油可提高醇类的冷起动能力。

车间提示

在使用甲醇这种由天然气制成的不可再生燃料运行了 40 年后，印地赛车联盟（IRL-Indy Racing League）在 2007 年改用乙醇来为他们系列赛中赛车的发动机提供动力（图 7-8）。此外，2011 年，纳斯卡（NASCAR，全国运动汽车竞赛协会）指定在他们的所有比赛中使用 E15。根据 NASCAR 的说法，E15 有利于赛车，有利于环境，也有利于美国。

4. 丙烷 / 液化石油气

丙烷，也被称为**液化石油气**或 LPG，它被用在世界各地的出租车、警车、校车和货车（图 7-9）车队中。LPG 在化学上类似于汽油。它之所以被称为液体石油，是因为它以液体形式储存在压力瓶中。压力提高了液体的沸点并防止其蒸发。LPG 燃烧清洁是因为它可在大气温度和压力下蒸发，这意味着它排出的 HC、CO_2 和 CO 更少。丙烷是一种清洁燃烧的燃料，并可提供比其他替代燃料更接近汽油的行驶里程。

即使在最寒冷的气候下，丙烷也可以快速起动车辆。它还具有比汽油更高的辛烷值等级，但使用该燃料会使发动机功率输出降低（约 5%），这是因为用该气体很难填满气缸。丙烷是一种以蒸气形式进入发动机的干燃料，而汽油是以微小液滴的形式进入发动机的。LPG 是汽油的良好替代品，但它也是一种化石燃料，因而它不是未来受青睐的替代燃料。

图 7-9　采用丙烷燃料的递送货车

使用 LPG 的车辆具有特定的发动机燃料控制装置和专门的储罐或气瓶来储存气体（图 7-10）。气体是在约 200lbf/in²（约 1.38MPa）压力下储存的，在这个压力下，气体转变为液体并以液体形式储存。液态丙烷被从储存装置中抽出后会升温，并在进入发动机中燃烧前变回气体。丙烷燃料系统是一个完全密闭的系统。

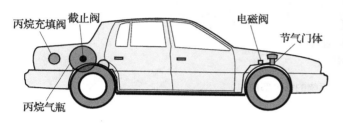

图 7-10 丙烷燃料汽车的布置

5. 压缩天然气

天然气、压缩天然气（CNG）和液化天然气（LNG）是一种非常清洁的燃料。天然气供应充足，它燃烧得更清洁，而且比汽油便宜。因为天然气具有较低的碳含量，因此，用 CNG 来燃烧还可以使 CO_2 的排放量减少约 25%。此外，天然气是无毒的，因而对土壤和水是无害的。这些因素使天然气成为一种有吸引力的替代燃料，特别是对那些不会远离其运营中心地点的高行驶里程且集中供油的车队更是如此。

天然气中的主要物质是甲烷。天然气是一种高度易燃的无色气体，并常用于家庭取暖器、炉灶和热水器中。根据 1992 年的能源政策法案，CNG 和 LNG 被视为替代燃料。CNG 用于轻型和中型车辆中，而 LNG 用于公共汽车、火车机车和长途半挂货车上。

CNG 必须在 2400lbf/in²（约 16.55MPa）、3000lbf/in²（约 20.69MPa）或 3600lbs/in²（约 24.82MPa）的压力下安全地储存在气瓶中（图 7-11），这是使用 CNG 作为燃料的最大缺点。这些气瓶占据的空间减少了行李舱空间，有时还会占用乘客舱的空间。因此，CNG 车辆的行驶范围小于同样的汽油车辆。双燃料汽车配备了储存 CNG 和汽油的设备，并可使用其中任何一种燃料行驶。

图 7-11 用于 CNG 的气瓶

天然气在其冷却到 -263.2℉（-164℃）时会转为液体。因为它是一种液体，所以与 CNG 相比，LNG 燃料在车辆上占用的储存空间较小。因此，LNG 车辆的行驶范围比同样的 CNG 车辆更长。对需要行驶长距离的车辆来说，LNG 是一个不错的选择，但其燃料必须在极低的温度下分配和储存，这需要同样会占用空间的制冷装置。这就是 LNG 燃料不适合个人车辆使用，而仅用于重型车辆的原因。

因为天然气在美国国内具有易获得性、广泛的基础设施、较低的成本和清洁燃烧的特性，所以天然气作为燃料的使用具有一定优势。然而，在大多数应用中，CNG 气瓶占用的空间及其约 300lb（约 136kg）的质量被认为是一个劣势。

天然气汽车（NGV）的基本部件如图 7-12 所示。CNG 燃料系统将高压天然气从气瓶输送到发动机。此过程还降低了气体的压力，因此，它与发动机的燃料管理系统兼容。天然气喷入发动机进气系统的方式与将汽油喷入汽油发动机的方式相同，燃烧室中的高温和高压将迅速点燃这些气体。

天然气车辆有以下三种基本类型。

1）单一燃料型，该类车辆仅使用天然气运行，它们可能是轻型或重型车辆。

2）天然气汽油双燃料型，它们有两个独立的燃料系统，可使车辆用天然气或汽油运行，通常是轻型车辆。

3）天然气柴油双燃料型，这种系统通常仅用

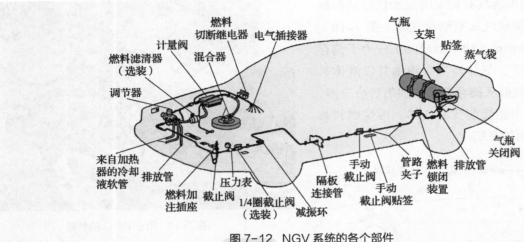

图 7-12　NGV 系统的各个部件

于重型车辆中。这类车辆同时有天然气和柴油的燃料系统。

本田思域（CIVIC）天然气汽车。 改用 CNG 的本田思域是在典型的思域轿车基础上改装而成的（图 7-13），与原车型具有相同的发动机、变速器、附件和车身，主要差异反映在对发动机的改动上。在普通思域轿车上，1.8L 发动机的额定值为 140 hp（约 104.40kW）（6500r/min）和 128lbf·ft（约 173.54N·m）（4300r/min）。CNG 轿车上的发动机的额定值较低，为 110hp（约 82.03kW）（6500r/min）和 106lbf·ft（约 143.72N·m）（4300r/min）。相比于汽油发动机 10.6：1 的压缩比，CNG 发动机有着 12.7：1 的更高压缩比。这两种轿车具有相同的 EPA 排放等级和大致相同的燃油行驶里程估计值。

图 7-13　使用 CNG 的本田思域轿车

天然气系统由气瓶、燃料加注插座、手动截止阀、高压燃料滤清器、燃料管路、燃料压力调节器、低压燃料滤清器和喷射器组成。整个系统符合美国国家消防协会的车辆气体燃料系统（NFPA-52）的法规。

为了只让优质和得到良好过滤后的气体进入车辆的气瓶，本田强烈建议车辆在公共商业级的 CNG 加气站进行加气。他们进一步建议不要安装住宅加气站，因为输送到住宅的天然气质量变化很大，主要问题是其可能含有水分，它会造成车辆损坏并导致昂贵的维修费用。

> ⚠ **警告**　天然气是一种高度易燃易爆的气体。泄漏的气体被点燃会导致严重伤害或死亡。如果怀疑有泄漏，必须熄火汽车，识别并修复泄漏点。

储气系统的设计目标是可保存最大压力为 3600 psi（约 24800 kPa）的 CNG。只有在加气时才能闻到气味或听到嘶嘶的声音。如果在任何其他时间出现以上情况都表明有气体泄漏。如果怀疑有泄漏，应立即关闭系统并将汽车推到室外通风良好的地方。将点火开关转到锁定位置。确保汽车远离热源、火花和明火，然后打开车窗和行李舱，以使滞留的气体逸出。通过顺时针（向右）转动 1/4 圈来关闭手动截止阀。

加气是通过打开燃料加注插座门并从插座上取下防护盖来实现的。将来自气体分配机的加气喷嘴插入燃料加注插座，随后转动控制杆，直到加气喷嘴上的两个箭头相互对正。此时便开始了加气过程，一旦气瓶加满，加气过程将自动结束。加气完成后，应将加气喷嘴上的控制杆慢慢转动180°来断开加气喷嘴与气瓶的连接，然后拧紧气瓶的防护盖，并关闭燃料加注插座门。

燃料表会显示气瓶中剩余的气体量，这是由系统监测气瓶中气体的压力和温度来确定的。燃料表上"Low"（低）的显示表示燃料的压力已降至约 3000 psi，而"Full"（满）的显示表示气瓶内的压力为 3600 psi。只要燃料量过低，燃料不足的指示灯就会点亮。有时，尽管气瓶中可能有充足的气体，但在非常寒冷的天气下也可能点亮，这是因为气瓶内的压力在气体温度低时会降低。

> **车间提示**
>
> 气体分配机上的加气喷嘴随其分配器的位置不同而不同。针对不同加注压力有不同的喷嘴。如果使用了错误的喷嘴，则气瓶可能加注不足或加注过多。常见的喷嘴名称及其额定压力如下。
> - P24—2400psi（约 16500kPa）
> - P30—3000psi（约 20700kPa）
> - P36—3600psi（约 24800kPa）

P 系列燃料。P 系列燃料是被归类为替代燃料的一种新燃料。它是天然气液体、乙醇和生物质衍生的 CO 溶剂的混合物。P 系列燃料是透明无色的液体混合物，辛烷值为 89~93，它可以为单独使用进行配制，也可以以任何比例与汽油任意混合。与汽油一样，在夏季，应按低蒸气压力配方生产以防止过度蒸发，而高蒸气压力配方则用于在寒冷天气中使车辆易于起动。

每加仑 P 系列的燃料可比汽油少排放 50% 的 CO_2、35% 的 HC 和 15% 的 CO。它还降低了 40% 的臭氧形成可能性。

6. 氢

由于氢的原子结构使其充满了能量，而且其储量丰富，因此被一些人认为是未来的燃料。氢是所有元素中最简单、最轻的，它有一个质子和一个电子（图 7-14）。氢气是一种无色无味的气体。氢是地球上最丰富的元素之一。氢和氧结合形成水。

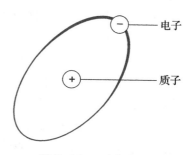

图 7-14　一个氢原子

氢可从多种物质中提取。提取过程是从氢与一种或多种元素的化学键中把氢分离出来。氢通常可从水、化石燃料、煤和生物质中提取。最常见的两种制氢方法是蒸汽重组和电解。目前生产氢气的成本远高于生产其他燃料的成本，比如汽油，这也是应用氢的一大障碍，因此，这成为许多研究的重点。

（1）氢燃料　已有的事实证明了氢的能量。一些制造商正在试验在内燃机中燃烧氢气。有些汽车制造商已经开始研发并测试了氢燃料的内燃机，这些车辆实际上都具有使用双燃料的能力。宝马的双燃料 V12 发动机使用液氢或汽油作为它的燃料，当用氢气运行时，发动机排出的 CO_2 排放物为零。为了储存液氢，储存罐内的温度必须保持在 $-423℉$（约 $-253℃$）的恒温下。在这个温度下，液氢具有其可达到的最高能量密度。

福特和马自达也开发了以氢为燃料的内燃机汽车。马自达正在使用其转子发动机，并声称该种发动机对氢燃料的使用是最理想的。来自这两家制造商的概念车也是双燃料汽车。福特已将 V10 2.3L 的直列四缸发动机改装为使用氢燃料的发动机。对发动机的改装包括采用更高的压缩比、专门的燃料喷射器和改进的电子控制系统。当使用氢气运行时，发动机的效率比使用汽油时高 10% 以上，而且排放水平几乎接近于零。由于燃料中不含碳，因此不会产生与碳有关联的排放物（如 CO、HC 或 CO_2）。

一台用氢燃料运行的发动机所产生的功率通常会小于同排量的汽油发动机。福特在发动机上增加了一个带有中冷器的机械增压器，以弥补功率的损失。

（2）基础设施和储存　除了制造成本之外，

氢动力汽车面临的最大挑战是基础设施不足。车辆需要能够快速方便地加注燃料。

氢气通常以液体或压缩气体的形式储存。当以液体形式储存时，它必须保持非常冷的状态。保持这种低温增加了储存系统的质量和复杂性。被压缩的氢气需要非常坚固的储气罐，这也意味着质量的增加。此外，压力越高意味着可以在储气罐装入的氢气越多，但在增加氢气的压力之前，就必须先制造出更为结实的储气罐。

7. 灵活燃料汽车

灵活燃料汽车（Flexible Fuel Vehicle，FFV）可以使用乙醇或汽油，或两者的混合物（图7-15）。乙醇燃料和汽油储存在同一个燃料箱中，这为驾驶员在加注燃料箱时提供了灵活性和便利度。许多汽车企业生产的汽车所配备的系统允许使用多种燃料，其中包括克莱斯勒、福特、通用汽车和日产汽车等企业。灵活燃料车辆可能有一个苜蓿叶形的符号（在车内或车外），表明它们可以使用多种燃料。此外，在燃料加注插口上的贴签都会清楚地标明可使用最多至E85的混合燃料或汽油（图7-16）。

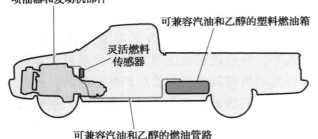

图7-15 灵活燃料汽车

图7-16 常见于车辆外部的灵活燃料贴签

这类车辆大多数都有一个虚拟的燃料传感器，该传感器为获得氧的读数而依赖来自 HO$_2$S 传感器

的输入。这些系统根据燃料箱内可能存在的不同燃料成分的氧读数来调整空气-燃料混合气。

7.7 柴油

柴油用于柴油发动机，因此它不是汽油发动机的替代燃料。柴油燃料虽是一种化石燃料，但它的属性和特性与汽油不同。柴油燃料更重，因而有更多的碳原子，能量密度比汽油高出约15%。柴油的蒸发也比汽油慢得多，它的沸点实际上高于水的沸点。柴油燃料的缺点是每加仑的价格高于汽油（图7-17）。

柴油被用来为多种车辆和其他设备提供动力。它可作为在干线公路上行驶的运输重物的柴油货车的燃料。它还用在火车、船只、公共汽车、农用设备、应急车辆、发电机和许多其他设备中。

图7-17 柴油的价格通常高于汽油

1. 十六烷值

柴油几乎在其被喷入气缸时的瞬间被引燃。柴油的燃烧特性用**十六烷值**（CN）表示。柴油的十六烷值是对燃料难易程度的衡量（图7-18）。因为柴油是靠压缩而不是火花来引燃的，所以只有尽可能快地引燃柴油时才会产生最高的效率。

燃料的十六烷值是根据可变压缩比单缸测试发动机的测试结果来评定的。作为测试的结果，燃料被赋予对应的十六烷值。十六烷是一种无色的液态碳氢化合物，当它吸入压缩产生的热量和压力时会立即燃烧。纯的十六烷燃料的十六烷值等级为100，将柴油与十六烷燃料进行比较，并根据其相对于纯十六烷的表现进行评级。

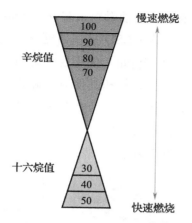

图 7-18　十六烷值与辛烷值的对比

实际上，十六烷值反映了燃料在被喷入燃烧室后延迟燃烧的时间。显然，如果燃料瞬间起燃（无延迟），那么它的十六烷值等级将为 100。滞燃期短的燃油可使燃烧更完全，使发动机能在产生低排放的同时产生更大功率并且更平稳地运转。需要较长时间才起燃的燃料不能使发动机有效地工作。一般来讲，十六烷值代表该燃料在低温下起动发动机并迅速升温且没有失火的能力。

当今的柴油发动机用十六烷值在 45～55 之间的柴油运行得最好。十六烷值为 45 的燃油的典型起燃温度约为 482℉（250℃）。十六烷值为 40 的燃油的起燃温度会更高，约为 550℉（约 288℃）。十六烷值可以通过添加硝酸乙酯、过氧化丙酮和硝酸戊酯等化合物来提高。发动机所需的燃料十六烷值取决于许多因素，包括发动机结构、排量、工作转速和大气条件。用比推荐的十六烷值低的燃油可能会导致柴油发动机产生异常的噪声和振动、功率输出降低、沉积物和磨损过多以及难以起动等问题。以下是常用柴油燃料及其十六烷值。普通柴油：CN48；生物柴油混合物（B20）：CN50；优质柴油：CN55；生物柴油（B20）：CN55；合成柴油：CN55。

2. 柴油分级

北美柴油等级的最低质量标准由美国材料与试验协会（ASTM）制定。该协会界定了两种基本等级的柴油：1 号和 2 号。

2 号柴油使用最普遍且分布最广，但它含有大量的石蜡。尽管石蜡中确实含有大量能量并增加了燃油的黏度和润滑能力，但石蜡在寒冷天气中可能会导致一些问题。随着燃油变冷，燃油管路中的石蜡晶体会增长，从而抑制燃油的流动而导致燃油不足。

1 号柴油是专为极冷温度设计的。它的密度低于 2 号柴油，且有不同的沸点和较少的石蜡。通常可将 1 号与 2 号柴油混合以改善发动机在寒冷天气的起动性能。在中等寒冷的气候中，混合比例可以为大约 90% 2 号柴油与 10% 1 号柴油。在非常寒冷的气候中，该比例可能高达 50∶50。由于在柴油混合物中使用了 1 号柴油，在寒冷天气下的燃油经济性可能会降低。

3. 生物柴油燃料

生物柴油是柴油发动机的一种替代燃料。**生物柴油燃料**不是用石油制成的，而是由可再生的生物资源制成的。市场上可用的大多数生物柴油燃料是由大豆制成的，但它也可以由动物油脂、回收的食用油、菜籽油、谷物和向日葵制成。生物柴油燃料的使用并非新的概念。第一台柴油发动机就是用花生油驱动的。生物柴油被认为是一种可再生的燃料。为了生产更多的燃料，需要种植更多的农作物。

生物柴油可用于仅做过很少改动甚至未做改动的柴油发动机。纯生物柴油是可生物降解的，无毒且不含硫和芳烃。它可以单独使用，也可以与石油基的柴油燃料混合使用。最常见的两种混合物是 B5 和 B20。B5 是 95% 的石油基柴油燃料和 5% 的生物柴油燃料；B20 是将 20% 的生物柴油混入普通柴油燃料中。

与使用石油基的燃料相比，使用纯生物柴油（B100）运行的发动机排出的碳氢化合物、硫、一氧化碳、二氧化碳和颗粒物非常少。但 EPA 的测试表明，使用纯生物柴油会使发动机的 NO_x 排放量增加 10%。

除了这些与排放相关的优点和缺点外，生物柴油燃料还可以帮助减少对进口石油的依赖。此外，由于生物柴油燃料具有润滑特性，使用生物柴油可使柴油发动机的使用寿命更长、运行更安静、更平稳。其缺点仅仅是成本高，生产生物柴油的成本要高于石油基柴油。

大多数新型的柴油发动机可在不对发动机或燃料系统进行改动的前提下使用生物柴油燃料。但在1992年之前生产的柴油发动机是需要改动的，这些改动取决于发动机制造商。即使是较新的清洁柴油发动机的制造商也认真定义了在他们的发动机中应如何使用生物柴油。例如，大众（VW）公司建议在他们早期的柴油发动机汽车中只能使用混合占比最大到5%的生物柴油（B5）。为了展示如何应对这种燃料的变化，最近大众公司已经允许在他们的汽车中使用混有20%生物柴油的燃料混合物，并建议尽可能使用B5替代普通柴油，因其具有更好的润滑性能。制造商的建议非常重要，因为如果使用了错误的燃料，车辆的质保会失效。

4. 超低硫柴油

截至2007年，美国、加拿大和欧洲供应的几乎所有柴油燃料都是超低硫柴油（ULSD）燃料，这已经成为低硫含量的标准柴油燃料（图7-19）。

以前的标准允许柴油燃料最多含有500ppm⊖的硫（S500）。S15或ULSD是一种更清洁的燃料，其最大硫含量为15ppm。使用这种燃料运行的发动机排出的NO_x、烟灰和其他有害硫化物更少。值得注意的是，使用这种新燃料和柴油发动机上新的排放控制装置已使烟尘和NO_x的排放量减少了90%以上（图7-20）。

图7-19 ULSD燃油自动加注机

然而，在为减少含硫量而进行的炼制过程中，也减少了石蜡含量。石蜡对柴油发动机的润滑至

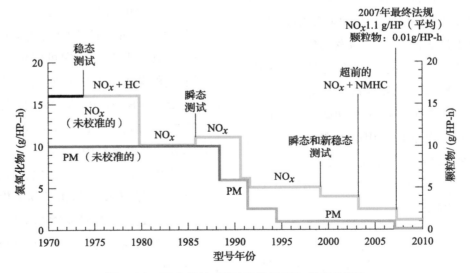

图7-20 EPA当前对柴油发动机NO_x的排放标准

⊖ ppm为百万分比浓度（parts per million）。

关重要。因此，为了弥补石蜡的流失，从而保护发动机、喷油泵和喷油器，一般会在燃油中混入添加剂以改善润滑性。将生物柴油燃料混合入ULSD 燃料将提高其润滑性，而且若用正确的比例混合还可以消除使用 ULSD 燃料的缺点。

7.8 总结

- 原油被称为石油，它是从地球表面以下的储油层和沙子中提取出来的。
- 从原油中分离出各种碳氢化合物（被称为馏分）的最简单和最常见方法是分馏。
- 汽油是由大约 300 种不同成分组成的复杂混合物，主要是碳氢化合物。
- 汽油的辛烷值或等级给出了汽油的抗爆性能。
- 辛烷值是通过马达法（MON）和研究法（RON）测量的。通常所说的辛烷值是抗爆指数（AKI），它等于（$R+M$）/2。
- 测量燃料挥发性的最常用的方法是里德蒸气压力（RVP）测试。
- 汽油中添加了不同的添加剂以控制有害沉积物，包括胶质或氧化抑制剂、清洁剂、金属钝化剂和防锈剂。
- 各种含氧有机物是醇类和醚类的化合物，它们被添加到燃料中以提高燃烧效率和增加辛烷值。
- 最广泛使用的汽油氧化添加剂是乙醇。
- 可再生燃料是指从非化石资源中衍生出来的，以及用植物或动物制品或废弃物（生物质）生产的燃料。
- 灵活燃料车辆（FFV）可以使用乙醇或汽油或两者的混合物运行。乙醇燃料和汽油储存在同一个燃油箱中。
- 柴油比汽油更重，且有更多的碳原子，它的能量密度比汽油高 15% 左右。
- 柴油的着火特性用十六烷值来衡量。
- 动物脂肪、回收的餐馆油脂以及从大豆、油菜籽、谷物和向日葵等农作物中提取的植物油可被用来生产生物柴油燃料。
- 超低硫柴油（ULSD）燃料的最大硫含量为

15ppm。使用这种燃料的发动机排出的 NO_x 烟尘和其他有害的硫化物更少。

7.9 复习题

1. 简答题

1）加油站泵送的汽油可能含有少量乙醇，在汽油中含有过量乙醇时可能出现的三个问题是什么？E85 中含有多少百分比的乙醇？

2）里德蒸气压力（RVP）测试测量什么？

3）内燃机的三种替代燃料是什么？它们的来源是哪里。

4）为什么要限制汽油中的硫含量？什么是颗粒物？它是在什么时候产生的？

5）什么是含氧有机物？为什么要将其添加到精炼的汽油中？

6）使驾驶性能受到汽油挥发性影响的三个因素是什么。

2. 判断题

1）汽油的辛烷值越高，发动机越容易爆燃。对还是错？　　　　　　　　　　　　　（　　）

2）柴油的抗爆性能用十六烷值来衡量。对还是错？　　　　　　　　　　　　　　（　　）

3. 单选题

1）以下哪一个关于氢气的说法中是不正确的？（　　）

A. 氢气会取代空气，因此在封闭空间中的任何泄漏都可能导致窒息

B. 氢气必须以压缩气体的形式储存

C. 氢气是无毒的

D. 氢气是高度易燃物，因此有爆炸的危险

2）以下哪种化学物质通常被添加到汽油中以提高汽油的辛烷值？（　　）

A. 异辛烷　　　　　　　　B. 庚烷

C. 硫　　　　　　　　　　D. 乙醇

4. ASE 类型复习题

1）技师 A 说，多年来，甲醇在内燃机中的使用量已有所下降；技师 B 说，多年来，MTBE 作

为汽油添加剂的使用量已有所下降。谁是正确的？（　　）

A. 仅技师 A 正确

B. 仅技师 B 正确

C. 技师 A 和 B 都正确

D. 技师 A 和 B 都不正确

2）技师 A 说重整汽油产生更稀的空气 – 燃油混合气；技师 B 说 RFG 产生更多的二氧化碳。谁是正确的？（　　）

A. 仅技师 A 正确

B. 仅技师 B 正确

C. 技师 A 和 B 都正确

D. 技师 A 和 B 都不正确

3）技师 A 说单一燃料的车辆是被设计成只能使用一种特定类型燃料的车辆；技师 B 说双燃料汽车可单独使用以乙醇为主要成分的燃料，或无铅汽油，或两者的混合物来运行，这为驾驶员在为燃料箱加注燃料时提供了灵活性和便利性。谁是正确的？（　　）

A. 仅技师 A 正确

B. 仅技师 B 正确

C. 技师 A 和 B 都正确

D. 技师 A 和 B 都不正确

4）在讨论目前添加到精炼汽油中以提高辛烷值的化学品时，技师 A 说在汽油中通常添加的是甲基环戊烯基三羰基锰（MMT）；技师 B 说可以添加乙醇来提高汽油的辛烷值。谁是正确的？（　　）

A. 仅技师 A 正确

B. 仅技师 B 正确

C. 技师 A 和 B 都正确

D. 技师 A 和 B 都不正确

5）在讨论使用 E85 汽油对消费者有利的原因时，技师 A 说因为它是在美国生产的，所以可以减少对他国石油的依赖；技师 B 说它可以大大降低发动机的燃油消耗量。谁是正确的？（　　）

A. 仅技师 A 正确

B. 仅技师 B 正确

C. 技师 A 和 B 都正确

D. 技师 A 和 B 都不正确

第 8 章
通用工量具和诊断工具介绍

学习目标

- 列出基本测量单位并将它们应用于两种测量体系。
- 描述汽车工业中使用的不同类型的紧固件。
- 列出汽车维修店中使用的各种机械测量工具。
- 描述使用千分尺测量的正确步骤。
- 列出汽车维修中常用的一些手动工具。
- 列出常见的车间设备类型并说明其用途。
- 描述常见的气动、电动和液压动力工具的使用。
- 描述技师可用维修信息的不同来源。

维修新型汽车需要使用各种工具，这些工具中有许多是技师每天使用的常用手动和动力工具。用于检查系统或组件性能的工具通常称为诊断工具。为特定目的或特定系统设计的工具称为专用工具。本章介绍了每个技师都必须熟悉的一些最常用的手动和动力工具以及维修车辆不同系统所需的通用诊断和检测工具。由于测量单位在工具选择和诊断汽车问题中扮演着非常重要的作用，因此本章从介绍测量系统入手，在讨论各类工具之前，先讨论另一个与工具非常有关的话题：测量系统和紧固件。

8.1 测量系统

在美国同时存在两种度量衡：美国惯用（US）/英制体系和国际/公制体系。

英制体系中长度测量的基本单位是英寸（in）。公制体系中长度测量的基本单位是米（m）。米可以很容易地被转化为更小的单位，例如厘米（1cm=1/100m）和毫米（1mm=1/1000m）。

公制体系中所有测量单位之间的换算关系都用因子10。每个公制单位都可以与因子10相乘或相除来得到更大的单位（相乘）或更小的单位（相除）。这使得公制体系更易于使用，而且比使用英制体系产生数学误差的可能性更小（图8-1）。

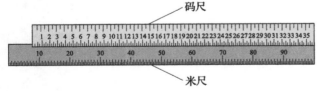

图8-1 米尺有1000个被称为毫米的基本度量单位，因此比英制的码尺稍长

美国于1975年通过了公制转换法案，试图让美国工业企业和公众像世界其他地方一样使用公制体系。虽然公众还在慢慢地放弃使用过去习惯的英寸（in）、加仑（gal）和磅（lb）等测量单位，但以汽车行业为首的许多行业现在大部分都已采用了公制体系。

现在几乎所有车辆都是按照公制标准制造的。技师必须能够使用这两种体系进行测量和作业。以下是这两个体系中的一些常用换算。

（1）长度测量

1m = 1000mm = 39.37in

1cm = 10mm = 0.3937in

1mm = 0.03937in

1in = 2.54cm

1in = 25.4mm

1mile = 1.6093km

（2）长度比较　1m比1yd（码）略长。1cm大约是一支粗铅笔或钢笔的直径。1mm大约是一张银行卡的厚度。5角硬币的直径刚好超过20mm，因此它有助于比较螺母和螺栓头的尺寸。标准的USB-A型插头的宽度约为12mm。

（3）面积测量

$1in^2 = 6.452cm^2$

$1cm^2 = 0.155in^2$

（4）体积测量

$1in^3 = 16.387cm^3$

$1000cm^3 = 1L$

$1L = 61.02 \ in^3$

1gal = 3.7854L

（5）质量测量

1oz = 28.3495g

1lb = 453.59g

1000g = 1kg

1kg = 2.20461b

（6）温度测量

$1℉ = （9/5+32）℃$

$1℃ = （5/9 - 32°）℉$

（7）压力测量

$1lbf/in^2（psi） = 0.07031kg/cm^2$

$1 \ kg/cm^2 = 14.22334lbf/in^2$

$1bar = 14.504lbf/in^2$

$1lbf/in^2 = 0.06895bar$

$1 个大气压 = 14.7lbf/in^2$

（8）转矩测量

10lbf·ft = 13.558N·m

1N·m = 0.7375lbf·ft

1lbf·ft =0.138kg·m

1kg·cm = 7.233lbf·ft

10kg·cm = 0.98N·m

8.2 紧固件

紧固件用于将不同零部件固定或保持在一起，或用来安装一个零部件。因此，有许多类型和尺寸的紧固件。每种紧固件都是为特定目的和条件而设计的。最常用的是螺纹紧固件。螺纹紧固件包括螺栓、螺母、螺钉等，它们可使零部件的拆卸和安装更为方便（图 8-2）。

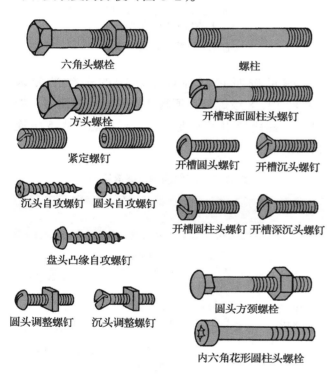

图 8-2 汽车上常用的螺纹紧固件

螺纹可以通过切削或滚压工艺加工制成。滚制螺纹的强度比切削螺纹高 30%，因为它没有尖锐凹槽形成的应力集中点，因此可提供更好的抗疲劳性。美国紧固件的螺纹有四种分类：粗螺纹（UNC）、细螺纹（UNF）、超细螺纹（UNEF）和管螺纹（UNPT 或 NPT——60°锥管螺纹）。公制的紧固件也有细螺纹和粗螺纹之分。

NPT 是用于连接管和接头的标准螺纹，有两种基本设计：锥形的管螺纹和直切的管螺纹。直切的管螺纹用于连接管，但它不能在连接处提供良好的密封。锥形管螺纹可提供良好的密封，因为内螺纹和外螺纹在拧紧接头时会相互挤压。通常还会在管螺纹上使用密封剂以提供更好的密封性。管螺纹通常用在输送液体或气体的软管和管路的末端（图 8-3）。

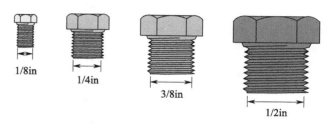

图 8-3 用于管路和软管的不同尺寸的管接头

UNC 用于一般用途的作业，尤其是需要快速组装和拆卸的场合。UNF 用于需要更大保持力的地方，还用于希望有更大抗振能力的地方。

1. 螺栓

螺栓的一端有一个螺栓头，另一端是螺纹，可通过螺栓头尺寸、螺栓杆（螺纹上缘）直径、螺距、长度（图 8-4）和等级来识别。螺栓的螺纹从螺栓杆下方延伸到螺栓末端。

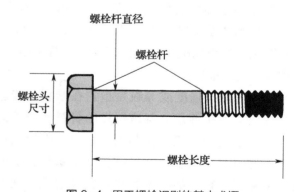

图 8-4 用于螺栓识别的基本术语

螺栓头用来松开和拧紧螺栓，套筒或扳手卡在螺栓头上便可将螺栓拧进或拧出。螺栓头的尺寸随螺栓的直径而变化，有英制和公制尺寸的扳手可供选择。许多人将螺栓头的尺寸与螺栓尺寸混淆。螺栓的尺寸是螺栓杆的直径。表 8-1 列出了最常见的螺栓头尺寸。

螺栓直径是**螺栓杆**直径的测量值。螺栓长度是从螺栓头底面到螺纹末端的长度值。

表 8-1　常见的螺栓头尺寸

常用英制螺栓头 扳手尺寸（美国惯用）/in	常用公制螺栓头 扳手尺寸（大致等同）/mm
5/16	8
3/8	10
7/16	12
1/2	13
9/16	14
5/8	16
11/16	17
3/4	19
13/16	21
7/8	22
15/16	24
1	26
1 1/16	27
1 1/8	30
1 1/4	32
1 5/16	34
1 3/8	35

在英制体系中，螺栓的**螺距**是在 1in 螺纹长度内的螺纹数[一]，以每英寸的螺纹数表示。一个直径为 3/8in 的细牙螺栓被标注为 3/8×24，指每英寸内有 24 牙。同理，一个每英寸内有 16 牙的直径为 3/8in 的粗牙螺栓被称为 3/8×16 螺栓。

相邻两个螺纹之间的距离（以 mm 为单位）决定了公制体系中的螺距。其距离在 1.0~2.0mm 之间变化，这也取决于螺栓的直径。该数字越小，螺纹越靠近，也越细。

螺栓的抗拉强度或等级是指它在断裂前能够承受的应力或拉伸量。制造螺栓的材料和螺栓的直径决定了它的等级。在英制体系中，螺栓的抗拉强度通过螺栓头上的径向线条（**等级标记**）的数量来标识，较多的线条意味着较高的抗拉强度（图 8-5a）。数一下线条的数量，再加 2 就可以确定螺栓的等级。

在公制螺栓上，螺栓头上的性能等级编号反映其等级。性能等级用两个数字表示，第一个数字代表螺栓的抗拉强度，数字越大，抗拉强度越大；第二个数字是螺栓屈服强度的百分比等级，它表示螺栓在无法恢复到其原始形状之前所能承

受的最大应力（图 8-5b）。例如，标识为 10.9 的螺栓的抗拉强度为 1000MPa（145000 psi），屈服强度为 900MPa（1000MPa 的 90%）。10.9 的公制螺栓的强度与英制 8 级螺栓相似。

a）英制螺栓，识别标志对应螺栓抗拉强度，增加的数字表示抗拉强度增加

b）公制螺栓，识别等级数字对应螺栓抗拉强度，数字增加代表抗拉强度增加

图 8-5　螺纹等级的标识

螺母按照它们各自要匹配的螺栓来分级（表 8-2）。8 级螺母必须与 8 级螺栓一起使用，如果 8 级螺栓使用了 5 级螺母，则只能产生 5 级连接的效果。

表 8-2　标准的螺母强度标识

英制体系		公制体系	
等级	标识	等级	标识
六角螺母 5 级	3 个圆点	六角螺母 性能等级 9	阿拉伯数字 9
六角螺母 8 级	6 个圆点	六角螺母 性能等级 10	阿拉伯数字 10
圆点增多代表抗拉强度增加		六角平面上可能有烧蓝表面处理或油漆 数字增加代表屈服强度增加	

车间提示

螺栓头会因为圆角损坏而脱落。圆角是螺栓杆融入螺栓头的略带弯曲的区域（图 8-6）。在这一区域的刮伤会给螺栓头增加应力从而导致螺栓失效。应更换所有已损伤的螺栓。

[一]　螺纹数俗称牙数。——译者注

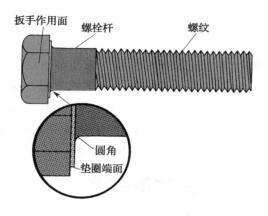

图 8-6　螺栓圆角的细节

拧紧螺栓。 任何紧固件如果没能达到它应该达到的夹紧程度，就几乎毫无价值了。当螺栓被正确拧紧时，它会在它所固定的部件上造成一个"弹性载荷"。这种弹性效应是螺栓的拉伸引起的。通常，适当拧紧的螺栓会被拉伸到其弹性极限的 70%。螺栓的弹性极限是螺栓在松开后不会恢复到原始形状的拉伸点。过度拧紧或拉伸的螺栓不仅没有足够的夹紧力，反而会使螺纹变形，这会使拧入和拧出螺栓或螺栓上的螺母变得非常困难（图 8-7）。

疲劳断裂是螺栓失效的最常见原因。当螺栓未被拧紧而能够在其孔中移动时，它就会产生疲劳。

2. 垫圈

有许多不同类型的垫圈与紧固件一起使用。平垫圈用于分散拧紧螺母或螺栓的负荷。这可以防止螺栓头或螺母在其被拧紧时嵌入零件表面。始终应将平垫圈有冲压倒角的一侧朝向螺栓头放置。软的平垫圈，也称为压紧垫圈，用于分散拧紧的负荷并帮助实现一个部件和另一个部件间的密封。铜制垫圈通常与油底壳螺栓一起使用，以确保油底壳与发动机机体间的密封。8 级螺栓螺母和其他重要应用处需要使用完全硬化的平垫圈，这样在拧紧时就不会像软垫圈那样被挤压成碟状。

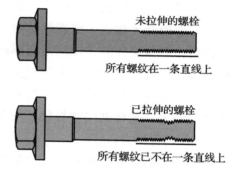

图 8-7　未拉伸和已拉伸螺栓的对比

锁紧垫圈用于将螺栓头或螺母锁定到工件上，以避免它们松动，并防止对较软的金属部件造成损伤。

3. 其他常用紧固件

以下介绍一些较为常用的紧固件。

（1）螺母　螺母与其他的螺纹紧固件一起使用。当前的汽车上有许多不同的螺母（图 8-8）。最常见的一种是六角螺母，它与螺柱和螺栓一起使用并用扳手拧紧。

锁紧螺母通常用于振动可能会使螺母松动的

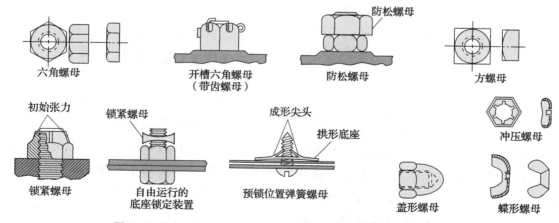

图 8-8　汽车上使用许多不同类型的螺母，每种类型都有其特定用途

地方。锁紧螺母是将尼龙插入螺纹部分的标准螺母，尼龙减轻了振动的影响。

（2）双头螺柱 双头螺柱是两端带有螺纹的杆。大多数情况下，一端的螺纹是粗螺纹，而另一端的螺纹是细螺纹。双头螺柱的一端被拧入一个螺纹孔中，将需要用双头螺柱固定的零件的孔套在双头螺柱上，再用螺母拧在双头螺柱上将该零件固定到位。当需要细牙螺纹的夹紧力而单头螺栓无法胜任时，就会使用双头螺柱。如果将双头螺柱拧入硬度较低（如铝）或颗粒结构（如铸铁）的材料时，双头螺柱的一端应是粗螺纹，另一端为细螺纹。因此，粗螺纹用来将双头螺柱固定在部件中，而细螺纹的螺母则用于将另一个零件压紧在该部件上。这样就同时提供了细螺纹的夹紧力和粗螺纹的保持力。

（3）螺钉 螺钉类似于螺栓，但它们没有螺栓肩部。螺纹从螺钉的头部一直到其末端。切勿用螺钉代替螺栓。

（4）紧定螺钉 紧定螺钉用于防止两个零件之间的旋转运动，例如带轮和带轮轴。固定螺钉有一个方头，可以用扳手转动；也可以是无方头的，需要使用内六角扳手或螺丝刀来转动它们。

（5）全螺纹螺栓 全螺纹螺栓全长都是有螺纹的。这些螺栓的一端有一个螺栓头，另一端是平底的。全螺纹螺栓用于将一个部件安装到另一个带有螺纹孔的部件上。它们还可与螺母一起使用将一些零件固定在一起。全螺纹螺栓的头部可以是圆头、沉头、六角花形头、扁圆头或开槽头等。

（6）自攻螺钉 自攻螺钉用于紧固冲压零件或连接薄的金属、木材或塑料零件。这些螺钉在被拧入的材料中形成自己的螺纹。

4. 螺纹润滑剂和密封剂

通常建议在螺栓或双头螺柱的螺纹上涂密封剂或润滑剂。最常用的润滑剂是防粘的混合物。防粘的混合物用于在一段时间后可能变得很难再去拆卸的螺栓，例如铝制发动机缸体上。正确拧紧一个带有防粘混合物的螺栓螺纹所需的力矩值应减小。螺纹润滑剂也可能会造成静液顶死，油液可能会被困在一个盲孔中。当螺栓接触油液时，

螺栓不能压缩它。因此，螺栓无法正确拧紧或完全到位。

螺纹密封剂用在拧入油腔或冷却液道中的螺栓上。密封剂可防止液体经过螺纹渗漏。特氟龙（Teflon）胶带常用作密封材料。另一种常用的被称为螺纹固定剂（图8-9）的化学制品用来防止螺栓在发动机或其他部件振动时松动。

图8-9 带包装的螺纹固定剂

5. 螺距量规

螺距量规的使用为检查紧固件的螺距提供了一种快速准确的方法。工具的螺距靠模上标有不同的螺距。要检查螺纹的螺距，只需将螺距量规的齿与紧固件的螺纹相配，然后读取该靠模上标注的螺距即可。螺距量规可用于汽车行业所使用的各种螺纹。

6. 丝锥和板牙

手动丝锥是一种用于手工切削内螺纹的小工具。内螺纹加工在零件内，例如螺母内侧的螺纹。丝锥还可以用来清理和恢复原先加工的螺纹。根据尺寸和螺距选择丝锥。图8-10中的步骤1）~9）是使用丝锥修复损坏螺纹的正确步骤。

当对一个孔攻螺纹时，先顺时针转动丝锥，再逆时针转动丝锥约1/4圈，以切断螺纹中可能积聚的任何金属屑。如果连续攻螺纹，这些小的金属屑会损坏螺纹。金属屑集中在丝锥的排屑槽中，这些排屑槽是丝锥切削刀刃之间的低凹区域

1）用螺距量规确定可拧入已损伤的内螺纹的螺纹件螺纹尺寸 2）为要修复的螺纹和螺纹孔挑选正确尺寸和类型的丝锥 3）将丝锥装在丝锥铰杠上 4）用直角尺作参照开始在螺纹孔中正直地攻螺纹 5）将丝锥顺时针拧入孔内，直到丝锥穿过全部螺纹。如此做时应多次反向转动丝锥来清理螺纹，以避免损坏丝锥

6）逆时针转动丝锥以将其从螺纹孔中拧出 7）清理丝锥拧出螺纹孔时遗留的金属屑 8）检查丝锥修复后的螺纹，确认螺纹已修复 9）在螺纹孔中拧入一个正确的紧固件来验证螺纹的可用性

图 8-10 用丝锥修复已损坏的螺纹

（图 8-11）。反向攻螺纹后，继续顺时针转动丝锥。应定期反向旋转丝锥，并确保孔中的所有已有的螺纹都已被丝锥重整过。

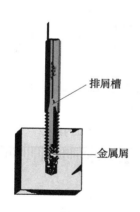

图 8-11 金属屑积聚在丝锥排屑槽中

手动螺纹**板牙**（图 8-12）的作用与丝锥相反，它们切削螺栓、杆和管道的外（外侧的）螺纹而不是内螺纹。板牙根据具体用途被制作成各种尺寸和形状。板牙可以是一体的（固定尺寸），也可以是能从一侧取出来进行调整的，或者可以是固定在夹头中的两半的板牙，这种夹头提供了单独的调整机构。板牙安装在被称为板牙架的固定架中。

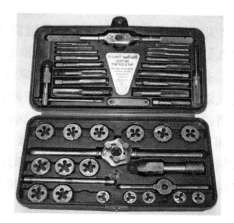

图 8-12 设置和板牙套装

7. 螺套

当孔中的螺纹过度损坏时，更换它们要比尝试攻螺纹更好。螺套可用来恢复原始的螺纹。安装螺套需要先将原孔扩大到更大直径并重新对该孔攻螺纹以便能够将螺套拧入孔中。螺套的内螺纹将为螺栓提供新的螺纹（图 8-13）。

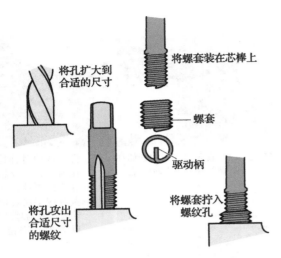

将孔扩大到合适的尺寸

将螺套装在芯棒上

螺套

驱动柄

将孔攻出合适尺寸的螺纹

将螺套拧入螺纹孔

图 8-13 使用螺套来修复损坏的螺纹

8. 修复火花塞螺纹孔

当从气缸盖上拆下火花塞时，其螺纹上有时会带有金属屑，这通常出现在铝制气缸盖上。当发生这种情况时，必须通过安装螺套来修复该火花塞孔。

> **车间提示**
>
> 切勿在气缸盖还热时更换火花塞。如果火花塞孔中没有火花塞，随着气缸盖的冷却，火花塞孔有可能呈现出椭圆形。

安装火花塞时，如用手无法轻易地旋入火花塞，则气缸盖中的螺纹可能需要用丝锥来清理。火花塞孔有专门的丝锥，简称火花塞螺纹丝锥。在铝制气缸盖上作业时要特别小心，不要让火花塞螺纹错扣。必须按照车辆制造商的说明书用力矩扳手和正确的火花塞套筒拧紧火花塞。此外，在更换铝制气缸盖里的火花塞时，在试图拆卸火花塞之前，应确认气缸盖的温度应接近环境温度。

8.3 测量工具

发动机维修的某些维修工作需要非常精确的测量值，通常以万分之一（0.0001）英寸或者千分之一（0.001）毫米为单位。要达到这种精度的精确测量只能通过使用精密测量装置实现。

测量工具是精密且娇贵的仪器。事实上，它们越精密，也就越娇贵，应该非常小心地对待它们。

切勿撬动、敲击、掉落或用蛮力使用这些仪器。

精密测量仪器，尤其是千分尺，对粗暴操作极为敏感。每次使用前后都要清洁它们。所有测量都应在零件处于室温时进行，以避免测量过冷收缩或过热膨胀的物体的可能性。

> **车间提示**
>
> 定期与已知良好的设备进行比对来检查测量设备以确保它们工作正常且能够准确测量。在执行任何维修或诊断步骤之前，始终参考正确技术规范的对应资料。某些汽车零部件正常工作所需的最小公差使得使用正确的技术规范和进行准确的测量变得非常重要。即使是最轻微的测量误差也可能对发动机和其他系统的耐久性和正常运行产生重大的影响。

1. 技师用尺

技师所用的尺子看起来就是一把普通的尺子。这个基本测量工具的两侧边缘都根据不同的刻度划有不同的最小刻度单位。典型的基于美国测量体系的技师尺子可能带有以 1/8in、1/16in、1/32in 或 1/64in 为间隔的增量（图 8-14）。当然，公制的技师尺子也是可用的。公制的尺子通常以 0.5mm 或 1mm 为最小刻度单位来划分。

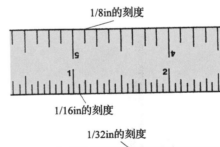

1/8in的刻度

1/16in的刻度

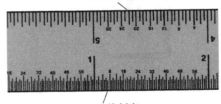

1/32in的刻度

1/64in的刻度

图 8-14 典型的技师用尺上的刻度

一些技师尺子的刻度可能是基于十进制划分的。这些尺子通常按照 1/10in、1/50in、1/100in 的最小刻度单位来划分。十进制的技师尺子在测量以十进制规定的尺寸时是非常有用的，它们可使测量变得更加简单。

2. 游标卡尺

游标卡尺是一种可以进行内侧、外侧或深度测量的测量工具。它用被称为游标卡尺刻度的英制和公制分格进行标记。游标卡尺的刻度尺由固定刻度尺和移动刻度尺组成，在这个示例中，游标条在游标尺的底板上。长度是从游标刻度尺上读取的。

游标卡尺有一个与固定刻度尺平行的可移动的刻度尺（图 8-15）。游标卡尺的主刻度尺按英寸划分，最大测量尺寸可达 6in。每英寸长度又被分为 10 个等份，每等份等于 0.100in。0.100 标记之间的区域被分为 4 个分格，这些分格的每一格等于 0.025in（图 8-16）。

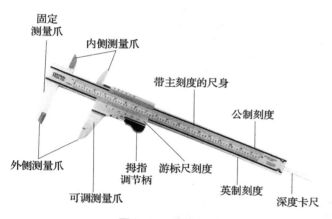

图 8-15 游标卡尺

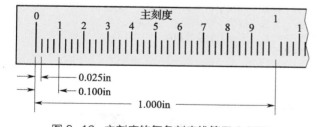

图 8-16 主刻度的每条刻度线等于 0.025in

游标刻度尺上有 25 个分格，每个分格代表 0.001in。通过将主刻度尺和游标刻度尺上的读数相加以获得测量读数。在任何时候，主刻度尺上只会有一条刻度线与游标刻度尺上的一条刻度线对齐（图 8-17），这是准确测量的基础。

为了读取游标卡尺，找到主刻度尺上与游标刻度尺上零（0）线对齐的分格线。如果零（0）线与主刻度尺上的 1 对齐，则读数为 0.100in。如果游标刻度尺上的零与主刻度尺上的线不完全对

齐，则在游标刻度尺上寻找一条与主刻度尺上的一条线对齐的线。

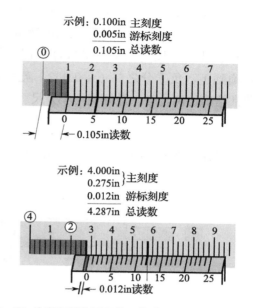

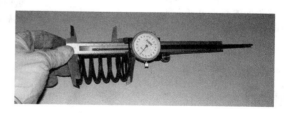

图 8-17 为获得最终测量值，将游标刻度线与主刻度尺上任一条刻度线对齐

3. 表针式卡尺

表针式卡尺（图 8-18）是游标卡尺中的一种更易于使用的型号。英制卡尺的测量尺寸通常是 0~6in。公制卡尺的最小刻度通常为 0.02mm，测量范围是 0~150mm。这类卡尺以深度刻度尺、长度刻度尺、表盘指示器、内侧测量爪和外侧测量爪为主要部分组成。

图 8-18 表针式卡尺

英制表针式卡尺的主刻度尺以十分之一（0.1）英寸为最小刻度。千分表的最小刻度为千分之一（0.001）英寸。因此，千分表指针的一圈等于主刻度尺上的十分之一英寸。

公制表针式卡尺在外观上与英制的相似，但主刻上的最小刻度增量为 2mm。此外，在公制千分表上，千分表指针转动一圈等于 2mm。

英制和公制的表针式卡尺都使用一个拇指操

作的滚轮进行微调。使用表针式卡尺时，向后或向前移动测量爪，使测量爪居中于被测物体上。确保卡尺的测量爪平放或围绕在物体上。如果测量爪在任何方向上倾斜，都将无法获得准确的测量结果。

尽管表针式卡尺是精密测量仪器，但它们也只能精确到正、负千分之二（±0.002）英寸。当需要非常精确地测量时，最好使用千分尺。

4. 千分尺

千分尺用于测量直线物体的外部和内部尺寸。

外部尺寸千分尺和内部尺寸千分尺的校准和读取方法是相同的。这两种量具的测量都是通过测量点与被测表面接触来进行的。

千分尺的主要部件和标记包括尺架、测砧、测微螺杆、锁紧螺母、固定套筒、固定套筒读数、固定套筒基线、微分筒刻度、微分筒、棘轮（图 8-19）。千分尺采用英制或公制刻度，并有多种尺寸范围可供选择。图 8-20 中的步骤 1）~12）概述了使用英制外部尺寸千分尺进行测量的正确步骤。

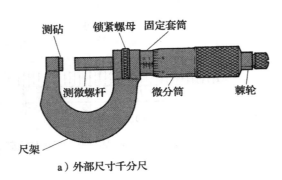

a）外部尺寸千分尺　　　b）内部尺寸千分尺

图 8-19　千分尺的主要组成

1）千分尺可测量许多不同物体的外径。通过测量气门杆两个位置处的直径可确定气门杆的磨损状况

2）因为气门杆直径小于 1in，所以使用 0~1in 的外径千分尺

3）固定套筒上一个刻度代表 0.025in。为了读取千分尺的测量值，先读取固定套筒上的刻度线，然后将其与 0.025 相乘

4）固定套筒上的水平线确定了微分筒上刻度线数值，将此数值与固定套筒上的读数相加

5）千分尺上 0.500in 的读数

6）千分尺上 0.375in 的读数

7）显然，气门杆高进气门锁片下方的磨损通常是很小的。为了测量气门杆此处的直径，先围绕气门杆合拢千分尺

8）为了获得准确读数，慢慢旋进千分尺，直到气门杆在千分尺间滑进和滑出时略微感到有阻力为止

9）为防止在移动气门杆时造成千分尺读数改变，用拇指锁定千分尺锁紧销

10）此时的读数（0.311in）代表气门杆在磨损区域上部的直径

11）有些千分尺可测量到 0.0001in（万分之一英寸）的精度。若技术规格要求达到此精度，应使用此类千分尺

12）大多数气门杆的磨损出现在气门头的上方，因此还应测量此处的直径。靠近锁片下方和气门头上方的直径差反映了气门杆的磨损量

图 8-20　用千分尺进行测量的正确步骤

大多数千分尺的设计是以 0.001in（千分之一英寸）的精度测量物体。也有可测量 0.0001in（万分之一英寸）的千分尺。当技术规格要求如此高的精度时，应使用这种类型的千分尺。也可以用数字千分尺（图 8-21）。这样既避免了数学计算的需要，又可得到一个精确的测量结果。

图 8-21　数字千分尺避免了进行数学计算的需要

（1）读取公制外径千分尺　公制刻度千分尺的读数方法与英制刻度的千分尺相同，只是刻度以公制测量体系表示。按下述方法获得读数。

1）千分尺固定套筒上的每个数字刻度为 5mm 或 0.005m（图 8-22a）。

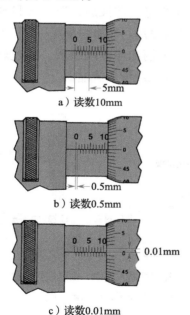

a）读数10mm

b）读数0.5mm

c）读数0.01mm

图 8-22　读取公制千分尺的读数为 10+0.5+0.01=10.51mm

2）每个数字之间有 10 个相等间距的刻度线，它们分别交错位于水平线的上下方，代表 0.5mm 或 5/10mm。微分筒旋转一圈，固定套筒上的读数改变一个间距（0.5mm）（图 8-22b）。

3）微分筒的斜面被分成 50 等份，每第五

条刻度线标有一个数字，分别是 0、5、10、…、45。由于微分筒转动一整圈使得测微螺杆前进 0.5mm，因此，微分筒上的每个刻度等于 1/100mm（图 8-22c）。

4）与英制千分尺一样，三个单独的读数相加得到总的读数（图 8-23）。

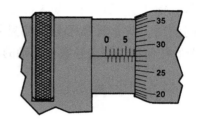

图 8-23　该千分尺的总读数为 7.28mm

要使用外径千分尺测量小的物体，旋开千分尺并将物体滑入测微螺杆和固定测砧之间。将物体靠在固定测砧上，先用拇指和食指转动微分筒，直到测微螺杆接触到被测物体，然后在微分筒上施加刚好够用的力，以使物体恰好放入固定测砧和测微螺杆之间。将千分尺在该物体上来回滑动，直到感到有一个非常轻微的阻力，同时左右晃动千分尺以确保测微螺杆无法进一步旋进（图 8-24）。在最终调整后，锁定千分尺并读取测量值。

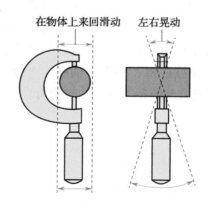

图 8-24　在被测物体上来回滑动和左右晃动

有不同量程的千分尺可供选择，该量程由它可以测量的最小到最大值决定，例如 0~1in、1~2in、2~3in 或 3~4in。

（2）读取内径千分尺　内径千分尺用于测量筒和孔的内径。将内径千分尺放入孔中并延伸直到每一端都接触到该孔的表面。如果孔径很大，可能需要使用加长杆来增加千分尺的量程，这些加长杆有各种长度。

要获得精确的测量值，需将固定测砧牢牢靠在孔的一侧，然后前后左右摇动千分尺以使千分尺在孔中居中。在读数之前，确保在内径千分尺两端都有适当的阻力。

（3）读取深度千分尺　深度千分尺（图 8-25）用于测量两个平行表面之间的距离。它的操作和读数方式与其他千分尺相同。如果深度千分尺与测量杆一同使用，防止杆和千分尺摇晃是非常重要的。两者的任何移动都会导致不准确的测量值。

图 8-25　深度千分尺

5. 伸缩量规

伸缩量规（图 8-26）用于测量孔的直径和其他间隙，也可以称它们为卡规。其尺寸范围从几分之一英寸直到 6in（约 150mm）。每个伸缩量规都由两个伸缩柱塞、一个手柄和一个锁定螺钉组成。卡规通常与外径千分尺一起使用。

图 8-26　伸缩量规的组件

要使用伸缩量规，将其插入孔中并松开锁定螺钉，这将使柱塞卡在孔中。一旦柱塞已伸展，拧紧其锁定螺钉，然后取出量规并用千分尺测量其伸展的尺寸。

车间提示

只有被正确校准的千分尺才能进行可靠的测量。为了校准千分尺，将千分尺卡在千分尺标准杆上。如果读数与该标准杆的数值不一致，则应根据工具制造商提供的说明来调整千分尺。千分尺的正确维护对于确保准确测量来讲也很重要。维护包括以下内容。

· 使用前务必清洁千分尺。
· 不要触摸测量用的表面。
· 正确存放工具，测微螺杆面不应与固定测砧面接触；温度的变化可能会使千分尺变形。
· 使用后清洁千分尺，使用无绒布擦去任何油污、污物或灰尘。
· 切勿将千分尺用作夹钳或将测量卡口在物体圆周上拧得过紧。
· 切勿使千分尺跌落。
· 每周校准一次千分尺。

6. 小孔量规

小孔量规（或小球量规）的工作原理和伸缩量规类似，但它的设计目的是测量小孔。在孔中放入小孔量规并将其伸展后，取出该量规并用千分尺测量（图 8-27）。与伸缩量规一样，小孔量规由锁定装置、手柄和伸缩端组成。通过转动小孔量规的手柄来使末端伸出或缩回。

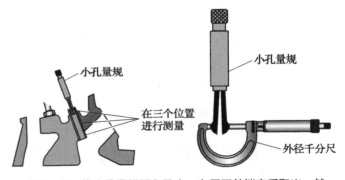

图 8-27　将小孔量规插入孔中，在展开并锁定后取出，然后用外径千分尺测量其尺寸

7. 塞尺

塞尺是已知厚度且厚度被严格控制的金属或塑料薄片。一些这样的金属片通常被组装在一起作为一个塞尺组，它们看起来像一把小刀（图 8-28）。为了方便使用，所需厚度的测量片可从其他测量片中旋出。钢制的塞尺组通常包含厚度为

0.002~0.010in 的测量条或测量片（每两片间的厚度差为 0.001in）和厚度为 0.012~0.024in（每两片间的厚度差为 0.002 in）的测量片两种，也有公制塞尺可供使用。

图 8-28 典型的塞尺组

塞尺可以单独用于测量活塞环的侧隙、端隙、连杆侧隙、曲轴的轴向间隙，以及其他间隙。

圆形的塞规常用于测量火花塞的间隙。圆形量规的设计目的是在用塞规测量间隙时能有更好的感觉。

8. 刀口形直尺

刀口形直尺是一根被加工成完全平直的条钢，为了保证其有效，它必须是平直的。任何平整的表面都可以用刀口形直尺和塞尺组进行检查。将刀口形直尺按某个角度横跨在一个表面上，在表面上的任何低点，都可以在刀口形直尺和该表面之间的缝隙处插入塞尺（图 8-29）。填补该缝隙的塞尺厚度表示所测表面的翘曲度或变形量。

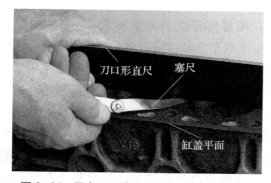

图 8-29 用塞尺和精密刀口形直尺测量翘曲度

9. 千分表

英制千分表（图 8-30）是按 0.001in（1/1000in）

的最小刻度校准的（注：该英制千分表相当于公制单位的百分表，同样也有最小刻度 0.001mm 的千分表）。这两种类型的千分表都用于测量移动量。它们的常见用途包括测量气门升程、轴颈同心度、飞轮或制动盘跳动量、齿轮侧向间隙和曲轴轴向间隙。千分表有不同的表盘标记和测量范围以适应多种测量任务。

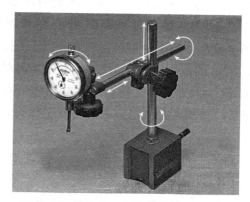

图 8-30 带有高适应性夹紧装置的千分表

使用千分表时，先将其表杆对准被测物体，然后向测量点推动千分表，直到表盘指针绕表盘移动足够范围以便能读取该指针在两个方向上的移动量（图 8-31）。将表盘上的指针归零。应始终确保千分表的范围能够充分满足测量步骤所需要的移动量。例如，切勿在可移动 2in 的零部件上使用 1in 测量范围的千分表。

图 8-31 设置该千分表的目的是测量半轴的轴向窜动量

8.4 手动工具

大多数维修过程都需要使用手动工具，因此，技师需要用到各类工具，每种工具都有其特定的功能，且应该以规定方式使用。北美地区大多数维修部门和修理店都要求他们的技师去购买自己的手动工具。

1. 扳手

扳手是一种用于扭转和 / 或卡住螺栓头或螺母的工具。几乎所有的螺栓头和螺母都有六个侧面，因此，扳手的钳口围绕这六个面卡入以转动螺栓或螺母。所有技师都应该拥有一套完整的扳手，包括各种尺寸和样式的公制和英制扳手（图 8-32）。扳手开口的宽度决定了它的尺寸。例如，1/2in 的扳手有一个 1/2in 的开口（面对面的距离）。这个尺寸实际上比公称尺寸稍大一点，以便扳手可以适用于相同尺寸的螺母或螺栓头。

图 8-32 技师需要许多不同套装的扳手

车间提示

公制和英制扳手是不能互换的。例如，一个 9/16in 的扳手比 14mm 螺母大 0.02in。如果用 9/16in 的扳手去转动或卡住 14mm 的螺母，该扳手将会打滑。这可能会导致螺母的棱角变圆，也可能擦破手关节。

下面简要讨论一下汽车技师使用的各类扳手。

（1）呆扳手　在螺母上方或一侧可能没有足够的空间容纳套筒扳手时，呆扳手的开口（图 8-33）允许呆扳手从螺栓或螺母头的两个侧面滑入。

（2）梅花扳手　梅花扳手的端部是有框的或封闭而没有开口的。扳手的卡口完全与螺栓或螺母的外形轮廓相配，卡住紧固件上的每个受力点。梅花扳手很少从螺母或螺栓上滑脱，因此它比开口扳手更安全。梅花扳手有 6 角和 12 角两种（图 8-34），6 角的端部比 12 角的更能牢固地卡住螺栓头以避免损坏它。

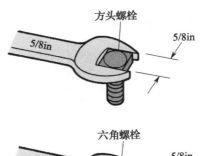

图 8-33 开口扳手仅卡住紧固件的两个侧面

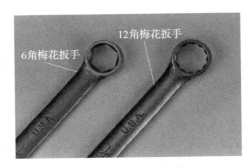

图 8-34 梅花扳手

（3）组合扳手　组合扳手的一端是开口扳手，而另一端是梅花扳手（图 8-35）。两端的尺寸相同。每个汽车技师都应有两套扳手：一套扳手用来扭紧，另一套用来转动。组合扳手可能是第二套的最佳选择，它可以与开口扳手或梅花扳手套装一起使用，也可以当作开口扳手或梅花扳手使用。

（4）油管螺母扳手（管扳手）　油管螺母扳手或管扳手常用来松开或拧紧制动管路或管路接头。在这些接口处使用开口扳手往往会使螺母的棱角处变圆，因为螺母通常是用软金属制成的，因此很容易变形。油管螺母扳手包围住螺母从而可在管接头上提供更好的卡紧力（图 8-36），油管螺母扳手头部被切掉一个部分，以便扳手可以绕过制动器或燃油管路扣在油管螺母上。

图 8-35　各类扳手，包括一个活动扳手

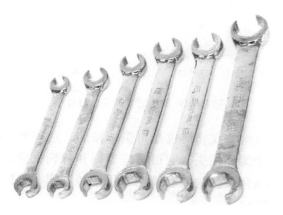

图 8-36　各种尺寸的管扳手

（5）内六角扳手　固定螺丝用来紧固门把手、仪表板开关旋钮、发动机零件，甚至制动卡钳。每个技师的工具箱中都应有一套英制和公制的六角扳手或内六角扳手。内六角扳手可以是 L 形的，也可以安装在转接套筒中与棘轮一起使用。

工具维护

检查所有扳手是否有磨损或损坏的迹象。用车间里的抹布擦拭扳手的开口和梅花端以保持扳手的清洁。这将有助于防止扳手在使用时从紧固件上滑脱。

（6）活扳手　活扳手有一个固定的卡口和一个可移动的卡口。该扳手的开口可通过转动相配于可移动卡口的螺旋调节螺钉进行调节。因为这种扳手不能牢固地卡住螺栓头，所以很可能会滑脱。使用活扳手时应十分小心，而且仅在绝对有必要时才可以使用。务必将所有转动压力都施加在固定卡口上。

2. 套筒和棘轮

工具套件中应包含一组英制和公制的套筒以及棘轮扳手和加长杆。棘轮可使套筒向一个方向旋转时需要用力，而向另一个方向旋转不需要用力，从而可在扭紧或松开螺栓时不需要在转动扳手后取下，再换一个角度重新放置扳手。在许多情况下，使用套筒扳手比使用任何其他扳手都更安全、更快捷和更易于使用。事实上，它有时是唯一可用的扳手。

基本的套筒扳手套件由一个棘轮扳手和几个筒状的套筒组成。套筒套在或扣住螺栓头或螺母（图 8-37），其内壁的形状与梅花扳手相同。套筒有六角、八角、十二角几种。与标准的十二角套筒相比，六角套筒具有更坚固的套管壁，从而增强了螺栓上的卡紧力。但六角套筒可放置的位置只有十二角套筒的一半。六角套筒主要用于生锈或头部已经变圆的紧固件。八角套筒可用于方形螺母或方头螺栓上。一些车桥和变速器总成在储液箱上使用方头堵头。

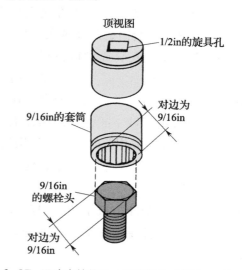

图 8-37　正确套筒的尺寸与螺栓头或螺母尺寸相同

套筒的顶部有一个方孔，用于安装套筒手柄上的方形凸缘。这个方孔是用来插入扭转工具的孔。该孔和手柄凸缘的尺寸（有 1/4in、3/8in 和 1/2in 等）表示套筒扳手驱动头的尺寸。一个手柄可用于套装中的所有套筒。在质量更好的手柄上，其方形驱动头中装有一个被弹簧顶住的小球，

它在驱动头插入套筒时被压下，这个小球将套筒保持在手柄上。各种棘轮式的套筒手柄如图 8-38 所示。

图 8-38 各种棘轮式套筒手柄

并非所有的套筒手柄都是棘轮式的。有些被称为加力杆的套筒手柄只是一个带有驱动头的长杆，它们用于在螺栓上提供额外的力矩以帮助松开螺栓。它们有多种尺寸的长度和驱动头可供选择，有时会使用到螺母驱动器。它们的手柄看起来像螺丝刀手柄，但在轴的末端有一个驱动轴。套筒和 / 或不同附件可插在驱动凸缘上。这类螺丝仅在螺栓紧固力较低时使用。

有多种尺寸、长度和孔深的套筒可供选择。标准的英制和公制套筒扳手套件都是汽车维修所必需的。一般来讲，套筒的尺寸越大，套筒越长，则套筒的孔就越深。长套筒做得特别长，以便能完全套在螺栓末端或螺柱上。火花塞套筒是用于特殊用途的长套筒的一个实例。长套筒还能更好地伸入到有限可用区域中的螺母或螺栓上。当常规尺寸的套筒可以完成作业时，不应使用长套筒。较长的套筒会产生更大的歪斜力矩，因而更易于从紧固件上滑脱。

厚壁套筒是用于冲击扳手的，因此被称为冲击套筒。大多数套筒是镀铬的，但冲击套筒除外图 8-39 ）。

图 8-39 镀铬的长套筒和冲击套筒

⚠ 警告　千万不要在冲击扳手上使用非冲击套筒。

（1）特殊套筒　螺丝刀（包括 Torx® 螺丝刀）和内六角扳手附件也可与套筒扳手一起使用。图 8-40 是一组典型的特殊套筒螺丝刀。当紧固件无法用普通螺丝刀松开时，这些套筒扳手附件是非常方便的。棘轮手柄所提供的杠杆力常常恰好是松开那些难于松动的螺丝的必要条件。

六角　　平口　　十字　　梅花形

图 8-40 典型的套筒螺丝刀套件

万向节式套筒也是可供选择的。这些套筒配有一个柔性接头，它可适应套筒和棘轮手柄之间的不同角度。这些套筒通常用于转动那些难以触及的螺栓。

尽管爪形套筒不是真正的套筒，但它们会与棘轮或加长杆同时使用。这些套筒实际上是一种带有驱动孔的开口扳手或管路扳手的端部，可使用棘轮来转动该套筒。

（2）加长杆　加长杆通常用于将套筒从棘轮或手柄上分开。加长杆的使用可使手柄远离螺栓或螺母，从而更方便棘轮的使用。有可用于所有常见驱动头尺寸和各种长度的加长杆。最常见的长度有 1in、3in、6in 和 10in，2ft 和 3ft 的加长杆也相当常见。将加长杆与柔性适配连接头一起使用可接近无法正直扭紧或松开的螺栓。

可晃动式加长杆（图 8-41）允许套筒在驱动连接处略微偏斜。与万向节式接头相比，这种类型的加长杆为与套筒的连接提供了更大的刚性，但其偏斜角度大约只有 16°。

（3）套筒适配接头　当具有不同驱动头尺寸的套筒必须与特定的棘轮或手柄一起使用时，可以在套筒和手柄的驱动头之间插入一个适配接头。

常见适配接头的使用实例是在具有 3/8in 驱动头的棘轮上使用带有 1/4in 驱动孔的套筒。

图 8-41　可晃动式加长杆

3. 扭力扳手

　　扭力扳手（图 8-42）用于测量螺母或螺栓的紧固程度。汽车上几乎所有的螺母和螺栓都应拧紧到一个特定的紧固程度，并有一个以 lbf·ft（英制）、N·m（公制）或用 lbf·ft 或 N·m 再加一定角度的组合来表示的力矩规定值。1 lbf·ft 的力矩是以 1lb 的力移动 1ft 距离所做的功或产生的压紧力。1 N·m 是 1N 的力移动 1m 距离所做的功或产生的压紧力。

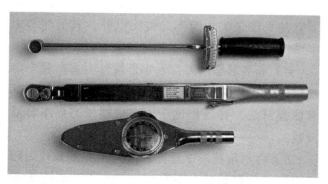

图 8-42　常见的扭力扳手类型

扭力扳手基本上是一个带有某种显示方式的

棘轮或加长杆，当压力施加到手柄上时，它可以显示施加于螺栓上的力矩。有不同驱动头尺寸的扭力扳手可供选择。套筒插在驱动头上，然后放置在螺栓头上。当压力施加在螺栓上时，该扭力扳手将显示力矩的数值。

　　常见的扭力扳手的力矩类型有 lbf·in 和 lbf·ft 两种。

　　1）指针式扭力扳手的精度不高，它依赖于指向力矩读数的金属指针。

　　2）能产生"咔嗒"声的扭力扳手在达到所需的力矩时会发出咔嗒声。转动手柄可设定所需的力矩读数。

　　3）表针式扭力扳手有一个显示施加在扳手上力矩的刻度盘。扳手可能带有指示灯或蜂鸣器，在达到所需的力矩时会点亮或发出响声。

　　4）数显式扭力扳手可显示力矩值，通常不仅用于拧紧螺栓，而且用于测量转动力矩（图 8-43）。这种类型扭力扳手有些设计有一个指示灯或蜂鸣器，当达到所需的力矩时会点亮或发出响声。

图 8-43　数显式扭力扳手

　　正确的力矩提供了制造商设计的最可取和最可靠的紧固度和应力。例如，过紧的发动机轴承盖会使轴承变形，导致过度磨损和不正确的油隙。由于机油流量减少，通常会造成发动机的其他部件快速磨损；力矩不足会使孔失圆并导致零件失效。

为获得准确的读数，使用扭力扳手时应遵循以下步骤。

1. 在维修信息中找到力矩的规定值和扭紧步骤。

2. 将力矩规定值除以3。

3. 握住扳手，使其与要扭紧的紧固件成90°直角。

4. 将螺栓或螺母扭紧到力矩规定值的1/3。

5. 将螺栓扭紧到力矩规定值的2/3。

6. 此时将螺栓扭紧到与规定值相差10lbf·in的范围内。

7. 再将螺栓扭紧到规范值。

8. 重新检查扭矩值。

扭力扳手在不使用时，应将其存放在它们的盒子中。"咔嗒"式扭力扳手应以其最低或基本设定状态存放，这有助于在不使用时使扭力扳手维持在正确的内部机械装置的负载下，从而使其保持在校准状态。避免跌落或将扭力扳手用作加长杆，这也会导致其设定不准确。扭力扳手每年应进行检查和校准，并应记录存档。

4. 螺丝刀

螺丝刀在汽车工业中用来拧动各种螺纹紧固件。每种紧固件都需要一种特定类型的螺丝刀，因此，一个装备齐全的技师会拥有不同尺寸的螺丝刀。

螺丝刀由它们的尺寸、头部（图8-44）和它们要用在什么类型的紧固件上来定义。在工具套件中，除了应包括从短粗的2in长度到12in长度的各种一字槽和十字槽螺丝刀，还应该拥有各种特殊的螺丝刀，例如带有内六角花形设计的螺丝刀。

✚ PHILIPS TIP（十字槽）

✳ POZIDRIV®TIP（米字形）

✴ TORX®TIP（内六角花形）

✦ CLUTCH TIP（接榫头）

◼ SCRULOX®（SQUARE TIP）（方头）

图8-44　可用的不同螺丝刀头

螺丝刀不应用作凿子、冲头或撬棒。螺丝刀不能承受撞击或弯曲压力，当以这种方式误用时，螺丝刀的头部会磨损、变圆并容易从紧固件上滑脱。此时，螺丝刀将变得无法使用。记住，一个有缺陷的工具是危险的工具。

1）一字槽螺丝刀：开有一字形槽的螺钉应使用一字槽螺丝刀。这类螺丝刀可能是最常见的类型（图8-45）。它可用于转动车身的螺栓、机械螺钉和金属薄板件的螺钉。螺丝刀头的宽度和厚度决定了螺丝刀的尺寸，始终应使用能填满紧固螺钉头部槽的一字槽螺丝刀。

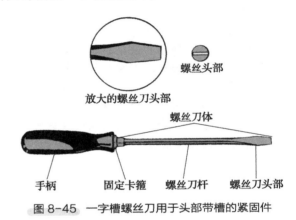

图8-45　一字槽螺丝刀用于头部带槽的紧固件

2）十字槽螺丝刀：十字槽螺丝刀的头部有四条棱，它们可以插入十字头螺丝的四个槽中。螺丝槽的四个表面围住螺丝刀的顶部，因此，螺丝刀不太容易从紧固件的槽中滑出。十字槽螺丝刀尺寸分类有#0（最小）、#1、#2、#3和#4（最大）。

3）尖头十字槽螺丝刀：尖头十字槽螺丝刀除了它的头部是尖头而不是钝头以外，其他的与十字槽螺丝刀相似。

4）米字形螺丝刀：米字形螺丝刀有些像十字槽螺丝刀，但它的头部更平和更钝。方形的头部卡住螺钉头，并且相比于十字槽螺丝刀更不容易滑脱。

5）内六角花形螺丝刀：内六角花形螺丝刀用于固定前照灯总成、后视镜和行李架。六个尖齿不仅可实现更大的转动力和更少的滑移，而且内六角花形紧固件还提供了一种防止擅自拧动的方式。内六角花形螺丝刀的尺寸分类有 T15（最小）、T20、T25 和 T27（最大）。

6）接榫式螺丝刀：需要用接榫式螺丝刀的紧固件通常用于非承重的地方。采用接榫头的紧固件可提供一定程度的防止擅自拧动的能力，并且比普通一字形槽螺钉更不容易滑脱。接榫头的设计还被称为蝶形或 8 字形。汽车技师不经常使用到这类螺丝刀。

7）四方槽（SCRULOX®）螺丝刀：四方槽螺丝刀有一个方形的头部。螺丝刀的头部插入紧固件顶部的方形凹槽。这种类型的紧固件一般用在货车车身、野营车以及船只上。

5. 冲击螺丝刀

冲击螺丝刀用于松开很难拆卸的螺丝。冲击螺丝刀具有可互换的头部和冲头，这可使工具的手柄能与各种螺丝刀头一起使用。

使用冲击螺丝刀时，应选择正确的冲头并将其插入螺丝刀的头部，然后将冲头稳固地插入螺钉的槽中，同时沿所需方向用力扭住手柄，然后用锤子敲击该螺丝刀的手柄。锤子的冲击力将对螺钉施加一个向下的力，同时在该螺钉上施加一个扭转力。

工具护理

标准头的螺丝刀有可能可以进行修整，这意味着如果螺丝刀有损伤，能够在砂轮机上重新打磨成形，但已破裂的头部必须更换。不要使用损坏的螺丝刀，因为如果工具不能正常地起作用，会增加滑脱和损坏车辆，甚至伤害自己的风险。

6. 钳子

钳子（图 8-46）是用于与线材、夹子和销子有关作业的抓取工具。汽车技师至少应该拥有以下几种类型的钳子：用于普通零件和线材的普通钳子、用于小零件的尖嘴钳子，以及用于大的物品和重型作业的可调节的大型钳子。以下简要讨论一下不同类型的钳子。

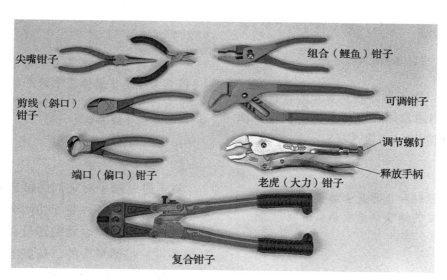

图 8-46 各种类型的钳子

1）组合（鲤鱼）钳子，这是最常见的一种钳子并在多种汽车维修作业中频繁使用。其钳口有平的和曲面的，分别用于夹住平的或圆形的物体。组合（鲤鱼）钳子也被称为滑动连接钳子，它可以有多种钳口尺寸。一个钳口可以在与另一个钳口相连的销子上上下移动来改变其开口的大小。

2）可调钳子，通常被称为凹槽锁定钳子，具有多个滑动连接点位置，可有多种开口尺寸。

3）尖嘴钳子，有着长锥形的钳口。它们非常适合夹住小的零件或伸入到狭窄的地方。许多尖嘴钳子还有切线口和剥线口。弯曲的尖嘴钳子可用于在拐角处的小物体上操作。

4）老虎钳子或大力钳子，它们类似于普通钳子，不同之处在于它们可以被紧紧地锁定在物体周围。它们在需要将零件固定在一起时是非常有用的。它们还有助于在那些无法用扳手或套筒转动的完全变圆的紧固件上获得牢靠的抓紧力。为了应用于不同的维修作业，这类钳子有不同尺寸和钳口的配置。

5）斜口钳子或剪线钳子，用于切断车辆上的电气连接、开口销或线材。这些钳子的钳口具有极硬的切口，可以围绕物体进行挤压并切断它们。

6）夹紧或锁环钳子，它由连杆机构组成，允许活动的钳口在整个开口范围内保持平行。钳口表面通常有凹槽或齿形以防止滑动。

7）挡圈钳子，它是用其能插入挡圈小孔的尖头来定义的。挡圈钳子有固定的尺寸，但也有能够互换钳口的套件可供选择（图8-47）。

图8-47　卡簧和挡圈钳子

8）弹簧夹钳，用于拆卸和安装带有弹性负载的软管夹子，它们通常用在冷却系统中，也有曲面钳口和锁定类型的钳子可供选择。

工具护理

检查钳子的枢轴和齿牙是否磨损或损坏。用一滴低黏度的油来保障枢轴点的润滑以使钳子能正常工作。

7. 锤子

锤子可根据其头部所用的材料和质量来划分。锤子头部的表面有两类：钢制和软面（图8-48和图8-49）。技师的工具箱里应至少包括三种锤子：两把圆头锤，包括一把8盎司的和一把12~16盎司的；另一种是短的大锤或闷击锤，闷击锤内部含有可以减少回弹的铅丸，它可以是钢的或橡胶面的；还应该有一根塑料棒和铅或黄铜面的槌棒。钢制锤子的头部用优质合金钢制成，这种钢材经

过深度锻造和热处理以获得合适的硬度。软面锤子具有在锤击物体时可屈服的表面。软面的锤子应使用于加工表面和不希望损坏的饰面。例如，应该使用黄铜锤子敲击齿轮或轴，因为黄铜锤子不会损坏它们。

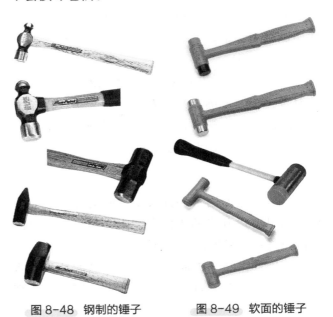

图8-48　钢制的锤子　　　图8-49　软面的锤子

工具护理

检查锤子的手柄和头部是否有磨损或损坏。确保其头部是牢固的，手柄是紧固的。在锤子头部可能会在使用过程中飞出之前更换磨损或损坏的手柄。

8. 錾子和冲子

錾子通过锤子对它们的敲击来切割金属。汽车维修技师使用各种錾子切割金属薄板、剪断铆钉和螺栓头、切掉生锈的螺母和铲去金属。錾子有很多种，包括平头的、扁尖的、圆头的和菱形的，每种錾子都有其特定的用途。

冲子（图8-50）用于剔出各种销钉、铆钉或轴，在组装过程中对正零件中的孔，以及为钻孔定位起始点。冲子用它们头部的直径和形状来定义。冲棒式冲头用于去除存积物和滚销。有的冲子的冲头是用黄铜制成的，若担心有可能损坏销钉或销钉周围的表面时可使用这种冲子。锥形冲头用于对齐螺栓孔。起始冲头或对中冲头用于在钻孔前打出一个点痕以防止钻头偏滑。

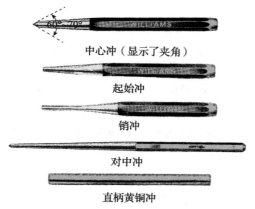

图 8-50　冲子用其形状和头部直径来定义

工具护理

冲头和錾子往往会随着使用时间变长而变得难以使用。用砂轮进行加工以修复其头部和錾子边缘，当完全损坏时应更换。

9. 螺栓拆卸工具

生锈、腐蚀和长时间受热会导致螺钉和双头螺栓等汽车紧固件卡住，可使用套筒扳手或套筒来松开它们。双头螺栓可使用经特殊设计的抓取工具，但如果紧固件已经断裂，则必须采用特殊的拆取工具和步骤。

图 8-51 所示的是一种拆卸双头螺栓的工具，这类工具还可用于安装双头螺栓。拆卸工具具有坚硬、滚花或开槽的偏心滚轮或钳口，在使用时能紧紧抓住双头螺栓。螺柱拆卸 / 安装工具可用套筒扳手的驱动手柄、套筒或扳手转动。

图 8-51　螺柱拆卸 / 安装工具

拆取工具用于取出在表面以下折断的螺钉和螺栓。这种拆取工具套件中包含麻花钻、带沟纹的拆取器和六角螺母。这种类型的拆取器通过在双头螺栓的整个长度上提供夹持力以减少已被钻孔的螺钉或螺柱的膨胀趋势。

螺钉拆取工具常被称作螺钉拔出器。为了使用拔出器，必须先在螺栓上钻孔并用力将拔出工具装入该孔中，拔出器上的齿牙卡住所钻孔的内侧以将螺栓旋出（图 8-52）。在螺钉拔出器的一侧通常会标有所需钻头的尺寸。

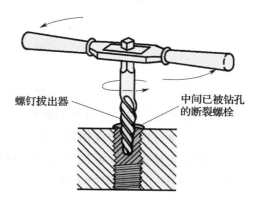

图 8-52　用螺钉拔出器取出已断掉的螺栓

有时也可以用凿子和锤子使断裂的螺栓沿逆时针方向转动从而将其从螺纹孔中取出。断口在平面上方的螺栓还可以用大力钳子拆下。

工具护理

每次使用前后都要检查拔出器或拆取工具，有些工具或许只能使用一次，在使用后就会被破坏。不要尝试使用已损坏的拔出器，因为它可能会折断在要拆除的部件内。

10. 弓形锯

弓形锯可用于切割金属。锯条仅在向前的行程会产生切割。锯条齿牙的朝向应始终背离钢锯的手柄。锯条上的齿数决定了该锯条适用的金属类型，细齿的锯条最适合于薄的金属板，而粗齿的锯条则适用于较厚的金属件（图 8-53）。

使用弓形锯时，当将锯拉向自己时切勿再给锯条施加压力，否则锯齿会因此变钝。切割时应使用整个锯条而不是局部。

11. 锉刀

锉刀常用来修整金属边缘或使金属表面更加平滑。锉刀的形状通常有方形、三角形、长方形（扁平）、圆形或半圆形（图 8-54）。锉刀的大小和粗糙度也各不相同。最常用的锉刀是半圆形和扁平形的单纹路或双纹路设计。单纹锉刀的切槽

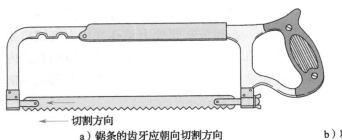
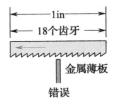
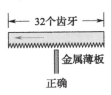

a）锯条的齿牙应朝向切割方向

b）粗牙锯条不适用于金属薄板

c）细牙锯条更适合切割金属薄板

图 8-53 弓形锯锯条的使用方式

以一定角度排列穿过锉刀表面；双纹锉刀的切槽朝两个方向以两种角度排列穿过锉刀的整个表面。双纹锉刀常被当作首次锉削或粗加工的锉刀，因为它们可以去除大量金属。单纹锉刀主要被用于精加工，因为它们仅去除少量的金属。

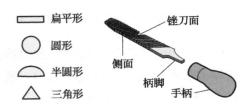

a）各种形状的锉刀及其组成

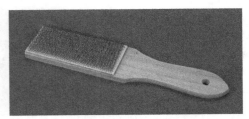

b）金属丝锉刀刷

图 8-54 锉刀及锉刀刷

为避免人身伤害，只能使用带有木柄或塑料柄的锉刀。像弓形锯一样，锉刀只在向前移动时进行锉削。表面粗糙的锉刀用于加工较软的金属，而较光滑或更细的锉刀用于加工钢和其他较硬的金属。

工具护理

使锉刀保持清洁、干燥，不带机油和润滑脂。为了清除锉刃上的锉屑，可使用一种被称作锉刀刷的专用工具。

12. 齿轮和轴承拉拔器

许多精密齿轮和轴承被安装在轴或轴承座上

时会有轻微的过盈配合（压配合）。例如，一个孔的内径比一根轴的外径小 0.001in。当轴装入该孔时，必须被压入以克服 0.001in 的过盈配合。这种压配合可防止零部件彼此之间的移动。拆卸齿轮和轴承必须小心，撬动或锤击可能会破坏或卡死该零部件。当为拆卸齿轮和轴承而向其施加力时，应使用带有合适钳口和配接器的拉拔器。使用适当的工具，可以用较小的力平稳地拆卸齿轮或轴承。

拉拔器有许多不同的设计，都是为特定目的而专门设计的。大多数拉拔器都有不同的钳口长度和形状以使它们能够适用于不同场合。

一些拉拔器被安装在滑锤的末端（图 8-55），并用于拆卸轻微过盈配合的部件。将拉拔器的安装板固定在准备拆卸的部件内或部件上后，将工具上的重锤向后滑动撞击该工具的手柄从而产生拉力以将零部件从其孔中拉出来。

图 8-55 使用滑锤式拉拔器拆卸后半轴

为了将某物体从孔中拉出，拉拔器的设计必须允许其钳口能向外张开。拉拔器的卡爪要足够小，以便在不损坏孔的前提下伸入孔中，同时还应该能牢牢抓住要被拆除的物体。这种类型的拉拔器通常用于拆卸密封件、衬套和锥形轴承的外座圈。

卡爪式拉拔器用于从轴上拉下物体。这类拉拔器可以带有两个或三个卡爪（图 8-56），通常用于拆卸轴承、带轮和齿轮。

图 8-56　这种拉拔器的卡爪是可翻转的，
用拉住物件的内侧或外侧

一些拉拔器实际上是一个推动器，用于将轴从壳体的轴孔中推出。用拉拔器通常很难夹住轴的末端，因此使用推动器将轴从孔中推出。

工具护理

　　每次使用前后都要检查拉拔器。不要使用已损坏的拉拔器，因为这可能导致严重伤害。用石墨基润滑脂润滑拉拔器上的螺纹以减少螺纹的磨损。

13.　轴承、衬套和密封件拆装工具

另一组常用的特殊工具包括各种轴承、衬套和密封件的拆装工具。汽车制造商为其经销商提供了特定部件的拆装工具，但也可以选择通用的拆装工具。这些套件包括各种不同直径的用于拆装的固定板，这些板通常是可正反两面使用的。板的平面一侧用于安装密封件，而锥形一侧用于安装锥形轴承的座圈。拆装工具的手柄被拧入合适的板中。通过轻轻敲击工具上的击铁将轴承或密封件安装到位。

始终要确保使用作业所需的正确工具，如果使用了错误的工具或步骤，很容易损坏衬套和密封件。汽车制造商和专用工具公司会密切合作以设计和制造维修汽车所需的各类专用工具。

14.　工作灯

在汽车的下方和其周围作业时，需要充足的光线。工作灯可以是电池供电的（如手电筒），也可以是需要墙上的插座来提供电源的。一些修理店的工作灯是从悬挂在天花板上的卷筒上拉下来的。工作灯应采用 LED 或荧光灯泡，不应采用白炽灯泡，因为它们会爆裂和燃烧。使用工作灯时要格外小心，确保其电线不会碰到旋转的物体。灯泡或灯管应用保护罩围住或封闭在透明塑料罩内，以防止意外破裂和燃烧。

15.　车下作业躺板

在车辆下面作业不要依赖后背进行移动，而应使用车下作业躺板。该躺板是一个带有小轮子的平板，它可以在车辆下滑动，使工作人员在工作时易于移动。为了保护自己和周围的人，当不使用躺板时，切勿将其平放在地面上，不小心踩到它会导致严重跌倒。在不使用时，应始终将其竖立放置。

工具护理

　　使用车下作业躺板前先检查它上面的脚轮。在每个脚轮轴上涂一点轻质油以保持其平稳滚动。

16.　动力工具

车间提示

　　使用动力工具时，安全是最重要的。粗心大意或违规操作动力工具会导致严重的伤害。未经指导者的许可，不要使用动力工具。在使用动力工具之前，应确认已经知晓如何正确操作它。在使用动力工具之前，应仔细阅读说明书。

动力工具使技师的工作更轻松。与手动工具相比，它们的操作速度更快，而且其力矩比手动工具更大。然而，使用动力工具需要更多的安全措施。除非关闭动力工具，否则它们是不会停止的。动力工具的动力由空气（气动）、电力或液压提供。动力工具只应用于松开螺母和 / 或螺栓。

（1）冲击扳手　冲击扳手（图 8-57）是一种

可正反向转动的便携式手持扳手。重型的型号可提供高达 450lbf·ft（约 610.1N·m）的转矩。根据扳手的品牌和型号不同，安装冲击套筒的输出轴在启动时能以 2000~14000r/min 的转速自由旋转。当冲击扳手遇到阻力时，位于工具末端附近的小弹簧锤就会撞击附着在装有套筒的驱动轴上的铁砧。每次撞击都会使套筒活动一点，直到转矩达到平衡、紧固件断裂或松开工具的扳机。当螺栓的阻力转矩等于扳手的输出转矩时，出现转矩平衡。冲击扳手用空气或电力作为动力。

图 8-57　典型的气动冲击扳手

　　冲击扳手使用压缩空气或电力通过锤击或撞击来松动或拧紧螺母或螺栓。轻型冲击扳手有三种尺寸的驱动头：1/4in、3/8in 和 1/2in，重型的有两种尺寸：3/4in 和 1in。

　　目前，许多技师都使用电池供电的电动冲击扳手。目前市场上的冲击扳手可以提供数百 lbf·ft 的转矩，这使它们更适合于拆卸轮胎螺母和其他紧固件。

车间提示

　　使用冲击扳手时，只能使用冲击套筒和适配接头。如果使用其他类型的套筒和适配接头，它们可能会破碎和飞出，从而危及操作人员和附近区域其他人的安全。

　　⚠ **警告**　不应使用冲击扳手来紧固重要的零部件或可能被扳手锤击力损坏的零部件。

　　（2）气动棘轮或电动棘轮　它们与手动棘轮一样具有在难以触及的地方工作的特殊能力。当其他手动或电动扳手无法使用时，它的带有角度的驱动头可以伸入并进行松开或拧紧的工作（图 8-58）。气动棘轮看起来像普通棘轮，但有一

个较粗的把手，其中包含气动叶轮马达和驱动机构。由于电动棘轮含有电池包，它们往往比气动棘轮大。气动棘轮通常有一个 3/8in 的驱动头。气动棘轮对力矩不敏感，因此，在用气动棘轮将紧固件基本扭紧后，还应使用扭力扳手对所有紧固件进行扭紧。

图 8-58　气动棘轮

　　（3）气动钻　气动钻的驱动头尺寸通常有 1/4in、3/8in 和 1/2in。它们的操作方式与电钻大致相同，但气动钻更小更轻。这种紧凑性使它们更容易用于汽车工作中的钻孔作业。

　　（4）吹尘枪　吹尘枪（图 8-59）用于在清洁过程中吹净零部件。切勿用吹尘枪正对自己或任何人。吹尘枪卡在空气软管的一端并在按下按钮时导出气流。必须使用美国职业安全与健康管理局（OSHA）批准的吹尘枪。在使用吹尘枪之前，应确认它没有经过取消侧面排气孔的改装。

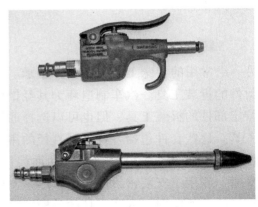

图 8-59　吹尘枪的两种空气喷嘴

工具护理

　　每天在气动工具中滴几滴气动工具油，这有助于防止内部零件生锈并使气动工具保持良好的工作状态。

8.5　车间设备

一些工具和设备由维修企业提供，很少有技师将这些工具作为自己工具箱中的一部分。这些工具是常用的，但不需要每个技师都拥有。许多修理店每样或许只有一两个。

1. 台钳

维修工作常常是将零部件或总成从车辆上拆下后完成的。维修一般是借助固定总成来安全快速进行的。小的零件通常用台钳固定。台钳用螺栓固定在工作台上以确保其安全性。将要夹持的物体放入台钳的钳口中，钳口围绕物体收紧。如果物体可能被钳口损伤或破坏，则在将物体放置入钳口之前，先在钳口上放置一副黄铜钳口套。当台钳不使用时，应让台钳处于松弛状态且手柄自由下垂。

2. 台式砂轮设备

这种电动工具通常用螺栓固定在工作台上。砂轮设备应有安全防护罩和防护装置。使用砂轮设备时，务必佩戴面部保护装置。台式砂轮设备按砂轮尺寸进行分类，6~10in 的砂轮是汽车维修店中最常见的。这类台式工具有以下三种类型的工作轮。

1）砂轮，广泛应用在从磨锐切削工具到去毛刺的各种磨削作业中。

2）金属丝刷轮，用于一般的清洁和抛光、除锈、除垢、除漆、去毛刺等。

3）抛光轮，用于一般目的的抛光、打磨和表面磨削。

使用台式砂轮设备前，先检查电源线、护罩和砂轮架的状况。砂轮架与砂轮的距离不应超过 1/4in。砂轮设备转动时应站在砂轮的侧面，以确保在砂轮转动中出现故障和解体时避免站在碎屑飞出的方向上。

3. 压力机

许多与汽车相关的作业都需要使用很大的力来组装或拆卸一些采用过盈配合组装在一起零部件，例如拆卸和安装活塞销、维修后桥轴承、压入制动鼓和制动盘的螺柱以及进行变速器的组装等。压力机可以是液压的、电动的、气动的或手动的。压力最大可达 150t，具体取决于压力机的尺寸和设计。较小的手动压力机和 C 型机架压力机可以安装在工作台或底座上，而高压力的设备则是独立安装或固定在地面上的（图 8-60）。

图 8-60　固定在地面上的液压压力机

> ⚠ 警告　使用压力机时应始终佩戴安全防护眼镜。

4. 注油枪

一些修理店配备了气动的注油枪，而在其他修理店里，技师使用手动操作的注油枪。这两种类型的注油枪都可以将油脂压入油嘴。因为手动注油枪润滑脂的压力可以由技师控制，因此通常首选的是手动注油枪，但许多修理店使用较低的空气压力来驱动气动注油枪。悬架和转向系统可能有多个注油嘴。

5. 氧乙炔焊割枪

氧乙炔焊割枪（图 8-61）有多种用途。在汽车维修行业，它们用于在两个部件难以分离时加热金属、切割金属（例如更换排气系统部件时）以及将两个金属部件熔接或连接在一起。

氧乙炔焊接和切割设备利用乙炔在氧气中的燃烧产生约 5600℉（约 3100℃）的火焰温度。乙炔用作燃料，而氧气用于帮助燃料的燃烧。

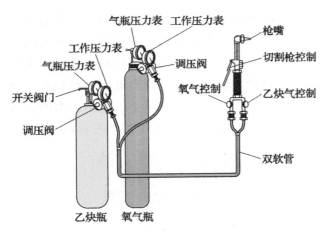

图 8-61 装有切割枪的氧乙炔焊接设备

该设备包括氧气瓶和乙炔气瓶、两个压力调节器、两根柔性软管（每个气瓶一根）和一个焊枪。根据进行的作业选择适合的焊枪：包括用于焊接、铜焊、焊合和加热的焊枪以及用于切割金属的切割枪。

每种气体有三组阀门：气瓶阀门、调节阀门和焊枪阀门。氧气软管为绿色，乙炔软管为红色。乙炔的连接头为左旋螺纹，氧气的连接头为右旋螺纹。

（1）焊接和加热枪　软管将气瓶连接到焊枪上。在焊枪上有每种气体的单独阀门。焊枪由阀门、手柄、混合室（燃气和氧气混合的地方）和焊嘴（形成火焰的地方）组成。焊枪可使用多种不同的焊嘴，必须针对具体作业选择正确尺寸的焊嘴。

（2）切割枪　切割枪用于切割金属，它和焊枪类似，但切割枪有第三根管子，是从阀门到混合室的，它输送高压氧气，由气枪上的一个大的控制杆控制。在切割过程中，使金属被加热，直到它发出橙色的光，然后按下控制杆，使氧气气流流经被加热的金属，将需要切割的地方烧掉。

作业注意事项：除非你已接受过专门的培训，否则切勿使用氧乙炔设备。此外，使用氧乙炔设备还应遵守以下所有的安全预防措施。

1）使用焊枪时，不注意和粗心大意可能导致严重甚至致命的烧伤以及剧烈的爆炸。

2）在使用氧乙炔焊枪之前，确保已清除作业区域内的所有易燃材料，例如油脂、油类、油漆、锯末等。

3）保持氧气远离所有的可燃物。

4）佩戴经核准的带侧面封闭的遮光护目镜，或带遮光镜片的防护罩来保护眼睛以免受眩光和火花的伤害。

5）戴上皮革手套来保护手以免受灼伤。

6）穿上适合焊接的工作服和鞋子/靴子。

7）确保气瓶垂直固定在墙壁、工作地点或便携式手推车上。

8）切勿在阀盖未被拧到位的情况下随意移动氧气瓶。

9）使用时切勿将乙炔瓶侧放。

（3）Mini-Ductor®（一种感应式加热器）　该工具使用电感应原理来产生热量（图 8-62）。它可比焊枪更快、更安全地感应加热预热并从腐蚀的和/或螺纹胶中拆除被咬住的螺母、轴承、带轮和其他金属或机械五金件和零件。它依靠高频电磁体加热，而且只加热暴露在此工具磁场内的金属物体或含有金属的物体。它可提供巨大的热量，且不会有产生明火或损坏附近塑料的危险。磁场会穿过非金属，但不会加热它们，只是加热在非金属下面的金属部分。

图 8-62　Mini-Ductor®（一种感应式加热器）

6. 千斤顶和举升机

千斤顶用于将车辆抬离地面，有多种尺寸可供选择。最常见的是落地式液压千斤顶，它按能举起的质量分为 1.5t、2t 和 2.5t 等。可移动的落地式千斤顶的另一种设计是使用压缩空气的气动千斤顶，气动千斤顶是通过控制千斤顶的气压来工作的。

⚠ 注意　在举升带有空气悬架的车辆之前，先关闭空气悬架系统。它的开关通常在行李舱中。

（1）落地式千斤顶　落地式千斤顶是一种安装在滚轮上的可移动装置。千斤顶上的举升块置于车辆底盘下方，通过操作手柄来产生泵送动作，从而迫使油液进入千斤顶中的液压缸。液压缸伸出使千斤顶举升块向上移动并举升车辆。应始终确保举升块被稳固地顶在汽车制造商推荐的举升点下。释放液压并降下车辆时，必须缓慢转动手柄或释放操作杆。

落地式千斤顶的最大起重量通常写在千斤顶的标贴上。切勿举升大于千斤顶举升能力的车辆，这种行为可能导致千斤顶损坏或倒塌，从而造成车辆损坏或人身伤害。

在使用落地式千斤顶之前，先检查千斤顶的滚轮以确保每个轮子都能平稳滚动且不会拖滞。随着车辆的升起，千斤顶必须随之有微小的滚动。如果滚轮被卡住，可能会导致千斤顶从车辆下方滑出。检查液压缸是否有液压油泄漏的迹象，如果液压缸漏油，切勿使用该千斤顶，因为在试图举升车辆时它可能会失效。

用千斤顶升起车辆时，应使用千斤顶支架支撑车辆（图 8-63）。切勿在只有千斤顶支撑的汽车下作业，始终要使用千斤顶支架，千斤顶的液压密封件有可能失效而造成车辆坠落。

图 8-63　每当用千斤顶举升起车辆时，
都应使用安全支架支撑车辆

（2）举升机　落地式举升机是最安全的举升工具，它能将车辆举升到足以允许在车下行走和作业的高度。举升机的各种安全功能可在密封件泄漏或液压缺失时防止液压举升机下落。在举升车辆之前，确保举升机被正确放置，其举升臂也必须放置在汽车制造商推荐的举升点下。

举升机有三种基本类型：车架接触式（图 8-64）、车轮接触式和车桥参与式。这几种类别定义了与车辆相配的车辆举升点。

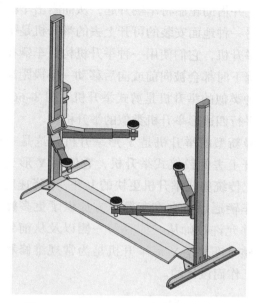

图 8-64　地面上安装的车架接触式举升机

在不久之前，大多数举升机都还是安装在地下的单柱式举升机（图 8-65）。这类举升机采用一个或多个通过压缩空气移动的活塞来举升车辆。现在，在地面上安装的举升机是最常见的。地面安装式举升机通常用螺栓固定在地面上并由电动机提供动力，该电动机驱动液压泵或螺杆式传动轴。

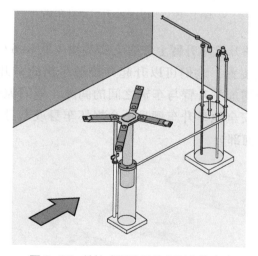

图 8-65　单柱式举升机的典型安装方式

安装在地面上的两柱举升机是最常见的地面式举升机。举升臂骑在每个立柱上，它们的运动通过机械、液压或电子方式同步。

安装在地面上且车辆可开上去的四柱举升机主要用于更换消声器、发动机机油、变速器油液和进行车轮定位的维修店，它允许车辆行驶到两条举升板上并借助轮胎将车辆升起，从而露出车辆的底部。另一种地面安装的可开上去的举升机是平行四边形举升机，它们使用一种举升机构，车辆在被举升或降下时都会被向前或向后移动一小段距离。还有一种类似的举升机是剪式举升机（图 8-66），它有与平行四边形举升机类似的举升机构。

最新型的举升机是 Y 形举升机。这是一种车辆可开上去的铰接式举升机，它使用 Y 形支架以提供比传统剪式举升机更快的上升 / 下降速度和更大的车辆通道。它在车辆下方提供了更多操作空间，并允许技师从一侧到另一侧以及从前到后地接触整个车辆。Y 形举升机是为常规维修和车轮定位工作而设计的。

图 8-66 用剪式举升机举升车辆

举升机举升臂上装有支脚垫块（图 8-67）或配接装置，它们可以升起并接触车辆的举升点，从而增加举升臂与车辆之间的间隙。该间隙可以确保安全地举升车辆且不会损坏车身或车身下部的任何部分。

图 8-67 举升臂上的支脚垫块

在使用任何举升机之前，应确保已知晓如何正确使用它。确保安全锁销啮合且举升机没有泄漏或其他问题。

7. 可移动式起重设备

为了拆下和安装发动机会使用到可移动式起重设备，它们通常被称为"车载式吊车"。将吊索或链条系在发动机上以吊起发动机。一些发动机有吊装用的吊板，如果没有的话，则必须将吊索用螺栓固定在发动机上。吊索的连接螺栓必须足够坚固以承受发动机的重量，并且旋入缸体的长度必须大于螺栓直径的 1.5 倍。将起重设备与链条连接，稍微吊起发动机并确保吊索附件牢固，然后将发动机总成小心地从其发动机舱中吊出。

必要时将发动机总成降到接近地面的高度，以便可以从发动机上拆下变速器和变矩器或离合器。

8. 发动机翻转架 / 操作台

拆下发动机后，用起重设备吊起发动机，然后将发动机放置在发动机翻转架旁边。大多数翻转架都使用一个带有多个孔或可调节臂的适配板。发动机必须至少有四个牢固安装在发动机上的螺栓支撑。发动机的中心应位于发动机翻转架适配板的中间。该适配板可以在翻转架中转动。通过使发动机居中，可以轻松地将发动机转向所需的作业位置。

一些修理店将发动机支座用螺栓固定在工作台的顶部，使发动机悬置在工作台的侧面。它们的优点是发动机旁边有良好的作业空间，但它们不可移动，发动机的所有作业必须在该位置上完成。

发动机固定在其支座上后，可以移开起重设备和吊升链条，以便拆解发动机。

9. 听诊器

听诊器（图 8-68）用于定位发动机和其他机械部件噪声的源头。将听诊器的拾音器放在被怀疑的部件上，听诊器的耳塞放在耳朵里。有些声音不需要使用听音设备就可以听到，但有些声音只有被放大才能听到，这就是听诊器的作用。听诊器还可以帮助区分正常的声音和异常噪声。

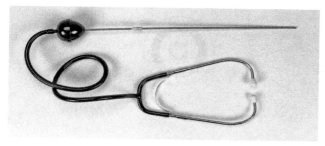

图 8-68　听诊器

电子听诊器。在试图确定噪声源时，使用电子听音设备可获得更佳的效果（图 8-69）。用此类工具可以调谐进入的噪声，从而去除所有其他可能转移注意力或产生误导的噪声。此外，许多电子听诊器可以记录它们放大的声音，录音可以在听诊器或音频设备上回放。电子听诊器将声波数字化，一旦声波被数字化，就可以将其放大并仔细聆听。

图 8-69　"电子耳"套件

8.6　诊断仪和通用型电气测量工具

有关诊断仪和常用通用型电气测量工具的内容可参阅本册第 4 章。

8.7　维修信息

技师没有办法记住正确修理一辆汽车所需的所有步骤和技术规格，因此，拥有准确的维修信息是非常重要的。虽然现在大多数维修信息（或服务信息）都是通过网络以电子方式提供的，但仍然还可以通过书籍和光盘获得信息。良好的信息加上知识可使技师以最少的失误和最低的成本解决客户的问题。

1．汽车生产商的维修信息

任何轿车、面包车或货车的维修和技术规格信息的主要来源都是汽车制造商。制造商每年都会为自己制造的每款车辆发布相应的维修信息。

维修信息可分为底盘电气、悬架、转向、排放控制、燃油系统、制动、基本维护、发动机电气、变速器、车身等章节（图 8-70）。每个主章节又可分为不同的子章节（图 8-71），这些子章节涵盖了所有维修、调整、技术规格、诊断步骤和任何所需的专用工具信息。

- ⊞···一般信息和识别
- ⊞···车身
- ⊞···制动
- ⊞···底盘电气
- ⊞···诊断
- ⊞···传动系统
- ⊞···发动机冷却
- ⊞···发动机电气
- ⊞···发动机机械部分
- ⊞···发动机性能和排放控制
- ⊞···燃油系统
- ⊞···采暖、通风和空调
- ⊞···转向
- ⊞···悬架
- ⊞···变速器
- ⊞···电路图

- ⊟···底盘电气
  - ⊞···气囊（辅助约束系统）
  - ⊞···电源分布
  - ⊞···电子功能组
  - ⊞···娱乐系统
  - ⊞···仪表和警示系统
  - ⊞···照明
  - ⊞···刮水器和洗涤器

图 8-70　按车辆主要系统划分的维修信息主目录示例

图 8-71　在主页面上选择基本章节后，程序将进入该章节的子章节中

由于具体车辆每年都会发生许多技术变更，因此，制造商维修手册的内容需要不断更新。这些更新以服务公告（通常被称为技术服务公告或 TSB）的形式发布，公告中给出了该年款车辆的技术规格和维修步骤的变更（图 8-72），这些更改要到次年才会出现在维修手册中。汽车制造商会定期向经销商和维修机构提供这些公告。

#00-08-48-00 SD：汽车玻璃外表面变形-（2010年9月10日）
主题：汽车玻璃外表面变形

型号：2011年以及之前的通用汽车（GM）的乘用车和货车
2009年以及之前的悍马H2（HUMMER H2）
2010年以及之前的悍马H3（HUMMER H3）
2005—2009年的萨博9-7X（SAAB 9-7X）
2010年以及之前的土星（Saturn）

本公告已修订以增加车型年份。公司编号00-08-48-005　c的公告（第08章–车身和附件）已作废。

车辆在以下情况下，可能出现车辆的风窗玻璃、车门玻璃或后窗玻璃的外表面的变形。
· 累积行驶一定里程数后。
· 频繁在自动洗车机，尤其是"非接触式"洗车机中清洗。

这种变形可能看起来像一个精巧的橘皮图案，或像是蚀刻在玻璃表面的水滴状痕迹或凹陷。

一些汽车清洗液含有用于清洁玻璃的氢氟酸缓冲溶液。如果以正确的浓度使用，应该不会引起问题，但如果使用不当，随着时间的推移，氢氟酸会侵蚀玻璃，导致玻璃外表面出现视觉变形，而且无法通过刮擦或抛光去除。

如果怀疑有这种情况，检查风窗玻璃的乱水器下方区域或侧窗玻璃密封条下方的区域。刮水器或密封条下方的玻璃区域不会受到影响，而看起来像水滴状的痕迹或凹陷可能出现在刮水器或密封条的边缘，在刮水器片或密封条与玻璃接触的地方还可能会出现一条线。

重要提示：修复需要更换受到影响的玻璃，这不是材料或工艺缺陷造成的，因此它不属于新车保修范围。

图 8-72　一份技术服务公告的示例

汽车制造商还出版了一系列技师参考书籍。这些出版物提供了关于制造商车辆的维护和维修的一般性说明，同时还给出了他们推荐的技术。

2. 维修信息的一般和专业提供商

维修信息也可以从独立公司获得。这些公司向汽车制造商支付费用从而获得他们的大部分信息，这类公司包括 Chilton、Mitchell 1 和 ALLDATA 等。

3. 查找信息

虽然不同出版商的信息在呈现方式和主题排列上有所不同，但在熟悉了他们的编排之后，所有这些信息都可以很容易地使用。大多数编排都分为多个部分，每部分涵盖车辆的不同方面。开头的部分通常会给出车辆的标识和基本维护信息（图 8-73），其余部分详细介绍车辆的每个不同系统，包括诊断、维修和大修步骤。每个部分都有一个索引，表明信息的更具体的领域。

为了获得正确的系统技术规格和其他信息，必须首先确定正在进行作业的系统。识别车辆的最佳方式是通过车辆识别代码（VIN）（图 8-74）。

识别关键部件或其他识别编号和 / 或标记也是有助于识别该系统的有用的信息。

4. 售后市场供应商的指南和商品目录

北美许多较大的零件制造商都有关于他们制造或供应的各种零件的指南。他们还提供其所生产产品的更新的维修公告。最新技术信息的其他来源是专业杂志和行业协会。

5. 维护指南

这些专门设计的维护手册包含了有关润滑、维护、容量和发动机舱内维护的信息。其中，润滑指南包括润滑油使用和维护说明、润滑图示和规格、车辆举升点以及预防性维护里程 / 时间间隔。列出的容量包括冷却系统、空调、冷却系统排空位置、车轮和轮胎规格以及轮胎螺栓拧紧力矩的规范值。发动机舱内维护的信息包括有关机械、电气和燃油系统调整的规范值以及一些图表和传动带的张力规格。

6. 用户手册

新车随车都提供了用户手册，它包含了车辆及其附件的操作说明，还包含有关检查和添加油

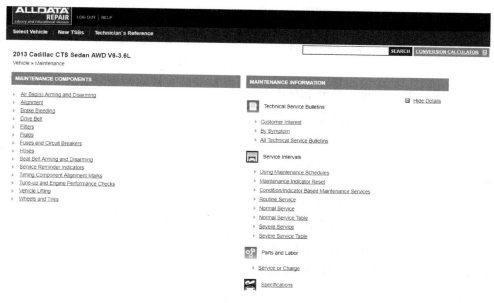

图 8-73　ALLDATA 提供的维护信息示例

图 8-74　在 OEM 网站上使用 VIN 访问车辆的特定信息

液、安全预防措施、各种容量列表的信息，以及用于该车辆的各种油液和润滑剂的规格。

7. 热线服务

热线服务以电话方式解答各种服务问题。制造商通过电话为其经销商的技师提供帮助。也有为独立用户提供的订阅服务，以使他们能够通过电话获取维修信息。一些制造商还有一种移动数传机系统，它可以将计算机信息从汽车传输到另一个地方。车辆的诊断链路连接到该数传机上。维修站的技师可在车辆上运行一系列测试。系统会下载该特定车型的最近更新的维修信息。如果这还不能解决问题，制造商所在地的技术专家将检查相关数据并提出维修建议。

8. 国际汽车技师网（iATN）

国际汽车技师网（iATN）是一个由来自世界各地的数千名专业汽车技师组成的组织。该组织内的技师与其他成员交流技术知识和信息。该组织的网址是 www.iatn.net。

9. 互联网

互联网对汽车维修产生了重大影响。自己动手维修的用户和专业技师都可以接触到几乎无穷无尽的信息量，这可能是好事，但也可能是坏事。由于能够在线查找诊断和维修信息，许多客户开始自己修理他们的轿车和货车。在使用网络帮助解决一个问题或进行一项维修时，需要学习如何辨别信息的优劣。这种判断力通常来源于经验和对你正在进行的操作的理解。

10. 中国汽车维修技术信息公开监督与服务网

我国交通运输部依据《中华人民共和国大气污染防治法》，于 2015 年发布了《汽车维修技术信息公开实施管理办法》，要求汽车生产商在新车型上市后 6 个月内向社会公开维修技术信息。交通运输部公路科学研究院作为专业技术支持机构，负责汽车生产企业车型信息备案、信息公开监督和技术咨询等具体工作，并开发了汽车维修技术信息公开服务网，网址为 carti.rioh.cn。通过该网站可以按照汽车生产商或车型品牌查询到相应车型的维修技术信息。

8.8 总结

- 维修新型汽车需要使用许多不同的手动和动力工具。测量单位在工具选择中起着重要作用。因此，了解英制和公制测量系统非常重要。

- 测量工具必须能够以高精度测量物体。应始终小心对待它们，并在每次使用前后都进行清洁。

- 千分尺可用于测量轴的外径和孔的内径，它分为英制或公制刻度。

- 伸缩量规用于测量孔的直径和其他间隙，通常与外径千分尺一起使用。小孔量规的使用方式与伸缩量规相同，通常用于测量气门导管的直径。

- 螺距量规提供了一种测量紧固件每英寸螺纹数（螺距）的快速准确的方法。将螺距量规的齿牙与紧固件螺纹匹配，并直接从螺距量规的测量片上读取所标出螺距。

- 紧固车辆上任何部件的螺母或螺钉时，施加适当的力矩至关重要，尤其是对于发动机上的螺母或螺钉。带有力矩指示的扳手可以保证达到制造商推荐的紧固程度和应力条件。

- 公制和英制扳手不能互换，汽车维修技师应该同时拥有这两种类型的扳手。

- 无论是什么类型的螺丝刀，都不应用作錾

子、冲头或撬棒。

- 手动丝锥用于手动加工内螺纹以及清洁和修复原有的螺纹。手动螺纹板牙用于加工外螺纹并被安装在被称为板牙架的支撑架中。

- 粗心大意或违规操作电动工具会导致严重伤害。使用冲击和气动棘轮、扳手、吹尘枪、台式砂轮、举升机、小型起重机械和液压机等工具时，需要采取安全措施。

- 目前制造商的维修手册是任何车辆的维修和技术规范信息的主要来源，它们可通过互联网获得。技术服务公告包括了在产各年款车辆中的变更。

8.9 复习题

1. 简答题

1）如何正确使用和护理千分尺？

2）千分表（百分表）的常用用途有哪些？

3）扳手有哪些类型？列出并描述三种类型的扳手。

4）制造商如何通知技师有关在产各年款车辆上变更的车辆技术规格和维修步骤？

5）将螺栓精确拧紧到螺栓的技术规格应遵循的步骤有哪些？

6）技师获得维修信息的三种来源是什么？

2. 单选题

1）技师 A 说标记为 8.9 的公制螺栓比标记为 10.9 的螺栓具有更高的屈服强度；技师 B 说英制 8 级螺母应用在公制评定为 10.9 级的螺栓上。谁是正确的？（　　　）

    A. 仅技师 A 正确

    B. 仅技师 B 正确

    C. 技师 A 和 B 都正确

    D. 技师 A 和 B 都不正确

2）以下哪个扳手是拧紧螺栓的最佳选择？（　　　）

    A. 开口扳手　　　　　　B. 梅花扳手

    C. 组合扳手　　　　　　D. 以上都不是

3）技师 A 说千分尺可以用来测量某物的外径；技师 B 说游标卡尺可以用来测量孔的直径。谁是

正确的?（　　）

 A. 仅技师 A 正确

 B. 仅技师 B 正确

 C. 技师 A 和 B 都正确

 D. 技师 A 和 B 都不正确

4）技师 A 说丝锥切削外螺纹；技师 B 说板牙切削内螺纹。谁是正确的?（　　）

 A. 仅技师 A 正确

 B. 仅技师 B 正确

 C. 技师 A 和 B 都正确

 D. 技师 A 和 B 都不正确

5）下列哪一种螺丝刀类似于十字螺丝刀，但其头部更平更钝?（　　）

 A. 一字槽螺丝刀

 B. TORX®（内六角花形螺丝刀）

 C. POZIDRIV®（米字形螺丝刀）

 D. 接榫式螺丝刀

6）技师 A 说大多数英制螺栓的螺距为每毫米 1.0~2.0 个螺纹；技师 B 说 1.0 螺距的螺纹比 2.0 螺距的螺纹更细。谁是正确的?（　　）

 A. 仅技师 A 正确

 B. 仅技师 B 正确

 C. 技师 A 和 B 都正确

 D. 技师 A 和 B 都不正确

7）技师 A 说在组装过程中用冲头来对正零件中的孔；技师 B 说用錾子剔出铆钉。谁是正确的?（　　）

 A. 仅技师 A 正确

 B. 仅技师 B 正确

 C. 技师 A 和 B 都正确

 D. 技师 A 和 B 都不正确

8）拔出器用来取出损坏的（　　）。

 A. 密封件　　　　　　B. 衬垫

 C. 活塞　　　　　　　D. 螺栓

9）下面哪一个关于过盈配合的表述是不正确的?（　　）

 A. 许多精密的齿轮和轴承在安装到轴或壳体中时具有轻微的过盈配合

 B. 过盈配合允许各零件之间轻微移动，以防止磨损

 C. 必须小心拆卸过盈配合的齿轮和轴承以避免损坏和卡死零件

 D. 当为拆卸过盈配合的齿轮和轴承而施加一定力时，应使用带有合适卡爪和适配装置的拉拔器

10）技师 A 说在清洁过程中可用吹尘枪吹去零件上的残留物；技师 B 说在工作后可用吹尘枪来清洁工作服。谁是正确的?（　　）

 A. 仅技师 A 正确

 B. 仅技师 B 正确

 C. 技师 A 和 B 都正确

 D. 技师 A 和 B 都不正确

11）技师 A 说应使用管路连接螺母或管路的管扳手松开或拧紧制动管路或管路接头；技师 B 说开口扳手可围住接头螺母并在接头上提供良好的卡紧力。谁是正确的?（　　）

 A. 仅技师 A 正确

 B. 仅技师 B 正确

 C. 技师 A 和 B 都正确

 D. 技师 A 和 B 都不正确

12）技师 A 用千分表进行内部和外部的测量；技师 B 用千分表进行内部、外部和深度的测量。谁是正确的?（　　）

 A. 仅技师 A 正确

 B. 仅技师 B 正确

 C. 技师 A 和 B 都正确

 D. 技师 A 和 B 都不正确

13）对于必须进行 0.0001in 范围内的测量时，技师 A 使用一把技师用尺；对于相同的精度，技师 B 使用了标准的千分尺。谁是正确的?（　　）

 A. 仅技师 A 正确

 B. 仅技师 B 正确

 C. 技师 A 和 B 都正确

 D. 技师 A 和 B 都不正确

14）技师 A 说千斤顶支架应始终与可移动的落地千斤顶一起使用；技师 B 说使用落地式千斤顶前应检查其举升能力和功能操作。谁是正确的?（　　）

 A. 仅技师 A 正确

B. 仅技师 B 正确

C. 技师 A 和 B 都正确

D. 技师 A 和 B 都不正确

15）使用压缩空气冲击扳手时，技师 A 使用冲击套筒和适配头；技师 B 使用镀铬套筒。谁是正确的？（　　）

A. 仅技师 A 正确

B. 仅技师 B 正确

C. 技师 A 和 B 都正确

D. 技师 A 和 B 都不正确

16）在讨论螺纹密封剂和润滑剂时，技师 A 说螺纹防粘剂用在螺栓经一段时间使用后可能难以拆卸的地方；技师 B 说螺纹密封剂用在被拧紧到油室或冷却液通道中的螺栓上。谁是正确的？（　　）

A. 仅技师 A 正确

B. 仅技师 B 正确

C. 技师 A 和 B 都正确

D. 技师 A 和 B 都不正确

17）10mile 的公制长度是（　　）。

A. 0.06895bar　　　　　B. 10.6895bar

C. 1.6093km　　　　　 D. 16.093km

18）以下哪种螺纹设计通常是锥形螺纹并可在接头处提供密封？（　　）

A. UNC　　　　　　　 B. NPT

C. UNF　　　　　　　 D. UNEF

19）下面哪一项不用塞尺组测量？（　　）

A. 活塞环侧隙　　　　　B. 飞轮跳动

C. 曲轴端隙　　　　　　D. 火花塞间隙

第 9 章
汽车维护与检修

学习目标

- 描述应包含在维修工单中的信息。
- 说明如何通过识别车辆识别代码（VIN）来确定车辆及其系统。
- 说明预防性维护的重要性，并列出至少六个典型的预防性维护检修示例。
- 了解预防性维护所需的各种油液类型之间的区别，并了解如何为特定车辆选择正确的油液。
- 说明车辆的设计如何决定了必须遵循的预防性维护步骤。

预防性维护不是为了纠正问题而进行的作业，它是为了预防出现问题。本章涵盖了预防性维护和其他一些基本服务。所有这些服务都可以通过许多不同类型维修企业的技师实施，例如经销商、独立维修店和专卖店（图9-1）。无论是什么类型的修理店，技师首先需要关注的就是维修工单。

图9-1 当客户与技师沟通良好时，维修企业才能平稳运行

9.1 维修工单

维修工单（RO）是为每辆进入维修店的汽车填写的作业单。维修工单也可以称为服务或作业工单。维修工单包含了客户、车辆、客户的问题或需求、维修费用的预算，以及维修可能完成的时间。维修工单也可作为用于许多其他目的的法律文件，例如工资表和一般的存档（图9-2）。从法律上讲，维修工单既保护了修理店，也保护了客户。

尽管每家修理店会在原始维修工单上输入不同信息，但是大多数维修工单都包含如下内容：完整的客户信息、完整的车辆识别信息、客户关注的问题、问题的初步诊断、该维修完成的时间、被分派执行此维修的技师姓名或其他身份证明、实际进行的维修及其费用、维修期间更换的部件及其费用、对后续维修的建议。

维修工单由客户签署。签名表示授权了这些维修并接受了维修工单上注明的条款，并同意在维修完成后为维修支付费用。许多州需要在客户签名后才能启动维修作业或更改原始预估的维修项目。如果原始预估内容的更改不需要客户签名，则所有与预估有关的电话交流都应注明在维修工单上。

在大多数情况下，当客户签署维修工单时，就表示其已经认可了修理店有强制执行汽车留置权的权利。该留置权的基本意思是，如果客户不支付约定的服务费用并且车辆在修理店停留90天或90天以上，修理店可以获得该车辆的所有权。无论客户是否支付账单，该条款确保了修理店可以因已完成的工作而获得一些补偿。

维修记录由修理店保留以保存车辆的维修历史，并用于法律目的。维修证据和建议的维修项目对于日后处理与车主可能存在的法律纠纷是非常重要的。

1. 计算机化的车间管理系统

大多数维修企业都使用计算机化的车间管理软件生成维修工单（图9-3）。

维修工单的完成信息被输入到计算机中。软件还有助于预估维修费用。该软件还会从维修工单中获取信息，并将其保存在不同的文件中。这些文件被用于许多用途，如进度提醒、记账、记录车辆/车主的维修历史记录以及追溯员工的生产率。还可以为维修工单添加注释（这些不出现在维修工单上）。这些个人的注释可用于提示修理店对客户的承诺、有关客户和/或车辆的任何特殊信息以及客户上次光顾修理店期间发生的任何异常事件。

当客户到达修理店时，计算机可以快速调取有关该车辆的所有信息。通常情况下，服务登记人员所要做的只是输入车辆的车牌号、VIN，或车主的名字。如果该客户曾经来过修理店，服务登记人员即可获得所有信息。此外，大多数维修店的管理软件依靠数字代码来表示已经和将要执行的维修。这些代码起到了捷径的作用，因此，服务登记人员不需要键入每项维修的描述。这些代码由软件公司或车辆制造商指定。在经销商处，这些都直接链接到保修的赔付文件中。

2. 零件更换

在维修过程中经常需要更换零件，这在维修工单上显示为"R&R"，意思是"拆卸并更换"。在特许经销商处，几乎所有的更换零件都是通过

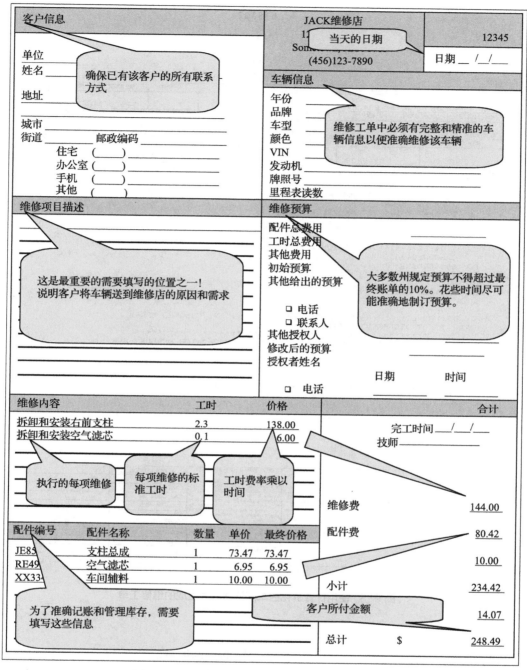

图 9-2　一份完整的维修工单

零件部门获得的原始设备制造商（OEM）的零件。特许经销商安装的某些更换零件和其他类维修企业安装的几乎所有零件来自售后市场。还有一些更换零件可能是翻新或再制造的。一般情况下，再制造的零件都经过全面测试、拆解、清洁和加工，并会更换掉所有不良的或功能失调的零件。如果此过程是正确完成的，则再制造的零件与原始装配（OE）零件是同样可靠的。

如果被更换下的零件不再具有使用价值，车间会进行处置，但许多修理店会将更换下来的零件作为已拆除并更换了新零件的证据提供给顾客。在美国许多州，法律要求修理店返还旧的零件或者允许客户来检查它们。在将旧的零件放入车内之前，务必将它们装入塑料袋或其他容器中，以防止零件上的任何脏污沾到车内的任何物品上。

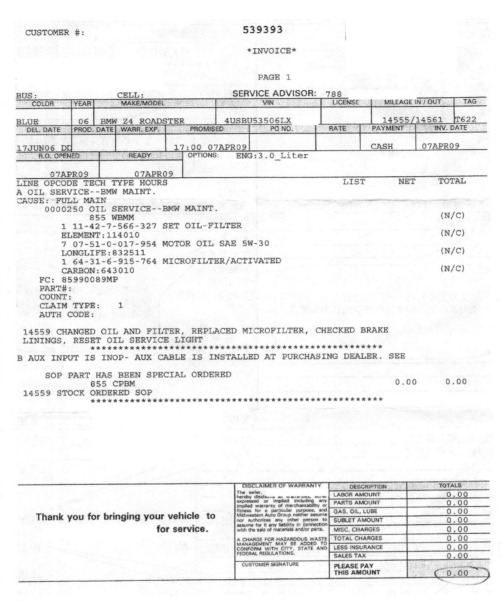

图9-3 使用计算机化的车间管理软件生成的维修工单

3. 转包维修

维修企业通常不会独立完成所有需要进行的维修。它们通常会与另一家企业签订合同来实施服务中的一项或部分维修，这被称为转包。**转包维修的车辆会被送到某个专门从事专项维修的修理店，例如散热器维修。转包的成本会被加到维修企业执行的维修成本中。通常客户需要支付的费用会略高于转包维修的实际成本。**

4. 估算维修或服务成本

1）确保已有客户的正确联系方式和有关该车辆的正确信息。

2）始终针对特定车辆使用正确的工时和零配件手册或数据库。

3）在零配件手册或数据库中确认该特定车辆的准确维修内容。

4）使用相关指南，为该维修选择合适的工时。

5）将维修店的每小时人工费率乘以所需工时。

6）如果预料有任何转包维修，将这项维修列为转包维修，并将该费用加到人工费用中。

7）使用所给的信息，确定该维修中将要更换的零件。

8）确定要更换的零件的费用。

9）对所需的所有其他维修项目或由客户要求的维修项目重复上述步骤。

10）将所有人工费用加在一起，这个总和是这些维修项目的人工费用预算总额。

11）将所有零件费用加在一起，这个总和是这些维修项目所需零件的预算总额。

12）将总的人工费用和总的零件费用相加。如果修理店对本店所用辅料收取标准费用，将其加到人工和零件的总费用中，这个总和就是要出示给客户的费用预算总价格。

除非客户后来授权同意更高的金额，否则不应对客户收取超过维修工单上所给出预算的费用。一些州允许修理店收取超出预算金额 10% 以内的费用，而其他州则规定修理店收取的费用就应该是预算值。图 9-4 列出了在估算服务和维修费用时要遵循的一些内容。

在估算维修或服务的费用时：
- 确保你已有正确的客户联系方式。
- 确保你已有有关该车辆的正确信息。
- 始终使用适合于该特定车辆的人工工时和零件手册或数据库。
- 在手册或数据库中查找该特定车辆的正确维修项目。
- 使用手册或数据库中提供的指南，为该维修列出正确工时。
- 用维修店的每小时人工费率乘以工时数。
- 如果预料有任何转包维修，将这项维修作为转包维修列出，并将费用加到人工费用中。
- 使用手册或数据库提供的信息，确定该维修要更换的零件。
- 在手册、数据库或修理店所用的零件目录中确定零件的费用。
- 对需要的所有维修或由客户要求的维修项目重复上述步骤。
- 用维修店的每小时工时费率乘以工时数。
- 将所有人工费用加在一起，这个总和是对这些维修的人工费用估算数。
- 将所有零件费用加在一起，这个总和是对这些维修所需零件费用的估算数。
- 将总人工费用和零件费用加在一起。如果修理店对本店提供的辅料收取标准费用，将其加到人工和零件总费用中，这个总和是呈现给客户的费用预算总额。

图 9-4　估算维修或服务费用的指南

9.2　车辆识别

在对车辆进行任何维修之前，准确了解将要维修的车型是非常重要的。最好的方法是参考车辆的识别代码（VIN）。VIN 是位于驾驶员侧前风窗玻璃左下角后面的一个标牌，同时，在车辆的其他位置也会有。VIN 由 17 位字符组成，包含了有关该车辆的所有信息。使用由数字和字母组成的 17 位代码于 1981 年成为强制性规定，并被美国本土和外国的所有车辆制造商使用。大多数新型的车辆在 VIN 编码的下方还会有一个条形码（图 9-5）。

VIN 的每个字符都有特定用途。

图 9-5　车辆识别代码

第一位字符表示该车辆的制造国家或地区，例如：1 或 4 代表美国；2 代表加拿大；3 代表墨西哥；J 代表日本；K 代表韩国；S 代表英国；W 代表德国。

第二位字符表示制造商，例如：A 代表奥迪；B 代表宝马；C 代表克莱斯勒；D 代表梅赛德斯 - 奔驰；F 代表福特；G 代表通用汽车；H 代表本田；N 代表日产；T 代表丰田。

第三位字符表示车辆类型或制造分类（乘用车、货车、客车等）。第四到第八位字符表示车辆的特征，例如车身款式、车辆型号、发动机类型。

第九位字符用于识别 VIN 的准确性，它是一个校验数字。第十位字符表示年款，例如：D 代表 2013 年；E 代表 2014 年；F 代表 2015 年；G 代表 2016 年；H 代表 2017 年；J 代表 2018 年；K 代表 2019 年；L 代表 2020 年；M 代表 2021 年；N 代表 2022 年；P 代表 2023 年；R 代表 2024 年；S 代表 2025 年；T 代表 2026 年；V 代表 2027 年。

第十一位字符表示车辆被组装的工厂；第十二位到第十七位字符表示车辆从制造商的装配线下线时的生产序列号。

9.3 预防性维护

预防性维护（PM）指的是在出现任何故障迹象之前在定期维护基础上进行的某些检修。定期检查和日常维护可以防止重大故障的出现和昂贵的维修费用。它还保障了车辆的高效、安全运行。

一旦车辆的质保或维护间隔到期，客户将在不得不进行的维修中支付费用。2012年的一项研究发现，美国的乘用车平均车龄超过11年。路上的车辆数量、平均车龄和拥有时间多年来一直在增加。为了让旧的车辆正常运行，预防性维护计划至关重要。

在美国全国汽车维护月期间，一项对2375辆汽车进行的调查发现，超过90%的汽车缺乏某种形式的维护。该调查检查了汽车的尾气排放、油液的液面高度、轮胎压力和其他的安全功能。结果表明，被调查车辆中有34%的空气滤清器已阻塞；27%的安全带已磨损；25%的PCV阀滤芯已堵塞；14%的软管已磨损，以及20%的蓄电池、蓄电池电缆或端子不良。

在对油液和冷却系统的检查中，39%的故障是由于变速器或动力转向油液不良或已被污染，36%的发动机还在使用不能再用的或已脏污的机油，28%的冷却系统保护不足，8%的散热器盖有故障。

在安全类别中，50%的问题是由于轮胎磨损或充气不当，32%的前照灯或制动灯不工作，14%的刮水器片已磨损。

1. 维护时间表和提示

典型的预防性维护时间表以里程或时间间隔来推荐特定的维护周期。驾驶习惯和工况也被用来确定预防性维护间隔的频次。例如，经常在城市交通中短距离行驶的车辆通常需要更频繁地换机油，因为机油中冷凝的水分和未燃烧的燃料会更快地积聚。大多数制造商还为用于牵引拖车的车辆或在尘土飞扬或异常条件下运行的车辆规定了更短的维护时间间隔。

重要的是要让客户了解车辆制造商所说的常规维护和全面维护之间的差异。在许多情况下，

如果车辆在全面维护类别所列的任何条件下行驶，则维护次数会增加到常规维护的2倍。由于行驶工况和制造商维护建议各不相同，许多修理店建议将制造商的预防性维护时间表作为最低要求。修理店可根据实际的行驶工况来定制车辆的预防性维护时间表。

现在很多车辆都使用维护提示系统，这些系统通常会在驾驶员信息中心显示一条消息，例如发动机机油寿命百分比。其他的一些车辆则显示接下来需要进行维护的项目图标（图9-6）。要确定该图标所代表的意义是什么，可以查看车辆的维修手册或维修信息。

图9-6 维护指示灯和维修的图标

2. 安全检查

一些州规定每年或每两年进行一次车辆的安全检查，这些检查的目的是提高道路交通安全。研究表明，有年度安全检查项目的州发生事故的次数比没有这些检查的州少约20%。检查包括对车辆各个系统和部位的一系列检查。常规的检查项目如图9-7所示，具体需要检查的系统和子系统可能会与图中有所不同。该检查也可能是车辆注册程序的一部分，汽车经销商通常需要在所有二手车出售前完成一次安全检查，并将结果报告给客户。

9.4 基本检修

通常，在对车辆执行预防性维护时，技师还会告知客户需要进行一些小的维修。有关预防性维护和这些基本的小的维修的内容涵盖在本章的其余部分。

检查风窗玻璃和其他玻璃

是否有模糊、失真或其他视觉阻碍
玻璃是否有裂纹、划伤或破碎
玻璃是否着色
风窗玻璃的操作

检查风窗玻璃刮水器/喷淋器

工作状况
刮水器片的状况

检查风窗玻璃除霜器

工作状况

检查后视镜

底座的刚性
反射镜面的状况
后方道路的视野

检查喇叭

电气连接、固定点和喇叭按钮是否正常
是否可发出至少在200ft（约61m）外可以听到的声音

检查驾驶员座椅

座椅的固定情况
位置
状况

检查座椅安全带

状况

检查前照灯

核准类型、校准和输出状况
线路和开关状况
远近光指示器的工作状况

检查其他灯光

所有车灯的工作状况、透镜颜色和透镜状况
雾灯和行车灯的校准状况

检查信号装置

指示器（视觉和听觉）是否正常工作
所有灯的照明、透镜颜色和透镜状况

检查前车门

是否可从车外或车内使用车门把手或开启装置打开车门
锁扣装置是否可将车门保持在正确的关闭位置

检查发动机舱盖

发动机舱盖锁扣的工作状况

检查油液

液面是否低于合适液面高度

检查传动带和胶管

传动带的张力、磨损或缺失情况
软管是否损坏

检查排放物控制系统

排放控制系统是否完好，有没有被拆除主要部件、失效或被切断

检查蓄电池

是否正确固定
连接是否松动或损坏

检查燃油系统

是否有任何未牢靠紧固的部件
是否燃油泄漏
燃油箱加注口盖是否存在

检查排气系统

排气系统是否损坏，包括歧管、衬垫、排气管路、消声器、连接部分等
从发动机到排气系统可拆解处的任何一点是否有气体泄漏

检查转向和悬架

方向盘的自由间隙
衬套、转向节、球节、车轮轴承和转向横拉杆端部是否有磨损
转向器在车架上是否松动，拉杆和转向臂的状况
车轮定位和车桥定位
钢板弹簧断裂和吊耳是否磨损
减振器状况
车架是否开裂
发动机悬置是否损坏或缺失
举升支撑座状况

检查地板盘

是否有使排气气体进入乘员舱的孔
是否有对乘员造成危险的情况

检查制动

零件是否磨损、损坏或缺失
制动衬片或制动鼓是否磨损、污染或失效
系统中是否泄漏，制动液位是否正常
制动摩擦块或制动盘是否磨损、污染或失效
制动踏板是否行程过大

检查驻车制动器

是否已正确调整

检查轮胎、车轮和轮辋

是否正确充气
轮胎螺母是否松动或缺失
轮胎状况，包括花纹深度
子午线轮胎和斜交轮胎是否混装
车轮是否有裂纹或损坏从而导致行驶不安全

图 9-7　一个安全检查可能包含的项目

 客户关怀

对车辆进行任何维修前都应使用翼子板护罩（图 9-8），不要在车外或车内留下指纹。使用地板、座椅和方向盘护套来保护车内。如果机油或油脂沾到汽车上，应将其擦去。

图 9-8　在发动机舱盖下作业时应使用翼子板护罩

1. 服务公告和召回检查

当车辆被送来维修时，很多修理店会检查是否有适用的技术服务公告和召回。任何适用的项目都可以向客户提出。在花时间尝试自己去诊断一个问题前，通过对 TSB 的搜索通常可以获得有关所涉及问题、更新部件或维修步骤的信息，从而节省时间和减少麻烦。此外，车主可能不知道适用于他们汽车的召回。提醒他们会有助于建立客户和修理店之间的信任和企业的信誉。

2. 发动机机油

发动机机油是将原油进行清洁或精炼后得到的一种润滑油。从地下取出的原油很脏，不能很好地用作发动机的润滑油。原油必须经过精炼来达到行业标准。发动机机油只是原油的众多产品之一。发动机机油通过专门配制以使其容易流过发动机；提供润滑且不会起泡；减少摩擦和磨损；防止生锈和腐蚀形成；冷却机油流经的发动机零部件；保持发动机内部零件的清洁；保持与密封件的兼容以防止泄漏；减少摩擦提高燃油经济性；避免对催化转换器和氧传感器造成损坏。

发动机机油是用基础油生产出来的。汽车发动机机油中使用的基础油可分为四类，从第一类到第四类，质量依次从最低到最高。当前的大多数发动机需要第三类或第四类的基础油以满足磨损、排放和黏度方面的要求。

发动机机油含有许多添加剂，每一种都是为了提高机油的有效性。美国石油学会（API）将发动机机油分为用于汽油 / 点燃式发动机的 S 级机油，和用于柴油 / 压燃式发动机的 C 级或 F 级机油。每个等级中的各种类型的机油根据其满足发动机制造商质保要求的能力被进一步评级（表 9-1）。发动机机油可归类为**节能（节约燃料）型机油**。这些机油的目标是为了减少摩擦，从而降低燃油消耗。摩擦改进剂和其他添加剂用来实现这一目标。

除了 API 的评级外，机油黏度也是选择发动机机油的重要因素。机油抗流动的能力是它的黏度。越黏稠的机油，黏度等级越高。黏度受温度影响。热的机油比冷的机油流动得更快。机油的

流动对发动机的寿命至关重要。由于发动机运转在很宽的温度范围下，因此，选择正确黏度的机油是很重要的。

表 9-1 发动机机油评级

评级	备注
SA	纯矿物油（无添加剂），不适用于任何发动机
SB	采用不含去垢剂的添加剂来降低磨损和氧化
SC	自 1964 年起停用
SD	自 1968 年起停用
SE	自 1972 年起停用
SF	自 1980 年起停用
SG	自 1988 年起停用
SH	自 1993 年起停用
SJ	自 1997 年起停用
SL	启用于 2001 年
SM	启用于 2005 年
SN	启用于 2011 年
FA-4	启用于 2017 年，用于使用含硫量多至 15ppm 的燃油的高速柴油发动机
CK-4	启用于 2017 年，用于使用含硫量多至 500ppm 的燃油的高速柴油发动机

由于发动机技术正在变化，例如采用可变气门正时技术、将活塞环放置在更靠近活塞顶部的位置以及采用混合动力系统，因此，使用正确黏度的机油比以往任何时候都更加重要。使用密度不正确的机油会导致过大的机油消耗、增加燃油消耗、VVT 系统的故障以及其他问题。

国际自动机工程师学会（SAE）已经建立了一个被整个行业接受的机油黏度分级系统。该系统是一个数字式的评级，其中，黏度越高或密度越大的机油，对应的数字越大，例如，分级为 SAE 50 的机油要比 SAE 10 机油的密度更大且流动更慢。

当前的发动机机油都是**多黏度机油**，这些机油有一个组合的分级，例如 5W-30，该评级表示该机油具有 5 和 30 两种黏度。5 后面的"W"表示该机油的黏度是在 0℉（-18℃）下测试的，这通常被称为"冬季等级"。因此，5W 表示机油在冷态时的黏度为 5。30 是指热态时的等级，该等级是机油黏度在 212℉（100℃）下测试的结果。为

了配制多黏度机油，在机油中混合了高分子聚合物，这些聚合物在受热时会膨胀。使用这些聚合物，使机油可以将其黏度保持在 30 的机油的黏度点。SAE 分级和 API 评级可在装机油的容器上看到（图 9-9）。

图 9-9 SAE 分级和 API 评级以图示方式
显示在装机油的容器上

（1）ILSAC 机油等级　ILSAC 机油等级是由美国本土的美国汽车制造商协会和日本汽车制造商协会联合成立的国际润滑标准化和认证委员会（ILSAC）开发的一种机油分级体系。该机油分级体系组合了 SAE 黏度等级和 API 使用等级。如果发动机机油符合标准，装机油的容器上会显示一个"旭日"符号（图 9-10）。ILSAC 标准要求机油满足低温和高温的运转、沉积物控制、油泥控制和其他开支等特定标准。

当前的 ILSAC 标准是 2010 年推出的 GF-5。符合 GF-5 标准的机油改进了在高温时对沉积物的防护，它是专为增加了热量和压力的涡轮增压和灵活燃料发动机设计的。下一个标准是 GF-6，目前正在开发中，其配方将提供增强的高温、高剪切（HTHS）性能，并可能提供低于 0W20 的黏度等级，以帮助满足燃油经济性标准。

图 9-10 API 认证标识（通常被称为"旭日"）

车间提示

许多发动机都有一些特殊的要求。应始终使用制造商规定的机油类型，切勿假设某一种类型的机油可用于一台发动机中。

（2）ACEA 机油评级　ACEA 是欧洲汽车工业协会的缩写。ACEA 也有用于汽油和柴油发动机的机油分级，该分级的要求包括满足对硫酸盐灰分、磷、硫和高温高剪切的标准（SAPS）。2016 年的 ACEA A/B 评级适用于汽油发动机和轻型柴油发动机。C 级机油（C1~C5）适用于带有排气后处理系统的新型汽油和柴油发动机，它是以 HTHS 黏度要求为基础的。

（3）制造商机油评级　汽车制造商本身也有特定的机油评级。这些评级是发动机技术、密封和衬垫技术以及排放标准变化的结果。一种最新的机油评级是通用汽车（GM）的 Dexos 标准，所有新型的通用汽车的发动机都要求采用这种新的机油标准。

随着发动机设计对机油需求的增加，越来越多的制造商将要求机油应使用优质基础油制造或转为使用合成机油。

（4）合成机油　合成机油是通过化学加工方法而不是通过自然过程制成的，它们是从Ⅳ类基础油中提取的。合成机油的引入可以追溯到第二次世界大战。合成机油与矿物机油相比有许多优点，包括通过减少摩擦获得更好的燃油经济性和发动机效率。它们在低温下有较低的黏度，而在高温下有较高的黏度，并且往往有更长的使用寿命。合成机油的成本高于矿物质的机油，这是使用合成机油的最大障碍。矿物质机油和合成机油混合的发动机机油能够使成本降低，但仍能提供合成机油的许多优点。

（5）更换机油和滤清器　也许大家最熟悉的预防性维护（PM）内容是更换发动机的机油和滤清器。机油就像发动机的"血液"，因此，定期更换机油和滤清器至关重要。图 9-11 的步骤 1）~16）展示了更换发动机机油和机油滤清器的步骤。每次更换时，应确保机油的等级对该车辆是正确的。对机油的要求可在车辆用户手册

1）在车辆下方作业前，始终应确保车辆被安全放置在举升机上，或用千斤顶支架支撑。在举升车辆前先让发动机运转一段时间，暖机后关闭发动机

2）更换发动机机油和滤清器所需的工具和其他物品有抹布、漏斗、机油滤清器扳手、护目镜和放油扳手

3）在开始放油前，先将接油盘放在放油螺塞的下方

4）用合适的扳手松开放油螺塞，并在松开后迅速取下以使机油从机油盘中自由流出

5）确保接油盘处在合适位置以便能够接住所有机油

6）在排油的同时，用机油滤清器扳手松开并取下滤清器

7）确保滤清器密封件与滤清器都已取下，然后将滤清器放入接油盘以使其排出存留的机油。完全排尽后，按当地法规处置滤清器

8）擦净发动机缸体上与滤清器的密封区域，然后在新滤清器上涂上一层新的发动机机油

9）装上新滤清器并用手拧紧。滤清器应按照其上给出的方向拧紧

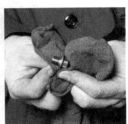

10）安装放油螺塞前，用干净的抹布擦净其螺纹和密封面

11）按照制造商的建议拧紧放油螺塞。过紧会损坏螺纹，过松会导致机油泄漏

15）起动发动机并使其达到正常工作温度。在发动机运转时检查是否有机油泄漏，特别是滤清器和放油螺塞附近。若有泄漏，关闭发动机并纠正此问题

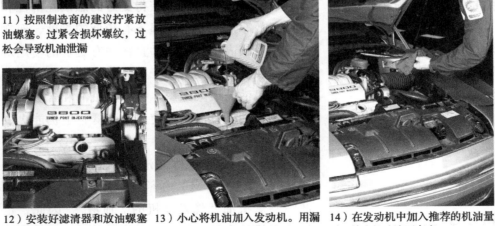

12）安装好滤清器和放油螺塞后，降下车辆，取下机油加注口盖

13）小心将机油加入发动机。用漏斗通常可防止机油洒落到发动机上

14）在发动机中加入推荐的机油量后，检查机油液面高度

16）关闭发动机后，重新检查发动机机油液面，必要时进行调整

图9-11 更换发动机机油和滤清器的常规步骤

（图 9-12）和维修信息中找到。无论是谁来更换机油，使用正确的机油都是非常重要的。使用不符合发动机规格的机油会导致 VVT 和气缸停用系统的即时故障。随着时间的推移，错误的机油会导致正时链条的零部件快速磨损、密封失效并形成油泥。

推荐的油液和润滑油	
用途	油液 / 润滑油
发动机机油	仅使用符合 dexos1 规格的机油，或适当 SAE 黏度等级的同效机油。推荐使用 ACDelco dexos1 合成混合机油。
发动机冷却液	仅使用 DEX-COOL 冷却液与可饮用的清洁水按 50：50 的混合液。
液压制动系统	DOT3 液压制动液，GM 零件号为 19299818，在加拿大是 19299819
液压助力转向系统	DEXRON®-VI 自动变速器油
风窗玻璃刮水器	满足本地区防冻要求的汽车风窗玻璃清洗液
自动变速器	DEXRON®-VI 自动变速器油
分动箱（全轮驱动）	分动箱油，GM 零件号为 19256084，在加拿大是 19256085
底盘润滑	底盘润滑脂 (GM 零件号为 12377985，在加拿大为 88901242)，或满足 NLGl#2、LB 或 GC-LB 类别要求的润滑脂
钥匙锁芯	多用途超效润滑剂，GM 零件号为 12346241，在加拿大为 10953474

图 9-12　大多数新型车辆对发动机机油和其他油液都有特定要求

在机油和机油滤清器更换的间隔期间，应定期检查机油的液面高度。进行此操作时，确保车辆停在水平地面上。找到并取出机油尺，用干净的抹布擦去机油尺上的机油，然后将其重新插入机油管中。再次取出机油尺并检查机油的液面（图 9-13）。如果液面处于"full（满）"标记，则液面没有问题；如果液面处于"add（添加）"标记处，则表示机油已缺少了约 1pt（夸脱）（约 0.95L）机油。无论机油液位如何，还应检查机油中是否有脏污的现象。如果机油被污染，则必须更换。

图 9-13　用机油尺检查发动机机油的液面高度

（6）机油滤清器　泵入系统的机油会通过一个机油滤清器。该滤清器通常随机油一起更换。滤清器有不同的形状和尺寸，因此，每一种都可能需要使用专用工具来拆卸和安装（图 9-14）。始终使用符合 OE 过滤规格的滤清器。不符合规格的廉价滤清器有可能无法提供充分的机油过滤。此外，许多 OE 滤清器都有一个防回流的阀，它在车辆静置时可防止机油从滤清器中流回油底壳。如果没有这种阀，将会在发动机起动时产生噪声并导致发动机的零部件快速磨损。

图 9-14　各种机油滤清器装卸的专用工具

车间提示

大多数新型车辆的仪表板上都有一个维护提示灯。当需要维护时，车辆将点亮该提示灯，并一直点亮到被技师关闭。进行此操作的方法随制造商而异，应始终查看维修信息以获得正确的步骤。

3. 冷却系统

每当更换发动机机油时，还应该目视检查发动机舱盖下的其他系统，包括冷却系统。检查冷却系统的所有软管是否有泄漏和 / 或损坏迹象。更换所有已肿胀、破裂或存在泄漏痕迹的软管。还应检查散热器是否有泄漏迹象。如果散热器有任何明显的泄漏，则应修理或更换。此外，还应检查散热器的前部是否有任何污物和昆虫堆积（图 9-15）。它们会影响流过散热器的空气流量，因此应通过彻底清洁来将其去除。

还应检查发动机冷却液的液面高度和状况。检查冷却液储液罐中的冷却液液面（图 9-16），它应该处于"low（低）"和"full（满）"两条线之间。如果液面过低，则应通过冷却液储液罐盖处添加冷却液，而不是散热器盖。将冷却液添加到"full"线的位置。加注或更换冷却液时，务必使用正确类型的冷却液。检查液位时，还应查看冷却液的颜色，冷却液看起来不应是生锈、结垢或浑浊的。如果看起来冷却液已受到污染，则应冲洗冷却系统并加注新的冷却液。

图 9-15 堆积的污物或昆虫会影响通过散热器的空气流量

图 9-16 还应检查冷却液储存罐中冷却液的液面高度

（1）冷却液 发动机**冷却液**是水和防冻剂的混合物。在海平面上，水本身的沸点为 212℉（100℃），冰点为 32℉（0℃）。而 70% 防冻剂和 30% 水的混合物的沸点在 15psi（约 103.4kPa）压力下会升高到 276℉（136℃），并且冰点会降低至 -84℉（-64℃）。通常推荐使用的混合物是水和

防冻剂 50 : 50 的溶液。

在全年和所有气候条件下，防冻液的浓度必须始终不低于 44%。如果浓度低于 44%，发动机的零部件可能会因气穴效应而被腐蚀，而且冷却系统的部件可能会因腐蚀而严重损坏。

> **车间提示**
>
> 应回收再利用所有用过的防冻剂/冷却液或将其送到授权的收集点。不要将旧的冷却液倒在下水道中、地面上或任何水体中。

⚠ **注意** 切勿在冷却液还热的时候取下散热器盖。由于系统是加压的，冷却液可能比沸腾的水还热，并会导致严重烫伤。等到散热器上部的软管不太热时再去触摸。按下散热器盖并慢慢转动直到它接触到第一级的止动凸缘，然后慢慢松开手。如果系统中存在任何积存的压力，则在盖被松开后将得到释放。在排出所有压力后，再次转动散热器的盖并将其取下。

有以下五种常见的冷却液类型。

1）乙二醇：这曾经是最常用的防冻液。它采用无机酸技术（IAT），呈绿色，无论气候如何都能提供良好的防冻保护，但它是有毒的。IAT 冷却液与较新型的长效冷却液不兼容。

2）丙二醇：该类型防冻液与乙二醇基的冷却液具有相同的基本特性，但没有甜味，且对动物和儿童的危害较小。丙二醇基的冷却液不用于在制造厂加注，而且不应与乙二醇冷却液混合。

3）无磷冷却液：这是一种基于乙二醇的无磷冷却液，它更环保。一些汽车制造商推荐使用无磷的冷却液。

4）有机酸技术（OAT）：这种冷却液也是环保的，且不含磷或硅。这种橙色的冷却液通常会冠有"DEX-COOL"的品牌名称，并用在所有新型的通用（GM）品牌的汽车上（图 9-17）。

5）混合有机酸技术（HOAT）：它类似于 OAT 冷却液，但里面有用来降低冷却液对水泵磨蚀性的添加剂。福特汽车和克莱斯勒汽车使用这种类型的冷却液，它与 IAT 或 OAT 冷却液不兼容。

6）制造商特定的冷却液：许多制造商要求他们的车辆使用特定的冷却液，这些冷却液不含磷、

硅或硼，或不含以上所有成分。制造商销售的冷却液通常是按冷却剂和纯净水 50：50 比例预先混合好的。

图 9-17　乙二醇是最常用的防冻液 / 冷却液，它是绿色的，OAT 冷却液是橙色的，通常会冠有"DEX-COOL"的品牌名称

⚠️ **注意**　不要把乙二醇或丙二醇冷却液遗留在外面或随意乱放。因为它带有甜味，所以儿童和动物可能会喝它。这种冷却液是有毒的，而且会导致死亡。

在检查和更换冷却液时，重要的是要记住仅通过颜色并不能真正确定哪种冷却液适用于该车辆。当前车辆的防冻液可能会使用橙色、粉色、黄色和蓝色等颜色，而且每个车辆制造商都有特定的冷却液使用规格要求。在加入任何冷却液之前，应先检查维修信息以准确确定需要哪种冷却液。

（2）冷却液的状况　可用冷却液密度计检查冷却液中防冻剂的浓度。该测试仪包含一个吸液软管、冷却液储液管和挤压球。吸液软管放入散热器冷却液中。当挤压球被挤压并松开时，冷却液被吸入储液管。当冷却液进入了储液管时，一个转动的浮子随着冷却液液面向上移动。浮子上的指针在储液管外壁的刻度上显示出该冷却液的冰点。

折射计（图 9-18）提供了一种精确检查冷却液状况的方法。大多数折射计还可以测量蓄电池电解液的密度，也可以测试制动液的状况。将油液的样本放置在折射计的样本区，当光线穿过该样本时，会在折射计的刻度上投射出一条线。该线显示了冷却液中防冻剂的浓度（图 9-19）。

石蕊试纸测试条也可用来评估冷却液的状况。将测试条浸入冷却液的样本中，大约 1~5min 后，该测试条会改变颜色。将测试条颜色与测试条包装盒上的刻度进行比较，相配的颜色将指示出该冷却液的防冻级别和酸度（图 9-20）。

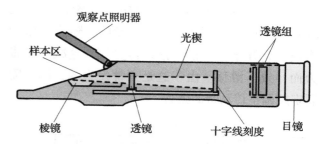

图 9-18　测试冷却液和蓄电池电解液状况的折射计

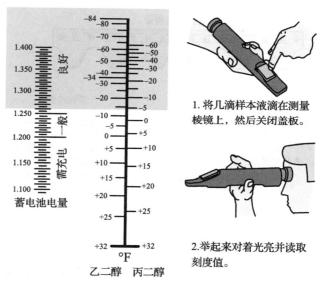

图 9-19　用折射计测量防冻液和电解液状况的方法

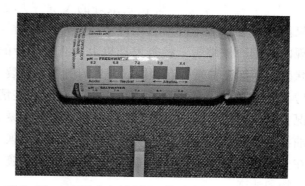

图 9-20　与包装盒上刻度相配的测试条颜色表明该冷却液的防冻级别和酸度

4. 传动带

V 带和多楔（蛇形）带用来驱动水泵、动力

转向泵、空调压缩机、发电机和排放控制泵。热量对传动带具有不利影响，并会导致传动带变硬和开裂。过热通常是滑移造成的。滑移可能是传动带张力不当或有油导致的。当出现滑移时，由传动带驱动的部件支撑轴承可能会损坏。

V带用带有角度的侧边接触带轮槽的内侧（图9-21），该接触点是传递运动的。随着V带的磨损，它开始在凹槽中落入得更深，这减小了张力而导致了滑移。由于这是正常发生的，因此需要定期调整传动带的张力。

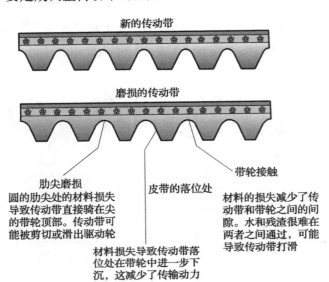

图9-21 V带的侧面接触带轮的轮槽

肋尖磨损
圆的肋尖处的材料损失导致传动带直接骑在尖的带轮顶部。传动带可能被剪切或滑出驱动轮

皮带的落位处
材料损失导致传动带落位处在带轮中进一步下沉，这减少了传输动力所需的楔入力

带轮接触
材料的损失减少了传动带和带轮之间的间隙。水和残渣很难在两者之间通过，可能导致传动带打滑

传动带可用于驱动单个或多个部件。一台发动机可以有三条或多条V带。

（1）检查V带 即使是最好的V带平均也只能用4年。使用寿命会因许多检查传动带时发现的问题而被缩短。检查发动机上所有传动带的状况，仔细查看是否有磨损或磨光的侧边、撕裂、劈叉和浸油的迹象（图9-22）。如果存在这些情况，则应更换。还要检查带轮的轮槽是否有生锈、油污、磨损和其他损坏。如果带轮损坏，应更换。在安装新的传动带之前，应清除带轮上的锈迹、污物和油迹。

带轮的错位降低了传动带的使用寿命并导致带轮快速磨损，这会造成传动带甩动和噪声，也可能会导致不需要的侧向或轴向推力负荷被施加在带轮或泵轴的轴承上。可用直尺检查对齐状况。

所有带轮表面各带轮对齐的偏差不应大于每英尺1/16in（约1.59mm）。

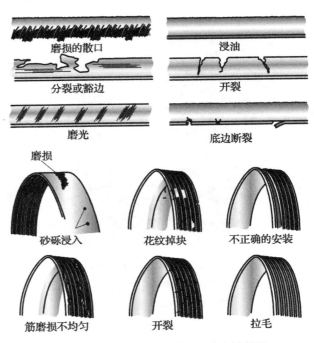

磨损的散口　　浸油

分裂或豁边　　开裂

磨光　　底边断裂

磨损

砂砾浸入　　花纹掉块　　不正确的安装

筋磨损不均匀　　开裂　　拉毛

图9-22 应检查传动带是否有上述状况

可以在两个带轮之间传动带跨度最长的位置快速检查传动带的张力。关闭发动机，在该段传动带的中间位置按压传动带。如果传动带在每英尺自由跨度的移动超过1/2 in，则应调整传动带的张力。不同的传动带需要不同的张力，应使用传动带张力计检查传动带的张力（图9-23）。

图9-23 用传动带张力计检查传动带的张力

使用维修信息

在维修信息的规范部分给出了传动带的正确张紧步骤。

调节传动带张力的确切步骤取决于传动带的驱动方式，通常是松开驱动传动带的部件的安装支架和/或它的张紧力调节螺栓。发电机、动力转向泵和空气压缩机的安装支架被设计成可调节的。一些支架上有孔或槽，以便用撬棒来调整。其他类的支架会有一个1/2in的方孔，可以在其中插入一个加力杆来移动该部件从而使传动带张紧。有些发动机有一个调节螺栓，有时也被称为顶丝，可以通过转动它来调整传动带的张力。松开安装螺栓并使部件被固定在可提供正确张力的位置，小心不要损坏被撬动的部件，然后拧紧固定螺栓或张力调节螺栓以保持传动带的张力。拧紧后，用张力计再次检查传动带的张力。

（2）多楔带 大多数新型车辆使用多楔带来驱动所有或大部分附件。多楔带很长，并沿着复杂的路径围绕不同的带轮穿行（图9-24），因而也被称为蛇形传动带。由于路径复杂，所以适当的张力更为重要。蛇形传动带的外侧通常是平的，而内侧有一系列连续的筋条，这些筋条刚好能放入带轮上的轮槽。传动带有筋的一侧和平面的一侧都可用于传递动力。随着时间的推移，传动带会拉伸并丧失其张力。为了补偿和保持适当的传动带张力，蛇形传动带系统有一个自动张紧轮。该张紧轮是一个弹簧加载的带轮（图9-25），它在传动带上施加一个预定的压力以使传动带保持所需的张紧力。

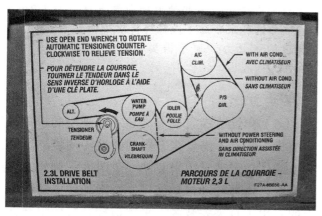

图9-24 蛇形传动带的典型路径

多楔带暴露在灰尘、石子、盐分和水中，除此之外，带轮形状和轻微错位的影响都会导致筋的表面磨损。传动带和带轮之间设计有一定间隙。

当筋的材料磨损后，该间隙将消失，因而消除了灰尘和水通过系统的途径。

长度拉伸的传动带会导致传动带打滑并使张紧器超出调整极限，因而会损坏张紧器、产生噪声且无法正确驱动附件。

多楔带可由氯丁橡胶（聚氯丁二烯）或三元乙丙橡胶（EPDM）制成。这两种橡胶都属于合成橡胶，每一种都有其优势和不足。

（3）检查多楔带 检查传动带的步骤是相似的，但会因这种传动带的结构而有所变化。尽管氯丁橡胶传动带的耐用性长达60000mile，但经过长时间使用，它们也会出现开裂、筋的磨损不均匀、边侧和背面磨损、表面变光滑和产生噪声（图9-26）等问题。在检查传动带时，如果发现其中任何一项，都应更换。

图9-25 用于蛇形传动带的张紧器

图9-26 已损伤的多楔带

EPDM传动带抗裂，因此，查找裂纹可能不是检查这类传动带的最佳方法。检查这类传动带的材料是否有损失是较好的方法。只要有超过5%的损失就会导致张力损失和/或传动带滑移，这将影响部件的运转并导致它们失效（图9-27）。

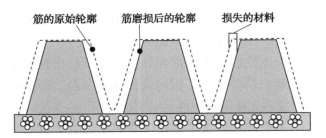

图9-27　随着多楔带的磨损，筋间的槽宽增加

如果传动带没有达到合适的张紧力，它可能会发出尖叫或唧唧声，也可能会从带轮上滚下来，或者可能打滑。过大的张紧力可能会在带轮以及其所连接的轴上施加不必要的力，从而导致噪声、传动带断裂、磨光以及从动部件中的轴承和衬套损坏。张紧力不当通常是因传动带被拉伸或张紧器故障造成的。不要假设张紧器还在正常工作，在执行传动带的检查和安装好新传动带后要测量其张紧力。在许多情况下，在更换传动带的同时也应更换张紧器以保持带轮上有正确的张紧力。

（4）更换传动带　如果传动带损坏，则应更换。如果传动带不止一根，即便只有一根坏了也应更换全部。始终使用规格型号正确的替换传动带。传动带的包装上通常会给出新件的尺寸和零件号（图9-28）。可以通过对两者进行外形尺寸上的比较来验证新的传动带是否是旧传动带的正确更换件，但这种方法没有考虑任何可能发生的拉伸，因此，这种比较仅用于核实。选择正确的更换件的最佳方法是使零件目录和/或使新传动带上的零件编号与旧传动带上的零件编号相一致。

要更换某些发动机上的V带，可能需要拆下风扇、风扇带轮和其他附件的传动带以便能接触到需要更换的传动带。此外，在拆卸旧的传动带之前，如果车辆有散热器的电动冷却风扇，应断开它。通过松开带有传动带张力调节槽的部件来拆下旧的传动带，然后滑下旧传动带，检查带轮的状况和对正情况。在安装新的传动带之前纠正所有的问题。将新传动带绕在带轮上，到位后，稍微拧紧在拆卸传动带时松开的螺栓。然后调整传动带的张力并重新拧紧所有的固定螺栓。

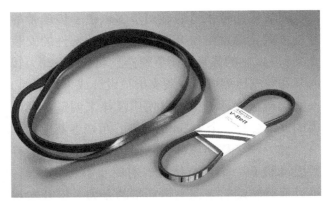

图9-28　包装上有新传动带的尺寸和零件号，也可以通过外形尺寸上的比较新旧传动带来验证尺寸

图9-29中的步骤1）~15）展示了检查、拆卸、更换和调整多楔带的正确步骤。在取下蛇形传动带之前，在维修手册或发动机舱盖下的贴签上找到传动带的走向图，将图与旧传动带的走向进行比较，如果实际走向与图不同，应在纸上画出现有的走向。

安装新的传动带后，发动机应运转10~15min，以使传动带到位并达到初始的拉伸状态。尽管当前采用钢丝强化的V带在初次磨合后不会拉伸太多，但通常建议在5000mile（约8000km）后重新检查传动带的张紧力。

车间提示

切不可将传动带撬到带轮上。应获取足够的松弛度以使传动带可滑入带轮，又不会损伤V形传动带或带轮。一些动力转向泵上有一个1/2in的方形插孔来帮助用撬棒将传动带调整到合适的张紧力，而不需要撬动任何其他附件。

（5）弹性自适应皮带　许多较新型的轿车和轻型货车装有不需要张紧器的弹性传动带。这种类型的传动带通常用来驱动一个附件，例如空调压缩机。这种传动带是使用一个附加在主动带轮上的专用工具来安装的。平缓地旋转带轮将弹性传动带落在带轮上并使传动带入槽。安装后，不需要调整传动带的张力。旧传动带是通过剪断来拆除的（图9-30）。

1）检查传动带的两侧

2）查看磨光的迹象

3）查看磨损或开裂的迹象

4）为更换磨损的传动带，先找到张紧器或发电机带轮

5）松开张紧器或发电机带轮的固定紧固件

6）向内撬动张紧器或发电机带轮以释放传动带的张紧力并取下传动带

7）查看新传动带的尺寸是否与旧传动带一致

8）查看发动机舱内的传动带走向示意图

9）将新传动带安装在每个带轮上。制造商通常会推荐将传动带绕在带轮上的顺序

10）撬动张紧器或发电机带轮以便将张紧器放在传动带上

11）将传动带正直放入每个带轮的槽中

12）在最长的一段传动带上测量其挠曲度，若有张力计，使用张力计对比张紧力

13）撬动张紧器或发电机带轮将传动带张紧力调整到规定值

14）拧紧张紧器或发电机带轮紧固件

15）起动发动机并检查传动带工作是否正常

图 9-29　检查、拆卸、更换和调整传动带的典型步骤

图 9-30　安装弹性传动带需要专用工具以确保不损伤传动带

5．空气滤清器

只要空气滤清器在工作，它就会变脏。为了增加过滤面积，大多数空气滤清器是用折叠的纸制成的。随着滤清器变脏，可以流过它的空气量将减少。如果通过滤清器所能得到的空气数量少于发动机所需的数量，将会出现问题。没有适当的空气量，发动机不仅无法产生应有的动力，也

不会发挥它应有的燃油效率。

所有车辆的预防性维护计划中都包有更换空气滤清器。其里程间隔或间隔时间取决于车辆的日常行驶。如果车辆在灰尘较大的环境中使用，则会缩短滤清器的使用寿命。始终使用与原始尺寸和形状相同的新滤清器。还应定期检查空气滤清器上是否存有过多污物或阻塞物（图9-31）。

图9-31 脏污与干净的空气滤清器对比

更换空气滤清器时，小心地清除滤清器壳内的所有污物，大量的灰尘和砂粒会堆积在这里。如果这些污物进入气缸，那将是灾难性的。还要确保空气滤清器外壳的周边正确对齐并密闭，以确保清洁空气能良好流过。如果滤清器没有很好地密封在外壳中，污物和灰尘会被吸入进入气缸的气流中。空气滤清器滤芯的形状和尺寸取决于其外壳，滤清器的尺寸必须适合外壳，否则灰尘会被吸入发动机。

6. 柴油机排气后处理液

较新的柴油发动机车辆使用专用的柴油机排气后处理液（DEF），该溶液由33%的尿素和67%的去离子纯净水混合而成。这种混合液储存在一个罐中，并被喷入柴油机排气后处理系统以减少NO_x排放。该罐多长时间需要加注取决于车辆的运行状况，但客户的期望是大约每5000mile（约8000km）加注一次。如果该罐内的溶液被耗尽，车载计算机系统将限制发动机和车辆的速度，直到重新加满该罐并且系统运行恢复正常。该溶液罐可通过发动机舱盖下或柴油箱盖附近的另一注入口进行添加。

应将DEF储存在其原装的容器中并保持密封。一旦打开，DEF的保存期限约为一年，并需要保

持纯度。如果处于打开状态，污染物会稀释它并极大地影响该溶液的质量。受污染的溶液会损坏柴油发动机的催化剂系统。DEF被认为是非危险品，但具有轻微的腐蚀性，如果溢出时不及时清理，会在漆面上留下污渍。

7. 蓄电池

蓄电池是车辆上电能的主要来源，因此，定期对其查看和检查是非常重要的。

车间提示

应该注意的是，在新型汽车上断开蓄电池会删除发动机计算机和汽车附件中存储的某些内容。除了丢失时钟的正确时间或收音机上预设的电台外，汽车可能会运行不平顺，安全气囊灯可能点亮，还可能会影响变速器的换档。

下面是检查蓄电池的一般步骤。

步 骤

1. 目视检查蓄电池盖和壳体是否有污垢和油脂。

2. 检查电解液液面（如有可能）。

3. 检查蓄电池是否有裂纹、端子极柱松动和其它损坏迹象。

4. 检查是否缺少单个电池罩盖和通气孔盖。

5. 检查所有电缆是否有导线断裂或腐蚀、绝缘层磨损或插接器松动或损坏。

6. 检查蓄电池端子、电缆插接器、金属部件、固定装置和托盘是否有腐蚀损坏或腐蚀物堆积，连接不良会导致电流减少。

7. 检查隔热罩是否正确安装在有此配备的车辆上。

如果蓄电池或任何相关部件变脏（图9-32）或腐蚀，应将其拆下并清洁。图9-33中的步骤1）~16）展示了清洁蓄电池、蓄电池托盘和蓄电池电缆的正确步骤。

图9-32 一块严重脏污的蓄电池

1）松开蓄电池负极夹子

2）用极柱夹子拉拔器取下负极电缆

3）松开蓄电池正极夹子

4）用极柱夹子拉拔器取下蓄电池正极电缆

5）取下蓄电池压紧装置和所有隔热罩

6）从托盘中取出蓄电池

7）配置小苏打和水的混合液

8）用小苏打溶液刷洗蓄电池外壳，但不允许溶液流入蓄电池的各格电池中

9）用水冲洗小苏打溶液

10）用刮刀或金属丝刷清除压紧装置上的腐蚀物

11）用小苏打溶液清洗压紧装置并用水冲洗

12）干燥压紧装置，然后喷涂耐腐蚀油漆

13）用端子清洁器刷子清洁蓄电池电缆

14）用端子清洁器刷子清洁蓄电池极桩

15）将蓄电池装回托盘，然后安装压紧装置

16）安装蓄电池的正极电缆，再安装负极电缆

图 9-33　清洁蓄电池、蓄电池托盘和蓄电池电缆的正确步骤

8. 变速器油

自动变速器中使用的油液（图 9-34）被称为自动变速器油（ATF）。这种特殊的油液被制成红色，因此不容易与发动机机油混淆。在检查变速器油液之前，务必先检查该油液并遵循相应的检查步骤。这些步骤通常包括让车辆进行行驶直到油液达到工作温度，大约是 180°F（约 82.2℃）或更高，将变速器置于驻车档，将车辆停放平坦的路面上，然后启用驻车制动器，并让发动机怠速运转。通常建议在变速器处于驻车档时检查 ATF

的液面高度，但有些变速器可能需要在其他档位时进行。应确保遵循以上要求。找到油尺（通常位于发动机后部），并将其从油尺管中拉出。检查油尺上的液面位置（图9-35），如果液面位置低，仅需添加油至足够的液面高度即可。应确保只使用制造商推荐的ATF。

图9-34 自动变速器油

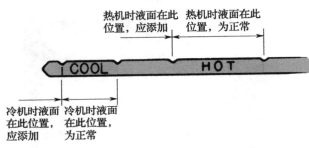

图9-35 应定期检查自动变速器油液的液面高度。通常应在发动机暖机后检查，冷态时的正常液面高度明显低于热态时的正常液面高度

如果变速器没有油尺，可参阅维修信息中检查液面的有关步骤。有些车辆需要专用工具（专用油尺）来准确地检查液面，而其他车辆则需要拆下检查塞，同时注意从开口处滴出了多少油液。不遵循制造商的步骤可能会导致不准确的液面读数。

应在检查液面的同时检查油液的状况。ATF的正常颜色是粉色或红色。如果油液呈深褐色，或带有黑色和/或有烧焦的气味，则说明该油液曾过热过。油液呈现浑浊的乳白色表示发动机冷却液已泄漏到散热器中的变速器油冷却器中。

检查完ATF液面和颜色后，用具有吸收性的白纸擦拭油尺，并观察油液留在白纸上的污渍。

深色的颗粒通常是制动带和/或离合器片的材料，而银色的金属颗粒通常是变速器金属部件的磨损所造成的。如果油尺无法擦拭干净，则可能是因为油液氧化导致油尺上被漆膜覆盖了。漆膜会导致变速器的控制阀被卡住，从而使换档点的速度不正确。漆膜或其他重的沉积物表明需要更换变速器油及其滤清器。

自动变速器所使用的油液取决于变速器的设计和制造年份。使用正确类型的ATF非常重要。每个制造商都有必须遵守的油液规格要求。为了确保使用的油液类型正确，应始终参照维修手册或用户手册。一些变速器的油尺上还会注明所需的ATF类型。

一些变速器需要使用专用的油液。CVT变速器需要的油液与自动变速器的油液完全不同。应始终使用制造商推荐的油液，使用错误的油液可能会导致变速器运行不正常甚至损坏变速器。

车间提示

许多新型的车辆没有变速器油尺，并需要用专门的步骤来检查其油液。参阅车辆的维修信息以了解如何检查油液。

手动变速器。手动变速器、手动变速驱动桥、驱动轴部件都需要使用特殊的润滑剂或油液，并且应在建议的时间内检查液面。一些制造商建议定期更换这些油液。大多数维修店都有用于这些油液的气动加注分配器（图9-36），其他的修理店则依靠手动泵。

图9-36 向变速器和变速驱动桥内加注油液的气动加注枪操作手柄

9. 动力转向液

通常，对动力转向液液面的检查是在发动机暖机后被关闭的情况下进行的。如果油液是冷的，它的液面读数将低于正常值。动力转向泵上的加注口盖通常带有一个油尺，拧开该盖可检查液面（图 9-37）。必要时应添加油液。这些系统中有些使用的油液是 ATF。添加油液之前，应查阅维修信息以了解使用的正确油液类型。

图 9-37 动力转向泵加注口盖上通常会有检查液面的油尺

10. 制动液

检查制动主缸的制动液液面。旧式的制动主缸是用铸铁或铝制造的，并带一个金属保持架，用于卡住制动主缸的盖并将其固定到位。该保持架通常只能朝一个方向移动。一旦移开保持架，就可以取下制动主缸的盖来检查制动液液面。

在较新式的制动主缸的上部装有一个金属或塑料的储液罐。储液罐有一个或两个盖子。要检查金属式储液罐中的液面，必须取下盖子。大多数情况下，这个盖子是拧上的。一些塑料储液罐上的盖子带有用来固定盖子的锁扣。取下盖子之前清洁盖子周围的区域很重要，这可以防止灰尘落入储液罐。附在盖子内侧的橡胶膜片用于阻止灰尘、湿气和空气进入储液罐，应确保该膜片没有损坏。

大多数较新式的塑料储液罐是半透明的，因此可以从外面观察制动液的液面（图 9-38）。如无必要，不要打开制动主缸上面的储液罐，因为这

会使空气和湿气接触制动液。

在检查液面的同时，查看制动液的颜色。制动液通常会吸收水分，通过其颜色可辨别制动液中的水分含量。暗黑或棕色的制动液表明其已被污染，可能需要冲洗系统并更换油液。

图 9-38 通过半透明的制动液储液罐可从外面观察制动液液面高度

当需要添加制动液时，应确保制动液的类型正确且新鲜干净。有四种基本类型的制动液：DOT 3、DOT 4、DOT 5 和 DOT 5.1（图 9-39）。

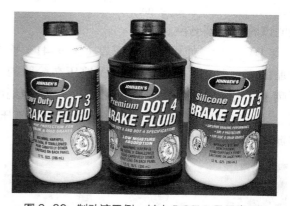

图 9-39 制动液示例，其中 DOT 3 是最常用的

DOT 3、DOT 4 和 DOT 5.1 制动液是聚烷基乙二醇 – 醚混合物，简称 "聚乙二醇"。DOT 3 和 DOT 4 制动液的颜色从透明到浅琥珀色。DOT 5 制动液都是以硅为基础的，因为目前只有硅制动液可以满足 DOT 5 的规格。尽管其他三种等级的制动液是兼容的，但如果混合在一个系统中，它们的结合效果并不好。因此，最好使用制造商推荐的制动液类型，且切勿在一个系统中混用不同类型的制动液。

离合器油。在一些配备手动变速器的车辆上，制动主缸旁边另有一个较小的主缸，这是离合器主缸。其液面也需要检查，检查方法与制动液相同。在大多数情况下，用于离合器主缸的油液与制动主缸是相同类型的，但应在添加任何油液之前先确认是否相同。

11. 轮胎

应检查车辆的轮胎是否已损伤或磨损。轮胎应至少保留 1/16in 的胎纹深度，任何胎纹深度小于这个数字的轮胎应被更换。轮胎上有模压的"胎纹磨损指示标识"。当磨损条在整个胎纹宽度上显示出来时，该轮胎为过度磨损。轮胎胎纹磨损计可给出胎纹深度的准确测量值（图 9-40）。还应检查轮胎是否有凸起、扎钉、撕裂和其他损伤，所有这些都表明该轮胎应被更换。

图 9-40 轮胎花纹深度计

（1）充气 使用轮胎气压表（图 9-41）检查轮胎的充气状态。将气压表稳固地压在轮胎的气门嘴上，轮胎中的气压将会推出气压表中的刻度尺。显示在刻度尺上的最高数字是该轮胎的气压，将此读数与轮胎的规范值比较。

图 9-41 检查轮胎和车轮是否损伤和具有正确气压

正确的轮胎气压被列在车辆用户手册中或驾驶员侧门柱上的贴签（标牌）中（图 9-42），其中列出的轮胎气压额定值是轮胎应具有的压力，该额定值是轮胎在其冷态时可用的最大压力值。

2010 年以后生产的车辆都配备了胎压监测系统（TPMS）。这些系统要么在每个车轮内部都有一个气压传感器，要么使用轮速传感器数据来确定轮胎气压。当气压低于或高于规定的范围时，车辆的计算机将点亮仪表板上的警告灯，以提醒驾驶员出现了问题。对于配备压力传感器的车辆，检查该传感器应该作为定期维护的一部分。

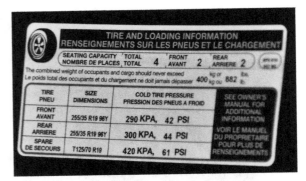

图 9-42 轮胎标牌给出了该车辆轮胎在冷态时推荐的压力

只要进行了轮胎作业，就应重置 TPMS。不带传感器的车辆通常有一个胎压监测（TPM）重新学习按钮，按住该按钮以使系统进入学习模式（图 9-43）。当车辆行驶时，系统将根据 ABS 轮速传感器的输入确定轮胎气压。带有传感器的 TPMS 可在轮胎工作的任何时候进行重新学习，例如轮胎旋转时，这可确保传感器的当前位置被编入 TPM 模块程序中，并且在仪表板上有读数显示时使读数是正确的。

图 9-43 一些车辆配有 TPM 重置或重新学习的按钮

（2）轮胎换位 为了使轮胎磨损均匀，大多数汽车和轮胎制造商建议轮胎应定期换位。前后轮胎执行不同的工作，因此磨损也不同，这取决于驾驶习惯和车辆类型。例如，在后轮驱动车辆中，前面的轮胎通常沿外侧边缘磨损，这主要是因为在转弯时产生的变形和滑移。后轮胎中间部分的磨损是由于加速的推力。为了使磨损均匀，建议按图9-44所示的方式进行轮胎的换位。子午线轮胎应在7500mile（约12070km）后进行第一次换位，并随后至少每15000mile（约24140km）换位一次。重要的是要使有旋转方向要求的轮胎保持在它们所设计的旋转方向上，这意味着轮胎可能需要从车轮上拆下、翻转并重新安装在轮辋上后，再安装到汽车的另一侧。

图9-45　将车轮螺母扭紧至规定力矩

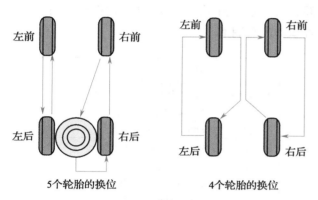

图9-44　子午线轮胎的换位顺序

图9-46　扭力杆被涂以不同的颜色来代表其扭力的设置

（3）车轮螺栓螺母力矩　显然，为了进行轮胎换位，必须拆下轮胎/车轮总成，然后再重新安装到新的位置。在车辆上重新安装轮胎/车轮总成之前，应确保车轮螺栓是洁净的且没有损坏，然后用金属丝刷子或钢丝棉清洁车轴/制动盘法兰和车轮上的定位孔。如果有生锈和腐蚀的问题，在定位法兰上涂抹盘式制动钳的滑动润滑脂或同等替代物。将车轮放在轮毂上，装上车轮螺母并交替拧紧以使车轮受力均匀地安装在轮毂上。螺母应按照规定顺序被扭紧到规定的力矩以避免变形（图9-45）。许多进行轮胎作业的技师会先将车轮螺母基本拧紧，然后在汽车降到地面后，再使用扭力扳手进行最后的紧固。

一些技师使用扭力吸收适配器，也被称为扭力杆（图9-46）来拧紧车轮螺母。按照扭力杆制造商的说明设置并检查扭力精度以确保车轮螺母的拧紧力矩不会过大或过小。确保使用正确的扭力杆以获得所需的力矩，然后用扭力扳手检查车轮螺母的实际力矩。

⚠ **警告**　盘式制动器制动盘变形的一个常见原因是车轮螺栓螺母的拧紧力矩过大。此外，过度拧紧的车轮螺栓螺纹会被扭曲并可能导致失效。

12. 底盘润滑

预防性维护的项目正变得比以往更少，这是因为底盘润滑技术的改变，但所有技师都应该知道如何进行这类作业。在润滑过程中，润滑脂被压入两个相互移动或摩擦的表面之间。润滑脂减少了零件运动中产生的摩擦。在底盘润滑过程中，润滑脂通过润滑脂嘴被挤入旋转点或铰接点。润滑脂嘴通常在转向和悬架部件上，这些部件需要润滑以防止它们在车辆运行过程中的动作而产生磨损和噪声。

润滑脂嘴又被称为**黄油嘴**，它被拧入应润滑的零件中。手动或气动润滑脂枪端部的接头扣在润滑脂嘴上以注入润滑脂。较旧的车型在许多位置都有润滑脂嘴，而较新的车型采用一次性润滑的铰接件，其中一些铰接件装有用来润滑的可拆卸的螺塞。将一个特殊的适配接头拧在润滑脂枪上，再旋入螺塞孔中来润滑铰接件。注入润滑脂后，应重新安装螺塞或润滑脂嘴。有些车辆在出厂时就安装了橡胶或塑料塞，它们不可以重复使用。

仔细查看各铰接件，看其防尘套的密封是否良好。一些铰接件，如横拉杆末端和球节，用橡胶防尘套密封。如果防尘套完好，擦去润滑脂嘴上的所有旧的润滑脂或污垢以防止将其也被注入铰接件，接下来将润滑脂枪嘴竖直地推到润滑脂嘴上，然后将润滑脂慢慢泵入铰接件（图9-47）。如果铰接件有密封的防尘套，则在铰接件中加入足够的润滑脂以使防尘套稍微膨胀。如果防尘套不是密封的，则加入足够的润滑脂以推出旧的润滑脂，随后擦去旧的润滑脂和多余的润滑脂。在所有润滑点重复此操作。

图9-47 润滑脂枪将润滑脂通过润滑脂嘴挤入球节

检查RWD和4WD货车及SUV上的传动轴U形球节（十字轴万向联轴器）是否有润滑脂嘴。即使是较新型的车辆，在U形球节中也会有需要定期添加润滑脂的润滑脂嘴（图9-48）。

图9-48 新型全尺寸货车上的润滑脂贴签

润滑脂。润滑脂用增稠剂和润滑油混合制成。有几种合成润滑脂可满足与石油润滑脂相同的标准。增稠剂增加了润滑脂黏度。润滑脂按照美国国家润滑脂学会（NLGI）编号并按润滑脂中的增稠剂和添加剂进行分类。一些润滑脂还标有"EP"，表示它们含有极压剂。NLGI分配的编号基于测试结果和美国材料测试协会（ASTM）制定的规范。

ASTM使用穿入测试评定润滑脂的黏稠度。在此测试过程中，润滑脂被加热并放置在一个测试锥体尖端的下方。使测试锥体跌入润滑脂中，然后测量测试锥体能够刺透润滑脂的距离。测试锥体在黏稠度越低的润滑脂中刺入的距离越深。NLGI数字代表穿入量（图9-49）。NLGI数字越高，润滑脂越黏稠。NLGI #2通常被规定用于车轮轴承和底盘润滑。

NLGI等级	在77°F（25°C）时刺入60次的穿入深度	表面现象
000	44.5~47.5mm	液态
00	4.00~4.30mm	液态
0	3.55~3.85mm	非常软
1	3.10~3.40mm	软
2	2.65~2.95mm	中等软度
3	2.20~2.50mm	半液态
4	1.75~2.05mm	半硬态
5	1.30~1.60mm	硬
6	0.85~1.15mm	非常硬

图9-49 润滑脂的NLGI等级及其椎体穿入范围

NLGI还按用途划分润滑脂，并为汽车的使用建立了两个类别。底盘润滑脂以前缀"L"标注；车轮轴承润滑脂有一个前缀"G"。在这些组别中，又按整体性能进一步进行了定义，底盘润滑脂分为LA或LB，车轮轴承润滑脂有GA、GB、GC三个类别。许多类型的润滑脂会同时标有GC和LB，并且两者都是可以被接受的，它们通常被称为多用途润滑脂（图9-50）。NLGI的认证标志显示在润滑脂包装上（图9-51）。

等级	用途
GA	轻型载荷-车轮轴承
GB	轻型至中型载荷-车轮轴承
GC	轻型至重型载荷-车轮轴承
LA	轻型载荷-底盘部件和万向联轴器
LB	中型至重型载荷-底盘部件和万向联轴器

图9-50 ASTM润滑脂名称说明

 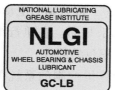 

图 9-51 NLGI 标识图标

13. 风窗玻璃刮水器

检查风窗玻璃刮水器的状况。如果刮片会有噪声、撕裂或变硬，则应更换它们。还应检查刮水器的臂，查看其是否有扭曲或损坏迹象。另外，检查刮水器臂上的弹簧，该弹簧的作用是让刮片与风窗玻璃紧紧贴合。如果弹簧变软或损坏，刮片将无法很好地清洁风窗玻璃。

大多数刮片总成都有可更换的刮片或嵌入片。为了更换刮片，抓紧该总成并使其绕枢轴点转动，以使刮水器的臂脱离风窗玻璃。当刮水器的臂移动到其最大离开位置时，应将其停留在此处直到它被放回到风窗玻璃上。这样做既可以方便地更换刮片，又不会损坏车辆的漆面或玻璃。

有三种基本类型的刮片（图 9-52）。仔细查看旧的刮片以确定安装的是哪一种。取下旧的嵌入片，并安装上新的。安装后，拉动该嵌入片以确认其已被正确固定。如果在刮水器嵌入片滑过风窗玻璃时产生松动，刮水器的臂有可能会刮伤风窗玻璃。

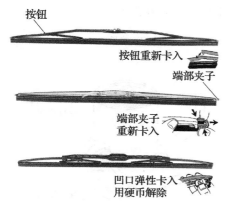

图 9-52 嵌入片固定在刮片总成上的不同方式

大多数情况下，刮片是作为一个总成来更换的。有多种方法可以将刮片固定在刮水器的臂上（图 9-53）。大多数用于更换的刮片都带有将刮片固定在刮水器臂上的必要适配装置。

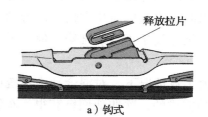

a）钩式

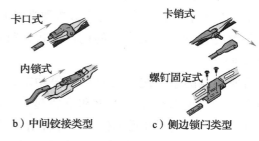

b）中间铰接类型　　c）侧边锁闩类型

图 9-53 刮片固定在刮水器臂上的不同方式

刮水器的刮臂若不是安装在螺纹轴上并由螺母固定住，就是压入在花键轴上。一些安装在轴上的刮臂是用夹子固定住的，因此必须先松开夹子才能拉出刮臂。安装刮臂时，应调整好它们的位置确保其在运作时不会撞击到风窗玻璃的边缘。在检查刮臂的位置和运作时，应在接通刮水器之前先弄湿风窗玻璃，水将作为刮水器刮片的润滑液。

风窗玻璃洗涤液。 最后要检查的液面是风窗玻璃洗涤液液面（图 9-54）。目视检查洗涤液的液面并根据需要添加。应始终使用风窗玻璃洗涤液，切勿在洗涤液中加水，尤其是在天气寒冷的时候，因为水会结冰，会使储液罐胀裂和堵塞洗涤器软管和喷嘴。

图 9-54 检查风窗玻璃洗涤液储液罐的液面高度

261

14. 混合动力车辆

除了混合动力的部件外，混合动力电动汽车的维护和维修方式与传统汽车相同。混合动力电动汽车包括高压电池包及其电路，在对车辆进行任何维修时必须谨慎对待它们。混合动力电动汽车的其他维修属于正常的维修，但必须以不同方式完成。

在大多数情况下，对混合动力系统的维修不是由技师完成的，除非他们已获得汽车制造商的认证。记住，混合动力电动汽车几乎具有传统车辆的所有基本系统，并有相同的诊断和维修方式。通过了解混合动力电动汽车的运行方式，就可以安全地维修它们。

需要注意的事情之一是自动启停功能，你需要知道发动机何时会正常熄火和重新起动。如果没有这些知识，或不知道如何防止这种情况发生，当你在发动机舱盖下作业时，发动机可能会自行起动，这必然会产生安全隐患。你的手或其他物件可能会被卷入旋转的传动带或被冷却风扇击中。除非该系统完全关闭，否则发动机可能会在其控制系统检测到电池需要充电时随时起动。此外，系统可能会决定仅通过电力为车辆提供动力。当系统这样运行时没有噪声，但车辆会突然移动，这可能会吓到你并且可能产生危险。为防止出现这两种情况发生，应务必从点火开关上取下钥匙。确保组合仪表中的"READY（就绪）"灯熄灭，这可让你知道该系统已完全关闭（图9-55）。丰田和现代的混合动力电动汽车使用"READY"灯，而其他制造商使用其他指示灯来告知车辆已经上电并且已准备好行驶。在开始任何工作之前，应确认已知道如何辨别车辆何时被完全下电。

维护。 混合动力电动汽车的维护和传统汽车的维护几乎相同。在执行维护作业时，需要注意避开任何橙色的部件。

计算机控制的系统极其复杂，而且对电压变化极为敏感，这就是制造商建议每6个月对辅助蓄电池及其连接进行一次彻底检查的原因。

混合动力车辆中使用的发动机是其他车型发动机的修改版本。除了对油液的检查和更换外，这些发动机几乎不需要维护，但是在决定可使用的油液类型和能够替换原装部件方面的自由度较低。混合动力车辆对油液和部件的要求比较严格，因此要始终使用正确的更换部件和指定的油液。

混合动力电动汽车中使用的发动机机油的黏度通常都比较低，例如0W-20机油。如果使用了较黏稠的机油，计算机可能会将其视作一个问题并会阻止发动机起动。较黏稠的机油会导致起动发动机所需的电流增加。如果计算机在试图起动发动机时检测到非常高的电流消耗，它将相应地断开该电路。

需要特别注意混合动力电动汽车的冷却系统。大多数混合动力电动汽车有两套冷却系统，其中之一用于发动机，另一套用于混合动力的驱动系统和/或电池包。这两套冷却系统不会相互混合，且两套系统可能使用不同的冷却液。如果维修混合动力电动汽车的冷却系统，首先应确保维修的是正确的冷却系统。对混合动力系统的冷却很重要，因此，检查冷却液的状况和液面是追加的预防性维护检查。一些混合动力电动汽车中使用的冷却系统具有电动泵和储液罐（图9-56）。储液罐储存被加热的冷却液，如果你不知道如何检查它们，可能会造成人身伤害。

图9-55　混合动力电动汽车中的一些警告灯示例

图9-56　丰田混合动力电动汽车的热冷却液储液罐

许多混合动力电动汽车将乘客舱的空气用于高压电池包的冷却系统。这些空气供给系统通常含有空气滤清器，这些空气滤清器也需要定期维护。从车辆外部到电池箱的管道系统中有一个滤清器，这个滤清器需要定期更换。如果该滤清器堵塞，电池的温度将上升到危险的水平。事实上，如果计算机检测到高温，它可能会关闭某些系统。

预防性维护的一个正常部分是检查动力转向和制动系统的油液。制造商使用的动力转向系统各不相同。一些使用一个传动带驱动的油泵，有些则使用电驱动的油泵，其他的还有纯电动或机械式转向器。因此，每一种都需要不同的维护方式。在对这些系统进行任何作业之前，务必检查特定车型的维修信息。此外，要记住一些混合动力电动汽车使用动力转向的油泵作为制动系统的助力增压装置。

混合动力电动汽车的主要作用是提高燃油经济性和减少排放。因此，在定期检查时还应检查会影响这些性能的任何方面。轮胎、制动和车轮定位等存在问题可能会产生负面影响，而且混合动力车辆的车主也会注意到这种差异。由于仪表板上有显示，所以这些车主随时可以了解到车辆燃油续驶里程的变化。

9.5　其他预防性维护检查

以下是在建议的时间间隔内要进行的预防性维护检查工作，这些工作有助于确保车辆安全可靠地运行。

（1）时间间隔：每次车辆运行时　重视和注意排气声音的任何变化或车辆中任何废气的气味；检查转向盘是否振动，注意转向力的增加或转向盘的松动；注意车辆是否总是轻微转向或被拉向道路某一侧；制动停车时，聆听并检查是否有异常的声音、车辆被向一侧拉动、制动踏板行程增加或难以踩下；如果在变速器运行中出现任何打滑或异常，应检查变速器油液的液面；检查车辆下部是否有油液泄漏（在使用空调系统后有水滴落属于正常现象）；检查自动变速器的驻车功能；

检查驻车制动器。

（2）时间间隔：每月至少一次　检查所有车外灯光的工作情况，包括制动灯、转向灯和危险报警闪光灯。

（3）时间间隔：每年至少两次　检查备胎的气压；检查前照灯的校准；检查消声器、排气管和卡箍；检查座椅安全带是否有磨损；检查散热器、加热器和空调软管是否有泄漏或损坏。

（4）时间间隔：每年至少一次　润滑所有铰链和所有车外部的钥匙锁；润滑车门橡胶密封条；清洁车身上的排水孔；润滑变速器操作机构和联动装置。

9.6　总结

- 维修工单（RO）是用于多种目的的法律文件。
- 维修工单包括维修成本的预算。根据法律，这个预算必须是相当准确的。
- 预防性维护（PM）包括定期安排的车辆维护以保持其高效安全地运行。技师应该向客户强调预防性维护的重要性。
- 发动机机油是原油的一种清洁和精炼的形态。它含有多种添加剂，每一种的作用都是提高机油的性能。
- 美国石油学会（API）根据发动机机油满足发动机制造商质保规定的能力对发动机机油进行分类。
- 国际自动机工程师学会（SAE）建立了一套机油黏度分级系统，该系统采用数字评级，机油的黏度越高、密度越大，其等级的数字越大。
- 发动机机油和机油滤清器应定期更换。
- 每当更换发动机机油时，还应对冷却系统进行全面检查。
- 推荐的发动机冷却液通常是水和防冻剂按50∶50 比例混合的溶液。
- V 带和多楔（蛇形）带用于驱动水泵、动力转向泵、空调压缩机、发电机和用于排放控制的二次空气喷射泵。
- 如果传动带没有适当的张力，可能会产生吱吱和唧唧的噪声，还可能使传动带从带轮上滚下来或打滑，这会降低驱动某个部件的动力。

• 传动带张力过大可能会对带轮和所连接的轴产生不必要的力，从而导致产生噪声、传动带破裂或变得光滑，以及水泵、发电机和动力转向泵中的轴承和衬套损坏。

• 应定期检查空气滤清器是否有过多污物或阻塞物，更换的滤清器应与原始滤清器的尺寸和形状相同。

• 蓄电池是车辆的主要电能来源，定期检查是非常重要的。

• 如果蓄电池或其任何相关零件脏污或腐蚀，应取下蓄电池并清洁它们。

• 在检查自动变速器油（ATF）液面的同时检查该油液的状况。

• 动力转向系统使用的油液一般为 ATF。添加油液之前，查阅有关正确油液类型的维修信息。

• 检查制动液液面，并确保制动液的类型正确且透彻干净。

• 制动液有四种基本类型：DOT 3、DOT 4、DOT 5 和 DOT 5.1。大多数汽车制造商为他们的车辆指定了 DOT 3 的制动液。

• 检查风窗玻璃刮水器的刮片是否有声响、撕裂和变硬的迹象，还应检查刮水器臂上的弹簧。

• 应检查车辆轮胎是否有损伤或磨损，以及胎压是否正确。

• 为了使轮胎磨损均匀，大多数汽车制造商和轮胎制造商都建议在一个规定的里程间隔后进行轮胎换位。

• 车辆的某些零部件可能需要定期润滑。在执行此类作业时，应始终使用正确类型的润滑脂。

• 混合动力电动汽车具有一些特有的预防性维护步骤，所以应始终遵循制造商的建议。

• 在维护混合动力电动汽车时，应始终谨慎对待其高压电系统。

9.7 复习题

1. 简答题

1）在 VIN 中可以找到什么信息？

2）机油评级系统的五种不同类型是什么？

3）为什么要在注入润滑脂之前先清洁润滑脂嘴的外部？

4）检查车辆蓄电池时应检查的项目有哪些？列出至少五项。

5）技师应如何确定车辆轮胎的正确气压？

6）维修工单的作用是什么？它应包含哪些信息类型？

2. 判断题

1）从法律上讲，维修工单（RO）同时保护了修理店和客户。对还是错？　　　　（　　　）

2）如果制动液变色，则必须冲洗该系统并更换制动液。对还是错？　　　　　　（　　　）

3）标有"Multivehicle ATF（适用于多种车辆）"的自动变速器油液可以安全地用于所有自动变速器。对还是错？　　　　　　　（　　　）

4）分类为 5W-30 的机油同时具有 5 和 30 的黏度。5W 表示机油在热态时黏度为 5，30 表示冷态时黏度为 30。对还是错？　　（　　　）

3. 单选题

1）技师 A 强调需要按照制造商的建议对客户的车辆进行预防性维护；技师 B 说合适的预防性维护间隔取决于客户的驾驶习惯和平常的行驶工况。谁是正确的？（　　　　）

A. 仅技师 A 正确

B. 仅技师 B 正确

C. 技师 A 和 B 都正确

D. 技师 A 和 B 都不正确

2）技师 A 说推荐的轮胎充气压力值标示在轮胎侧壁上；技师 B 说轮胎冷态时的最大充气压力标示在轮胎侧壁上。谁是正确的？（　　　　）

A. 仅技师 A 正确

B. 仅技师 B 正确

C. 技师 A 和 B 都正确

D. 技师 A 和 B 都不正确

3）下面哪个说法没有反映出在混合动力电动汽车
上作业时应注意到的事项?（　　）

A. 发动机通常会在其停机时根据需要被关闭和
重新起动

B. 当发动机的控制系统检测到需要给蓄电池充
电时，发动机可能会随时起动

C. 当车辆停放时，即使发动机在关闭的状态
下，系统也可能决定为车辆提供电力

D. 确认组合仪表中的"READY"灯熄灭，这
可使你确认系统已关闭

4）在检查发动机冷却液的颜色时，技师 A 说因为
它是橙色的，所以应该冲洗冷却系统并在系统
中加入新的冷却液；技师 B 说如果冷却液看上
去已生锈，应该冲洗冷却系统并在系统中加入
新的冷却液。谁是正确的?（　　）

A. 仅技师 A 正确

B. 仅技师 B 正确

C. 技师 A 和 B 都正确

D. 技师 A 和 B 都不正确

5）在检查车辆的自动变速器油液时，技师 A 说如
果油液有烧焦的颜色或气味，表明该油液曾过
热；技师 B 说乳白色表示发动机冷却液已泄
漏到散热器中的变速器油冷却器中。谁是正确
的?（　　）

A. 仅技师 A 正确

B. 仅技师 B 正确

C. 技师 A 和 B 都正确

D. 技师 A 和 B 都不正确

6）技师 A 说如果传动带没有适当的张力，它可能
会产出尖叫和唧唧的噪声；技师 B 说即使发动
机有自动的传动带张紧器，也应检查传动带的
张紧度。谁是正确的?（　　）

A. 仅技师 A 正确

B. 仅技师 B 正确

C. 技师 A 和 B 都正确

D. 技师 A 和 B 都不正确

7）技师 A 说要准确检查制动液的液面，必须取下
制动主缸上的盖子；技师 B 说除非确有必要，
否则不要取下制动主缸上的盖子以防止空气进

入储液罐。谁是正确的?（　　）

A. 仅技师 A 正确

B. 仅技师 B 正确

C. 技师 A 和 B 都正确

D. 技师 A 和 B 都不正确

8）下面哪一个关于传动带打滑的表述是不正确
的?（　　）

A. 过热通常是由于打滑

B. V 带随着打滑将在带轮的轮槽中嵌入得更深

C. 打滑可能是传动带张力不当或者有油渍引
起的

D. 当出现打滑时，热量会通过带轮并沿轴传导
给所驱动部件的支撑轴承上

9）下面哪一个关于机油黏度的表述是不正确的?
（　　）

A. 机油的黏度是抵抗流动的能力

B. 黏度受温度影响，热态的机油比冷态的流动
更快。机油的流动性对发动机寿命来讲很
重要

C. 在机油黏度分类的 API 系统中，较稀的机油
对应较大的数字

D. 特别黏稠的机油最适合高温地区使用，而黏
度较低的机油在低温条件下运转效果更佳

10）在讨论车辆的维护项目时，技师 A 说大多数
车辆可以安全地遵循车辆用户手册中的"正
常"维护表进行；技师 B 说处于普通行驶工
况的车辆通常需要使用"运行在苛刻条件下"
的维护表。谁是正确的?（　　）

A. 仅技师 A 正确

B. 仅技师 B 正确

C. 技师 A 和 B 都正确

D. 技师 A 和 B 都不正确

11）下面关于汽车留置权的哪一项表述是不正确
的?（　　）

A. 留置权规定，如果客户不支付约定的维修
费用，修理店可以获得车辆的留置权

B. 修理店可在维修完成后的 30 天内行使汽车
留置权

C. 在大多数情况下，维修店对正在维修车辆
行使留置权的权力必须在进行任何维修之

前获得客户的认可

 D. 该条款确保无论客户是否支付费用，修理店都将为其所做的工作获得一些补偿

12）在讨论过度拧紧车轮螺母的影响时，技师 A 说这会导致螺母和 / 或螺栓的螺纹变形；技师 B 说这会导致盘式制动器的制动盘变形。谁是正确的？（　　　）

 A. 仅技师 A 正确

 B. 仅技师 B 正确

 C. 技师 A 和 B 都正确

 D. 技师 A 和 B 都不正确

13）美国生产的车辆最常用的制动液是（　　　）。

 A. DOT 2   B. DOT 3

 C. DOT 4   D. DOT 5

14）下面哪一种润滑脂最适合润滑汽车车轮的轴承？（　　　）

 A. LA   B. LB

 C. GA   D. GC

15）在讨论混合动力电动汽车特有的预防性维护项目时，技师 A 说大多数混合动力电动汽车都需要特殊的冷却液，因为冷却液不但冷却发动机，还冷却逆变器总成；技师 B 说高压电池冷却系统在从车辆外部到电池箱的管道系统中可能装有一个过滤器，而且该过滤器需要定期更换。谁是正确的？（　　　）

 A. 仅技师 A 正确

 B. 仅技师 B 正确

 C. 技师 A 和 B 都正确

 D. 技师 A 和 B 都不正确

第10章
混合动力电动汽车

学习目标

- 说明混合动力电动汽车不同平台之间的差异。
- 说明汽车制造商在混合动力的 SUV 上是如何提供 4 轮驱动的。
- 描述逆变器的功能。
- 说明自动启停功能是如何工作的。
- 说明再生制动是如何实现的。
- 描述插电式混合动力车辆的主要优势。
- 说明传动带式发电机 / 起动机系统是如何工作的。
- 描述本田 IMA 系统所用混合动力系统的基本工作原理。
- 列出并描述在混合动力电动汽车周围和车上作业时应遵守的常识性注意事项。
- 列出要对混合动力电动汽车安全地进行诊断、维护和修理所需的工具和设备。
- 描述混合动力电动汽车特有的预防性维护步骤。
- 说明在一辆典型的混合动力电动汽车上诊断一个问题时应采取的正确步骤。

3C：Concern（问题）、Cause（原因）、Correction（纠正）

ALL TECH AUTOMOTIVE			维修工单	
年份：2017	制造商：雪佛兰	车型：Volt	里程：11054mile	RO：16412
问题：	检修充电系统的警告灯点亮，而且当充电连接器连接到车辆上时，该充电连接器的指示灯显示橙色而非绿色。			
根据该客户的问题，应用本章所学内容以确定该问题的可能原因、诊断方法以及修复该问题的必要步骤。				

所有主要的汽车制造商都已经或即将推出混合动力电动汽车（HEV）。任何组合了两个或两个以上动力源的汽车都可称为混合动力电动汽车。当前的各种HEV都有一台内燃机和一个或多个电机。丰田在1997年发布了第一款量产的混合动力电动汽车。这款普锐斯（Prius）混合动力电动汽车在2000年以前都只在日本销售，2000年后被带到了北美地区。从那时候起，许多不同的混合动力车型开始相继上市（图10-1）。

图10-1 本田Acura NSX是一款混合动力超级跑车

10.1 混合动力电动汽车概述

使用两种动力源的理由很简单。采用内燃机的车辆所具有的动力远比其在大多数行驶工况实际所需的动力要大。大多数发动机能够产生超过150hp（约111.9kW）的功率，但为保持一个巡航车速通常只需要20~40hp（约14.9~29.8kW）的功率，其余的动力仅被用于加速和克服重力，如爬山。混合动力电动汽车使用一个较小的发动机和一台电机的输出来提供加速和克服重力所需的动力。由于电机不需要使用汽油，从而可省燃油成本。

来自电机的动力补充了发动机的动力。因此，在城市行驶工况下，由于发动机不再需要为等待交通信号灯时的停车和起步提供所需的全部动力，

所以混合动力电动汽车相比同类使用汽油的汽车所用的燃油更少。混合动力电动汽车行进在高速公路上时使用的汽油也更少，这是因为较小且高效的发动机足以维持在高速公路上行驶的车速。此外，混合动力电动汽车的排放物比最清洁的传统汽车减少了90%以上。

混合动力电动汽车的总体效率在大多数情况下还可以通过其他功能加以提高，自动启停系统就是其中之一。混合动力电动汽车在等红绿灯时，发动机被暂时关闭，当驾驶员松开制动踏板，踩下加速踏板或将车辆挂入一个档位时，发动机会自动起动。另外，为了减少驱动发电机所需的能量，混合动力电动汽车具有再生制动功能。当车辆减速或制动时，车轮带动电机充当发电机来给蓄电池充电。这一功能回收利用了车辆的一部分动能，而在传统汽车上，这部分的能量是作为热量损失的。图10-2比较了不同混合动力的配置以及其燃油经济性。

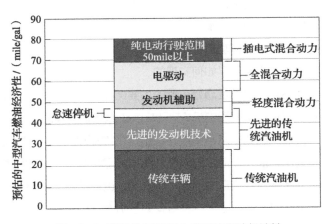

图10-2 预估的不同混合类别的燃油经济性

大多数混合动力电动汽车使用专门设计的变速器以保持发动机在其最高效的转速上运转。通过使用低滚动阻力（Low-Rolling Resistance，LLR）的轮胎也可以提高效率，硬且窄的轮胎可将

转动车轮所需的能量降至最低。混合动力电动汽车还可以按照最小的空气阻力进行设计，还可以降低车身质量。

1. 混合方式

混合动力电动汽车通常分为串联式和并联式设计。许多混合动力电动汽车采用并联式，其动力来源于电机和发动机。电机和发动机在需要时可一起工作（并联）来驱动车辆（图 10-3a）。

在串联式混合动力电动汽车中（图 10-3b），发动机从不直接为车辆提供动力，而是由一台电机为车辆提供动力。汽油或柴油发动机驱动一台发电机，而该发电机为高压蓄电池充电或直接用电力驱动车轮的电机。计算机根据高压蓄电池和 / 或电机的电力需求来控制发动机的工作。当计算机感知到系统的电压较低时，会快速起动发动机来驱动发电机。目前可供公众选择的串联式混合动力电动汽车较少，这些车辆作为增程式电动汽车在市场上被广泛推广。

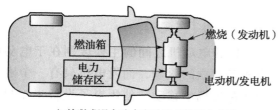

a）并联式混合动力电动汽车的基本布置

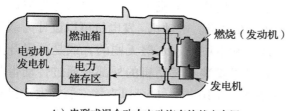

b）串联式混合动力电动汽车的基本布置

图 10-3 混合动力电动汽车的基本布置

目前大多数混合动力电动汽车被归类为串 - 并联设计。采用这种设计，汽车可以由电动机、发动机或两者共同为车辆提供动力。发动机还驱动电动机 / 发电机为高压电池包充电。电机在减速过程中充当发电机给高压蓄电池充电，同时辅助降低车速。

一些混合动力电动汽车在以高速公路的速度轻负荷行驶时会关闭发动机。是用电力、汽油，还是由两者同时向车辆提供动力的决定是由电子控制系统做出的。

2. 混合动力电动汽车其他分类方式

混合动力电动汽车的配置结构还根据电机的角色被进一步定义。每当汽油发动机不运转时，燃油会被节省，排放也将降低。尽管在设计上有很多变型，但混合动力电动汽车总体上可分为轻度混合动力和全混合动力。此外，非混合动力的汽车也可配置混合动力电动汽车的一些功能，如自动启停和再生制动，这些设计的作用都是使燃油消耗量降低到最小。

轻度混合动力（又称微混）电动汽车带有自动启停、再生制动功能，在发动机为了克服负荷而需要补充动力时可得到的电机辅助。电机帮助或辅助发动机来克服增加的负荷，但车辆不会仅靠电机提供动力。轻度混合动力电动汽车包括那些带有自动启停系统的车辆。在这些车辆中，发动机在本应怠速运转时将关闭，并在需要时会立即重新启动。

全混合动力电动汽车可以只用发动机、高压蓄电池或者两者的组合来运行。全混合动力电动汽车带有自动启停、再生制动、电机辅助功能，并且可仅用电力驱动。

还有两种额外的分类：性能型混合动力电动汽车（有人称之为"力量型混合动力电动汽车"），它是一种在不使用更多燃油的前提下为提高加速性而设计的全混合动力电动汽车。另一种是插电式混合动力电动汽车，它也是一种全混合动力电动汽车。它可使用外部电源为高压蓄电池充电，可在车辆停放时通过对高压蓄电池的完全充电来扩大纯电动行驶的范围。

3. 插电式混合动力

插电式混合动力电动汽车（PHEV）是配有较大蓄电池的全混合动力汽车。高压蓄电池充电器可插入北美地区的标准110V电源插座来为高压蓄电池充电。整晚充电后，PHEV可以在发动机完全不起动情况下行驶60mile。当高压蓄电池电量不足时，发动机会起动并为车辆提供动力，同时，发电机工作给高压蓄电池充电。

插电式混合动力电动汽车的最大优点是它们可以在纯电动模式下持续行驶一段距离。在此期间，车辆不消耗燃油。在正常情况下，插电式混合动力电动汽车的燃油效率可以达到普通混合动力电动汽车2倍。完全充满电的PHEV产生的废气排放物也是普通HEV的一半，这是因为在发动机不运转时没有废气排放。

PHEV的制造成本比普通HEV高约20%。成本的增加主要是由于较大的动力蓄电池的成本较高。当然，随着电池技术的发展和更多"高科技"电池的出现，成本将会降低。

10.2 混合动力技术

混合动力电动汽车是现代科技不断进步的实例。控制系统用于精确地控制发动机和电机，它们需要非常复杂的电子设备才能控制和同步发动机和电机的运行。

1. 蓄电池

混合动力电动汽车电池包（图10-4）的可用电压取决于所用的系统和制造商，电压范围从115V到360V。大多数电池包由一些小的单体电池连接在一起来提供所需的电压。大多数混合动力电动汽车还配有一块附加的12V蓄电池来为传统电气系统提供电力，如照明、刮水器、音响系统等。

（1）镍-金属氢化物（NiMH） 镍-金属氢化物蓄电池（简称镍氢电池）比其他设计更环保，更易于被充分充电。单体电池的电极由金属氢化物和氢氧化镍制成，电解液为氢氧化钾。

（2）锂离子（Li-Ion） 锂离子单体电池的电

极由碳化合物（石墨）和金属氧化物制成。其电极浸没在锂盐中，这些单体电池过热可能会在单体电池中产生纯锂金属，这种金属非常活泼，并且在受热时会爆炸。为了防止过热，锂离子单体电池配有内置的保护性电子器件和／或熔丝以防止极性接反和过度充电。锂离子蓄电池因其具有非常高的功率密度而正被应用在混合动力电动汽车上。

图10-4 丰田凯美瑞（Camry）混合动力电动汽车的电池包

2. 电动机／发电机

发电机和电动机之间的主要区别在于电动机有2个相互对立的磁场，而发电机只有一个磁场而且导线在磁场中移动。使用电子设备来控制进入和流出蓄电池的电流，电动机在混合动力电动汽车上也可用作发电机来工作，它们通常被称为电动机／发电机。电动机／发电机可以设计为基于两组绕组和电刷的、永磁无刷的，或是磁阻开关的。它可以安装在发动机的外部并通过传动带与曲轴连接（图10-5），也可以直接安装在发动机和变速器之间的曲轴上，或集成到飞轮中。许多混合动力电动汽车将电动机／发电机布置在变速器或变速驱动桥总成内。

3. 内燃机

大多混合动力电动汽车使用燃烧汽油的四冲程发动机。这些发动机与在传统车辆中使用的非常相似。发动机依靠先进的技术来减少排放并提高整体效率。许多发动机是阿特金森循环式发动机。

有些普遍使用柴油发动机的国家，正在测试使用柴油的混合动力电动汽车。柴油发动机具有所有内燃式发动机中最高的热效率。由于这种高效，柴油混合动力电动汽车可以获得出色的燃油经济性。

图 10-5　顶部的这个装置被称为传动带式
发电机 / 起动机（BAS）单元

4. 变速器

HEV 中使用的变速器可以是一台普通的变速器，也可以是为该车专门设计的。通常使用无级变速器（CVT），其传动比根据负荷而变化（图 10-6）。不论采用哪一种变速器，传动比的设计都是能使发动机根据当前工况在其最高效的转速上运转。

图 10-6　CVT 用一根传动带和可调整的带轮
根据情况调整传动比

5. 自动启停功能

所有混合动力电动汽车都如同一些非混合动力汽车一样带有自动启停系统。当驾驶员施加制动并使车辆完全停止时，这类系统会自动关闭发动机。这不仅避免了发动机在怠速运转时对能源的浪费，还可以提高 5% 以上的燃油经济性，但这会因车而异。

尽管发动机被关闭，但供暖和空调系统以及必要的电气系统可以利用蓄电池的电力继续运行。当驾驶员松开制动踏板或当控制系统感知有必要时，发动机会瞬间自动重新起动。

通常来讲，自动启停的系统主要依靠新的发动机控制系统软件、更多电力的蓄电池、起动机、各种传感器和一个电动水泵。

6. 再生制动

再生制动是一个过程，它允许车辆重新回收并储存通常会在制动过程中损失掉的部分动能。车辆在快速移动时具有很大的动能，所以再生制动在车速更高时更高效（图 10-7）。当在传统汽车上施加制动时，车轮制动器上的摩擦力将车辆的动能转换为热量，而采用再生制动时，这些能量被用于给高压蓄电池补偿充电。

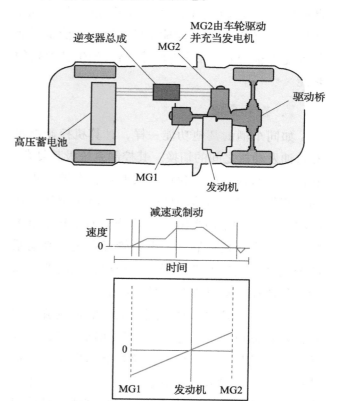

图 10-7　配有双电动机 / 发电机的混合动力电动汽车在再
生制动过程中的功率流

MG—电动机 / 发电机

在再生制动系统中，当车辆减速时，发电机的转子由车轮带动。发电机的启用对传动系统施加了阻力，导致车轮减速，车辆的动能被转变为电能，直至车辆停止，此时，不再有动能。再生制动大约可以回收在传统车辆制动过程中损失能量的30%。

在一些混合动力电动汽车上，再生制动是当驾驶员的脚一离开加速踏板时就开始的，而不是仅在踩下制动踏板时启用，这允许了更多的再生。

对于大多数混合动力电动汽车，控制系统改变电机上的电路以使其充当一台发电机。该发电机此时是将动能转换为电力，而不是将电力转变为动能。捕获的能量被输送给高压蓄电池。

再生制动不用于完全停止车辆，停车需要传统的液压制动器和再生制动的结合。在突然和紧急制动时必须使用液压的、基于摩擦的制动器。

由再生制动系统捕获的能量大小取决于很多因素，例如高压蓄电池的荷电状态、发电机转子此时的转速以及再生制动系统所连接的车轮数量。当前大多数HEV是前轮驱动的，因此，能量只能从前轮上被回收，后轮制动器仍会产生被浪费的热能。

7. 控制系统

如同车辆的其他功能一样，计算机控制电机和汽油发动机之间的切换。其控制系统极其复杂。它们有非常快的处理速度和实时操作系统。单独的计算机通过控制器局域网络（CAN）被连接在一起并相互通信（图10-8）。各种计算机包括电机控制器、发动机控制器、电池管理系统、制动系统控制器、变速器控制器、电动格栅控制器，以及一些含有12V或42V部件的系统。

一个用于管理出自高压蓄电池的电流流量的控制器控制电机的转速。位于加速踏板旁边或连接在加速踏板上的传感器向该控制器发送有关加速踏板位置的输入。控制器随后向电机发送相应数量的电压。该控制器还监测来自其他各种传感器的输入以确定车辆当前的运行状态。为了实现对电机的精准控制，控制器通过脉冲宽度调制调节供给电机的电压，大多数控制器脉冲宽度调制电压的频率超过15000Hz。

混合动力系统的大多数电子设备都包含在一个单独的水冷或风冷总成中。这些装置可能包含逆

变器、DC/DC变换器、升压变换器和空调逆变器。在运行期间，这些部件产生大量热量。为了保护其电路，尤其是晶体管，这些热量必须得到控制。

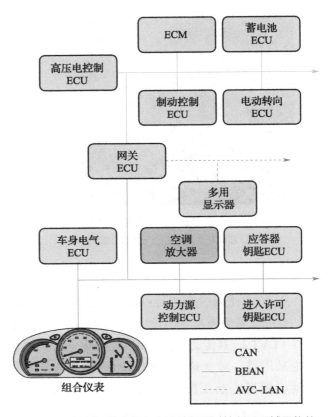

图10-8　控制系统中的各个计算机通过控制器局域网络的高速通信总线连接在一起并通信

ECU—电子控制单元

逆变器可以是控制器总成的一部分，也可以是一个单独的装置。逆变器（图10-9）是一种电力变换器，它将高压蓄电池的直流高电压转换为用于电机的三相交流电压。来自高压蓄电池的直流电压供应给逆变器中的变压器一次电压绕组（图10-10）。电流方向由电子开关（通常是一组绝缘栅双极晶体管［IGBT］）控制。电流流过一次电压绕组，然后被快速中止并颠倒其方向。这种方向的改变在变压器二次电压绕组中产生了一个交流电压。逆变器还可以将电动机/发电机产生的交流电转换为直流电，从而可为直流的高压蓄电池进行充电。

大多数电子设备的壳体中还含有一个变换器，尽管它可以被设置在一个单独的壳体中。变换器改变来自电源的电压值。有两种类型的变换器，提高电压的一种被称为升压变换器，而另一种降

低电压的被称为降压变换器，后者在电驱动车辆中常用来将一些高压直流电压降为电力附件所需的低压电，例如音响系统、照明、鼓风机风扇和控制器，以及为 12V 低压蓄电池充电。

图 10-9 逆变器的内部结构图

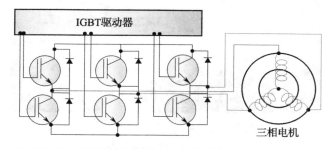

图 10-10 逆变器内部通过 IGBT 连接到电机的电气原理图

此外，电压在输送至电机之前可能是被提高的（升压）。升压变换器可向电机提供高达 500V 的电压，提高的电压增加了电机的输出功率。

8. 基本系统

当今的混合动力电动汽车采用了许多不同的布局和系统。混合动力系统可依据系统中电机的位置和用途做进一步界定。

传动带式发电机 / 起动机。最不复杂但又很常用的系统是传动带式发电机 / 起动机（Belt Alternator Starter，BAS）系统。BAS 取代了普通车辆中传统的起动机和发电机。电动机 / 发电机位于通常发电机所在的位置，并通过一根传动带与发动机曲轴相连。当发动机运转时，传动带驱动电机的转子，电机充当发电机为高压蓄电池充电。为重新起动发动机，电机转子旋转并带动发动机。一些 BAS 装置还可为发动机提供少量的辅助动力。

较旧式的 BAS 系统通常与一个 42V 的电源连接（图 10-11），而较新的系统工作电压为 115V。机械式或电气控制式的传动带张紧器允许电动机 / 发电机驱动传动带或被传动带驱动。有些系统有一个安装在曲轴带轮上的电磁离合器。当发动机运转时，该离合器接合，此时电机充当发电机。当车辆停止时，该离合器分离。当车辆准备重新起动时，该装置已准备好作为起动机。

（1）集成式起动机 / 发电机扭转减振器（Integrated Starter Alternator Damper，ISAD）该系统用电子控制的紧凑型电机取代了传统的起动机、发电机和飞轮。它也被称为集成式电机辅助（Integrated Motor Assist，IMA），通常安装在发动机和变速器之间的变速器钟形壳体中（图 10-12）。

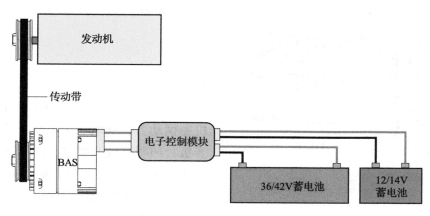

图 10-11 典型的 BAS 系统的布局

273

该装置产生的电力用于给12V低压蓄电池和高压蓄电池充电，这两者都用于为车辆各个系统提供电力。IMA混合动力系统与ISAD类似，但具有更强的电机和更多的电力来帮助驱动车辆。

图10-12 红色部件是夹在发动机和变速驱动桥之间的ISAD总成

（2）功率分流系统 目前，许多全混合动力电动汽车使用一种功率分流系统（图10-13）。它们是串-并联混合动力的基础，并且能够瞬间从一种动力源切换到另一种或者结合两者。尽管功率分流装置不使用与CVT类似的传动带和带轮，但也起到连续可变的变速驱动桥的作用。此外，该变速器没有变矩器或离合器，而是用一个扭转减振器来缓冲发动机的振动和变速驱动桥动力突然接通引起的动力波动。该装置大体上是由一个行星轮组和两个电机组成的。当与高输出功率的发动机一起使用时，该功率分流装置还会有一个额外的减速星齿轮组。

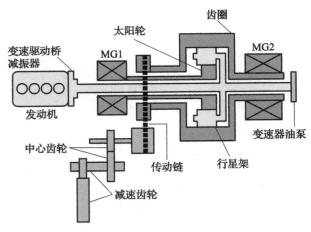

图10-13 丰田连接至功率分流装置的主要部件布局

▶ 参见

有关功率分流装置和混合动力其他变速器的详细讨论参见第三册第5章。

（3）变速器中的电机 该系统依赖一个内置于变速器壳中并连接到变速器行星齿轮组的电机。这些系统大多以简单行星齿轮组为基础。该齿轮组与两台电控的交流电机相连（图10-14）。这些齿轮的作用是提高电机和发动机的转矩输出，最终构成一个可响应车辆需求的连续可变传动比的变速器。一些混合动力电动汽车在变速器内有一个电机，而另外一些混合动力电动汽车在变速器的输入轴上有一个电机，在输出上有另一个电机。

图10-14 装有两个电机的自动变速器，两个电机分别位于两个大的圆筒形部件中

（4）电动四轮驱动 一些四轮驱动的混合动力电动汽车使用一台电机、一个差速器和后变速驱动桥来驱动后轮。该装置与前驱动桥之间没有机械关联，但它的动作是通过电子装置控制的。这使得该系统能够通过改变前后桥之间的转矩分配来对行驶状态做出响应。

10.3 附件

在HEV中，各种附件可能由蓄电池或者发动机提供动力，这取决于车型。某些系统，例如收音机、照明系统和喇叭，其工作方式与传统车辆上的一样，但其他系统，如动力转向和制动辅助，可能是由小型电机驱动的。当在HEV上作业时，必须记住的是这些附属机构和附件可能是由高压电提供电力的。未经过包括所有安全规程在内的全面培训，切不可试图对这些部件（或主要动力系统部件）进行作业。大多数高电压部件都是可清晰地辨认的，而且高压电缆均为橙色。

1. 供暖、通风与空调

发动机可用来提供热量，因此，HEV 的加热和除霜系统与它们在传统车辆中的运作方式是相似的。然而，一些混合动力电动汽车有额外的电加热器，这些电加热器在发动机关闭时可用于乘客舱内的取暖。

HEV 的空调系统与传统车辆中使用的空调系统完全相同，只是用来驱动空调压缩机的可能是一台高压的电动机（图 10-15）。这提高了发动机的效率，并在发动机关闭时仍能保持空调系统的运行。高电压驱动的压缩机需要特殊的维修方式和冷冻油。

图 10-15　用于混合动力电动汽车的电动空调压缩机

▶ 参见

有关高电压空调系统的详细讨论参见第四册第 7 章。

2. 制动辅助

许多制动辅助系统在制动过程中利用发动机产生的真空和大气压力将施加在制动踏板上的力倍增。因为 HEV 中有一台发动机，所以有一个天生的真空源，但当发动机未运转时是没有真空的。因此，一些 HEV 在真空助力系统上安装了电动真空泵。其他的混合动力电动汽车采用电动液压制动系统，一个电动泵为液压制动助力器提供必要的压力。

3. 动力转向

HEV 中的动力转向系统通常由电气和机械系统组成（图 10-16）。一台电动机直接驱动转向联动机构。这些系统程序也是可编程的，而且电动机消耗的能量多少取决于转向盘的转动量。当直线行驶时，电动机可以不用工作。当转向盘打满时，电动机消耗的电流最大。

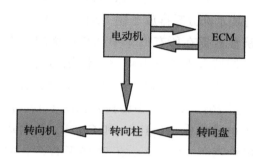

图 10-16　电控动力转向系统的指令回路

10.4　本田的 IMA 系统

本田的大多数混合动力电动汽车都使用 ISAD 系统，本田称其为 IMA 系统（图 10-17）。本田于 1999 年 12 月推出了他们的 Insight 车型，并成为在北美可提供混合动力电动汽车的第一家制造商。随着这一技术的应用，新的技术又随之出现，即在发动机和变速器之间安装一台电机。从那时候起，本田发布了这种设计的许多不同变型，并提供了许不同的混合动力车型。

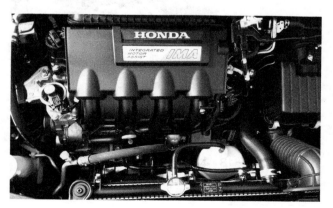

图 10-17　在发动机舱盖看到的本田 IMA 系统

基于这种设计，本田能够在车辆上使用小型高效的发动机。发动机功率不足部分由一台小型高效的电机来补充。经过多年的改进，这个平台已经能够由发动机、电机或者两者同时为车辆提供动力。早期的本田混合动力电动汽车的混合动力系统只是一种辅助性的混合动力。

随着时间的推移，本田已经能够在使用更大功率汽油发动机和更大功率电机的同时持续降低燃油消耗和尾气排放。目前大多数本田的混合动力电动汽车被加州空气资源委员会（CARB）评定为先进技术部分零排放车辆（AT-PZEV），某些燃油经济性数据在所有汽车中都是最优的。本田在这两个领域取得的进展得益于优化的空气动力学设计、更轻的结构材料和其他节油技术的使用。

截至 2018 年，本田已拥有雅阁（Accord）混合动力电动汽车、Insight 和 Clarity 插电式混合动力电动汽车。CR-Z 已在 2016 年停产，而思域（Civic）混合动力电动汽车已在 2015 年停产。

雅阁插电式混合动力电动汽车（图 10-18）代表了本田混合动力方式的重大变化。一台阿特金森循环的直列四缸 2.0L 发动机与两台电机和一个锂离子电池包一起使用。后者可采用插入式充电，以使车辆只用动力蓄电池电力可行驶超过 15mile。EPA 将这款 PHEV 的综合额定值评定为 115MPGe[⊖]，而且在使用 120V 电源插座充电时，电池组可在约 3h 内充满，而使用 240V 充电器，充电时间少于 1h。

图 10-18 本田插电式混合动力的 Accord

自 2013 年以来，雅阁的 IMA 系统已被双电机混合驱动系统取代，它被称为**双电机混合动力智能多模式驱动系统**。该混合动力系统有一台 143hp 的 2.0L 四缸发动机，加上两台电机。其中一台电机用于驱动并能提供 166hp 的峰值功率和 226lbf·ft 的转矩（图 10-19）。第二台电机用作发电机并充当发动机的起动机。除了使用该发电机外，高压蓄电池还可通过再生制动进行充电。一旦驾驶员松开加速踏板就会发生再生制动，而不仅是在踩下制动踏板时。

图 10-19 本田双电机变速驱动桥和动力传递系统

该系统为了提高效率还采用了自动启停系统以及电驱动的空调压缩机、水泵和动力转向泵。高压蓄电池的电能由 1.3kW·h 的锂离子电池包提供，它不像 PHEV，不能为延长纯电动汽车（EV）模式的运行提供电力。

该系统可在三种不同的驱动模式下运行：纯电动模式、纯汽油模式和汽油加电动的模式。当在纯电动模式时，车辆仅依靠电力运行，这对低速和低负荷工况是有利的。在纯汽油模式下，一个锁定离合器将发电机 / 电动机与电力驱动电机连接，以便直接将发动机的动力输送到前轮上。在汽油加电动模式下，发动机运转来驱动发电机并给高压蓄电池充电。发动机和驱动轮之间没有直接连接。发动机仅仅是给电池补充电能以驱动车辆，一旦电池能量耗尽，发动机将开始介入驱动。

⊖ MPGe 指使用电力行驶时每加仑当量能源行驶的英里数。——编者注

1．IMA

IMA 布置在发动机和变速驱动桥之间（图10-20）。同步交流电机有一个三相定子和一个直接与发动机曲轴相连的永磁转子。在电动机/发电机内部装有三个换向传感器，它们向控制模块提有关转子位置的信息。

图 10-20　安装在发动机与变速驱动桥之间的 IMA 单元

本田新型车辆上的 IMA 用于发动机最初的起动和自动启停期间的起动。它们大多数都有一个额外的 12V 起动机和 12V 蓄电池，额外的起动机和蓄电池被用于高压蓄电池的 SOC 较低的时候。当外界温度特别低或当 IMA 系统出现故障时，也会使用到这个备用的起动机。

在其基本系统中，当驾驶员踩下加速踏板时，IMA 向发动机提供辅助动力（图10-21）。随着动机克服负荷，电机被关闭，因而车辆仅由发动机提供动力。当汽车以稳定的速度巡航时，IMA

可作为一台发电机给高压蓄电池充电并给 12V 系统供电。除非存在充电的需求，否则发动将不会驱动该发电机。

⚠️ **注意**　因为 IMA 系统的电动机/发电机有一个永磁转子，所以它在发动机运转时始终会产生电流。因此，橙色的高压电缆在发动机旋转的任何时间内都会有高压电，应保持远离它们。

一些新型的混合动力电动汽车除了有 IMA 之外，在变速驱动桥内还有一个电机。该电机用于向发动机输出提供电动的增力，并将变速驱动桥转换成电控无级变速器（E-CVT）。该电机由镍氢（NiMH）或锂离子（Li-Ion）电池包供电。

2．电子控制装置

HEV 上的 PCM 与非混合动力电动汽车上使用的 PCM 类似，但已编程为可与 IMA 系统相互通信。整个动力系统由 PCM 通过各种 CAN 通信线路和传感器进行监测和控制，从而提供最佳的效率和驾驶性能。

电动机/发电机电源的输入或输出由智能动力单元（Intelligent Power Unit，IPU）控制，它通过高压电缆连接至电动机/发电机。IPU 包含动力控制单元（Power Control Unit，PCU）、电动机控制单元、电机电源逆变器、电池模组和冷却系统。

PCU 控制电能在 IMA 与蓄电池之间的流动。电机控制模块（Motor Control Module，MCM）通过电机电源逆变器控制 IMA。MCM 监测电池包的荷电状态并控制 IPU 模块的风扇。MCM 使用电池

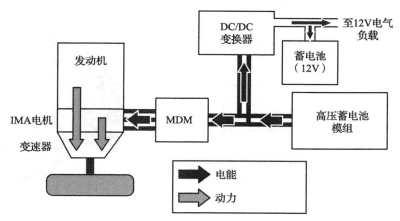

图 10-21　当驾驶员踩下加速踏板时，电机的输出补充发动机的输出以帮助车辆加速

MDM—电机驱动模块

的电压、温度以及输入和输出电流的参数来确定电池的荷电状态（图 10-22）。

IPU 配备一个安装在电池箱（图 10-23）内的冷却系统。空气通过后排座椅后托板的顶部被引入电池模组。该空气流经逆变器、DC/DC 变换器和空调压缩机驱动器热表面后被排至车外。

随着锂离子电池的引入，电池箱需要被改进。电池模组上配有温度传感器和一个由空调系统、外部空气和冷却风扇组成的冷却系统。该系统还冷却逆变器、电机控制模块、DC/DC 变换器和空调压缩机的热表面。

空调压缩机由高压蓄电池供电并由 PCM 控制。

3. 发动机

与 IMA 系统一起使用的发动机已经从小型的三缸发动机变成更大的 V6 发动机。这些发动机融入了本田的许多节油技术，如可变气门正时和气门升程电子控制（Variable Valve Timing and Lift Electronic Control，VTEC）、智能顺序双点火（intelligent Dual & Sequential Ignition，i-DSI）、可变气缸管理（Variable Cylinder Management，VCM）和电子节气门系统。除了这些技术之外，为了减少内部的摩擦，本田在发动机结构上还采用了诸如低摩擦活塞和滚子摇臂等许多技术。

4. 变速器

本田的大多数混合动力电动汽车都配备手动变速器或无级变速器（CVT）。手动变速器的设计要轻量化，减少摩擦造成的动力损失，并使换档更轻便。CVT（本田称为 Multimatic）使用计算机控制的驱动轮和从动轮，以及在可变宽度带轮之间运行的金属"推进"带。该 CVT 可根据转矩负荷连续调整以提供最高效的传动比。

讴歌（Acura）混合动力。 出自本田汽车的高端品牌 Acura 提供了一系列混合动力电动汽车。其中大多数都遵循与本田混合动力电动汽车相同的技术方案，但有些设计主要是为了提高性能和燃油经济性。这些车辆是四轮驱动的全混合动力电动汽车。这些混合动力电动汽车上的发动机与附加在前或后驱动半轴上的电机一起为前轮或后轮提供动力。在某些情况下，在变速器中会有一个额外的用来辅助发动机的电机。当后桥配备电机时，差速的作用是通过电子控制个别电机的转速来实现的。

新的讴歌 NSX 混合动力电动汽车（图 10-24）使用了本田运动型混合动力电动汽车的"超级操控全轮驱动"（SH-AWD）技术。这个系统配有一台汽油发动机和前轮上的两台电机，这两台电机独立工作以便在拐弯过程中向车轮提供正的或负

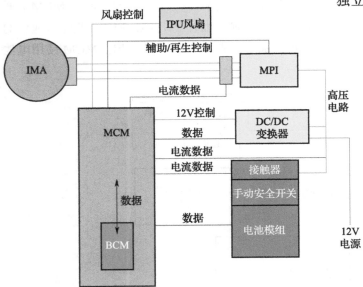

图 10-22 IMA 系统的基本控制电路

BCM—电池控制模块 MPI—多点燃油喷射系统

图 10-23 本田 HEV 的电池箱

的转矩，从而改善车辆的操控性。这个系统在双离合变速器和中置的 V6 发动机之还有一台额外的电机。

图 10-24　讴歌 NSX 混合动力电动汽车

在 2013 及更新的本田雅阁混合动力电动汽车上，IMA 系统已被双电机混合动力驱动系统取代。被称作无变速器系统的雅阁混合动力电动汽车使用一台 143hp 的 2.0L 四缸发动机、一台 181hp 的交流驱动电机和主要用于发电的第二台交流电机。该系统有三种行驶模式：纯电动模式、纯汽油模式和两者混合模式。纯电动模式在非常有限的工况下（例如驻车时）提供 EV 功能。蓄电池的电能由 1.3kW·h 的锂离子电池提供，它不能像 HPEV 那样为延长 EV 模式的运行提供电力。当以高速公路速度行驶时，发动机直接驱动车轮。一个离合器将发动机与驱动电机和车轮的超速档锁定。在混合动力模式下，汽油发动机被用作一台发电机向驱动电机提供电力。按照本田的说法，相比于其他混合动力驱动系统，该驱动系统减轻了整体质量和摩擦力，因而提高了性能和燃油经济性。

10.5　丰田的功率分流式混合动力电动汽车

自从 2000 年推出混合动力电动汽车以来，丰田和雷克萨斯（Lexus）已经提供了许多不同的混合动力车型。

丰田的混合动力方式是串联和并联混合动力平台的一种结合。该系统依靠两台电动机/发电机、一个用于功率分流的变速驱动桥和一个高压蓄电池。该功率分流装置将电机和阿特金森循环发动机的输出进行机械性的耦合。该系统（图 10-25）在发布时被称为丰田混合动力系统（Toyota Hybrid System，THS），而 THS 的更新设计被称为混合动力同步驱动系统（Hybrid Synergy Drive，HSD）。发动机可在所有情况下为车辆或电机/发电机提供动力。

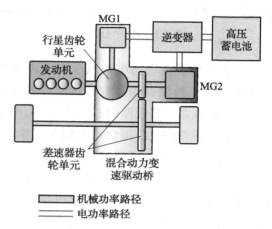

图 10-25　THS 使用发动机和电机两种动力的组合

一台电动机/发电机主要用于起动发动机，并在发动机运转后为电池包充电；另一台电动机/发电机在车辆行驶中辅助发动机或凭借自身短距离地驱动车辆，它是一台驱动电机，但也可以充当一台发电机来提供再生制动。

丰田最近发布了不同尺寸的原版普锐斯（Prius）的改款版（图 10-26）。这些版本基本上是基本型的更小或更大版本。例如 Prius V（图 10-27）的行李舱空间比基本型增加了 50%。V 版本的轴距更长些，因而车身的总长度也有所增加，它也更高、更宽，但 Prius V 的动力系统与基本型是相同的。

图 10-26　新款的 Prius

图 10-27 Prius V

丰田的其他混合动力电动汽车。丰田和雷克萨斯还推出了几种混合动力电动汽车。雷克萨斯有六款产品，从基于普锐斯的 CT 混合动力电动汽车到以性能为取向的 LC 混合动力跑车。除了 LC 混合动力电动汽车外，所有这些汽车都是基于同普锐斯一样的架构，但作为基础的发动机、驱动电机和蓄电池都已被制造得更强劲以抵消这些车型所增加的超过普锐斯的质量。这些混合动力系统的总功率输出范围为 121~354hp。配备更大功率发动机的这些汽车和 Lexus SUV 中的功率分流装置有一个增加的行星齿轮组以使电机保持低转速。LC 混合动力电动汽车采用了新的纵向布置以保持其后轮驱动（RWD）运动跑车的布局。在正常模式或经济模式中，两台电机仍然按丰田的混合动力方式与 CVT 变速器一起工作。添加在 CVT 变速器输出后面的四速自动变速器使 LC 的动力传动系统显得更为独特。该自动变速器使不得不高速旋转的电机得以降低转速，从而提高了效率，改善了驾驶感受。LC 在电机、CVT 和四速变速器之间模拟了传统动力 LC 的 10 速变速器的 10 个传动比。该系统提供了基于电机的 6 个电子传动比和 CVT 加上自动变速器的 4 个固定传动比。

1. 电池

丰田的大多数混合动力电动汽车依靠镍氢（NiMH）电池包。它们还有一个辅助的 12V 蓄电池作为 ECM、灯光和其他系统的电源。2016 年，丰田开始在某些车型上使用锂离子蓄电池。电池模组（图 10-28）包含混合动力高压电池包、电池 ECU 和系统主继电器（SMR）。该模块位于后排座椅后面的行李舱中。一个维修插头和主高压熔丝嵌

入在高压电路中。如果电路中电流过大，该熔丝会断开以保护电路。维修插头用于断开或隔离高压电路，以便在电路上进行维修。该维修插头位于电池模块的中部，当拆下该插头后，电路变为开路。

图 10-28 丰田汽车电池包内的主要部件

标称的电池电压随型号和应用而变化。新型系统使用一个比早期车辆低的电池电压，但这些系统可将电压增至 650V。这个增加的电压降低了向电机提供电力所需的电流。如果电机的功率输出保持不变（单位是 W），电机的电流消耗量随电压的降低或升高而反向增加或降低。因此，如果电压加倍，则电流将会减半。如果给电机的电流保持不变，而电压提高，则电机的功率也将被提高。

独特的高压电缆（图 10-29）将电池包连接到逆变器，再从逆变器连接到电机，此外，逆变还与空调压缩机相连。

图 10-29 独特的高压电缆连接逆变器和电池包

2. 运行过程

各代 HSD 系统的基本运行过程大致相同。

HSD 依靠一台发动机、一台用于起动和发电的电动机 / 发电机（被称为 MG1，即电动机 / 发电机 1）和一台驱动电机 / 发电机（被称为 MG2，即电动机 / 发电机 2）。发动机、MG1 和 MG2 分别连接到功率分流装置中行星齿轮组的不同部件上。MG1、MG2 和发动机控制行星齿轮组的输出。以下是对它们如何响应运行工况的简要说明。

1）在初始加速期间，从电池包到 MG2 的电力提供驱动车辆的能量。当 MG2 驱动车辆时，发动机关闭，MG1 处于自由旋转状态，不作为发电机运行。

2）上述的状态持续直到高压蓄电池的电压下降，当驾驶员要求急加速，电池处于充电状态，电池温度、发动机冷却液温度和电力负荷显示有更多能量的需求时，发动机将起动。为了给电池包充电，由发动机通过行星齿轮组带动 MG1。

3）当系统确定发动机应为车辆提供动力时，如果发动机尚未运转则将会起动。发动机的功率按照系统的要求进行分流，发送给 MG1 和驱动轮的功率数量由该系统控制。

4）当车辆处于巡航速度时，发动机和 MG2 可能共同为车辆提供动力。如果为保持该车速不再需要发动机提供动力，发动机将关闭，此时车辆仅由电力驱动。在这段时间内，如果电池的 SOC 变低，发动机将重新起动以驱动 MG1。

5）当需要克服重载、急加速、上坡或超车时，发动机和 MG2 共同驱动车辆。MG2 从 MG1 和电池包获取电力，这可使 MG2 以最大功率工作。一旦车辆恢复到正常巡航速度，蓄电池停止向 MG2 供给电力，同时，MG1 给蓄电池充电。

6）当车辆减速时，发动机关闭。MG2 随后由车辆驱动轮驱动从而变为一台发电机，并开始再生制动。车辆的动能用来给电池包充电。初始的大部分制动力是转动 MG2 所需的力，而液压制动系统承担余下的制动力需求并使车辆停止行进。

7）当选择倒档时，MG2 反向转动，发动机保持关闭，MG1 也不起作用。

3. 电子控制

毋庸置疑，电机和发动机的协调需要非常复杂的电子控制系统。这些都需要监测工作过程和行驶状况，并控制流入和流出电动机 / 发电机的电流。对系统的最终控制由混合动力车辆控制单元（HV ECU）负责。该模块接收来自各个传感器和其他处理器的信息，然后向各执行器和控制元件发送指令（图 10-30）。ECU 协调发动机与混合

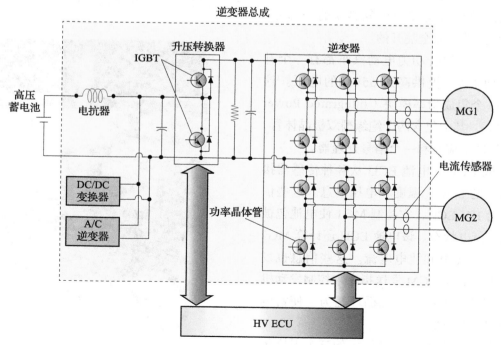

图 10-30　THS 车辆的电气原理

动力系统的行为，它根据需要起动和停止发动机，以及控制发动机的运行。HV ECU 还确保给电动机正确的交流相位。这个电路连接在电动机／发电机与电池包之间。

CAN 通信用来将不同的微处理器联系在一起。该系统运行连续的自我诊断程序，如果检测到一个故障，该单元将存储一个故障码并按照其存储器中存储的数据来控制系统（失效安全模式），而不再使用当前数据，或根据故障程度可能会关闭整个系统。

整个系统由 ECU 监测，ECU 存储特定范围以外的所有状况和操作边界。依据问题的类型和严重程度，ECU 将点亮或闪烁 MIL、主警告灯或高压蓄电池警告灯。

电动机／发电机 ECU（MG ECU）根据 ECU 的控制指令对逆变器、升压变换器、DC/DC 变换器进行最终控制。如果 ECU 检测到高压电路存在故障或变速器处于空档位置，则逆变器将停止电动机／发电机的运行。

依据 HSD 系统的型号和产品代数不同，电子控制装置可能在不同位置，而且单独的部件可能有额外的独特功能。有可能需要做的唯一一件事情就是通过冷却和加热系统使逆变器总成、MG1 和 MG2 能保持在规定的温度内。在 SUV 上，逆变器和电机的散热器是发动机散热器的一部分，但与发动机散热器是完全隔开的。

大多数新型的混合动力电动汽车都有一个升压变换器来向 MG2 提供高达 650V 的电压。这个变换器有一个集成功率模块（Integrated Power Module，IPM），其中包含两个绝缘栅双极晶体管，一个储存能量的反应器和一个信号处理器。

（1）电池 ECU　电池 ECU 从各种传感器接收有关蓄电池的 SOC、温度和电压信息。这些信息随后发送给 HV ECU，它控制 MG1 使电池包被保持在适当的荷电状态。该电池 ECU 还计算 MG2 驱动车辆所需的充电和放电电流。这些信息也发送给 HV ECU，它向 ECM 发送指令来控制发动机的输出。实现这种连续的信息循环是为了使蓄电池至少保持 60% 的 SOC。

ECU 还通过封装在电池模组中的三个温度传感器和一个在电池模组进气系统中的温度传感器来监测蓄电池在充电和放电循环中的温度。它还估算因该循环将导致的温度变化。基于这些信息，它可以调节蓄电池的冷却风扇。如果出现故障，它可以降低或停止充电或放电以保护蓄电池。

（2）再生制动　滑移控制或制动 ECU 根据施加在制动踏板上的压力来计算使车辆减速或停止所需的总制动力，这进而确定了应产生多少再生制动力和应通过液压系统向制动器传递多大的压力。这些信息被送到 HV ECU，它控制 MG2 的再生制动。

制动 ECU 还控制液压制动执行器电磁阀，从而在各个车轮制动轮缸上产生压力。施加在液压制动系统上的总作用力等于所需的总制动力减去通过再生制动提供的制动力。滑移控制 ECU 还控制防抱死制动系统。

4. 电动机／发电机

MG1 和 MG2（图 10-31）是永磁交流同步电机，它们也可用作发电机。在 SUV 上使用的电动 4WD-i 系统有一个被称作 MGR 的永磁交流同步电动机／发电机，它被内置在后驱动桥总成中。4WD-i 系统不像传统的 4WD 系统，它在前后桥之间没有物理上的连接（图 10-32）。在后变速驱动桥的铝制桥壳中包括该 MGR、一个反向的主动齿

图 10-31　MG1 和 MG2 用行星齿轮组隔开

轮、一个反向的从动齿轮和一个差速器。后驱动桥的主传动比非常低，从而可向后轮提供非常大的转矩。SUV 上还有一个具有更高转速的更强劲的 MG2。这些车辆中的功率分流装置已经过更改，包括增加了一个行星齿轮组（电机减速装置）。这个行星齿轮组降低了 MG2 的转速，从而增加了前轮的可用转矩。

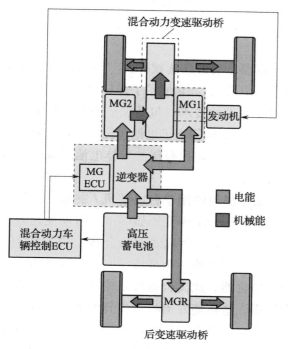

图 10-32　后桥由一台电机（MGR）驱动，它与前驱动桥并无机械联系

交流同步电机需要传感器来监测转子在定子内的位置。正时或相位对三相交流电来讲是必需的，这样才能吸引转子的磁体并使转子保持旋转并产生转矩。交流电在定子中产生一个旋转磁场，而转子追随该磁场。控制系统监测转子的位置和转速，并控制定子电压的频率，从而控制电机的转矩和转速。为了监测转子的位置，丰田使用了一个被称为旋转变压器的传感器。电机还都配有温度传感器。ECU 监测各个电机的温度，并在有过热迹象时将改变提供给它们的功率。

5. 功率分流装置

功率分流装置也被称为混合动力变速驱动桥总成。尽管它不使用通常与 CVT 相联系的传动带和带轮，但它起到无级变速驱动桥的作用。该驱动桥的变化特性取决于 MG1 的行为和 MG2 和 / 或发动机提供的转矩。

传统的主减速器和差速器装置被用来实现良好的操控性和足够的转矩来驱动车轮。该变速驱动桥中没有变矩器或离合器，而是使用一个减振器来缓冲发动机的振动和因变速驱动桥与动力突然接合而骤然产生的驱动力。

在行星齿轮组中，太阳轮与 MG1 连接，齿圈连接到 MG2 和变速驱动桥中的主减速装置，行星轮行星架连接到发动机的输出轴。理解这个系统的关键是了解功率是如何分流的。当有两个动力输入源时，它们以相同的方向转动，但不为同一转速。因此，一个动力源可以辅助另一个的旋转，或减慢另一个的旋转，也可以一同起作用。此外，MG2 的旋转速度很大程度上取决于 MG1 产生的功率，因此，MG1 基本上控制了该变速驱动桥的无级变速功能。

6. Prius 插电款

2012 年，丰田发布了 Prius 插电款（图 10-33）。Prius 的 Prime PHEV 以普锐斯基本款为基础，但配备了 8.8kW·h 的锂电池包。该电池包可使普锐斯作为纯电动汽车行驶更长的距离并达到更高的车速。估计纯电动续驶里程为 25mile（约 40km），预计该车的总续驶里程为 640mile（约 1030km）。在纯电动模式下，它的行驶速度也能达到 62mile/h（约 100km/h）。采用油电混合动力模式运行时，预估燃油经济性为 133mile/gal。

图 10-33　在发动机舱盖下的 Prius 插电式混合动力系统

电池包在后行李舱地板的下方，还包括一个带有 24ft（约 7.3m）长电缆的充电器。充电器是

专为家用电源设计的，它可插入任何墙上的插座。当使用 120V 交流电电源插座充电时，完全充满需要 2.5~3.0h。充电电缆连接至右后车门后围板里面的充电端口（图 10-34）。端口处有 LED 照明，便于夜间安全充电。电池包（图 10-35）具有控制散热的内部和外部冷却风扇。逆变器经过重新改造，以与新电池兼容。此外，混合动力的冷却系统具有更大的热交换器和更大风量的散热风扇。

图 10-34 已插上充电枪的 Prius PHEV

图 10-35 Prius PHEV 的电池包

10.6 日产 / 英菲尼迪混合动力电动汽车

在后来被称为 Q50 的英菲尼迪 M 混合动力电动汽车中（图 10-36），一台电机夹在发动机和一台 7 速自动变速器之间。发动机可在有或没有电力辅助的情况下为汽车提供动力。67 hp 的 346V 电机能驱动车辆、辅助发动机、起动发动机和充当发电机。发动机和电机结合能产生大约 360hp 的功率。EPA 评定的该车的燃油经济性在城市路况为 27mile/gal，在高速公路为 32mile/gal。

图 10-36 英菲尼迪 M 混合动力电动汽车

该混合动力系统被称为"英菲尼迪直接响应混合动力系统"。它使用了为日产聆风（Leaf）电动汽车开发的技术，包括锂离子电池和电机。一个 1.4kW·h 的锂离子电池包位于后行李舱的地板下方。该电池包由叠层的单体电池组成以改善电池的冷却。

英菲尼迪使用单台电动机 / 发电机、两个离合器，和一台不带变矩器的 7 速自动变速器。这个系统还被称为并联式双离合器（P2）系统。两个离合器中的第一个是位于发动机和电机之间的干式离合器，此离合器可以使发动机与电机耦合和解耦，这可使发动机在松开加速踏板的任意时间关闭，例如在减速和滑行期间。离合器排除了对变矩器的需求，并允许在有足够的电池能量仅用电力为车辆提供动力时完全解耦和关闭发动机。第二个离合器是一个在变速器后部的湿式离合器，它允许发动机在车辆静止状态下带动电动机 / 发电机为电池充电。

Q50 是在 2015 年停止销售的。日产最后一款混合动力电动汽车是 Altima，它使用了丰田的混合动力系统，并且仅在非常有限的市场上提供。Altima 的混合动力车型最终被停产。未来的 Altima 混合动力车型将使用类似于英菲尼迪 M 所用的系统。

10.7 通用汽车的串联式混合动力电动汽车

雪佛兰 Volt（图 10-37）是一款被称为增程式电动汽车的两厢车。按照 SAE 的分类，该车型应被分类为串联式或插电式混合动力电动汽车。在大多数时候，Volt 被认为是一辆纯电动汽车或串联式混合动力电动汽车。它实际上是一款结合了高压蓄电池驱动的纯电动汽车和串联式混合动力电动汽车特点的增程式电动汽车。还有一款车身更小、续驶里程更短的混合动力电动汽车是迈锐宝（Malibu）。凯迪拉克的 ELR 是一款类似的车型，销量不太好，并于 2016 年停产，与此同时，Vlot 的新一代产品发布。Volt 的动力传动系统通常被称为 "Voltec" 系统。

图 10-37 雪佛兰 Volt 增程式电动汽车

第一代和第二代的 Volt 都是用锂离子电池作为动力的，并在需要时用发动机驱动一台发电机。当蓄电池的电量低时，发电机为电动机提供电力。

图 10-38 雪佛兰 Volt 的 EPA 贴签

图 10-39 雪佛兰 Volt 仪表上显示当前的每加仑燃油行驶英里数

Volt 在行驶的最初 25~50mile 可以用电池的能量驱动车轮。一旦电池的电量不足，发动机起动以提供动力，可将续驶里程延长到 420mile。Volt 不只靠发电机来给电池充电，还可以使用电网作为充电电力的主要来源。

EPA 评定的 Volt 的燃油效率为纯电动 106MPGe；仅用汽油机 42mile/gal；综合 77MPGe（电动 + 汽油）（图 10-38）。雪佛兰 Volt 实际行驶时在仪表上显示的每加仑燃油行驶英里数如图 10-39 所示。该车被 CARB 归类为极低排放车辆（Ultra Low Emission Vehicle，ULEV）。实际尾气排放物的释放仅发生在以增程模式运行时。

1. 动力系统

第 2 代动力系统有两台永磁交流电机，一台 117hp（约 87kW）的主牵引电动机和一台 54hp（约 48kW）电动机 / 发电机，加上一台额定功率为 101hp、转矩为 101lbf·ft 的四缸 1.5L 汽油发动机。电机由高压电池包中储存的电能或由发电机产生的电能提供能源。发动机主要用于驱动发电机。一个行星齿轮组和三个离合器用来管理和分配来自电机和发动机的动力来向车轮提供驱动力（图 10-40）。

2. 高压蓄电池

Volt 有一个长 6ft（约 1.8m）、重 405lb（约 183.7kg）的 18.4 kW·h 的锂离子电池包。该电

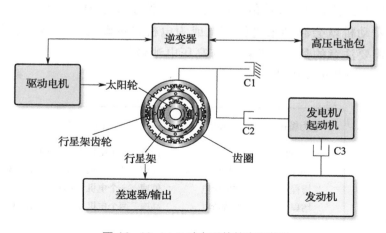

图 10-40 Volt 动力系统的主要部件

池包有 192 个以串联和并联方式连接的单体电池（图 10-41）。矩形的单体电池分配在含有 24 个或 32 个单体电池的 7 个模组中。第一代电池有 32 个单体电池，重 435lb（约 197.3kg），额定容量为 16 kW·h。单体电池和各个模组被布置在铝散热片周围，以防止单体电池出现过热或过冷处。

图 10-41　Volt 的电池包由 192 个锂离子单体电池组成

Volt 有一个热管理系统来监测和维持电池的温度，该电池包可以通过类似于发动机冷却系统的液体冷却回路进行升温或冷却。该系统既可在寒冷天气下预热电池包，也可在炎热天气下冷却电池包。

由于电池包中的电力从不会被完全耗尽，也不会被完全充满，所以电池的寿命得以延长。18.4kW·h 的总容量中只有 14kW·h 是可用的，比第一代提高了 25%。该管理系统只允许电池工作在预定的 SOC 数值范围内，一旦低于该范围，发动机就会起来进行充电或为电机提供动力。需要注意的是，该车除了有高压电池包外，还有一个常规的 12V 蓄电池。

3. 基本工作原理

Volt 的动力传动系统允许其作为一辆纯电动汽车来行驶。仅凭电力行驶的距离受到很多因素的影响，包括蓄电池的 SOC、路况、驾驶方式、驾驶员舒适性功能的设置（如 HVAC）和天气。一旦高压蓄电池的电量基本耗尽，发动机就会起动并驱动发电机，车辆以串联混合动力模式运行。

在较高车速和负荷下（车速高于 30mile/h 或加速时）以串联模式运行时，电机充当电动机来辅助驱动电机（MG-B）。在特殊情况下，发动机还会被机械性地连接至齿轮组的输出，从而帮助 2 台电机驱动车轮。因此，当需要额外的功率时，Volt 还可以作为一辆串 - 并联混合动力电动汽车运行。

第一代 Volt 的传动系统包括发动机、电动机 / 发电机（MG-A）、行星齿轮组、三个离合器（C1、C2 和 C3）、MG-B、电力电子单元。这个系统有三个 IGBT 逆变器，每个电机一个，电动机油泵一个。MG-A、MG-B 和发动机连接到行星齿轮组，这使得该装置起到一个无级变速器的作用。

MG-B 始终与太阳轮连接，而总减速器齿轮始终与行星架连接。齿圈或由离合器保持不动，或被 MG-A 或发动机驱动。其中两个离合器被用于锁定齿圈或将齿圈与 MG-A 连接。发动机和 MG-A 仅在应用相应离合器时才会连接到齿轮组。第三个离合器将发动机与 MG-A 连接以增加续驶里程。

第一代 Volt 有四种基本动力模式：纯电动模式，包括只用电力的低速和高速模式（消耗荷电），此时高压蓄电池是电机的唯一动力电源，以及增程模式的低速和高速模式（维持荷电），此时高压蓄电池和发动机一起工作，为驱动电机提供动力，从而提高整体效率（图 10-42）。

第二代 Volt 使用发动机、MG-A、两个行星

动力模式	荷电状态	工作模式	动力来源
纯电动	消耗荷电	低速，一个电机（MG-B）	高压蓄电池
纯电动	消耗荷电	高速，两个电机（MG-A+MG-B）	高压蓄电池
增程	维持荷电	低速，一个电机（MG-B）	高压蓄电池+发动机驱动的发电机
增程	维持荷电	高速，两个电机（MG-A+MG-B）	高压蓄电池+发动机驱动的发电机+来自发动机和MG-A的补充转矩

图 10-42　Volt 和 ELR 不同工作模式的简要说明

齿轮组、离合器（C1、C2）、一个单向离合器、MG-B 和电力电子单元并有五种动力模式，前四种模式和第一代相同。第五种模式被称为固定传动比的增程模式，其中发动机被用来直接驱动车轮。在一定工况下，直接驱动车轮要比使用 MG-B 驱动车轮更有效。

第二代还有一个新的变速器，它带有一个稍小的 MG-B，但比第一代电机产生的转矩更大。当系统运行在增程模式下时，有三种增程模式（低增程范围、固定速比增程和高增程范围）而不是前一代设计中的两种。这种新的工作模式提高了效率，尤其是在城市中行驶时。在低增程范围和高增程范围模式下，电机的输出与发动机的输出相结合，使系统更高效。

10.8　通用汽车的并联式混合动力电动汽车

GM 在 2006 年至 2008 年的一些土星（Saturn）车型和 2009 年至 2010 年的雪佛兰迈锐宝（Malibu）车型，以及最近的许多雪佛兰和别克车型上使用了 BAS 的混合动力系统。早期的系统是以 12V/42V 双电压电池包为基础的。

该系统的电子设备监测许多运行工况，并控制电动机 / 发电机和发动机的运转。其电动机 / 发电机可充当起动机、辅助电动机和发电机。当作为发电机工作时，它可提供普通发电机 2 倍以上的输出，并能提供 3kW 的持续功率。

在运行过程中，发电机的控制模块会变得非常热，过多的热量会损坏模块。因此，有一个冷却液泵在发动机处于启停模式期间的关闭状态时用来保持发动机冷却液循环通过该模块。该泵与另一个电动泵共用一个控制电路，该电动泵在发动机关闭且车辆处于停停走走状态时使冷却液循环通过暖风散热器。第三个电动泵用于发动机处于启停模式期间的关闭状态时保持变速器油液在变速器内的循环。

1. 通用汽车的电动辅助

电动辅助（eAssist）只用在 GM 的新型轿车和豪华货车上。该系统基于以前使用的 BAS 系统，但新系统更强大，可在大负荷情况下为动力传动系统提供额外的转矩并改进了再生制动。因此，新系统在燃油经济性上比原先所用的系统提高了近 25%。

BAS 装置通过传动带与发动机曲轴相连。BAS 是一个由 115V 锂离子电池供电的三相交流感应电机（图 10-43）。空气冷却的电池及其电子控制器与传统的 12V 蓄电池一起被封装在后排座椅后面的独立单元中。电机在加速过程中可提供 11kW（15hp 的功率和 79lbf·ft 转矩）的推力。它还可以通过再生制动回收 15kW 的电力来为高压蓄电池充电。

图 10-43　GM 汽车 BAS 的主要部件

2. 通用汽车双模式混合动力系统

GM、宝马（BMW）和戴姆勒 – 克莱斯勒（该公司已不存在了）共同开发了一种用于汽油或柴油发动机的双模式全混合动力系统。据声称，当配备这种并联式混合动力系统时，全尺寸货车或 SUV 的燃油消耗至少可以降低 25%。

GM 在他们的许多车辆中提供了这项技术，如雪佛兰 Silverado、雪佛兰 Tahoe、GMC Yukon 和凯迪拉克 Escalade。该系统使用一个 300V 的镍氢（NiMH）电池包和一台被称作电动无级变速器（EVT）的双模式变速器。

该变速器有四个固定的传动比，但电机可以改变这些传动比之间的传动比。该系统被装入一台标准的变速器箱体中，并有两个与两台 60 kW 交流同步电动机 / 发电机耦合的行星齿轮组（图 10-44）。齿轮组的作用是增加电机的转矩输出。这种组合形成了一台适用于混合动力电动汽车的

图 10-44 双模式变速器内的电机和离合器

无级变速器和电动机/发电机。多片式离合器用于将变速器从一个传动比转换到另一个传动比（图 10-45）。

对电机转速的控制依靠一个相对低的电压和电流，这反过来意味着逆变器、变换器和控制器可以制造得更轻、更小。镍氢电池包的标称电压为 300V，并封装在配有冷却回路的壳体中。该系统的电力电子装置位于发动机舱盖下并有一个独特的温度控制单元。

3. 运行模式

双模式混合动力系统可以单独以电力或发动机为动力，也可以基于两者的组合运行。电子控制装置用于控制电机和发动机的输出。通常，当其中一个电机不提供推进动力时，该电机只是作为一台由发动机驱动或在再生制动时由驱动轮驱动的发电机来工作。

第一种运行模式为输入分流模式，而第二种为混合分流模式（图 10-46）。在输入分流模式中，车辆可由高压蓄电池的电力、发动机动力或两者共同来驱动。当车辆缓慢加速或低速巡航时，会出现这种运行模式。当控制单元确定电池的电量对当前行驶工况足够时，发动机关闭或停用部分气缸。在此期间，一台电机驱动车辆，而另一个电机可作为一台发电机为驱动电机提供电力或为高压蓄电池充电。如果发动机被命令起动，则驱动电机可能会关闭，而第二台电机在需要时可作为一台发电机继续运行。

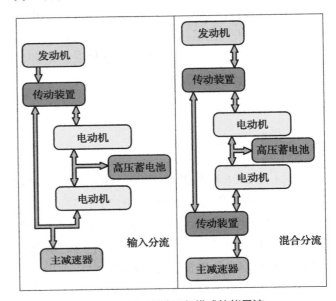

图 10-46 两种运行模式的能量流

第二种模式在牵引重物、行驶于高速公路或急加速期间发挥作用。电机辅助发动机克服负荷，

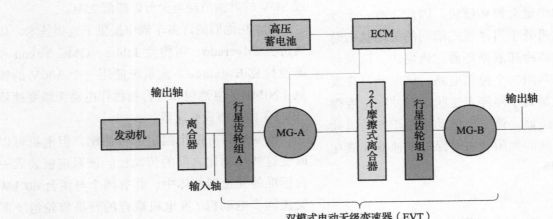

图 10-45 该双模式系统依赖连接到行星齿轮组的两台电机驱动车辆或在驱动过程中辅助发动机

并且发动机被设置为提供最大功率。此时将不再产生电流，并且车辆由汽油发动机和高压蓄电池提供动力。

10.9 福特混合动力电动汽车

福特汽车公司在 2004 年发布了 Escape 混合动力电动汽车，这是其在北美制造的第一款混合动力 SUV 和第一款混合动力电动汽车。Escape 混合动力电动汽车的标准版是前轮驱动的，而智能 4WD 作为选配。这个选配使 Escape 成为第一款 4WD 的混合动力电动汽车。福特在 2006 年发布了 Escape 的兄弟车型——水星水手（Mercury Mariner）车型的混合动力版。这些 SUV 是全混合动力电动汽车，并以 CVT 变速器、自动启停技术和能够仅由蓄电池能量提供动力为特色。

在 2010 年，福特发布了中型车 Fusion 的混合动力版。为 Fusion 设计的混合动力系统导致了用在 Escape 车型上的系统的许多改变。这些混合动力系统基于一台四缸发动机和两台电机。来自发动机和驱动电机的功率总输出相当于 191hp（约142kW）。

自从 Fusion 引入混合动力以来，该车型已经被重新设计（图 10-47），并有两种不同的混合动力模式可供选择：Fusion 混合动力和 Fusion Energi（即插电式混合动力版）。这两者之间的差别就是 Fusion Energi 为 PHEV。福特还发布了两款新的采用混合动力的紧凑型汽车。

图 10-47　新款的 Fusion 混合动力电动汽车

C-Max（图 10-48）与 Fusion 一样，有混合动力和插电式混合动力两种车型可供选择。Fusion

和 C-Max 的混合动力系统在机械上是相同的。它们被 CARB 评选为先进技术部分零排放汽车（AT-PZEV）。它们也配备了由锂离子电池包提供动力的高功率输出电机和一台阿科金森循环汽油发动机。混合动力和插电式混合动力的两款车型总的系统功率都有 188hp。随着这些新型混合动力电动汽车的推出，福特停止了 Escape 混合动力电动汽车的生产。

图 10-48　福特的 C-Max

Lincoln（林肯）MKZ 混合动力电动汽车是以 Fusion 混合动力电动汽车为基础的，因此，除了一些升级外，大多数机械部分是相同的。这款车可在短时间内以纯电动行驶到 85mile/h（约136.8km/h）。该车还配备了福特的智能仪表（Smart Gauge），它采用了一种名为 EcoGuide 的交互技术。这个系统可提供实时信息以帮助驾驶员实现最高的燃油效率。

1. 运行模式

福特混合动力系统的基本部件和运行模式与丰田的混合动力系统非常相似。这使得许多人认为福特只是从丰田那里购买了这个系统。然而，事实并非如此，由于具有相似性，为了避免法律问题，福特公司从丰田公司获得了部分技术的许可，同时，丰田公司也从福特公司得到了部分技术的许可。丰田不向福特提供混合动力部件，丰田和福特都声称，福特在开发混合动力系统的过程中没有从丰田得到技术援助，只不过 Aisin（爱信）提供了福特混合动力系统所用的变速器，而丰田则自己制造。

福特的这些车辆是串 - 并联混合动力电动汽

车（图 10-49）。福特将混合动力系统的运行分为三种不同模式：正分流、负分流和电动模式。

在正分流（串联）模式中，发动机运转并驱动发电机为高压蓄电池充电，或直接为驱动电机提供动力。只要高压蓄电池需要充电，或当车辆以中等负荷或低速行驶时，该系统就处于此模式中。

图 10-49 福特新款混合动力电动汽车所用的发动机和变速驱动桥

在负分流（并联）模式中，发电机运转，驱动电机也运转。通过行星齿轮组的作用，驱动电机的输出通常会降低发动机的转速，而发动机的输出是通过驱动电机的动力来补充的。在该模式中，驱动电机可充当电动机或者发电机，这取决于当前的运行工况和驾驶员的需求。

在纯电动模式中，发动机关闭，车辆完全由电池的电力驱动。这是在电池充满电、车辆缓慢加速或低速行驶，以及驾驶员选择倒档时的运行模式。

Energi 车型的一个特征被称为 EV 模式。有一个按钮允许驾驶员在"当前使用 EV 模式""自动使用 EV 模式"和"稍候后使用 EV 模式"之间进行切换。从根本上讲，这个开关可让驾驶员为车辆选择动力源：纯电动、仅汽油，或者汽油和电力的混合。

2. 电机

使用两个独立的永磁交流同步电动机 / 发电机，其中一个主要用作发电机，但也用于发动机的起动机和控制变速驱动桥。另一个电动机 / 发电机用于在低速和低负荷期间驱动车辆，并在急加速、重载和 / 或高速行驶过程中辅助发动机。

两个电机的运行最终由主控制单元通过有关速度和转子位置的输入来控制。当电池包和 / 或另一个电动机 / 发电机能够为驱动电机提供电力时，则非驱动电机由电池包提供电力。

3. 控制

车辆系统控制器（Vehicle System Ccontroller，VSC）是主控制单元。它基于来自其他一些控制单元和输入的信息，根据当前的状况控制系统的充电、驾驶辅助和发动机起动功能，VSC 是 PCM 的一部分。

该控制系统使用 CAN 通信并具有诊断功能。PCM 监测系统的工作状况并直接控制发动机的工作。VSC 和其他模块进行通信并接收来自档位传感器、加速踏板位置传感器、制动踏板位置传感器的输入和其他许多输入。VSC 基于这些信息管理电池包的充电、控制自动启停功能以及控制变速器控制模块（TCM）的运行。TCM 直接控制电动机 / 发电机的运行，进而控制变速驱动桥。该模块被封装在变速器箱体内。

4. 电池

这两种车型都有一个锂离子电池包，但 Energi 车型的电池包更强大（具有 7.6 kW·h 的容量，远大于另一车型的 1.4kW·h）。它们的电池包布置在汽车的后部（图 10-50）。这些车辆单靠电力就可以行驶到 85mile/h 的速度。

图 10-50 Fusion 混合动力电动汽车中的电池包

插电式混合动力型号中的高压锂离子电池包能为短途通勤采用纯电动模式提供足够的能量。

得益于插电功能，该电池包可在夜间使用 120V 电源插座充电。如果使用 240V 电源插座充电，充电时间将少于 3h。使用高压蓄电池和发动机的 C-Max 插电式混合动力车型具有超过 500mile 的续驶里程。

当充电连接器电缆插入位于驾驶员侧车门与前轮之间的插电式混合动力充电口时，该充电口周围反映高压蓄电池 SOC 的指示灯点亮。由 4 段灯带组成的光环环绕着该充电口，当所有四个灯带都点亮时，表示车辆已充满电。

混合动力和插电式混合动力的高压蓄电池有一个温度管理系统。该系统有一个电加热器和一个强制空气冷却系统来使电池的温度保持在规定范围内（图 10-51）。该系统还有两个惯性开关，一个在车辆前部，另一个在车辆后部，如果车辆发生事故，它们可断开高电压系统。

图 10-51　C-Max 混合动力电动汽车高压蓄电池的冷却系统

电池能量控制模块（Battery Energy Control Module，BECM）被封装在电池包内并控制电池的活动状态。它接收来自 VSC 的指令，并向 VSC 发送反馈，以证实混合动力部件正运行在符合电池当前状态的参数设置内。该电池包被分成多个模组，随着电流的流入和流出，每个模组的电压都被连续监测。每个模组中有 8 个温度传感器以帮助 BECM 控制电池包维持在规定温度范围内。如果温度超出这个范围，或者电压或电流超出它们的范围，BECM 将指令 PCM 设置一个故障码，并且系统将转变为默认设置或关闭。

在发动机舱盖下还有一个 12V 的铅酸蓄电池，它为车辆的各种 12V 系统提供电源。该蓄电池通过 DC/DC 变换器充电，该变换器也位于发动机舱盖下。

5. 发动机 / 变速器

当前的福特混合动力电动汽车配备了一台双顶置凸轮轴（DOHC）2.0L 阿特金森循环的四缸发动机。早期的混合动力电动汽车配备的是双顶置凸轮轴 2.5L 阿特金森循环的四缸发动机。该发动机搭配一台电控无级变速器（eCVT）。

eCVT 基于一个简单的行星齿轮组，与丰田一样，总传动比由电动机 / 发电机确定。福特的变速驱动桥在结构上与丰田的 Prius 不同。在福特变速驱动桥中，驱动电机不直接连接到齿轮组的齿圈上，而是与传动齿轮总成连接（图 10-52）。该分动器总成由三个齿轮组成。一个连接到行星齿轮组的齿圈，一个是换向齿轮，还有一个是驱动电机的驱动齿轮。

有效传动比由行星齿轮组中的部件转速决定。它们由 VSC 通过 TCM 控制，它根据从各种输入

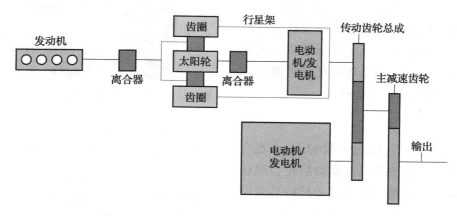

图 10-52　在福特的变速驱动桥中，驱动电机与传动齿轮总成连接

信息中获得的信息计算所需的传动比。

三相交流电的正时对电机的运行至关重要，如同施加给每个定子绕组上的电压量一样。电机定子上的角度传感器（旋转变压器）跟踪转子在定子内的位置。来自旋转变压器的信号也被用来计算转子的转速，这些计算结果与其他控制模块分享。TCM 监测逆变器的活动，并持续检查是否有断路、电流过大或失相的循环。TCM 还监测逆变器和变速驱动桥油液的温度。

6. 冷却系统

空调系统有两个并行的制冷剂回路，一个用于乘客舱，另一个用于高压蓄电池。两个回路都连接到同一个压缩机上，并有各自的截止阀，系统可对这两个区域独立制冷。

电机电子装置（M/E）的冷却系统是完全独立于发动机冷却系统的。M/E 冷却系统冷却变速驱动桥、电机和 DC/DC 变换器。该系统使用一个安装在散热器底部附近的由 PCM 控制的 12V 冷却液泵，使冷却液流经该冷却系统。M/E 系统有一个单独的膨胀罐，它是一个总成的一部分，该总成还包括发动机冷却系统的膨胀罐。

这些车辆有个由 PCM 控制的辅助加热泵，该泵与通向加热器芯的加热器软管串联。该泵在发动机关闭时启动，例如在启停模式启用期间。这可使发动机在不运转时也能有一定热量。

旧的车型依赖于一个由发动机带动的压缩机。由于冷却电池始终具有高于乘客舒适度的优先级，发动机可能只是为了运行空调才会起动。重要的是，除非发动机在运转，否则空调单元是不运行的。当驾驶员选择了空调最冷或除霜模式时，发动机将持续运转，而且在正常的启停模式下也不会停机。新型的车辆配备高压电动压缩机。这种电动压缩机的使用允许空调系统在任何需要的时间运行而不管发动机是否正在运转。

7. 四轮驱动

与丰田的 4WD 不同，Escape 和 Mariner 混合动力电动汽车没有单独的电机来驱动后轮。确切地说，后轮是通过分动箱、传动轴和后桥总成以传统方式来驱动的。该 4WD 系统是全自动的，并

有一个计算机控制的离合器，在需要后轮的牵引力和动力时接合后桥。该系统依靠来自每个车轮和加速踏板上的传感器输入，然后计算出应传送给后轮多大的转矩。通过监测这些输入，控制单元可以预测车轮的滑移并做出反应。它还可以在车辆急转弯时调整转矩的分配，这消除了 4WD 车辆在转弯时可能出现的任何传动系统的抖动。

10.10 现代混合动力电动汽车

现代索纳塔（Sonata）混合动力电动汽车（图 10-53）利用其电机能够将车辆推进到 75mile/h（约 120.7km/h）的车速。EPA 评定的该车型的燃油经济性为城市工况 38mile/gal 和高速公路 43mile/gal。该车型采用并联式混合动力的发动机和电机，总功率为 199hp。

图 10-53　现代 Sonata 混合动力电动汽车

图 10-54　用于现代和起亚混合动力电动汽车的 ISAD 总成

电动机（图 10-54）夹在发动机和 6 速自动变速器之间。一个电机取代了传统的变矩器，该电机被称为变速器装备的电动装置（TMED）。TMED 由两个主要总成组成：一个 51hp 的电力传动电机和一个电磁阀控制的离合器组。离合器可

使来自发动机、电机或者两者的动力通过变速器。这个驱动电机在再生制动时起发电机作用。

现代还提供插电式混合动力的索纳塔。插电式混合动力版有一个 360V 的 9.8kW 电池包和一个较大的 67hp 的电机。锂离子聚合物电池包使其具有多达 27mile 的纯电动续驶里程和 99 MPGe 的 EPA 评级。目前，现代为该汽车的原始购买者提供高压蓄电池的终身质量担保。

现代最新的混合动力电动汽车 Loniq 正瞄准当前由混合动力的普锐斯系列车型所主导的市场。Loniq 是一款用一台 104hp 的汽油发动机和一台由 240V1.56kW·h 锂离子电池驱动的 43hp 的电机并联的混合动力电动汽车。该系统被认为是在同级别车型中最省油的。它具有 58mile/gal 的 EPA 综合评定结果。Loniq 的插电式混合动力版本预计将配置一台 60hp 的电机和一个 8.9kW·h 的电池包，可采用纯电动模式连续行驶 27~37mile。

10.11 保时捷和大众混合动力电动汽车

在保时捷的卡宴（Cayenne）、帕拉梅拉（Panamera）（图 10-55）和大众的途锐（Touareg）上使用的是基本相同的混合动力系统。保时捷仍在继续销售卡宴和帕拉梅拉的 E- 混合动力车型，但大众在 2015 年停止了其混合动力车型的销售。保时捷在 2014 年推出了配置新发动机和电动动力系统的插电式混合动力 Panamera。不同车型之间的主要区别取决于车辆研发的预期目标和车身风格。动力系统的选项包括 2.9L 和 3.0L 涡轮增压

图 10-55 保时捷 Panamera 混合动力电动汽车

V6 以及 4.0L 涡轮增压 V8 发动机。一台电机布置在发动机和 8 速自动变速器之间。发动机和电机提供 416~680 hp 的总输出。它们被 CARB 评为极低排放车辆 Ⅱ（Ultra Low Emission Vehicle Ⅱ，ULEV Ⅱ）。

如果车辆装备"VW 4 Motion（大众四驱）"的 AWD 系统，或类似的带有托森（Torsen）中央差速器的前后驱动轴的传动系统，则能实现自适应转矩分配功能。

第一代车辆的电机动力来自 288 V、1.7kW·h 的镍氢电池包。在纯电力驱动模式下，车速可达到 30mile/h（约 48.3km/h）并能持续行驶约 1.2mile（约 1.9km）。一个发动机管理系统监测行驶状况和蓄电池的 SOC。它根据这些输入控制发动机和电机。后期的车型有一个更大的 14kW·h 的电池包，一个更强劲的电机，仅用电力可使车速达到 86mile/h（约 138.4km/h）并持续行驶 31mile（约 49.9km）。

该车辆在发动机和电机之间有一个离合器，该离合器提供一种滑行功能，即当车辆在空载和车速低于 99mile/h（约 159.3km/h）情况下行驶时，使发动机和电机与传动系统分离。通过去除滑行时发动机对传动系统的拖曳从而节省燃油，例如在下坡时。

驾驶员可以通过按下"E Power"按钮来断开离合器，这将断开发动机与动力系统其他部分的连接，并允许电机自己来驱动车辆。这个功能仅在车辆以小于 53mile/h（约 85.3km/h）的车速行驶时可使用且只能持续约 1mile（约 1.6km）。此后，因蓄电池的电量过低而无法保持该车速，此时发动机起动以驱动车辆。

当电机充当发电机时，它将在发动机以部分节气门开度模式运转时以及再生制动时给蓄电池充电。电池管理系统和冷却系统监测蓄电池的温度以防止其过热。它还监测充 / 放电过程。

通常由发动机驱动的系统，例如空调、动力转向和动力制动，在这些车型中仅用电力来工作。因为它们不依赖于发动机，所以当车辆运行在纯电动模式下或在发动机关闭下滑行时，这些系统仍保持其功能。

10.12 宝马混合动力电动汽车

目前，宝马不同的车型都有混合动力电动汽车版本。这些车型使用的技术各不相同。宝马3系和5系的 Active 混合动力电动汽车是全混合动力电动汽车（图10-56）。一台54hp（约40kW）的电机夹在发动机和一台8速变速器之间。该电机取代了传统的起动机和由传动带驱动的发电机。当该电机作为发电机时，它为安装在行李舱地板下方的蓄电池充电。

图 10-56 宝马 Active 混合动力电动汽车发动机舱盖下的外观

3系和5系混合动力电动汽车中的发动机是采用宝马增压技术的涡轮增压直列六缸发动机。该发动机的效率（燃油经济性和性能）通过双涡管涡轮增压器与气门升程控制（Valvetronic）、双可变气门正时（Double VANOS）和高精度燃油喷射的结合得到提高。发动机和电机可提供功率为340hp和转矩为295lbf·ft的总动力输出。

使用一个120V锂离子蓄电池，汽车可在纯电动模式下行驶达到37mile/h（约59.5km/h）的最高车速。在急加速和重载期间，电力也可用来辅助发动机。该混合动力电动汽车带有再生制动和自动启停的两种功能。

宝马 X6 和 7 系的 Active 混合动力系统是将发动机与变速器内的两个电机结合起来。这个变速器是与通用汽车（GM）和原来的戴姆勒克莱斯勒公司共同开发的，并通常被称为双模变速器。在

该混合动力电动汽车中使用的变速器是一台7速或8速的自动变速器，它作为一台电控的无级变速器运行。

该变速器有2台同步交流电机，3个行星齿轮组和4组多片式离合器。这2台电机既可作为发电机为高压电池包充电，也可以为混合动力电动汽车提供高达91hp的动力。在纯电力驱动模式下，该混合动力电动汽车能达到37mile/h的车速并行驶约1.6mile（约2.6km）。

该变速器有两种主要的工作模式：低速和高速。在这两种模式中，一台电机为混合动力系统提供动力，与此同时，另一台电机作为发电机运行。这被称为动力分流驱动模式，它允许传动总成不论负荷或车速如何都能以连续可变的速度运行从而实现最大效率。为了使该变速器运行，该混合动力系统使用一个高压电池包、一个组合了逆变器的电力电子单元和高压电缆。

智能能量管理系统由锂离子电池包、一个12V蓄电池和两个车载网络组成。每个动力源都有自己的网络，但它们相互之间用线路以并联方式连接。12V的网络包含了运行和控制车上的12V系统所需的所有部件。高压电网络不仅向电机提供高压电或从电机接收高压电，也用于操作和控制其他高电压系统，如空调压缩机。

车辆后部安装了一个容量为2.4kW·h的312V NiMH电池包。该电池包采用液冷，并与空调系统或动力转向的冷却系统一起工作以控制高压蓄电池的温度。如果高压蓄电池的温度上升得过高，该系统将自动打开空调系统。控制单元是电池包的一部分，并连续监测当前的高压蓄电池和电能状态。

发动机是一台4.4L的V8发动机，配备双涡管涡轮增压技术、压电式燃油直喷和双可变气门正时（Double VANOS）系统。可用的总输出功率是480 hp，转矩为575 lbf·ft。

宝马 i8 是一款 AWD 的插电式混合动力电动汽车，它的外观和表现更像是一款跑车。i8 的动力传动系统包括一台安装在前桥的交流电机、一个7.1kW·h的锂离子蓄电池和一台安装在后桥的1.5L涡轮增压的三缸发动机。该发动机可提

供 228hp 的功率和 236lbf·ft 的转矩，电机可提供 129hp 的功率和 184lbf·ft 的转矩，它们加在一起总共可提供 357hp 的功率和 420lbf·ft 的转矩。i8 插电式混合动力电动汽车在达到 76 MPGe 的同时，可在 4.2s 内从 0 加速到 60mile/h（约 96.6km/h）。一个两级传动装置被连接到电机上，而一台 6 速自动变速器连接至发动机上。

i8 的车身安装在被称为"DriveCell"的铝结构体上，一个液体冷却的 7.1 kW·h 锂离子蓄电池贯通其正中位置。将电池布置在这个中央位置，可使汽车具有较低的重心，从而提高了操控性。

10.13 梅赛德斯－奔驰混合动力电动汽车

多年来，梅赛德斯－奔驰（Mercedes–Benz）M 级和 S 级为买家提供了混合动力和以柴油机为动力的选择。ML450 依靠两台电机和一台 275hp 的 3.5L V6 阿特金森循环汽油发动机达到了城市道路 21mile/gal 和高速公路 24mile/gal 的燃油经济性指标。这种车被归类为全混合动力电动汽车。每台电机都集成到一个双模式变速器中（图 10-57）。这种双模式变速器是与其他制造商共同开发的。每台电机都有特定的用途。

图 10-57　连接在梅赛德斯－奔驰 V6 发动机上的
双模式变速器

位于变速器输出轴上的电机具有在仅使用电力时驱动车辆的主要作用。靠近发动机的第二台电机在需要时向发动机提供所需的辅助。在驻车和低速行驶期间，这辆 SUV 仅靠电力驱动。电机

由一个液体冷却的 288V 的 NiMH 电池包提供电力，电池包安装在行李舱底板下方。

S400 被归类为轻度混合动力电动汽车。它配备了在 ML450 中使用的阿特金森循环 3.5L V6 发动机。这是第一款使用锂离子蓄电池的混合动力电动汽车。高压蓄电池为一台 20hp 的电机提供电力。电动机/发电机安装在发动机和变速器之间的变矩器外壳内。除了在需要时协助发动机外，该电机还有助于抑制动力传动系统的噪声和振动。

120V 的锂离子蓄电池位于发动机舱内。高压蓄电池被封装在一个带有单独冷却回路的高强度钢制总成内，其单体电池用一种能抑制冲撞和振动的凝胶隔开。120V 电机的作用是在加速过程中提供更大的转矩。

因为流入和流出电池的电流可能高达 150A，所以该电池有自己的冷却回路。另外，在右前轮中的一个变压器可产生电能为位于行李舱中的传统的 12V 蓄电池充电。

需要注意的是，由于大多数变速器的油泵是由发动机驱动的，因此，该车还使用了一个电动辅助油泵来确保变速器在发动机关闭时得到合适的油压和润滑。

梅赛德斯－奔驰最近发布了 E400 混合动力电动汽车。用在这款车中的混合动力系统与 S 级中所用的混合动力系统相似，但 E400 被认为是一款全混合动力电动汽车，并且只靠电力可持续行驶超过 0.5mile（约 0.8km）。一台 27hp 的电机布置在 302hp 的 3.5L V6 直喷发动机和 7 速自动变速器之间。该车在发动机舱盖下紧靠发动机的地方还有一个 0.8kW·h 的锂离子蓄电池。E400 混合动力电动汽车上一次在美国上市是 2015 年。

梅赛德斯－奔驰目前提供 S300、S400、S500 混合动力电动汽车和 C350e 插电式混合动力电动汽车。C350e 车型有一台 2.0L 的涡轮增压四缸发动机和一台 60kW 的电机，总的输出功率为 275hp，并可达到 51MPGe。C350e 将电机和湿式离合器布置在发动机和 7 速自动变速器之间。"SD"系列的混合动力电动汽车则依赖一台双模式变速器。

10.14 维护和维修

▶ 参见

有关对混合动力汽车进行预防性维护的指南可参见本册第9章。

混合动力电动汽车的维护和维修与传统车辆大致相同，但混合动力的部件除外，后者包括高压电池包和电路，在这类车辆上进行任何维修时必须注意这一点。制造商在其维修信息和车主手册中列出了推荐的维修间隔。几乎所有的项目对常规车辆都是典型的。在执行维护作业时，需要注意的是要避免触碰任何橙色的部分。

对混合动力系统部件的维修一般不是技师应做的事情，除非他们得到汽车制造商的认证。尽管某些规程适用于所有制造商，但诊断系统却随制造商而异。混合动力电动汽车几乎拥有传统汽车上的所有基本系统，而且对它们的诊断和维修方式也是一样的。

在对混合动力车辆进行任何维护、诊断或维修之前，要确保已理解该车辆上的系统，并应尝试体验它在正常运行时是什么样的。这些车辆提供了独特的驾驶感受，如果你还没有亲自驾乘感受，很难说清楚什么工作状态是正常的。

1. 安全问题

混合动力系统依赖非常高的电压。在高电压的电路上及其周围进行任何维护之前，要始终遵守拆除高电压系统的正确规程。这对所有维修都是重要的，而不仅仅是电气部分。空调、发动机、变速器和车身修复可能需要在高电压系统周围和/或在带有高电压的系统上完成作业。如果对某些地方是否还带有高压电或者线路是否已被彻底隔离存在任何怀疑，在接触它们的任何部分之前应重新对其进行测试。

高电压电路可通过尺寸和颜色加以识别。高压电缆具有较厚的绝缘层且颜色为橙色，插接器也为橙色。在某些车辆上，高压电缆封闭在橙色屏蔽或防护套中，橙色表示高压。此外高压电池包和其他高电压部件都会有高压警示标签

（图 10-58）。重要的是，高压还用于向车辆的某些附件提供电力，除非已经断开高压电源并清楚你正在做什么，否则应避开所有橙色的电缆、插接器和导线。

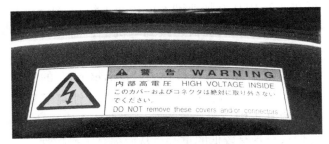

图 10-58 高压警示标签

2. 注意事项

1）始终准确地遵循正确的操作规程。如果维修和修护方式不正确，可能会导致电击、火灾或爆炸。

2）系统可能有高压电容器，它必须在高电压系统隔离后进行放电。在高电压系统上或在其周围作业之前，确保要等待了规定的时长（约5~10min）。

3）在开始任何维护前，将钥匙和/或密钥卡置于与车辆有一个安全距离的位置。

4）拆下高压电缆后，使用乙烯基电气胶带包裹好其端子。

5）在高电压系统或其附近作业时，即使高电压系统已被断电，也要始终使用绝缘工具。

6）切勿将工具或拆下的零件留在发动机舱盖下或靠近电池包，这样很容易造成短路。

7）在混合动力电动汽车上作业时，不要佩戴任何金属物品，如戒指、项链、手表和耳环。

8）用带有类似"高压作业，请勿触碰"字样的警示牌警示其他技师，有人正在高电压系统上作业。

9）如果发动机处于怠速停机模式，发动机可能自行起动和停机，要确保仪表板中的"READY（就绪）"灯是熄灭的。

10）如果需要将车辆拖到维修店维修，要确保没有拖动车辆的驱动轮。如果拖动驱动轮将会驱动发电机工作，这会导致蓄电池过充，引起蓄电池爆炸。在牵引这些车辆时，务必使驱动轮离

开地面，或将车辆放在平板车上来移动车辆。

11）如果发生火灾，应使用 ABC 类粉末型灭火器或大量的水灭火。

12）当检查故障码时，如果存在 P3009 或者 P0AA6 故障码，应确保小心地在高电压系统上作业。故障码 P0AA6 表示高压绝缘电阻降低，P3009 表示高压电路存在短路。

3. 手套

在使系统下电和再次上电的过程中，务必佩戴安全手套。这类手套必须是高压电巡线工使用的"0"级橡胶手套，其额定电压为 1000V。每次使用前必须检查手套的状况，确保其没有撕裂或磨损迹象。所有手套无论新旧都应在使用前进行检查（图 10-59）。

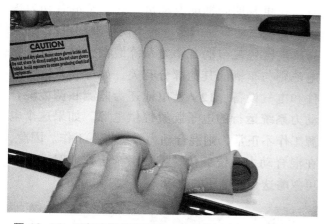

图 10-59 用气吹起绝缘手套，然后将其卷起来检查完好性

绝缘手套必须每 6 个月送去一家经认证的实验室进行测试和重新认证。如果无法重新认证，则应购买新的手套。重新认证后，实验室应在每只橡胶手套上注明认证日期。用后的手套应以其自然形状存放在凉爽、避光和干燥的地方，并防止受到物理性的损伤。

这类绝缘手套是特殊的手套，不是可用于其他修理的外科用手套。切不可将这类手套接触石油产品。除油剂、洗涤剂和洗手肥皂可能含有石油类物质，因此不应与手套接触。此外，为了在作业时保护绝缘手套的完好性，应在绝缘手套的外面再戴上皮革手套（图 10-60），但在高电压系统上作业时，且不可在不戴绝缘手套情况下使用皮革手套。

图 10-60 外面套有皮革的巡线工手套

> ▶ 参见

有关混合动力汽车维修所用工具的更多信息参见本册第 8 章。

4. 缓冲区

在高电压系统上作业时，最好让任何不参与此维修的人员远离你和你所修的车辆，这可以通过在车辆周围设立缓冲区来实现。区域的外边界线应至少离汽车 3ft（约 0.9m）远。应放置橙色锥筒以标明该缓冲区的外边界。如果车辆无人看管，则应用标有"禁止进入"的警戒条带和锥筒标出该缓冲区。

5. 安全钩

如果带电的高压电缆松动而又不能安全地关闭其电源，可使用玻璃纤维的伸缩杆和安全钩（图 10-61）或干燥的木板移动或移去该电线。该杆也可以用来把某人推离或拉离电线。

6. 维护

混合动力电动汽车中使用的发动机是制造

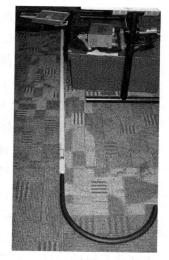

图 10-61 玻璃纤维安全钩

商为其他车型所提供的发动机的修改版。除了对油液的检查和更换外，这些发动机几乎不需要维护。然而，在选择可用油液和可替换配件方面的自由度较小。混合动力电动汽车对配件不是很包容，所以每次都要使用制造商指定的正确的替换

部件和油液。

混合动力电动汽车通常使用的发动机机油的黏度都比较低（图10-62）。如果黏度增加了，计算机系统可能会将其判断为故障，这会导致需要更多的电流来起动发动机。当试图起动发动机时，计算机如果感知到过大的电流消耗，它会断开相应的电路。

图10-62 大多数混合动力电动汽车的发动机都要求使用黏度较低的机油

在大多数混合动力电动汽车上都需要特殊的冷却液，因为该冷却液不仅仅冷却发动机，还可能冷却逆变器总成。许多混合动力电动汽车都有用于高压蓄电池和电子设备的完整且独立的冷却系统。对逆变器的冷却非常重要，因此，在预防性维护时检查该冷却系统冷却液的状况和液面高度是一项需要追加的检查（图10-63）。一些混合动力电动汽车所用的冷却系统以电动泵和储液罐为特征。储液罐中贮存了被加热的冷却液，如果不知道如何小心地检查它们，可能会受到伤害。电池的冷却系统也需要定期维护。从车辆的外部到电池箱的管道系统中有个滤芯，这个滤芯需要定期更换。如果滤芯被堵塞，电池的温度将升高到危险的水平。事实上，如果计算机感知到过高的温度，它可能会关闭该系统。

预防性维护的一个常规项目是检查动力转向和制动系统的油液。某些动力转向系统有一个用传动带驱动的油泵，另外一些采用电驱动的油泵，还有一些采用纯电动和机械的转向机，每种类型需要不同的检修方式。因此，在对这些系统做任何事情之前，为了获取特定的信息，一定要查阅维修信息。另外，一些混合动力电动汽车用于动力转向的油泵还作为制动系统助力器的动力源。

图10-63 逆变器的冷却液储液罐

7. 蓄电池

大多数混合动力电动汽车有两类不同的蓄电池。一类是高压电池包，而另一类是12V的蓄电池（图10-64）。高压电池包提供起动发动机的电力，在重载期间辅助发动机，并在全混合动力模式下提供驱动车辆的能量而不使用发动机的动力。高压电池包是与混合动力系统最相关的，12V蓄电池则与车辆的其他部分有关，如灯光系统、附件和电气设备。12V蓄电池还为监测和调节混合动力系统运行的电子装置提供电源。如果这个电源工作不正常，则混合动力系统将不工作。因此，在混合动力系统或传统燃油系统上作业时，绝不可忽略这个低电压的电源。

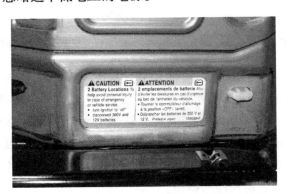

图10-64 该警示标签写明了有两类独立的电池

高电压系统的断电和隔离步骤是非常重要的，而且并不困难，但每个制造商都有自己的步骤，因此必须遵循其给出的顺序。应确保遵循针对所作业的特定车辆的正确步骤，只有采用正确的信息并遵循这些步骤，才能在混合动力电动汽车上安全作业。以下步骤是许多混合动力电动汽车都有的通用步骤，但不针对任何制造商或车型，因而不应用它们去替代正确的维修步骤。

由于混合动力电动汽车中有先进电子设备，在重新连接或安装蓄电池后，必须执行一些步骤。再生制动系统需要重新学习制动踏板的初始位置。重新连接蓄电池后，要缓慢踩下并松开制动踏板一次。发动机也需要重新学习其怠速转速和燃油修正策略。如果在重新连接蓄电池后没有立即完成，发动机的怠速和运转可能会不平顺，这种情况会一直持续到建立起它的策略。一个典型的步骤是关闭所有的附件后起动发动机，发动机以怠速运转直到达到正常工作温度，然后让发动机怠速运转 1min，随后打开空调系统，并让发动机再次怠速运转 1min。至此，该车辆应该已经行驶了大约 10mile（约 16km）。所有制造商对此都有自己的操作顺序，所以一定要遵循它们的步骤。

（1）充电　对高压电池包的充电最好由车辆本身来完成，但也有可能需要在维修店进行充电。进行这种充电不是普通的维修步骤，很可能所在的维修店没有正确的充电设施，例如许多混合动力蓄电池需要一个并不出售给经销商的专用充电设备。经销商如果需要它，必须联系制造商区域办公室来获得，并且只有来自该办公室的人才会被允许操作。这种充电设备带有通常的连接电缆和外加的一根为蓄电池冷却系统提供电力的电缆。该充电设备的设计目标是在 3h 内使电池包的荷电状态达到 40%～50%，从而足以起动车辆并允许发动机将电池包补充到充满电的状态。

操作步骤

1. 从点火开关上取下钥匙。如果车辆有智能钥匙，要关闭智能钥匙系统。为此可向制动踏板施加压力，同时按下起动按钮至少 2s。如果"READY（就绪）"灯熄灭，可继续下一步；如果没有，在继续之前应诊断该问题。

2. 断开辅助的 12V 蓄电池的负极（-）端子上的电缆。这会关闭高压系统，但尚未完成下电程序。

3. 移开行李舱或车辆后部地板上的地毯。

4. 确保已佩戴绝缘手套并将手伸入到电池箱的插头位置。

5. 拉开该插头上的操纵杆并向下拉动它，然后从电池模组上取下维修插头。

6. 将维修插头放在工具箱或别处，以防止在系统就绪前或有人在该车辆上作业时将插头重新插上。

7. 使用电气绝缘胶带将维修插头包裹好。

8. 在高电压系统上或其周围行动或进行任何作业之前，至少等待 5min。

9. 在处理任何高压电缆或零件之前，检查端子上的电压，该电压应小于 12V。

10. 如果为了维修必须断开高压电缆，应使用绝缘胶带包裹其端子以防止可能的短路。

11. 在重新安装维修插头时，应保持其手柄处于垂直位置，否则可能会导致该插头松动，这会产生故障码。

（2）PHEV 充电方式　所有对插电式混合动力电动汽车电池包的充电都有特定的步骤。电池包通常可用 120V 或 240V 的电源插座进行充电。所需的充电器可以是内置在电池包内，也可以是通过外部连接的。例如，Volt 配备了一个可插入住宅墙壁上电源插座的 120V 充电器（图 10-65），它可使电池包在 10～12h 内充满电。该充电器与轮胎应急修理包一起放在行李舱中。充电器电缆的一端有一个类似于加油枪的充电插头，它可插在该车左侧的充电口上。

图 10-65　雪佛兰 Volt 行李舱中有一个随车的 120V 的电池充电器

当充电插头插入且所有连接良好时，充电器上的绿色指示灯将点亮。如果红色指示灯闪烁，则电池不能被充电。闪烁的红灯可能意味着以下情况的之一：交流电压超出范围、交流插座没有正确地安全接地、充电电缆或充电器有故障。

（3）电池冷却系统滤芯　一般来讲，电池包有自己的冷却系统。控制模块监测单体电池的温度，并在温度升高时启用风扇和／或后部空调系统，该冷却系统会吸入外部的空气。在其通风口的管道内，有一个空气滤芯需要定期更换，如果该滤芯脏污或阻碍空气流动，会造成电池包过热。

8. 跨接起动

如果车辆不能起动，可能有多种原因。像传统汽车一样，混合动力电动汽车必须有燃油，还必须有点火、进气、压缩和排气过程。在诊断无法起动的问题之前，要确保防盗系统工作正常。如果辅助蓄电池或高压蓄电池被放电，发动机将不能起动，车辆也不能仅靠电力运行。汽车制造商已经建立了在这些车辆蓄电池耗尽时进行跨接起动的方法。从辅助起动用的蓄电池到电量耗尽的蓄电池的连接与传统车辆基本相同，但连接点可能不同，并有一些在跨接起动时要考虑的注意事项。低电压和高电压系统也有各自的跨接起动步骤。一些混合动力电动汽车有一个在试图跨接起动之前必须激活的控制装置。

9. 诊断

在诊断驾驶性问题时，重要的是要有正确的维修信息。问题可能是混合动力系统、发动机或变速器引起的，要确定哪个系统有故障可能很困难。在一些混合动力电动汽车上，混合动力系统有可能被关闭的，车辆只用发动机的动力驱动，但在其他混合动力电动汽车上，如丰田和福特的混合动力电动汽车，这是不可能的。如果电力系统是可关闭的，而在其被关闭后车辆仍然行驶不良，则问题可能出在发动机或变速器中。如果不能关闭任何一种动力源，则诊断必须基于症状和用诊断仪检索到的信息。

对于混合动力电动汽车，通常很难控制其混合动力系统的运行，因此可以引入某些测试。福特已将两种由诊断仪控制的诊断模式固化在他们车辆的控制系统中。发动机转动模式允许发动机转动但不起动，在此模式下，TCM 命令起动机/发电机以 900~1200r/min 的转速转动发动机。

福特还提供一种运行的诊断模式。在此模式下，发动机将持续运转直到诊断仪命令其停机或关闭点火开关。正常运行时，在没被系统关闭的情况下，发动机不会长时间怠速运转。因此，当诊断需要发动机怠速运转时，可使用该发动机运转模式。

应检查仪表板中的所有警告灯（图 10-66）。如果这些警告灯中的任意一个在发动机起动后仍保持点亮，应在继续诊断之前先确定其原因并纠正。最后，应使用诊断仪检索保存在计算机存储器中的任何故障码。在许多情况下，混合动力电动汽车需要用制造商专用的诊断仪来测试，应按照规定的顺序检索和处理所有的故障码。

图 10-66 混合动力电动汽车的一些显示和警告灯示例

诊断仪还允许一些主动测试，这些测试可启用或禁用某些输出，从而监测它们的运行。这些"检查模式"可以转动发动机进行压缩测试、打开和关闭牵引力控制，以及打开和关闭逆变器。这些模式的价值在于能够隔离系统，这肯定会有助于对故障的诊断。诊断仪还用于复位和校准电机转子的位置。

10. 测试设备

为了测试高电压系统，需要一个 DMM（图 10-67），当然还需要一双好的绝缘手套。尽管高电压系统可以与车辆的其他部分隔离，但在电池包和逆变器上及其周围仍会存在高压电。

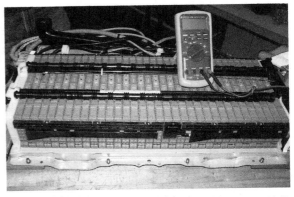

图 10-67 CAT Ⅲ级别的 DMM 是诊断高电压系统的必备工具

用于诊断混合动力电动汽车的 DMM 与在传统车辆上使用的万用表不同。混合动力电动汽车、纯电动汽车和燃料电池电动汽车上使用的 DMM 必须是被列为 3 级或 4 级（CAT Ⅲ 或 CAT Ⅳ）的仪表。低压的电气仪表有四个级别，每一级别的仪表都是为特定目的制造的，并满足特定的标准。在这个示例中的 CAT Ⅲ 意味着电压小于 1000V。

> ⚠ **警告**　在使用 CAT Ⅲ 或 CAT Ⅳ 的仪表时，要确保该仪表引线的额定电压也为高电压。另外，确保该仪表的探针具有安全防护的隆起或手指卡位装置，这些都有助于防止手指与探针之间直接接触。

另一个在诊断中有价值的工具是**绝缘电阻表**。这种仪表不是汽车维修技师常用的，但可能会在需要维修一辆损坏的混合动力电动汽车时被相关人员用到，例如做车身修复的技师。这类仪表可检查高压电缆的绝缘是否有电压泄漏（图 10-68）。较小的泄漏会导致与混合动力系统相关的驾驶性问题，这个仪表也应是 CAT Ⅲ 级别的仪表。

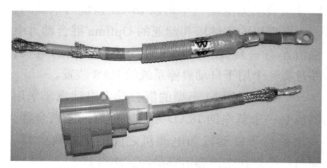

图 10-68　绝缘电阻表（兆欧表）用来检查高压电缆绝缘性

为了检查绝缘性，应在仪表上选择近似的系统电压，并将探针放置在所要测量的位置上。该仪表测量的是电缆的绝缘有效性，而不是电缆的电阻。该仪表将显示检测到的电压，因此有任何不正常的电压，都应仔细检查该电缆。

11. 空调

大多数混合动力电动汽车都配备了空调系统，空调压缩机由传动带驱动或是采用电力驱动。电动装置由高压电提供电力，因而应采取所有预防措施以确保在这些装置上安全作业。在检查或维修高电压的空调系统时，始终都要佩戴电网巡线工级别的手套。

用在所有电动压缩机中的冷冻油都必须符合制造商给出的规格要求。所用的冷冻油一般都应是合成的、非导电的，并可使压缩机的各种电气部件彼此绝缘。最常见的冷冻油是聚乙烯醚（PVE）油。使用常规的冷冻油（PAG）会导致压缩机损坏（图 10-69）。

图 10-69　若使用了错误的冷冻油，
压缩机会发生图中的情况

3C：Concern（问题），Cause（原因），Correction（纠正）

ALL TECH AUTOMOTIVE			维修工单	
年份：2017	制造商：雪佛兰	车型：Volt	里程：11054mile	RO：16412
问题：	检修充电系统的警告灯点亮，而且当充电连接器连接到车辆上时，该充电连接器指示灯显示橙色而非绿色。			
	维修技师确认了该警示信息并发现存储了几个与高电压系统有关的故障码。			
原因：	在高压蓄电池断开继电器总成中的 15A 熔丝熔断。确认是与技术服务公告 #16185 相关的问题。			
纠正：	根据技术服务公告，更换了 15A 熔丝和高压继电器，并对 PCM 重新编程，清除了所有故障码，车辆正常工作。			

10.15 总结

• 组合了两个或更多动力源的任何车辆都可称为混合动力车辆。目前的 HEV 一般采用一台汽油发动机和一台或多台电机。

• 在串联式混合动力电动汽车中，发动机从不直接为车辆提供动力。

• 许多混合动力电动汽车是并联式的，并依靠来自电机和发动机的动力。

• 串 – 并联式混合动力电动汽车能够用发动机、蓄电池，或两者的组合来运行。

• 插电式混合动力电动汽车（PHEV）是配有较大高压蓄电池的全混合动力电动汽车。

• 再生制动是让车辆回收并储存部分动能的过程，这些动能通常损失在制动过程中。

• 控制器采集来自各种传感器的输入以确定车辆的运行工况，并管理电流以控制电机的转速。

• 逆变器是一种电源变换器，它将高压蓄电池的高压直流电压转换为电机所用的三相交流电压。

• 传动带式交流发电机 / 起动机系统（BAS）取代了传统车辆中传统的起动机和发电机，并通过传动带与发动机曲轴相连。

• 集成式起动机 / 发电机减振器（ISAD）使用一个电子控制的紧凑型电机取代了传统的起动机、发电机和飞轮。该电机封装在发动机和变速器之间的变速器钟形壳体中。

• 功率分流装置有一个行星齿轮组和两个电机。该装置在充当无级变速驱动桥的同时，还能够从一个动力源即时切换到另一个动力源或组合两个动力源。

• 一些混合动力系统是以内置在传统变速器内的一个或多个电机为基础的。

• 一些 4WD 的混合动力电动汽车使用一个电机、差速器和后变速驱动桥来驱动后轮。

• HEV 的空调系统和传统车辆中使用的系统完全相同，但压缩机是由高压电机驱动的。

• 雪佛兰 Volt 和凯迪拉克 ELR 被称为增程式电动汽车，但也可以归类为串联式或插电式混合动力电动汽车。

• 通用汽车公司的 eAssist 系统是以 BAS 系统为基础的，它可以在重载期间向动力传动系统提供额外的转矩。

• 双模式全混合动力系统安装在一个标准变速器箱体中，并有与两个 60kW 的交流同步电动机 / 发电机耦合的三个行星齿轮组，这样便组成了一个用于混合动力的无级变速器和电动机 / 发电机的组合。

• 大多数本田混合动力电动汽车都使用一种被称为 IMA 的 ISAD 系统。该系统有一台小型高效的发动机，发动机动力不足的问题通过电机来克服。

• 丰田混合动力的方式是将串联式和并联式混合动力平台相结合。该系统以两台电动机 / 发电机、一个功率分流变速驱动桥和一个高压蓄电池为基础。

• 福特混合动力系统的基本部件和工作原理与丰田混合动力电动汽车的系统非常相似，但是两家制造商实现同样的原理采用的设计是独特的。

• 保时捷的卡宴、帕拉梅拉，大众的捷达和途锐等混合动力电动汽车是以 ISAD 系统为基础的。

• 现代的索纳塔和起亚的 Optima 混合动力电动汽车有一台夹在发动机和变速器之间的电机，并且有一个用于自动启停系统的 BAS 装置。

• 英菲尼迪 M 车型的混合动力电动汽车采用的也是一个基本的 ISAD 系统，但有两个离合器，一个是位于发动机和电动机之间的干式离合器，而另一个是在变速器后部的湿式离合器。

• 宝马 3 系和 5 系的 Active Hybrids 是以 ISAD 系统为基础的。

• 宝马 X6 和 7 系的 Active Hybrids 使用双模式混合动力系统。

• 梅赛德斯 – 奔驰 M 级的混合动力系统基于一台双模式变速器。

• 梅赛德斯 – 奔驰 S 级的混合动力电动汽车版本采用 ISAD 轻度混合动力方式，其 E400 全混合动力电动汽车使用了相同的平台。

• 混合动力系统依靠非常高的电压。在高压电路上或其附近进行任何维修之前，务必遵循正确步骤断开高电压系统，并严格注意规定的安全防范事项。

- 在下电和重新为系统上电的过程中，始终佩戴额定值为 1000V 的电网巡线工绝缘手套。
- 每次使用绝缘手套前必须检查手套的状况，确保没有撕裂和磨损的迹象。
- 当在高电压系统上作业时，通过在车辆周围建立一个清晰可见的缓冲区，以使不参与本次维修的人员远离你和正在维修车辆。
- 如果始终带电的高压电缆松动，而又不能安全地关闭给它供电的电源，可使用玻璃纤维伸缩杆和安全钩，或干燥木板移动或移去该电缆。伸缩杆也可以用来将某人推离或拉离该电缆。
- 许多混合动力电动汽车中的冷却系统由几个独立的冷却回路构成，其中每一个回路都必须维护。
- 高压电池包的充电最好由车辆自身来完成，但有时也会需要在维修店给电池充电，为此需要一个专用的充电器。
- 为测试高电压系统，需要使用 CAT Ⅲ 级别的 DMM。
- 应使用绝缘电阻表检查所有高压电缆的绝缘有效性。

10.16 复习题

1. 简答题

1）采用传动带式发电机 / 起动机的混合动力系统有哪些基本部件？

2）轻度混合动力电动汽车消耗的燃油少于传统车辆的主要原因是什么？

3）Prius 的 PHEV 版本为何能比非插电的 Prius 提供更多的优势？

4）在丰田的 Prius 车型中，有几组行星齿轮组与电动机 / 发电机和发动机相连？

5）电网巡线工绝缘手套多长时间必须进行一次测试和重新认证？

6）几乎所有混合动力电动汽车的发动机动力都比典型的非混合动力的汽车小，混合动力电动汽车的什么特性可使发动机克服重载？

7）典型逆变器的作用是什么？

8）在带有用于逆变器和其他电子设备的独立冷却系统的混合动力电动汽车上，如果空气被困在冷却系统中，需要做什么？

9）在混合动力电动汽车上作业时应遵循的五个常识性的安全规则是哪些？

10）在诊断过程中显示了故障码 P3009，它表示什么？

2. 判断题

1）所有在变速器内装有电机的混合动力电动汽车至少有两台电机。对还是错？　　（　　　）

2）现代的索纳塔混合动力电动汽车使用 BAS 和 ISAD 系统。对还是错？　　（　　　）

3. 单选题

1）在混合动力系统上或其周围作业之前，在隔离高电压系统后应该等待的最短时间是多久？（　　　）

　　A. 1h　　　　　　　　B. 30min

　　C. 15min　　　　　　D. 5min

2）以下哪一项关于本田混合动力电动汽车高压电路的陈述是不正确的？（　　　）

　　A. 为便于辨别，所有高压电缆都被包裹在橙色套管中

　　B. 在高压电路上或其附近进行任何维修工作之前，应始终遵循断开高电压系统的步骤

　　C. 仪表板上有一个主开关，它用于断开高压电池模组与汽车其他部分的连接

　　D. MDM 中有三个大的电容器，因此在关闭开关后，至少需要等待 5min 来使其放电

3）下列哪一项最不可能降低混合动力电动汽车的燃油消耗？（　　　）

　　A. 使用低滚动阻力的轮胎

　　B. 提高空气阻力

　　C. 使用自动启停系统

　　D. 采用更轻和动力更小的发动机

4. ASE 类型复习题

1）技师 A 说绝缘电阻表测量的是电压；技师 B 说绝缘电阻表测量电缆的绝缘有效性。谁是正确的？（　　　）

　　A. 仅技师 A 正确

B. 仅技师 B 正确

C. 技师 A 和技师 B 都正确

D. 技师 A 和技师 B 都不正确

2）当在高电压系统上作业时，最好是在车辆周围建立一个缓冲区，以使不参与本次维修的任何人员远离你和正在维修车辆。技师 A 确保了该区域的外边界至少离汽车 1ft；技师 B 放置橙色锥筒来标明该区域的外边界。谁是正确的？（　　）

A. 仅技师 A 正确

B. 仅技师 B 正确

C. 技师 A 和技师 B 都正确

D. 技师 A 和技师 B 都不正确

3）技师 A 说轻度混合动力电动汽车具有自动启停、再生制动，以及当发动机需要增加动力来克服负载时用电机辅助的功能；技师 B 说全混合动力电动汽车具自动启停、再生制动、电机辅助功能，并可仅用电力驱动。谁是正确的？（　　）

A. 仅技师 A 正确

B. 仅技师 B 正确

C. 技师 A 和技师 B 都正确

D. 技师 A 和技师 B 都不正确

4）技师 A 说柴油发动机可用在混合动力系统中；技师 B 说汽油发动机通常被用在混合动力系统中。谁是正确的？（　　）

A. 仅技师 A 正确

B. 仅技师 B 正确

C. 技师 A 和技师 B 都正确

D. 技师 A 和技师 B 都不正确

5）讨论在混合动力电动汽车上作业时，技师 A 说在高电压部件附近或用高电压部件作业前，要确保高电压系统已关闭并与车辆隔离；技师 B 说在高电压系统上及其附近作业时，即使已下电，也始终要用绝缘工具。谁是正确的？（　　）

A. 仅技师 A 正确

B. 仅技师 B 正确

C. 技师 A 和技师 B 都正确

D. 技师 A 和技师 B 都不正确

6）在讨论大多数混合动力车中使用的 DC/DC 变

换器时，技师 A 说它将来自电池模组的直流电压转换为电机所用的交流电压；技师 B 说它为汽车上的 12V 电气系统和附件提供电源。谁是正确的？（　　）

A. 仅技师 A 正确

B. 仅技师 B 正确

C. 技师 A 和技师 B 都正确

D. 技师 A 和技师 B 都不正确

7）在讨论再生制动时，技师 A 说为了产生最大的电量，再生制动系统能够完全停住车辆；技师 B 说由于大多数混合动力电动汽车是 FWD 车辆，后轮被设计成要能获得最大动能。谁是正确的？（　　）

A. 仅技师 A 正确

B. 仅技师 B 正确

C. 技师 A 和技师 B 都正确

D. 技师 A 和技师 B 都不正确

8）技师 A 说空调电动压缩机通常都推荐使用 PVE 冷冻油；技师 B 说 PAG 冷冻油可用于许多电动的空调压缩机中。谁是正确的？（　　）

A. 仅技师 A 正确

B. 仅技师 B 正确

C. 技师 A 和技师 B 都正确

D. 技师 A 和技师 B 都不正确

9）技师 A 说采用 4WD 的福特混合动力 SUV 在后桥上有一个额外的电机；技师 B 说福特的 Energi 车型是插电式混合动力电动汽车。谁是正确的？（　　）

A. 仅技师 A 正确

B. 仅技师 B 正确

C. 技师 A 和技师 B 都正确

D. 技师 A 和技师 B 都不正确

10）在讨论雪佛兰 Volt 增程式电动汽车的其他分类时，技师 A 说它可以被称为插电式混合动力电动汽车；技师 B 说它可以被称为并联式混合动力电动汽车。谁是正确的？（　　）

A. 仅技师 A 正确

B. 仅技师 B 正确

C. 技师 A 和技师 B 都正确

D. 技师 A 和技师 B 都不正确

第 11 章
电动汽车

学习目标

- 描述组成纯电动汽车（Pure Battery Electric Vehicle，BEV）的主要系统。
- 描述电池控制系统的作用和功能。
- 说明传导式和感应式对电池进行充电的区别。
- 描述在排查故障和维修电动汽车时应遵循的注意事项。
- 描述燃料电池电动汽车动力系统的基本配置。
- 描述燃料电池电动汽车的主要部件。
- 说明燃料电池是如何工作的。

3C：Concern（问题）、Cause（原因）、Correction（纠正）

ALL TECH AUTOMOTIVE			维修工单	
年份：2012	制造商：日产	车型：Leaf	里程：41058mile	RO：16603
问题：	客户陈述车辆的续驶里程在最近几周明显减少。			
考虑该客户的问题，运用在本章学习的内容确定该问题的可能原因、诊断该问题的方法和纠正此问题将需要哪些步骤。				

目前，只有少数纯电动汽车（BEV）是由主流汽车公司生产的。然而，几乎所有的厂家都计划在不久的将来发布新的 BEV（图 11-1）。市场的阻力来自 BEV 较短的续驶里程和较高的成本，但如今的电池技术和它的效率可使 BEV 具有比以往更长的续驶里程。BEV 的购买价格也已经下降，这使得 BEV 在如今更加实用。

图 11-1 奥迪的 e-tron 电动概念车

11.1 历史回顾

用电驱动的汽车已经存在很长时间了。早期的汽车大多是以电力或蒸汽为动力的，直到 19 世纪末，最常见的仍是以蒸汽为动力的汽车。

在 1900 年，已销售汽车中的 38% 是电动的，其他汽车用蒸汽机或汽油机驱动。起动发动机和换档对驾驶以汽油为动力的汽车大概是最困难的事情。用电驱动的汽车在出发前不需要手摇起动发动机，而且也不需要使用变速器或换档，这是公众接受用电驱动的汽车超过汽油车辆的主要原因。然而，由于内燃机可使车辆行驶更远的距离并达到相当高的车速，并且购买也便宜得多，因此受到普遍欢迎。

现在快速浏览一下电动汽车在整个历史上的一些有趣发展。据说，第一辆实用的电动汽车是美国的托马斯·达文波特（Thomas Davenport）或是苏格兰爱丁堡的罗伯特·戴文森（Robert Davidson）在 1842 年制造的。这两款车采用的都是不能再充电的电池，因此续驶里程有限，所以大多数消费者都不想要它。

1865 年，蓄电池被发明出来并在 1881 年得到进一步改进。最值得注意的是在 1890 年到 1910 年间，随着 1881 年亨利·都铎（Henri Tudor）发明现代铅酸电池，电池技术得到了极大的改进。1909 年，托马斯·爱迪生（Thomas Edison）完善了他的镍铁电池，并将它销售给汽车制造商，电动汽车的普及率不断提高，并在 1912 年达到了顶峰。

1904 年，亨利·福特（Henry Ford）克服了普遍的对汽油动力汽车的反对意见，并凭借流水线生产，以非常低的价格（500~1000 美元）提供汽油动力的汽车，而电动汽车的成本要高许多，并且每年还在上升。

更多的优势成就了汽油汽车，如电动的起动机、更容易获得的汽油提供了更廉价和更实用的交通工具。从 1920 年到 1965 年，用电驱动的汽车在很大程度上已经逐渐成为历史。

1996 年，美国国会提出议案，建议使用电动汽车作为减少空气污染的一种方式。随后的法律要求汽车制造商要净化尾气排放物。这些法律的最初结果是制造商采用了各种排放控制装置来改变基本的发动机，其中许多对燃油经济性和发动机性能产生了不利影响，这迫使制造商寻找其他的交通运输替代方式。

1973 年，由于阿拉伯的石油禁运，汽油价格急剧上涨。不断上涨的成本促使人们提高了开发电动汽车的兴趣。

1976 年，美国国会通过了《电动和混合动力汽车研究、开发和示范法案》并将其作为政府的法律。该法律的一个目的是与行业合作，改进电池、电机、控制器和其他混合动力电动汽车部件，目标是使所有车辆的燃油效率提高一倍。

1990 年，CARB 正式通过了一项要求，即从 2003 年起，在美国加利福尼亚州销售的所有新车中必须有 10% 的零排放汽车（Zero-Emission Vehicles，ZEV），但 CARB 在 1998 年修改了这些要求。这一变化允许汽车制造商用满足部分 ZEV 标准的汽车来满足最多 6% 零排放汽车的要求。当前只有采用纯氢气的燃料电池电动汽车（Fuel Cell Electric Vehicles，FCEV）和 BEV 取得了 ZEV 的资格。

1991 年，美国先进电池联盟（United States Advanced Battery Consortium，USABC）启动了一个项目，该项目旨在生产一种能使电动汽车成为消费者可行选择的蓄电池。最初的成果是开发出了镍金属氢化物（NiMH）蓄电池。这种蓄电池可以承受 3 倍于铅酸电池的充电循环次数，并且能在寒冷天气下很好地工作。

1996 年，通用汽车（GM）开始出租它的第一款新式电动汽车 EV1，它的续驶里程是 70~100mile（约 112.7~160.9km）。三年后，一款搭载 NiMH 蓄电池的升级版车型面世，其续驶里程达到 100~140mile（约 160.9~225.3km）。截至 1998 年，一些电动汽车在美国面市（但很少被购买或租赁），其中包括本田的 EV Plus、通用的 EV1 和 S-10 皮卡、福特的 Ranger 皮卡和丰田的 RAV4 EV。

2003 年，CARB 终止了它对零排放汽车要求的立法提案程序。通用汽车、丰田以及其他一些公司正式停止了电动汽车的生产，但对混合动力电动汽车和纯电动汽车的研发在没有指令要求情况下仍在继续。示例如下。

1）从 2004 年至今，已经生产了许多混合动力电动汽车，并且正在大量销售。

2）2008 年，基于莲花爱丽斯（Lotus Elise）的锂离子蓄电池特斯拉 Roadster 跑车（Tesla Roadster）开始销售。

3）2010 年，雪佛兰汽车引入了一款名为 Volt 的增程式电动汽车，该车被评为 2011 年年度车。

4）2010 年，日产发布了一款名为聆风（Leaf）的 BEV 和一些中型的混合动力电动汽车。此外，三菱也发布了一款名为 Mi-MEV 的 BEV。

5）2011 年，出现了许多新型的 BEV 和插电式混合动力电动汽车，包括特斯拉 Model S，本田 Fit，福特的 Escape、Fusion、Focus 和 C-MAX，奔驰的 Smart ED，丰田的插电式混合动力 Prius 和采用特斯拉动力装置的丰田 RAV4。

6）截至 2018 年，宝马 i3、雪佛兰 Bolt、菲亚特 500e、现代 loniq、起亚 Soul EV、特斯拉 Model X 和 Model 3 等 BEV 或插电式混合动力电动汽车都已上市，并且更多车型正计划被推出。所有这些都会使未来几年成为自 20 世纪初以来电动汽车最"繁忙"的年份。

11.2 零排放汽车

BEV 使用储存在蓄电池中的电能为驱动电机提供电力（图 11-2）。BEV 具有零排放的特点。

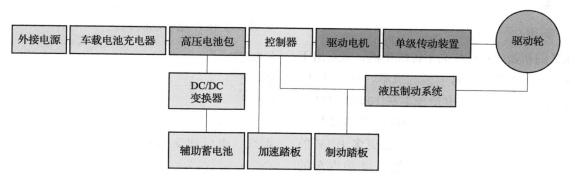

图 11-2 BEV 的主要组成部分

与 BEV 有关的唯一排放物是在发电厂使用煤炭、石油或天然气来产生为蓄电池充电的电能时释放的。水电的使用和用风、阳光或其他可再生能源来发电可消除与 BEV 有关的所有排放物，内燃机不可能实现零排放。

燃料电池电动汽车也是零排放的电动汽车，但它们依赖氢气作为燃料。尽管燃料的重组装置可从其他燃料中提取氢，但没有分配氢的基础设施。重组装置的使用也确实会导致一些污染物的排放。

1. 优势

BEV 具有能够在家充电的便利，因而排除了去加油站的需求。在美国有些州还有一些远程充电站（图 11-3）。补充电能的成本非常低，价格通常不到 4 美元。

图 11-3　用于 BEV 的公共充电站

由于续驶里程有限，BEV 对于在有限区域内的通勤或出行是理想的。研究表明，80% 的通勤者每天行驶的距离少于 40mile（约 64.4km）。这完全在大多数 BEV 的续驶里程范围内。

2. 费用

BEV 的初始成本往往高于传统车辆，这是由于其受限的可用性和高压蓄电池的成本。目前估计，一个典型的 BEV 高压蓄电池成本在 10000~15000 美元之间。不幸的是，为延长 BEV 的续驶里程而开发的新电池更贵。然而，随着更多 BEV 的生产和销售，其成本应该会降低。电动汽车的初始成本通过美国联邦税的减免而降低了 7500

美元，而且美国一些州还提供了进一步的补贴。

电动汽车电机中的运动部件很少，电枢或转子是电机中唯一的运动部件，而一台发动机有数百个运动部件，每个都需要清洁润滑，并且会有磨损。电机中的转子通常安装在密封轴承上，而且在其整个使用寿命周期内，即便有润滑要求，也只是需要很少的额外润滑。控制器和电池充电器是电气装置，只需要很少的维护或不需要维护，蓄电池也是密封和免维护的。所有这些都解释了为什么 BEV 维护成本非常低。

BEV 的实际运行成本取决于每千瓦·时电力的成本和车辆的效率。通过使车辆更轻、更符合空气动力学和滚动阻力更低，实际运行成本会得到降低。

3. 劣势

也许 BEV 最大的劣势是续驶里程受到限制。高压蓄电池两次充电之间的一般可用续驶里程是 50~150mile（约 80.5~241.4km）。虽然一些新的电池设计已经延长了这个里程，但乘坐 BEV 长距离旅行对每个人来讲仍然是不现实的。尽管更新的 BEV 已经延长了续驶里程，例如特斯拉 P100D 在完全充电后可以行驶 315mile（约 506.9km），雪佛兰 Bolt 在完全充电后可以行驶 200mile（约 321.9km）以上。但重要的是，高压蓄电池的大小及其储存的电量不能直接决定电动汽车的续驶里程。记住，使用相同高压蓄电池，最小、最轻和最符合空气动力学的电动汽车将提供更长的续驶里程。

充电的时间长也是一个问题。除了充电的时间以外，还有一个是在哪里可以充电的问题。如果车主在家，充电器可以连接到住宅的电力系统，为此，大多数 EV 制造商提供专门的家庭充电桩，这减少了在外充电的时间。

11.3　主要部件

BEV 的基本系统是高压电池包、电池管理系统、电机和支撑系统、12V 电气系统、变换器和/或逆变器，以及驾驶员用的显示器和控制装置（图 11-4）。驱动系统有一个提供驱动车轮的动

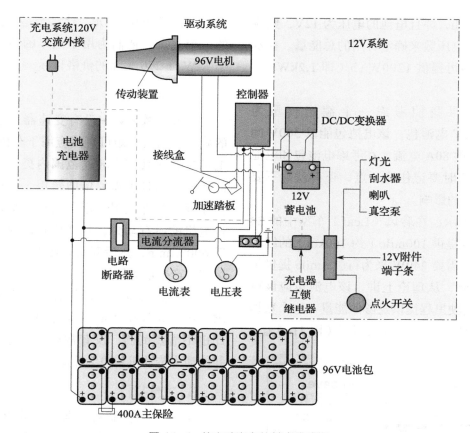

图 11-4　纯电动汽车的基本线路图

力的驱动电机和一个控制电机动力输出的控制器。12V 系统为车辆附件提供电源，如收音机和照明系统。还需要一个逆变器和变换器来将交流电转换为直流电，和将直流电转换为交流电。变换器用于降低系统的高电压，以便为 12V 蓄电池充电并为低电压系统提供电源。

1. 能量与功率

　　前面讲过，能量是做功的能力，功率是做功的速率。功率在汽车业常见的表达形式是马力（hp）。尽管在讨论电动汽车的电机时使用了这个单位，但表示功率的正确形式是使用千瓦（kW）这一单位。千瓦是测量功率的国际单位（不仅与电有关）。1kW 等于 1000W，1kW 约等于 1.34hp，所以 746W 约等于 1hp。因此，一台 149kW 的电机可以提供的功率约为 200hp。电机在 0r/min 时可提供其最大转矩，所以很难将一台电机的功率输出与汽油发动机的功率进行比较，汽油发动机只在发动机转速较高时才产生其最大转矩（图 11-5）。

　　电机（或汽油发动机）的额定功率表示能量能够多快地被转化为功，例如加速过程。电机依赖于储存在电池或其他能源中的能量。可用的能量数量用 kW·h 表示，它表示以 1kW 作用 1h 所消耗的电能。例如，当一个额定功率为 100W 的电灯泡持续点亮 1h 后，它消耗了 100W·h（0.1kW·h），这与使一个 50W 的电灯泡持续点亮 2h 所用的能量相同。

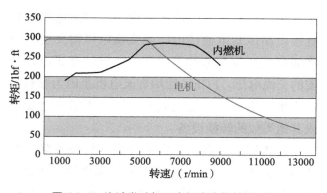

图 11-5　汽油发动机和电机产生的转矩对比

　　在比较系统和电池的可用功率时，重要的是考虑电池额定值与系统电压的关系。如果电池的额定值为 100A·h，并且电池的电压为 12V，则应将安·时数乘以电压数来确定可用的总能量。在本例子中，该电池可提供 1200W·h（即 1.2kW·h）的能量。

因此，如果我们考虑一个额定容量为 24kW·h 的 300V 电池包，该电池包能以 300V 的电压持续 1h 提供 80A 电流。在考虑电池包和电池充电器的额定值时要记住这一点，还有就是不要受制造商估计值的影响。

日产公司表示，在聆风（Leaf）车型中的 24kW·h 电池包可提供 100mile（约 160km）的续驶里程，这意味着需要 240W 来为行驶 1mile 提供足够的能量。因此，从理论上讲，该电池包应该可为 100mile 的续驶里程提供足够的能量，这个数据接近 EPA 已评估的 Leaf 的续驶里程（图 11-6）。

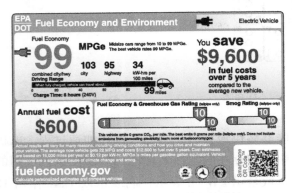

图 11-6 用于电动汽车的新的贴签

驱动电机是交流或直流的电机并且是专为电动汽车设计的。大多数在产的 BEV 使用交流电机，而 FCEV 和许多从传统汽车转换的 EV 使用直流电机，后者是出于成本的原因。直流电机可以直接由高压蓄电池供电，而交流电机需要逆变器将储存在高压蓄电池中的直流电压转变成电机所需的交流电压。FCEV 使用直流电机是因为燃料电池产生的电流不是交流电流，因此不需要逆变器或其他类似的转换设备。

这些年来，高压蓄电池的成本已经下降。日产的 Leaf 有一个 24kW·h 的高压蓄电池，如果高压蓄电池 1kW·h 的成本是 1000 美元，那么 Leaf 中的高压蓄电池成本将是 24000 美元，这将使日产几乎不可能在没有补贴之前以 32800 美元出售这种车。按 1kW·h 要 400 美元计算，该高压蓄电池将只花费 9600 美元。这已经是美国能源部关注的一个重点，他们为用于汽车的蓄电池设定了一个 1kW·h 250 美元的价格目标。

2. 电机

在大多数 EV 中没有变速器，这是因为电机的旋转运动或转矩可直接应用于车桥的驱动齿轮。电机能够在其整个转速范围内提供足够驱动车辆的转矩，而且不需要倍增转矩。使用电机可在任何速度下立即获得转矩。当踏下加速踏板时可获得电机的所有动力，且峰值转矩保持不变直到接近 6000r/min，然后开始缓慢下降。电机在其高速运转时产生最大转矩。

这种宽的转矩范围消除了对多速变速器的需求。由于切换定子的极性可使转子反向旋转，因此也不需要倒档。没有常规的变速器减小了质量并使动力传动机构更为简单。

3. 控制器

BEV 中的控制器根据驾驶员的输入信号控制驱动电机的电压和电流。当选择倒档时，控制器还可以反转流向电机的电流。

在采用直流电机的电动汽车中，可用一个简单的可变电阻型控制器来调节电机的转速。采用这类控制器时，全部电流和电力始终从高压蓄电池获得。在低速不需要全部功率时，电阻器中的高电阻减少了流向电机的电流。使用这种类型的系统，来自高压蓄电池的能量在很大比例上作为电阻器上的能量损失（热量）而被浪费。高速行驶是唯一需要使用全部可用功率的场景。

近代的交流电机控制器通过脉冲宽度调制（PWM）调节电机的转速。脉冲宽度是部件通电时的时间长度，用 ms（毫秒）作为计量单位。控制器依靠晶体管来快速中断流向电机的电流。当电流中断的间隔较短时，可获得较大的功率（用在高速、加速和/或重载期间）。在低速期间，需要较小的功率，因而无电流流动的间隔较长（图 11-7）。

4. 逆变器/变换器

电池只储存直流电压。交流电源逆变器将电池的直流电压转换为三相交流电压来驱动电机。输出的电压根据驾驶员和车辆的需求变化。逆变器

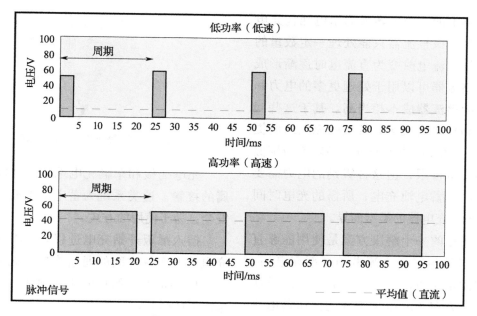

图 11-7 低速和高速时的脉冲宽度

通常由电子控制模块控制，模块使用来自加速踏板、电动机轴转速传感器、电动机旋向传感器和制动踏板的输入信号不断计算所需的逆变器输出。

逆变器是用液体冷却的，而且逆变器产生的热量可用来补充乘客舱加热器的热量以节省能量。只要控制装置设置在加热档，这将自动完成。

11.4 蓄电池的充电

给 BEV 补充能量仅需要给蓄电池充电。充电涉及电池充电装置与电源和充电装置与电池包的连接。充电装置（图 11-8）可以是在车辆内部的（车载）或外部的（非车载），两者各有优点和缺点。车载充电器允许在有电源插座的任何地方给蓄电池充电。车载充电器的缺点是它们所增加的质量和自身的体积。为了尽量减少此影响，制造商通常为车辆配备需要较长充电时间的低功率充电器。而外部充电装置会迫使驾驶员在特定位置为蓄电池充电，但能提供更大的充电功率并缩短给蓄电池充电所需的时间。一些带有外接充电器的 BEV 还有一个方便的充电器，这些车载充电器可插入标准的 110V 插座，从而允许驾驶员在任何可得到电力的地方给蓄电池充电。

大多数 EV 都有一个车载充电器，它使用整流

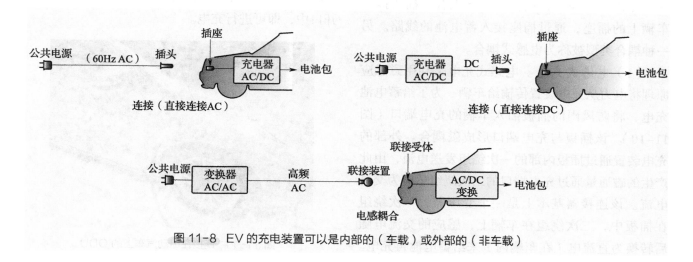

图 11-8 EV 的充电装置可以是内部的（车载）或外部的（非车载）

电路将输电网络中的交流电转换为给电池包充电所必需的直流电。该整流器只能处理一定数量的电力，并会在将交流电改变为直流电时逐渐形成大量的热量。整流器可以用于处理更多的电力和热量，但这样的整流器成本相当高。基于这些问题，北美地区和日本的大多数常规的充电站所提供的都是240V、30A的供电服务，该功率级别似乎是整流器的安全极限，但这种级别的电力需要几个小时来给高压蓄电池充电，所需的充电时间随蓄电池的大小和充电器的类型而异。

对于这些问题的一个解决方案是使用能够直接向车辆高压电池包输送直流电的外部充电站，这需要安装在固定位置的专用充电装置。这类新型充电装置有能力在20min内完成为高压蓄电池的充电，它们使用先进的电子装置来监测单体电池并调节充电电压和电流，能够快速给高压蓄电池充电必定会使电动汽车更加实用。使用高电压和大电流的充电装置被称为直流快速充电（DC Fast Charge），也被称为3级充电（图11-9）。

电压类型	充电等级	最大电压	峰值电流
AC	1	120V AC	16A
AC	2	240V AC	32A（2001年）/80A（2009年）
DC	1	450V DC	80A
DC	2	450V DC	200A
DC	3	600V DC	400A

图11-9 不同充电等级的电流标准

1. 充电装置与车辆连接器

BEV与外部充电电源的连接有两种基本类型。一种是传统的插头，被称为传导耦合。插头插入车辆上的插座，通过插座接入蓄电池的线路。另一种耦合类型被称为电感式耦合。

（1）电感式充电 电感式充电是利用磁感应原理将电力从充电装置传输给车辆。为了给蓄电池充电，将防风雨的插板插入车辆的充电端口（图11-10）。该插板与充电端口形成磁耦合。外部的充电装置通过插板内部的一次绕组发送电流，由此产生的磁通量通过充电端口的二次绕组感应为交流电流。该连接器基本上是一个变压器，一次绕组在插板中，二次绕组在车辆上，感应的交流电随后转换为直流电（在车辆内）来给蓄电池再充电。

图11-10 感应式充电的连接器（插板）

充电插板和车辆充电端口之间没有金属与金属的接触。这类系统为蓄电池的充电提供了一种安全且易于使用的方式。

插入插板开始充电进程。插板的插入完成了充电器和车辆之间的通信连接。充电装置显示蓄电池中剩余电量的百分比和预估的该蓄电池充满电所需的时间。

此链路还允许充电装置进入自诊断，会在插板插入其端口时阻止车辆行驶。如果充电电缆损坏或被切断，电源将在几毫秒内被关闭。在从充电端口取下插板后，充电进程立即结束。

（2）传导式充电 使用传导式充电装置时，一个连接器在电源和车辆充电端口之间稳定地建立起连接。该连接器形成了一个到车辆充电端口的防风雨的直接电气连接。连接器有多个传输数据的插脚，这个数据用于按照电池包的状况控制充电装置的动作。外部充电装置有许多不同的尺寸，可以安装在墙上或底座上。

传导充电可用一个被称为ODU的类似加油枪的连接器完成（图11-11）。该连接器上有许多与车辆上的母端口配对的圆形公插脚。如同给汽油车辆加注燃油一样，将连接器插入电动车辆上的开口中，即可进行充电。

图11-11 连接在电动汽车上的ODU

2. 充电标准和法规

像所有为汽车设计的东西一样，高压电池包充电也有相关的标准和法规。最被认可的标准是由国际自动机工程师学会（SAE）确定的电动汽车充电连接器的北美标准，它被称为 J1772《SAE 电动汽车与插电式混合动力电动汽车传导充电耦合器》。这个标准基本涵盖了电动车辆传导充电系统和连接器的物理、电气、通信协议和性能要求。该标准的目的是要确保不同制造商的 EV 充电采用统一的充电装置或充电连接器。

根据美国加州空气资源署发起的 SAE J1772 新标准，通用 EV1 这类早期电动汽车使用的电感式充电器连接器在 2001 年被传导式连接器所取代。AVCON 制造的矩形连接器符合 SAE J1772 规范，并能够输送高达 6.6kW 的电力。福特 Ranger 电动货车和本田 EV Plus 也使用了 AVCON 的传导式接口（图 11-12），该连接器有一个可插入安装在车辆上的 AVCON 插座的矩形头部。许多由 CARB 资助的电动汽车公共充电站就是采用这种传导式的 AVCON 充电连接方式。

图 11-12 AVCON 的充电连接器

CARB 于 2008 年提出对 2001 年 CARB 法规进行修改，旨在使充电电流比 AVCON 充电连接器所能处理的更高，这产生了一种新的连接器设计（图 11-13），并在 2010 年开始使用。因此，所有的 AVCON 充电站都更换了新 J1772 标准要求的连接器，若不更换就会从 2011 年开始被逐步淘汰。

随着改进后的充电器出现，以及人们希望能同时用 AC 和 DC 电压来充电，SAE 又发布了新的 J1772 ODU 技术规范。同时使用 AC 和 DC 来给蓄电池充电要比以前规定的充电速度更快。为此，新的 J1772 标准允许车辆上的单一插口和单一插头可用来进行 AC 和 DC 两种方式的充电。新的

J1772 标准将 AC 的 1 级和 2 级（电流高达 80 A）和 DC 的 1 级和 2 级（电流高达 200 A）充电插座组合在一起。

图 11-13 SAE J1772 连接器的母线连接件

新的"组合式"连接器不仅有类似于第一代 J1772 的插头，而且在其插口较低的部分还装有两个插脚。第一代 J1772 插头插入该插口的上部，而 DC 充电通过横跨该连接器下部的两个专用插脚来进行。这两个插脚的上部是一个有着五个插脚的圆形插座（图 11-14）。通过 AC 线 1 和 AC 线 2 以及指定的接地插脚完成从电网到车辆的电路。另外两个插脚是为了连接检测和控制引导线。连接检测功能用来防止车辆已连接至充电器时被移动。控制引导线是在充电器和车辆之间传输信息的通信线路，以便安全有效地为蓄电池充电。当连接器的公插脚和母插孔这两部分未连接好时，插脚处没有电压，并且直到车辆发出指令之前都不会开始充电。

CCS1

图 11-14 组合式连接器

注：原书无此图，此图为编译者添加。

这种组合式连接器允许直流快速充电，并得到奥迪、宝马、克莱斯勒、戴姆勒、福特、通用汽车、保时捷和大众的支持。他们的目标是要为消费者提供一种可以在 15~20min 内完成给 EV 充电的方式。

CHAdeMO 协议。与 CHAdeMO［"充电和行驶（Charge and Move）"的简称］标准

（图 11-15）相比，新的 SAE 标准具有许多优势，但 CHAdeMO 在日本已经很成熟，也被北美地区市场的大多数现有车辆和充电器所使用。尽管 CHAdeMO 目前占据主导地位，但 J1772 得到更强大的支持。

图 11-15 采用 CHAdeMO 标准的车载连接器

目前用于日产 Leaf 和三菱 i 车型的直流快速充电连接器基于 CHAdeMO 的标准。一些亚洲国家生产的 EV 车型有两个车辆电气插口，一个用于 CHAdeMO 的直流充电，一个用于 J1772 的交流充电（图 11-16）。

图 11-16 日产 Leaf 同时装有 CHAdeMO 和
SAE J1772 连接器的插座

3. 充电注意事项

有三个主要因素影响蓄电池充电所需的时间：蓄电池当前的充电状态、单体电池中所用的化学物质以及所用充电器的类型。

每种 EV 都有其特定的充电程序。这些程序因充电器、充电器的连接方式和蓄电池的类型而异。

所以应始终遵循正在作业车辆的相应程序，以下是一些一般性准则。

1）充电前，确保变速杆在 P 位，且已施加了驻车制动。

2）充电前，确保电机开关已关闭且钥匙已取下。

3）为避免触电，切勿用潮湿的手操作充电器。

4）避免在高温或阳光直射下充电。

5）切勿触摸车辆或连接器的导电端子，这可能会导致触电。

6）切不可改装充电连接器。

7）充电连接器应牢靠插入，其在电缆上不得有任何拉力。

8）如果充电连接器损坏，须尽快维修或更换。

9）确保水、污物或其他异物不会进入车辆上的充电口。

10）除非有必要提前中断充电，否则不要在蓄电池完全充满之前断开充电连接器。

11.5 电力附件

收音机、灯光系统和喇叭等一些系统的运行方式与传统车辆相同，但动力转向和制动助力器等其他系统则需要额外的小型电机，这会对车辆的续驶里程有很大影响。因为所有电力附件和辅助系统都是靠电力工作的，所以它们所用的电力减少了蓄电池的可用电量。

1. 供暖、通风与空调

为了满足美国联邦安全标准，所有车辆必须配备乘客舱加热和风窗玻璃除霜系统。采用内燃机的车辆利用发动机冷却液的热量为乘客舱供暖。在 BEV 中没有发动机，因而没有直接的热源，所以热量必须通过辅助加热系统提供。一些电动汽车使用电阻式加热器和风扇。

其他的 BEV 采用液体加热器。水或水与乙二醇的混合液被储存在一个储液罐中。储液罐中的液体通过罐中的电阻加热元件来保持温度。当驾驶员打开供暖系统时，一个小型水泵循环已加热的液体通过乘客舱中的加热器芯。一个风扇推动空气穿过加热器以提供被加热的空气。

BEV 空调系统也对续驶里程有着显著影响。在许多情况下，空调系统使用高压电机驱动压缩机。显然，用于给空调提供动力的能量要消耗电池包的电能。空调系统所消耗的能量取决于空调系统的使用频率、外界的温度和乘客舱设定的温度。

2. 动力制动器

许多动力制动系统使用发动机真空和大气压力在制动过程将施加给制动踏板的力倍增。因为 BEV 中没有发动机，所以没有直接的真空源，但如果配备了电动真空泵，就可以使用传统的真空助力制动系统。这类真空泵类似于在柴油发动机车辆上使用的真空泵，该泵会连接到一个真空储存罐上，该储存罐缩短了需要真空泵运转的时间，从而使其对续驶里程的影响降至最低。

另一种动力制动系统使用来自泵的液压来减小施加制动所需的踏板力。一些 BEV 使用一个电动泵来提供必要的液压（图 11-17）。这些系统被称为电动 – 液压制动系统。由于用于 BEV 的两种动力制动系统都用电力工作，因此在任何时候都可得到制动的助力。

图 11-17　电动 – 液压制动系统的制动主缸和电动泵总成

3. 动力转向

液压通常用来减小转向力。一些 BEV 配备的液压泵可由电机驱动，可以对泵的控制进行编程，以使其在速度较低时提供较大的辅助力，而在速度较高时减小辅助力。还可将该系统的程序编写为仅在需要时运转液压泵，从而降低动力转向对续驶里程的影响。这些系统也被称为电动 – 液压转向系统。

许多动力转向系统是纯电动和机械的系统，由一个电机驱动转向联动装置。这些系统是可编程的，而且电机消耗的能量取决于转向盘的转动量。当车辆直线行驶时，电机可以不运转，但在转向盘完全转到最大角度时，该电机则达到其最大工作电流。

11.6　驾驶纯电动汽车

驾驶 BEV 就像驾驶任何其他车辆一样，但也有一些值得注意的例外。BEV 仍然有一个转向盘、一个制动踏板和一个加速踏板。BEV 通常都有足够的加速度并能以高速公路的速度行驶。对驾驶员来说，最大的区别在于注意力必须花费在电量的消耗上。未能使电量消耗降至最低或仔细规划行驶线路，会导致电量消耗增加，从而造成需要在不方便的地点或时间给高压蓄电池充电。如果高压蓄电池未能充电，车辆将无法行驶。此外，大多数驾驶员注意到的一件事是 BEV 没有发动机的噪声。BEV 行驶安静，所以行人感觉不到已接近的 BEV，这已经变成了一个问题。

1. 起动

当准备驾驶 BEV 时，驾驶员需要做的最大调整是起动 BEV 或说使它为运转做好准备。BEV 在其为行驶做准备时没有噪声或振动，驾驶员必须查看仪表板来确定车辆是否已准备就绪。确保变速杆处于 P（驻车）位并且已施加了驻车制动，在起动过程中切勿踏下加速踏板。

电机开关有几个位置，一个是"lock（锁止）"位置，在此位置时，驱动电机关闭且转向盘被锁定，钥匙仅在此位置时才能取下。"ACC（附件）"位置允许某些电气附件工作，但驱动电机是关闭的。"START（启动）"位置实际是使驱动电机准备工作，"ON（接通）"是正常运行的位置。

车辆不使用时，切勿将开关保持在"ON（接通）"位置。

要接通驱动电机，在踏下制动踏板的情况下，转动电机开关并保持在"START（启动）"位置，直到组合仪表板中的"READY（就绪）"指示灯点亮（图 11-18）。在某些车辆上，蜂鸣器在出现这种状态时会发出提示音。一旦"READY（就绪）"灯点亮，即可松开开关以使其移动到"ON（接通）"位置。此时，当踏下加速踏板且所有附件已准备好运行时，驱动电机将开始运转。如果"READY（就绪）"灯在启动过程中未点亮，则是驱动电机或其线路出现了问题，或者辅助蓄电池的电量已耗尽。

图 11-18 典型 BEV 仪表板上的显示

2. 行驶和制动

大多数 BEV 都有一个单速的减速器，而且变速杆有五个位置（图 11-19）。通常变速杆只有在电机开关处于"ON"位置时才能从 P 位移出。要从 P 位移到 D 或 R 位时，必须踏下制动踏板。重要的是在换档时不要踩加速踏板，否则会导致车

图 11-19 BEV 的变速杆位置

辆危险地快速移动，并可能造成电机损坏。在变速杆已在合适档位且制动踏板仍被踩下时，才可释放驻车制动器。

为了开始行驶，要踩下加速踏板。在实现正常驾驶中，加速踏板是用来控制车速的。当松开加速踏板时，车速降低，因为车轮现在正在驱动刚转换成发电机的电机。

在雪佛兰 Bolt 和其他 BEV 的转向盘后面有一个拨片，它可使驾驶员在不踩下制动踏板的情况下来减速。当拨片接通时，正在行驶车辆的动能被转换为电能来为高压蓄电池充电。除此之外，Bolt 还提供一种单踏板操作模式，当车辆低速行驶且驾驶员松开加速踏板时，在电动机 / 发电机为高压蓄电池充电的同时，车辆将减速。若要倒车，需将车辆完全停住，然后踩下制动踏板并将变速杆移动到 R 位。重要的是，BEV 倒车时的加速度与前进时的加速度一样，要驾驶任何处在倒车状态的车辆都是很困难的，因此，在倒车时应缓慢地踩下加速踏板。

为了驻车和关闭车辆，需先将车辆完全停住，然后施加驻车制动。在踩下制动踏板后，将变速杆移动到 P 位。此时再将电机开关转到"LOCK（锁定）"位置，并取下钥匙。

3. 最大化续驶里程

BEV 的续驶里程会因天气寒冷（需要使用加热器）、天气炎热（需要使用空调）以及高压蓄电池的状况变差和使用年限增长而降低，但驾驶员还是可以做以下一些其他的事情来延长高压蓄电池的续驶里程和使用寿命。

1）在高速公路上尽量保持中等车速，避免高速行驶。

2）避免爬坡。

3）避免频繁加速或减速，力图以比较稳定的车速行驶。

4）避免不必要的停车和制动。

5）避免急加速，应缓慢且平稳地加速。

6）车辆应良好维护，包括使用适当的轮胎气压。

7）车内不必要的重物也会缩短续驶里程。

11.7　福特福克斯

福特福克斯（Focus）电动汽车（图 11-20）使用 23kW·h 的液冷锂离子电池包。该电池包可提供 100mile（约 160km）的纯电动续驶里程。该车依靠一台额定功率为 143hp（约 107kW）和转矩为 184lbf·ft 的永磁同步电机（PM）。电机的输出通过单级减速器传递至前轮。

图 11-20　福特 Focus 电动汽车

L 形电池包布置在后排座椅下的两后轮之间。电池包使用一个液体冷却和加热的热管理系统来预处理和调节电池包的温度。热管理系统在冷却液通过电池冷却系统之前对其进行加热或冷却。

福克斯有一个 6.6kW 的车载充电器，可在 3~4h 给电池包充满电，这需要用一个 J1772 连接器（图 11-21）插入充电级别为 2 的福特 240V、32A 的家用充电装置。福克斯还配备了 120V 电源连接电缆，可将充电器连接至标准的住宅插座上。在 120V 电压下，电池包要充满电则需近 20h。

图 11-21　福克斯电动汽车的家用高压充电装置

驾驶员可通过组合仪表板监视能量的消耗。有一个智能手机应用程序，它可使驾驶员远程监控汽车的充电状态。

福特还与太阳能设备制造商 Sun Power 合作提供一套 2.5kW 的车顶太阳能板系统。该太阳能板年均产生的电量为 3000kW·h，从理论上讲，这足以满足每年行驶 12000mile（约 19312.1km）的需求。

充电端口位于左前翼子板中（图 11-22）。当充电器的电缆连接器插入充电端口时，端口的部分灯会点亮。一个蓝色的指示灯提示"GO（继续）"，表示充电器已连接并在充电。

图 11-22　位于福克斯左前翼子板中的充电端口

11.8　日产聆风

日产聆风（Leaf，如图 11-23 所示）是一款真正零尾气排放的 ZEV。它的燃油经济性在城市行驶工况为 106MPGe，高速公路上为 92MPGe，城市和高速公路综合工况的燃油经济性为 99MPGe。Leaf 配备了一台交流同步电机，它可为前驱动轮提供高达 107hp（约 80kW）的功率和 207lbf·ft 的转矩。

图 11-23　日产 Leaf 电动汽车

尽管日产汽车公布的续驶里程为100mile（约161km），但美国EPA对已充满电的Leaf评定的续驶里程是73mile（约117km）。有许多因素可以产生这种差异，但不在这里讨论这些因素。只要查阅浏览一下影响续驶里程的因素，就会发现两者为何不一致。

来自电机的动力通过一个单级减速器，但通过电子控制，有两种可选的前进驱动模式："Drive（激情）"和"Eco（经济）"模式。激情模式提供了更快的加速度，但会消耗大量的电量储备。经济驾驶模式通过限制加速度和降低供给空调系统的功率来延长续驶里程，它还提供额外的再生制动，可以使汽车更快地减速，也为高压蓄电池增加了电量。

该车的电池包是一组能产生高达90kW功率的24kW·h的锂－锰电池（锂离子式）。该电池包（图11-24）由48个模组构成，每个模组含有四个叠层的扁平单体电池，排列在三个堆叠中。192个堆叠的薄片单体电池具有锰酸锂阴极。电池包重660lb（约299kg），布置在前排和后排座椅之间地板的正下方。电池包采用空气冷却（必要时可加热）以保护单体电池。

图11-24 Leaf的电池包

充电时间随使用的充电方式而异。客户可通过日产购买240V家用充电装置。Leaf的一些车型有一个带3.3kW车载充电器的快速充电端口。使用此充电器，可以用220V或240V、30A的电源在8h内为电池包重新充满电。

位于Leaf汽车前部的充电端口有两个充电枪插口（图11-25），一个是用于1级和2级充电电流的J1772标准连接器，另一个是使用CHAdeMO协议的充电等级为3的直流连接器。

图11-25 Leaf前部的充电端口和两个充电枪插口

Leaf还有一个辅助的12V铅酸蓄电池，它为汽车上的基本电气系统和附件提供电源，如音响系统、前照灯和风窗玻璃刮水器。有趣的是，Leaf的某些车型的后扰流板上装有一个小型太阳能板（图11-26）来为这个辅助蓄电池进行小电流充电。

图11-26 太阳能板在Leaf某些车型上被内置在扰流板中

（1）车载资讯系统　日产聆风采用了一种先进的称为Carwings（可称为车载信息服务或"智行"）的车载资讯系统。只要汽车在手机信号塔的范围内，Carwings都会被连接并向驾驶员提供信息，如汽车的位置、剩余续驶里程以及该范围内可用的充电站位置。该系统还监测和编译有关行驶距离和能量消耗的信息（图11-27）。它还提供这些信息的每日、每月和年度报告，而且这些信息可以在汽车的数字屏上查看。通过Carwings，手机可以远程打开空调或加热器，以及重新设置所有充电功能。

图 11-27　Leaf 上的 Carwings 显示

（2）行人警示音　由于 BEV 在其移动过程中发出的声响非常小，因此，Leaf 被设计为可发出数字警示音，一个用于向前行驶，另一个用于倒车，以提醒行人、盲人和其他人车辆正在靠近他们，这被称为行人车辆警示（Vehicle Sound for Pedestrians，VSP）系统。该声音系统的声音频率覆盖从高音端的 2.5kHz 到低音端的 600Hz，这可使所有年龄段的人都能听到。该声音在 Leaf 的车速达到 19mile/h（约 30.6km/h）时停止，并在减速到低于 16mile/h（约 25.7km/h）时再次响起。VSP 系统由计算机和音响合成器控制，声音从驾驶员侧前轮罩中的扬声器发出。

11.9　三菱 i-MiEV

三菱的创新电动汽车（Mitsubishi Innovative Electric Vehicle，i-MiEV）是一款掀背式 EV（图 11-28）。一台永磁同步电机布置在该车后桥上。该水冷的 49kW 电机可提供 66hp 的功率和 145lbf·ft 的转矩。16kW·h 的锂离子电池包和电机控制单元安装在底板下面。该电机的输出通过单速固定式减速器输送到后轮。

美国环保署最初评定的这款三菱汽车具有 112MPGe 的综合燃油里程，城市续驶里程为 98mile（约 158km）。

16kW·h 的超级充电离子蓄电池（Super Charge ion Battery，SCiB）在阳极中使用钛酸锂氧化物，从而提供了更强的安全性并缩短了充电时间。该电池包用竖直放置的两个模组（每个模组含 4 个单体电池）和 10 个水平放置的模组（每个模组含 8 个单体电池）组成。这些模组以串联方式连接，共有 88 个单体电池可提供 330V 的电压。

图 11-28　三菱的 i-MiEV

据估算，使用 110V 电源使该蓄电池重新充满电大约需要 22h，而使用 220V 则只需要 7h。如果采用 CHAdeMO 充电技术 3 级充电电流的 480V 快速充电站，该蓄电池可在大约 15min 内重新充满总容量的 80%，在 10min 内大约可充到 50%，在 5min 内约充到 25%，这比典型的锂离子蓄电池在相同条件下充电所需的时间要短得多。此外，SCiB 在充电时产生的热量较少，从而取消了冷却电池模组所需的复杂系统和断电系统。

该系统提供了三种由驾驶员选择的驾驶模式："D""Eco"和"B"。每一种设计都可在各自适合的工况下提供最佳的性能。D 模式是默认模式，而且是在高速公路和洲际公路上行驶的最佳模式。Eco 模式通过降低加速时的可用功率来限制电机的输出以增加续驶里程。B 模式在车辆滑行至停止或持续下坡期间增加了更多的再生制动来更积极地给高压蓄电池再充电。

在上市 10 年后，三菱 i-MiEV 已经不再在美国销售。该车有一台 66hp 功率和 145lbf·ft 转矩的发动机，与电机结合提供了相当好的经济性和性能，但公众对它并没有太大需求，所以三菱放弃了它。

11.10 特斯拉

位于美国加利福尼亚州的特斯拉汽车公司是一家独立的汽车制造商。他们专注于制造高科技的 EV。该公司得到了创始人和其他投资者的大力支持，并致力于提供有趣和实用的 EV。在特斯拉获得投资期间，这种努力得到了美国政府的进一步帮助。

埃隆·马斯克（Elon Musk）是特斯拉的联合创始人兼首席执行官（CEO）。除了电动汽车，特斯拉还生产大型蓄电池和太阳能产品。马斯克也是 SpaceX 公司的 CEO，SpaceX 的成立是为了革新空间技术。SpaceX 的飞行器多次向国际空间站运送补给。马斯克还是 PayPal（一种互联网支付系统）的联合创始人和 CEO。马斯克当前正致力于几个非主流运输系统和车辆的研发工作，包括电动的挂车牵引车和超级高铁公共交通系统。

特斯拉向公众提供的第一款汽车是它的 Roadster（双座敞篷跑车）。这是一款基于 Lotus Elise 的 BEV。它有一台由 53kW·h 锂离子蓄电池提供电力的 248hp（约 185kW）的 3 相 4 极交流感应电动机。这款跑车装备单级减速器。EPA 对这款跑车评定的续驶里程是 244mile（约 392.6km）。

最近，SpaceX 公司将一辆特斯拉的 Roadster 送入了太空。这辆由一名"太空人"驾驶的汽车本应环绕火星，却冲出了轨道，正驶向火星外侧的小行星带。没有人知道这辆 Roadster 能在太空中存活多久，但一辆汽车出现在太空中还是有些酷的。

特斯拉将其电池包称为能量储存系统（Energy Storage System，ESS）。该电池包有 6831 个锂离子蓄电池，它们组成薄板状和块状的模组。每个块状模组有 69 个并联的单体电池，每个薄板状模组有 9 个串联在一起的块状模组。每个单体电池类似于便携式计算机使用的蓄电池。该电池包重 990lb（约 449kg），可储存 56 kW·h 的电能，因此可提供多达 215kW 的电力。当汽车行驶时，可连续泵送冷却液通过 ESS 系统。

特斯拉 Model S（图 11-29）是特斯拉汽车公司设计和生产的全尺寸四门轿车。Model S 是一款高性能的电动轿车，用于 Roadster 的许多技术已运用在 Model S 中，其电机是一台交流感应电机，可以提供高达 416hp 的功率和 443lbf·ft 的转矩。

图 11-29 特斯拉 Model S

特斯拉汽车有各种型号和选项，每一种都提供了不同的功率和续驶里程，高达 100kW·h 的选项额定的续驶里程为 335mile（约 539km）。特斯拉 Model S 有 7 种型号可供选择：60、60D、75、75D、90D、100D 和 P100D。数字表示该车型电池包容量的千瓦·时数，而"D"表示双电机的全轮驱动车型。在双电机车型中，从两个电机上可得到高达 779hp 的动力来驱动四个车轮。

特斯拉最近推出了两款新车型：Model X 和 Model 3。Model X 是一款 4WD 的 SUV，最多可乘坐 7 名成年人，续驶里程可达 295mile（约 475km）。它还可以在不到 3s 内加速到 60mile/h（约 96.6km/h）。Model X 的一个独具的特征是"鹰翼"式后门，这种车门的设计使乘员便于进入第二排和第三排座椅。车门向上和向外开的方式为后排座椅提供了一个较大的开放区。Model 3 比 Model S 小，因而也更便宜。在这款车型发布后，成千上万的购买者在开上它或看到它之前就已经交了预订金。

Model S 配备了最常见的插入 120V 和 240V 电源插座充电的设备。当用 70A 电流和 240V 电压充电时，电池包重新充满电的时间不超过 4h（或说是每充电 1h 可得到 62mile 或 100km 的续驶里程）。使用 120V 充电器，每充电 1h 可行驶 5mile，重新充满电大约需要 48h。特斯拉使用专用的充电连接器，但通过特斯拉可获得一个能使用 J1772 连接器充电的适配器。该系统通过监测

100 多个传感器来控制电池包的温度和电压。

使用特斯拉的超级充电器（图 11-30）可在 30min 内完成 50% 的充电。这些超级充电器是特斯拉专用的，而且不会给其他 EV 充电。直到 2017 年初，特斯拉的车主使用这些充电器是免费的，电费由特斯拉支付，这在很大程度上证明了这种专有布局的合理性。对于 2017 年后购买和交付的车辆，将根据地点和充电量采用阶梯式收费。这些充电站分布在美国各地，主要集中在美国的东北部和西海岸。

图 11-30　使用中的特斯拉超级充电器

要给电池包充电，驾驶员所要做的只是拿着充电连接器走到驾驶员侧尾灯处，按下按钮，使三角形盖打开，露出充电接口。围绕充电接口有一个灯环，灯的颜色表示充电进程的状态。在车辆中控台上有一个可反映充电状态的显示器，它会给出驾驶员在过去有关效能的驾驶表现和其他方面信息的汇总（图 11-31）。

图 11-31　Model S 的中控台显示器

11.11　本田飞度电动汽车

本田飞度电动汽车由 123hp 和 189lbf·ft 的永磁电机驱动。该电机也用于本田的 FCEVClarity。带有单级减速传动装置的电机位于汽车的前部（图 11-32）。为了与驱动轮连接，一根驱动轴穿过电机转子的空心轴。飞度 20kW·h 的 SCiB 锂离子蓄电池位于汽车底板下方，由此不得不将汽车底盘抬高了近 2in。

图 11-32　本田飞度电动汽车的动力装置

一个 J1772 充电连接器位于驾驶员车门前面的一个翻板下面（图 11-33）。该连接器向 6.6kW 的车载充电器供电。当使用 240V 电源时，此连接器能在大约 3h 内重新充满高压蓄电池。本田已经选择了 Leviton 作为供应商来提供一个家用充电桩。

图 11-33　本田电动汽车的充电口在驾驶员侧车门前方

飞度 EV 的一个独特的特色是它的制动系统，它完全模拟了正常制动或者说制动踏板的感觉。飞度 EV 力图仅使用再生制动来停车。该系统能提供常规的摩擦制动以使车辆停车和实现紧急制动，然而即使在这些情况下，制动也是由计算机控制的（线控制动）。在制动系统的液压系统中，有一个快速反应的电机来对制动卡钳处的制动液加压。这种制动装置最大限度地提高了制动过程中产生的电量以帮助延长汽车的续驶里程。

11.12 雪佛兰 Bolt 电动汽车

2017 年的雪佛兰 Bolt EV 是一款低成本的电动汽车（图 11-34）。Bolt 的永磁驱动电机有一个偏置的齿轮和齿轮轴，这使其获得了 EPA 评定的 238mile 续驶里程。该电机能够产生高达 266lbf·ft（约 360N·m）的转矩和 200hp（约 150kW）的功率。结合 7.05∶1 的主转动比，Bolt 从 0 至 60mile/h（约 96.6km/h）的加速时间不到 7s。

图 11-34　雪佛兰 Bolt EV

它有一个安装在底板下的 60kW·h 锂离子电池包，由 288 个单体电池组成，重 960lb（约 435kg）。富镍的锂离子蓄电池的化学成分提高了其耐热性。主动热管理系统循环冷却液以在过热和过冷的运行条件中保持蓄电池温度。

作为标准配置，该电池包有一根连接到 120V 电源的充电电缆和一个 7.2kW 的车载充电器。当充电器连接到 240V 电源时，在不到 2h 的充电时间内可提供长达 50mile（约 80km）的续驶里程。

Bolt 还提供一个可选配的使用标准 SAE 组合连接器的直流快速充电系统。该连接器可使汽车在组合式充电系统站快速充电。使用这个系统，蓄电池充电 30min 即可提供高达 90mile（约 145km）的续驶里程。所有的 Bolt 都配有一张可获得数千个公共充电站使用权的 ChargePoint® 卡。

11.13 宝马 i3

宝马开发了两款在美国销售的以 "i" 字母打头的电动汽车，宝马对全球市场所有使用电力的汽车都用 "i" 作为前缀。

宝马 i3（图 11-35）是一款紧凑型电动汽车，还有另外一款车型配备了用于增程的发动机。基本版的 i3 有一台布置在后桥前面的 170hp（约 125kW）交流同步电机和一个液冷的 33kW·h 锂离子蓄电池，可提供 80~114mile（约 129~183km）的电驱动续驶里程。基于宝马 1 系的 i3 车身安装在一个铝结构体上，其基础价格为 44450 美元。搭载增程发动机的 i3 的基础价格为 51500 美元。

图 11-35　宝马 i3

i3 配备一个主传动比为 9.7∶1 的单速传动装置，可使该车从 0 到 60mile/h 的加速时间少于 8s。i3 使用一个 240V 的 32A 充电器，其充电时间约 4.5h。如使用直流快速充电器，可在 30min 左右充到 80% 的电量。当然 i3 也会用再生制动来给蓄电池充电。

为实现增程，600cc 的两缸汽油发动机会在需要时提供额外的动力，但它只用于在蓄电池荷电状态较低时来给蓄电池充电并允许在行驶的同时为电池包充电，配备了增程装置的 i3 只有在蓄电池荷电状态低于 7% 时才会起动发动机。发动机将为电动机 / 发电机提供动力来为蓄电池再充电，由此使汽车的续驶里程得以增加。该发动机仅用于驱动发电机 / 电动机，从不直接驱动汽车的车轮。

一个智能的液体加热 / 冷却系统使蓄电池始终保持在其最佳的工作温度，这有助于显著提高单体电池的性能和预期寿命。

11.14 基本诊断

对 BEV 问题的诊断可能比诊断传统车辆上的问题要简单，因为部件较少，然而大多数制成的

BEV 都具有独特的复杂电子设备。

制造商提供的检查表（图 11-36）对于诊断特定问题和了解如何维修是特别有用的。在车辆维修信息中，可能有基于症状的诊断帮助。这些可以引导你完成条理化的流程。当回答每一步给出的问题后，检查表会引导到下一步。

当这些诊断帮助无法获得或被证明无效时，优秀的技师会进行目视检查，然后采取合乎逻辑的方法来解决问题。

1. 注意事项

在 BEV 的诊断和维修过程中，要始终记住该车辆有很高的电压，这个电压会致命。因此，要始终遵循制造商给出的安全指南。对于在有关任何高电压系统的章节中所阐述的同类注意事项应始终坚持。

客户问题分析检查

EV控制系统检查表	检查者姓名	
客户姓名	型号	
驾驶员姓名	车型年款	
车辆进厂日期	车驾编号	
车辆牌照号	里程表读数	公里 英里

问题症状	□ REDAY灯不点亮　　□ 车辆不能行驶　　□ 加速不良 □ 噪声　□ 振动　　□ 刺耳声　　□ 冒烟 □ 烧焦或类似烧焦的气味 □ 其他 _____

	出现问题的时间	
	问题发生的频次	□ 经常　　□ 有时（每天 / 每月的次数）　　　　　□ 仅一次 □ 其他 _____
问 题 出 现 时 的 状 况	天气	□ 晴朗　　□ 多云　　□ 下雨　　□ 下雪　　□ 各种其他天气 _____
	室外温度	□ 炎热　　□ 温暖　　□ 凉爽　　□ 寒冷（大约 ____ ℉/____ ℃）
	地点	□ 干道公路　□ 郊外　　□ 城市内　　□ 上坡　　□ 下坡 □ 粗糙道路　　□ 其他 _____
	驱动电机状态	□ 刚起动车辆　　　　□ READY灯亮，车未移动　□ 驱动中 □ 恒定速度　　□ 加速　　□ 减速 □ 其他 _____

MIL状态	□ 保持点亮	□ 有时点亮	□ 不能点亮
DTC检查	□ 正常	□ 故障码（代码____）	□ 冻结帧数据（　　　）

图 11-36　检查和路试 BEV 时的检查表

参见

有关在高电压系统或其周围进行作业的操作规程参见本册第9、10和第二册第7章。

2. 自诊断

车辆控制系统都内置有自诊断系统。当检测到故障时，计算机将储存故障信息并可能点亮仪表板上的故障指示灯（MIL）。保存在计算机存储器中的故障可以用故障码（DTC）来检索。要检索这些故障码，应执行以下操作。

诊断步骤

1. 测量辅助蓄电池的电压，如果电压低于规范值，在继续进行测试之前，先给辅助蓄电池重新充电。

2. 检查低压电路中所有的熔丝、熔断线、线路线束、插接器和接地，必要时对其进行维修。

3. 将手持式诊断仪连接到车辆上的数据链接插接器（DLC）上。

4. 将电机开关转到ON位置，确认MIL点亮。如果MIL不亮，检查灯泡是否烧毁，电路熔丝是否不良，或电路是否开路。再强调一下，在继续之前先纠正问题。当"READY"灯点亮时，MIL应熄灭。如果MIL保持点亮状态，说明计算机已经发现问题，而且相关信息被保存在计算机存储器中。将电机开关转到OFF位置。

5. 确保诊断仪已为被测车辆做好准备。

6. 转动电机开关至ON位置并打开诊断仪。检查DTC和冻结帧数据并记录诊断仪上显示的所有诊断代码和数据。参考制造商的参考资料来确定DTC所表示的内容。

7. 遵循正确的流程，验证并修复该问题。在完成电机或相关部件的任何维修之后，用诊断仪清除计算机存储器中保留的DTC，然后再次测试以确保该故障不再出现。

3. 续驶里程减少

如果有客户使用EV时感到续驶里程正在减少，不要忘记会导致常规轿车或货车燃油经济性降低的情况同样也会导致EV的续驶里程减少。应检查以下内容。

1）检查车辆是否有额外的质量，例如是否将重物留在行李舱或货仓区域。

2）确保制动系统工作正常，且行车制动器和驻车制动器均没有阻滞。

3）确保车辆装有正确的轮胎，并且轮胎都具有合适的胎压。

4）检查车辆底部的护板是否损坏或缺失，这会影响车辆下方的空气流动。

11.15 燃料电池电动汽车

燃料电池电动汽车（FCEV）是在电动汽车和混合动力电动汽车基础上经过多年研究和开发形成的结果。它们有许多相同的技术，但在用来驱动汽车电机的能源上却有极大不同。尽管美国能源部门已经宣布将不再资助燃料电池的研究和开发，但许多一直在探索这种可能性的制造商却表示他们仍将继续。

这项技术不是新的，也不是未经证实的。美国国家航空航天局（NASA）多年来一直在其航天器中使用这项技术。燃料电池为航天器上搭载的各种电子设备提供电能。燃料电池电动汽车很像蓄电池驱动的电动汽车，它的运行就像一台电动汽车，并与电动汽车具有许多相同的特征：电力为电机提供动力以驱动车辆、车辆的运行非常安静、CO_2和其他有害排放物为零。

FCEV有电机，但这些电机的直接能源不一定是蓄电池。一些FCEV使用一个超级电容器来取代电池包。在能量储存方面，所有FCEV都依赖由车载燃料电池总成产生的直流电压。这些能量可以直接驱动直流电机，或发送给储存装置（图11-37）。FCEV不需要外部能源来重新填充储电装置，但必须重新加注燃料电池中所用的燃料。出自燃料电池的排放物只有纯水和热量。燃料电池可以连续工作，直至燃料供给被耗尽。换句话说，燃料电池电动汽车的续驶里程在很大程度上取决于它能携带的燃料数量。

1. 氢气

氢燃料电池电动汽车使用氢气作为它们的燃料或能源。氢元素只以化合物形式存在，例如在水中，它是氢和氧的结合。化石燃料是碳原子和氢原子的化合物，这就是它们被称为碳氢化合物的原因。

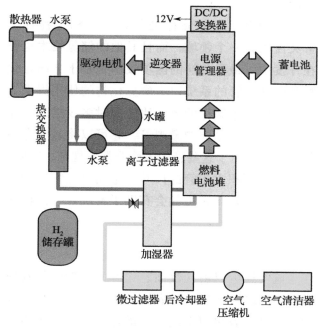

图 11-37　燃料电池电动汽车的基本组成

氢原子因其结构特点而充满了能量，因此被用于制造重整汽油、肥料中的氨和许多不同的食品产品。按单位质量计算，氢要比任何其他燃料都含有更多的能量，但其体积能量要小很多。

多年来，汽车工业一直在利用从物质中分离出氢气并与氧气重组所释放的能量。在以汽油为燃料的发动机中，汽油被强制（通过热量）与氧气结合，其结果是通过燃烧释放了能量。这种能量被用来转换为机械能。在燃料电池中，同样的

基本原理也会出现，但化学能是以电能的形式释放出来的。

2. 燃料电池电动汽车的实用性

氢燃料电池电动汽车实用化的一个主要障碍是缺乏提供纯氢气的基础设施。氢气的生产很常见，却非常昂贵。从水、化石燃料、煤和生物中可以提取氢，这是通过用另外一种或多种元素将氢原子从其化学键中拉出的某种制造方法来实现的。目前生产氢气的成本远远高于生产其他燃料，因此，这也是许多研究的难点和焦点。

两种最常见的制氢方法是蒸汽重整和电解。**蒸汽重整**是生产氢气的最常用方法。目前大约 95%的可用氢气是用这种方式生产的。蒸汽重整的方法用于从天然气或甲烷中提取氢气（图 11-38）。甲烷是所有碳氢化合物中最简单的且是现成的，它也是天然气的主要成分，存在于油田、天然气田和煤层中。蒸汽重整虽是一种生产氢气的最具成本效益的方法，但它依靠化石燃料来生产蒸汽，并使用化石燃料作为氢的来源。因此，它并没有减轻我们对化石燃料的依赖，而且在这一过程中也释放了排放物。

一种更清洁，但更昂贵的制氢方法是**电解法**。在此过程中（图 11-39），电流穿过水，水随后分解为氢和氧。氢原子聚集在带负电荷的阴极上，氧原子聚集在带正电荷的阳极上。通过电解生产氢气的成本大约比蒸汽重整方式高出 10 倍，但这个流程实现的结果是产生了纯氢和纯氧。

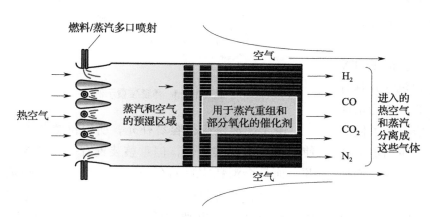

图 11-38　蒸汽重整装置生产氢气的基本原理

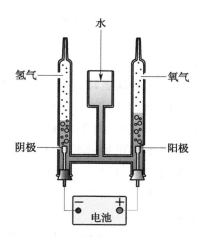

图 11-39　电解过程用电作为产生化学反应的能源将水分解为氢和氧

3. 氢气在车辆上的储存

FCEV 面临的另一个巨大的挑战是氢气的储存。为了实用，任何车辆的一箱燃料必须至少可行驶 300mile（约 483km）。显然车辆中储存的氢气越多，汽车在不重新加注燃料情况下能够行驶的距离就更长。氢气可以以液体或压缩气体的形态储存（图 11-40）。当以液态储存时，氢气必须保持非常低的温度。为使氢气保持低温，储存系统的质量和复杂性增加。在冷冻（冰冷）温度下，一个给定空间内可以储存更多的氢气。冷冻的燃料曾用于 NASA 航天飞机的火箭，但液态储存存在一些安全问题，而这些问题在以压缩氢气的形式储存时是不存在的。

图 11-40 FCEV 的氢气储存罐

压缩氢气所用的储氢罐必须非常坚固，这就意味着它会非常沉重且价格昂贵。大多数储氢罐都有一个用碳纤维和玻璃纤维包裹的铝内胆。此外，更高的压力意味着储氢罐中可填入更多的氢气，但储氢罐必须制造得更加坚固才能承受更高的压力。

高压的储氢罐是非常昂贵的。典型的 FCEV 用 5000psi（约 34.5MPa）的压力储存氢气并具有大约 150mile（约 241km）的续驶里程。压力增加一倍差不多可使续驶里程也增加一倍。为了使压力加倍，储氢罐需要制造得更坚固。使用更多的储氢罐也可携带更多的氢气。无论怎样都会增加车辆的成本。

上述考虑解释了为什么储存足够的氢气以达到可接受的续驶里程是非常困难的。当然，在一个更大的容器内可以储存更多的氢气，但这个容器将占用更多的车辆空间并使车辆增加更多的质量。

车辆上氢气的储存是研究人员和工程师非常关注的另一个领域，而且其他的储氢技术也正在开发中。最受关注的两项技术是基于金属氢化物和碳纳米管的系统。金属氢化物的使用提供了在给定体积中储存的氢气比压缩时多 3 倍的可能性。碳纳米管是碳的微观管，它可以将氢储存在其空腔中。由于这些管的表面非常不规则，因此，其实际表面积大于管的尺寸。金属氢化物和碳纳米管的使用在未来可能会有助于解决氢气的储存问题。

4. 重整装置

氢气还可以由从汽油、甲醇或天然气等其他燃料中提取氢的重整装置（图 11-41）来提供。因此，重整装置可以解决氢气的储存问题，因为储存这些燃料只需要更少的空间，而且比储存纯氢来讲要简单得多。反对使用重整装置的意见很多：重整装置有着不希望有的排放，例如二氧化碳；使用重整装置并不能减少对化石燃料的依赖；重整装置价格昂贵、反应慢，需要长时间运行才能提供足以使车辆移动几英尺的氢气，而且重整装置的成本更推高了燃料电池原本已经很高的成本。

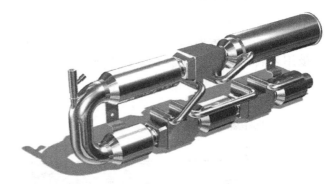

图 11-41 重整装置示例

由于燃油供应很容易补充，所以重整装置也使 FCEV 更加实用化，但重整装置有一些排放问题，而且会消耗宝贵的车辆空间。还有一个问题是用来重整的燃料的纯度。许多燃料含有大量的硫，硫可使燃料电池中所用的催化剂受到污染，使氢气可能在重整过程中无法完全过滤出来。

11.16 燃料电池

燃料电池通过氢和氧结合形成水的电化学反应产生电能，工作的基本原理与电解相反。电解是使电流穿过两个电极之间的电解质从而将水分子分解成氧原子和氢原子的过程。在燃料电池中，催化剂用来将燃料（氢）和氧结合起来，这个化学反应释放出电子或者说电能（图 11-42）。

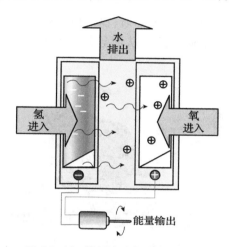

图 11-42 燃料电池的基本工作原理

单个燃料电池产生的电压非常低，通常小于 1V。为了提供驱动车辆所需的足够能量，要将数百个单个燃料电池串联在一起，这个总成被称为燃料电池堆（图 11-43），采用这种叫法是因为这些单个电池是彼此紧挨着被分层或堆叠在一起的。

图 11-43 燃料电池堆

1. 燃料电池电动汽车的配置

燃料电池电动汽车动力系统有三种基本配置（图 11-44）。当动力系统有一个直接供给系统时，来自燃料电池的能量直接输送到驱动电机。采用这种配置的 FCEV 不具有再生制动功能，而且推进动力完全依赖于燃料电池的输出。

在与蓄电池混合的动力系统中，来自燃料电池的能量被输送给电机、电池包或两者。这种配置可以使用再生制动。蓄电池还可以作为燃料电池能量的补充以提高性能。该系统比直接供给系统需要更多的电子控制。

	基本配置	系统特征	效率	动力表现
燃料电池直接供给系统	电机 ← 燃料电池堆	需要简单的高电压系统启动装置	良好的效率无再生制动	响应能力取决于燃料电池堆的输出
蓄电池混合系统	电机 — 高压控制装置 — 燃料电池堆 / 蓄电池	需要高电压分配系统	热损失影响了效率具有再生制动	可提供输出辅助
电容器辅助系统	电机 ← 燃料电池堆 / 超级电容	不需要高电压分配系统	良好的效率具有再生制动	可提供瞬时的高输出辅助

图 11-44 FCEV 的不同配置

第三种配置使用超级电容器而不是电池。超级电容器由燃料电池和再生制动来充电。超级电容器能快速充电和放电，这可使动力系统更快地响应变化的工况。这种类型的系统也需要复杂的电控系统。

2. 控制装置

为了控制燃料电池的输出，从而控制车速，需要先进的电子控制装置。这项技术的大部分已经用在混合动力电动汽车上，但燃料电池的独特性使其需要额外的一些新的控制装置。FCEV 有高电压和低电压系统，因而需要电子控制以使燃料电池能为这两个系统提供电力。这意味着所有的 FCEV 都需要一个 DC/DC 变换器（图 11-45）以降低来自燃料电池的高电压。这些控制装置是其他类型车辆的电控系统不具备的。由于燃料电池产生的是直流电压，所以除非驱动电机和各种附件需要交流电压，否则是不需要逆变器的。

图 11-45 DC/DC 变换器

3. 温度问题

大多数燃料电池的启动需要一些时间，尤其是在低温情况下。事实上，冰点以下的温度能够"扼杀"燃料电池，被冰堵塞的排气系统也会使燃料电池关闭。这是一个需要更多研究的领域，而且一些制造商在这个问题的处理上已经取得了一些成功。基本的要点是确保在燃料电池关闭后将所有的水从电池中排出，这需要来自能量储存装置的能量。还有在水中混合特殊冷却剂的研究。

燃料电池只有达到 32°F（0℃）的温度才会产生电流的问题也是一个需要克服的障碍。

在温度范围的另一侧是必须小心地控制热量。燃料电池在其运行时会变得非常热，但其只有在特定温度范围内才运行效果最佳，该温度范围取决于燃料电池的类型。一些燃料电池要在比传统发动机更低的温度下才有最好的运行状态（图 11-46）。这提出了一个重大的挑战，因为低温下散热比高温下散热更难。这意味着冷却系统可能需要更大和 / 或更多的散热器。这也意味着冷却系统需要更多的车辆空间，从而导致乘客和行李可用空间的减少。

图 11-46 自身带有冷却系统的燃料电池堆

当冷却系统需要的空间增加到燃料电池堆和其他部件所占的空间时，必须对该空间进行非常仔细的设计。当电子设备和驱动电机也需要保持冷却时，这种设计就变得更有挑战性了。对这些装置的冷却需要一个额外的冷却系统，因为它们运行在与燃料电池堆不同的温度范围。当车辆配备了高压电池包和 / 或超级电容器时，会出现额外的冷却问题。

另一个与热量有关的问题是因要将外部空气提供给燃料电池的空气压缩机而产生的。当空气受到压缩时，它的温度就会升高。因为燃料电池在特定温度范围内才工作效果最佳，压缩空气的热量会将燃料电池加热到超出这个范围。为了消除这个问题，必须在空气压缩机系统中增加中间冷却器，这会进一步占用车辆空间。还有一个进入空气过滤的问题。理想情况下，进入的空气需要是没有任何污物和其他杂质的，对空气的过滤系统也会占用空间并影响车辆的总体布局和设计。

4．燃料电池类型

不同类型的燃料电池因尺寸、质量、燃料、成本和运行温度不同而不同。无论设计如何，所有燃料电池都有两个涂有催化剂的电极。电极上的催化剂通常是铂，催化剂引发燃料电池中的化学反应，但不参与实质上的反应。燃料电池的一个电极具有正的极性，即阳极，另一个是负极性的，因而是阴极。电极彼此之间用电解质和隔板隔开（图 11-47）。

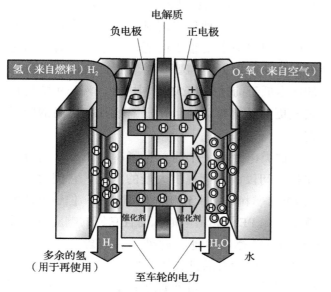

图 11-47　所有燃料电池都有两个电极，一个带正电荷，一个带负电荷，它们之间是电解质

燃料电池在运行期间不消耗催化剂的材料，它消耗的仅是氢和氧。空气压缩机从燃料电池外部吸入空气从而将氧气输送给燃料电池。氢气从压缩的储氢罐或重整装置送入燃料电池。燃料电池内进行的实际反应取决于其设计。下面介绍几种可能会应用在汽车上的燃料电池。

（1）质子交换膜燃料电池　质子交换膜（PEM）燃料电池（图 11-48）或其派生产品是应用于车辆的一个很受欢迎的设计，因为它可对输出进行调节，这正是车辆行驶所需要的。通过控制燃料电池的输出可控制车辆的速度。虽然它非常紧凑，但能够提供较高的输出效率。与其他燃料电池设计相比，它在 86~212 ℉（30~100℃）的相对较低温度下是最高效的，但其制造成本很高。

质子交换膜中的电解质是一种聚合物膜，被称为质子或离子交换膜。聚合物对化学物质具有很强的抵抗力，因而可用作电的绝缘体或隔离物。燃料电池中的聚合物膜具有这两种作用。

当氢气被输送到阳极时，催化剂导致氢原子分裂为电子和质子。氧气进入到燃料电池的另一侧，并与阴极上的催化剂反应，使氧分子分裂成氧离子。阳极上的氢释放的质子（氢离子）移向氧离子。记住电子总是移向某些正极性的物质，但不能穿过隔膜，所以它们到达燃料电池正极一侧的唯一路径是外部的电路。电子通过该电路的运动产生了直流电流。

由于隔开两个电极的隔膜只允许质子穿过，氢离子移动向阴极，在那里与氧离子结合形成水。由燃料电池产生的一部分水被用来加湿进入的氢气和氧气。这一点很重要，因为为了使燃料电池正常工作，离子（质子）交换膜必须保持湿润。

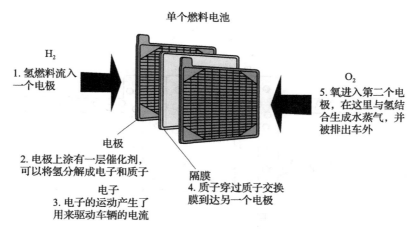

1. 氢燃料流入一个电极

2. 电极上涂有一层催化剂，可以将氢分解成电子和质子

电子

3. 电子的运动产生了用来驱动车辆的电流

电极

隔膜

4. 质子穿过质子交换膜到达另一个电极

5. 氧进入第二个电极，在这里与氢结合生成水蒸气，并被排出车外

图 11-48　PEM 燃料电池的基本工作原理

燃料电池产生的剩余的水作为燃料电池的废物从燃料电池中排出。燃料电池还释放出一些热量，这些热量要么释放到外界空气中，要么用于加热燃料电池，也可用于加热乘客舱。

PEM 燃料电池的最大缺点之一是需要保持隔膜的湿润。在寒冷的温度下，水会冻结，使燃料电池很难启动。此外，一氧化碳（CO）会削弱铂的催化作用。由于外部空气被输送到电池的一侧，所以空气中存在的 CO 会减少电池的输出。许多研究和开发工作正在尝试减轻这些问题。

（2）固体氧化物燃料电池　固体氧化物燃料电池（SOFC）可能是第一个用于量产汽车的设计，但它不用来给驱动电机供能，而是用来取代传动带驱动的交流发电机。目前的交流发电机效率不是很高，而且其输出取决于转速。它们还要依靠发动机的动力来运行，这意味着它们会增加发动机的燃油消耗。拆下交流发电机并使用一个 SOFC 将提高发动机的效率。SOFC 还可以提供更高的动力水平，这意味着更多的附件可以采用电力驱动，这会进一步提高发动机效率。使用 SOFC 还允许附件在发动机未运转时运行，而且不会耗尽蓄电池。

这类电池有一个陶瓷的阳极、一个陶瓷的阴极和固态电解质（图 11-49）。为了高效，这类电池必须在 1290~1830℉（700~1000℃）的高温下运行。尽管这样的温度使电池中所用材料的类型被限制为陶瓷，但它们也排除了对昂贵催化剂的需求。这意味着 SOFC 具有较低的生产成本。由于工作温度高，这类燃料电池可以与一个简单的

单级内置式重整装置一起运行。此外，高温消除了 CO 毒害电极的可能性。对比内燃机 20%~30% 的效率，估算这类燃料电池的效率为 40%~45%。

过高的运行温度也是这类燃料电池不能用于驱动车辆的原因。当出现这种高热量时，必须进行释放。大量高热量的释放可能会引起汽车其他系统的许多问题。

（3）直接甲醇燃料电池　直接甲醇燃料电池（DMFC）是 PEM 燃料电池的一种类型。液态甲醇（不是氢）在阳极被氧化，而氧在阴极被还原。甲醇被认为是一种理想的氢载体，因为它在释放其中的氢时只需要很少的能量。甲醇可直接输送到电池中，因此不需要重整装置，所以这种电池的成本低于前述的 PEM 燃料电池。液态甲醇也比氢气更容易储存，并且比压缩氢气有更高的能量密度。

这类电池是一个简单且紧凑的单元，它可以在长时间段内持续提供大量的能量。它们运行在与 PEM 燃料电池大致相同的温度下，但该电池的效率不如 PEM 燃料电池，而且它们的响应时间要慢于 PEM 燃料电池。此外，它们含有其他类型燃料电池所没有的排放物。当从甲醇中移出氢时，碳被释放。碳原子和氧原子结合形成了 CO_2，而氧原子和氢原子形成了水。

（4）碱性燃料电池　碱性燃料电池（AFC）是 NASA 使用的一种燃料电池。它很昂贵，但效率很高。在航天器中，水（燃料电池的排出物）被用作太空旅行者的饮用水。由于它的成本过高，这种燃料电池肯定永远不会用于汽车。它对二氧

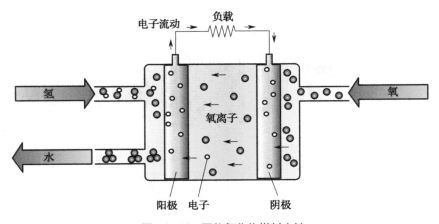

图 11-49　固体氧化物燃料电池

化碳非常敏感，这意味着在所有 CO_2 都从进入的空气中去除情况下，它才能运行得最好。这种燃料电池的工作原理类似于 PEM 燃料电池。

碱性燃料电池使用氢氧化钾（KOH）的水基溶液作为电解质。电极涂有催化剂，但其工作温度和进入气体的纯度使其不需要铂（用作催化剂的典型贵金属），从而提高了效率并降低了成本。

5. 氢燃料基础设施

在建立完善的氢气配送系统之前，燃料电池电动汽车将不会是主要的交通运输工具，然而，有许多公司试图建立氢气燃料加注站。在美国有超过 50 个可用的加气站，而这还不足以满足燃料电池电动汽车增长的需求。这些氢气加注站（图 11-50）使用的加注枪看起来很像普通的加油枪（图 11-51），但汽车上的加氢口（图 11-52）与燃油加注口是完全不同的。

11.17　当前的燃料电池电动汽车

用于日常使用的燃料电池电动汽车量产可能还要等几年时间，但在世界各地的道路上已有许多燃料电池电动汽车的原型车。所有这些都是正在进行的研究的一部分。每家主流制造商都至少制造了一种类型的 FCEV，而且许多制造商几乎每年都开发一款新的车型。制造商们正于现实环境中测试不同的技术。尽管很难准确地预测量产的 FCEV 将采用何种配置，但可以肯定的是，今天的原型车中使用的一些技术将是最终设计的一部分。

下面是目前行驶在北美一些地区的 FCEV 实例。

1. 丰田

丰田从其混合动力电动汽车上学到的很多东西已移植到它的燃料电池电动汽车上。事实上，

图 11-50　氢气加注站

图 11-51　氢气加注软管和加注枪

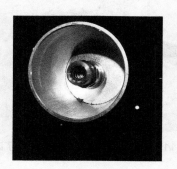

图 11-52　加氢口

许多相同的部件也同样可以用来移植。丰田的第一辆 FCEV 是 RAV4 FCEV，它使用丰田开发的 PEM 燃料电池，并配置为与蓄电池混合的 FCEV。丰田 RAV4 FCEV 有两代，第一代将氢气存储在金属氢化物中，而另一代有一个甲醇重整装置，并提供 310mile（约 500km）的续驶里程。

为了了解混合动力技术和部件是如何被用在燃料电池电动汽车上的，可以探讨一下丰田最新 FCEV 之一——Mirai（图 11-53）。这辆车是一款与蓄电池混合的 FCEV，并用 109hp（约 81kW）的电机驱动。被压缩的燃料储存在 4 个 1000psi（700kg/cm²）的氢燃料罐中。蓄电池和相关电子装

置也与 Prius 所用的相似。动力控制单元位于发动机舱内，而且是在 Prius 上使用的动力控制单元的基础上稍作改动的版本。该控制单元监测当前的运行工况并决定何时使用蓄电池、燃料电池或两者的组合来驱动车辆和给蓄电池充电。这与混合动力电动汽车中使用的策略是相同的，但在 FCEV 中，燃料电池及其输出取代了混合动力电动汽车中的发动机（图 11-54）。

图 11-53 丰田燃料电池概念车

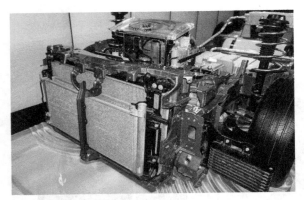

图 11-54 燃料电池及其部件充满了该 FCEV 的发动机舱

车间提示

这款丰田 FCEV 的名字有点与众不同，而且没有真正的英语来源。日语中 "Mirai" 一词的意思是未来。因此，这款车肯定是面向未来的。

丰田的 Mirai 是首批被商业化销售的燃料电池电动汽车之一。丰田最初只是通过加州的 8 家经销商销售这款车。Mirai 的定价为 57500 美元，或可以每月 349 美元的价格租用三年。该车在加满氢的情况下，采用 EPA 行驶循环测试时总续驶里

程为 312mile（约 502km）。Mirai 的综合燃油经济性被评定为 66MPGe（约合 3.6 L/100 km）。根据这些评级，Mirai 是 EPA 评定的燃料效率最高、续驶里程最长的氢燃料电池电动汽车。

Mirai 使用丰田开发的氢燃料电池系统。Mirai 有一个动力控制单元和安装在汽车前部的 152hp（约 113kW）的驱动电机。燃料电池堆和储氢罐布置在座椅下的区域（图 11-55）。在车辆的后部是另一个氢气储存罐和一个 245 V（1.6 kW·h）的镍氢电池包。丰田最新的混合动力部件被广泛用在动力系统中，包括电机、动力控制系统和蓄电池。

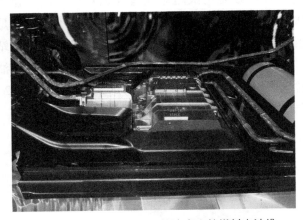

图 11-55 丰田 FCEV 概念车上的燃料电池堆

丰田燃料电池堆的最大输出功率为 152hp（约 113kW），并具有世界领先的功率输出密度。这是由于其燃料电池里面带有细小网格通道，这些通道形成了一个三维晶格结构从而增强了氧气的流动，这反过来又可使每个燃料电池产生相同的电量。每个燃料电池堆用 370 个单体电池组成。每个单体电池只有 0.05in（约 1.27mm）厚和 0.22lb（约 100g）的质量。燃料电池电压升压转换器是一个紧凑且高效的 793in³（13L）的大容量变换器，它可将燃料电池产生的电压提升到 650V。

燃料电池用两个布置在车身下部的 10000psi（约 69MPa）高压储氢罐供给氢气，一个在座椅区域下，另一个在行李舱中（图 11-56）。这些储氢罐是由碳纤维增强塑料制成的三层结构体。这种结构保证了储氢罐的强度、耐久性和良好的氢渗漏防护性。该系统配有氢气传感器，可以检测气体的泄漏并关闭储氢罐的阀门。为了方便起见，汽车导航系统内编入了本区域氢气加注站的位置。

通过其 CHAdeMO 电源输出接头，该车还可以在断电期间为住宅提供 60kW·h 的电力。仪表板上有一个标有 H_2O 的按钮（图 11-57），它用来打开车辆后部的一个小盖，以便排出作为燃料电池副产物的水蒸气，这在寒冷气候下是极其重要的，因为水会结冰并堵塞燃料电池的排气通风装置。

图 11-56　氢气储存罐

图 11-57　用于释放燃料电池蒸汽副产物的按钮

在低速时，FCEV 使用其储存在蓄电池中的能量像所有电动汽车一样运行。该蓄电池可以通过再生制动进行充电。在高速时，仅用燃料电池为车辆提供动力。当需要额外的动力时，燃料电池和蓄电池一起工作来提供额外的功率。

2. 本田

本田也一直在致力于燃料电池电动汽车的研究。不像丰田，本田使用的混合动力系统不能轻易地使用在燃料电池电动汽车中，但许多控制装置和特性却可以很好地移植。此外，本田在电池电动汽车方面也有丰富的经验。定名为 Clarity 的

FCEV（图 11-57）不用于销售，但能以每个月 369 美元的费用租用三年。为了补偿使用成本，本田为租客提供一张三年租用期的 15000 美元的燃料卡。

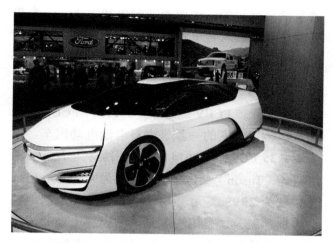

图 11-58　本田 Clarity FCEV 的概念车型

本田采用了他们最新的燃料电池设计，这种燃料电池紧凑但强劲，而且可以在非常低的温度下工作。这种新型的燃料电池是一种 PEM 燃料电池。该燃料电池可控制排出的水流量，因为这对燃料电池的效率和启动时间非常重要。氧气和氢气从顶部流向燃料电池堆的底部。该燃料电池最重要的特点是其能利用重力来除去燃料电池中不需要的水，以防止其在寒冷状态运行期间结冰。该燃料电池能够在低至 -22℉（-30℃）的温度下启动。

Clarity 的燃料电池在发动机舱盖下，而电压控制单元安装在燃料电池的顶部。控制单元增加和调节燃料电池产生的功率。空气压缩机用来增加进入燃料电池堆的空气量，这也增加了功率输出。交流同步电机的额定功率为 174hp（约 130kW），并直接与变速器连接。

一个 1.7kW·h 的锂离子电池包安装在前排座椅下方，它用作燃料电池的缓冲器，并在重载时提供额外电力。该 Clarity 始终由蓄电池提供动力并用电机驱动，从不用燃料电池直接驱动。该蓄电池可以储存燃料电池和再生制动产生的电能。

两个不同尺寸的用铝内衬和增强复合材料制成的"燃料"罐可储存 10000 psi（约 69MPa）压力的氢气。为给该储氢罐加注氢气，只要将燃料

加注枪锁定在燃料加注口上，燃料就会立刻开始流动。该储氢罐可容纳 5.5kg10000psi 压力下的氢气，这大约相当于 5.5gal 的汽油。

Clarity 的仪表显示屏上有一个小圆点，它随着氢气消耗量的增加而改变颜色和大小。一个单独的显示器显示蓄电池的电量状况，另一个显示电机的输出。

3. 现代

现代 ix35 FCEV 或途胜（Tucson）FCEV 是现代汽车公司开发的一款氢燃料电池电动汽车。第一辆 ix35 FCEV 于 2014 年在美国加利福尼亚州的塔斯廷（Tustin）交付，租用价格为 499 美元 / 月，首付款为 2999 美元，并可在三年内无限制地免费添加燃料，这是第一款量产的燃料电池紧凑型 SUV。现代公司正在加州选定的地区出租 Tucson 燃料电池电动汽车。

Tucson FCEV 使用一个 PEM 燃料电池来产生 100kW·h 的电力。ix35 FCEV 用额定功率为 100 kW 的强大氢燃料电池，具有大约 369mile（594km）的续驶里程。由于 ix35 FCEV 有较大的空间来容纳储氢罐，并采用了更高压力的储氢罐，而且在燃油电池制造上有诸多进步，因此，与上一代 FCEV 相比，其续驶里程已有所提高。

储氢罐以 10000psi（约 69MPa）的压力储存压缩的氢气，可容纳 5.64kg 氢气。这意味着它们储存了足够行驶 369mile（594km）的燃料。一台由 4kW 的锂离子电池提供电力的 134hp 的电机驱动前轮。

11.18 燃料电池电动汽车原型车

实用化的 FCEV 的开发会涉及不同汽车制造商的合作。一些合作者已经宣布了他们的合作。戴姆勒、福特和日产正一起合作来建立一个在不同车辆上共用的驱动系统，他们预计在 2017 年即可用于各种车辆上。他们还致力于改善氢气的基础设施，并已经达成了一些改善氢气基础设施的合作。例如，戴姆勒已经与气体经销商林德（Linde）合作在整个欧洲建立加氢站。目前在加州有一些提供氢气加注站的合作尝试。宝马和丰田还建立了另一个合作项目，他们正在为 2020 年的中型跑车设计一个平台。

全世界的道路上跑着许多 FCEV 的原型车和概念车，所有这些都是正在进行的持续研究的一部分。每个主流制造商都至少已经制造了一种类型的 FCEV，而且许多制造商几乎每年都开发一款新的车型。这些车辆正在现实环境中测试不同的技术。

下面将介绍正在开发中的一些 FCEV。

1. 奥迪

在过去几年，奥迪一直在开发几款电动汽车，这些车大部分在其车型名称后面都有一个 e-tron 的尾标。A7 h-tron 从其字面意思上看是一款混合动力电动汽车。一些插电式混合动力的 e-tron 车型的部件取自两厢 A3 的 e-tron 版本。此外，增加的 300 个燃料电池可使 A7 h-tron 在一段时间内作为纯电动汽车行驶相当长的距离。

仪表板上有一个用于显示当前功率流的功率仪表。该仪表的外边部分显示储氢罐中的液位和蓄电池电量的状态。还有一个 EV 按钮，它可使汽车只使用蓄电池的动力运行。

2. 戴姆勒

戴姆勒从 1994 年开始开发燃料电池电动汽车，并以测试为目的生产了 100 多辆。这些车辆包括轿车、公共汽车和面包车。他们的车辆在美国、欧洲、中国、日本、澳大利亚和新加坡的公路上行驶。他们在各个地方进行车辆用于各种行驶工况和气候条件的可行性研究。

通过不断的研究，戴姆勒已经能够延长续驶里程，最小化了燃料电池部件所需的空间，并改善了在寒冷气候下的启动和运行。为了最大限度地减少空间占用，工程师们将整个燃料电池驱动系统布置在地板中，这使他们能够将一辆梅赛德斯 – 奔驰的小型 A 级车和小型 SUV 改装成一辆燃料电池电动汽车，并且仍具有乘客和行李舱的空间（图 11-59）。

一个原型车是梅赛德斯 – 奔驰 B 级燃料电池电动汽车，该车拥有一台 136hp（约 101kW）的电机。该车使用蓄电池作为电源启动车辆，并在加速期间辅助燃料电池向电机提供电力。该电池包用燃料电池和再生制动进行充电。储存氢气的压力为 10000 psi（约 69MPa）并有约为 280mile（约 451km）的续驶里程。

图 11-59　正由新加坡、日本、德国和美国客户使用的梅赛德斯－奔驰 A 级燃料电池电动汽车

戴姆勒不久后将推出其 GLC 的插电式燃料电池电动汽车。该车将使用一个位于车辆后部的 9kW·h 的电池包。该锂离子电池包具有大约 30mile（约 48km）的纯电动续驶里程。燃料电池将另外增加 300mile（约 483km）的续驶里程。此外，当驾驶员寻找氢气加注站时，蓄电池可用于提供一些电力。该蓄电池位于车辆的后部，而燃料电池则布置在发动机舱盖的下面。

3. 通用汽车公司

通用汽车公司已经通过几台试验性的 FCEV 来最大限度地减少储存氢气的所需空间并增加续驶里程。在 2002 年，它引入了"滑板"的概念（图 11-60）。在该设计中，所有与燃料电池相关的部件都被封装在一个也用作车辆底盘的碳纤维结构体中。这种含有驱动系统的底盘上面可以安装任何车身。这类车辆中的最初的车型是 AUTOnomy 和 Hy-wire，它们展示了许多前瞻的概念，包括全线控的驱动系统。

在该滑板底盘中封装了燃料电池堆、氢气和空气处理子系统、高压分配系统以及储氢罐。储氢罐设计为能储存 10000psi（约 69MPa）压力的压缩氢气。

通用汽车公司的一款最新概念的燃料电池电动汽车是 Sequel。Sequel 使用了在 AUTOnomy 和 Hy-wire 上运行良好的技术。它是采用与蓄电池混合的 FCEV，用锂离子蓄电池在加速过程中为 3 个电机提供电能，并在制动过程中回收能量。一个横向布置的三相交流电机驱动前轮，两个三相交流轮毂式电机驱动后轮。每个电机都有单独的逆

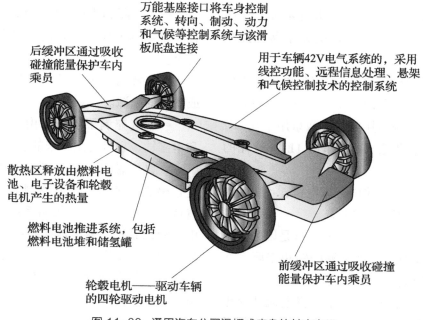

万能基座接口将车身控制系统、转向、制动、动力和气候等控制系统与该滑板底盘连接

后缓冲区通过吸收碰撞能量保护车内乘员

用于车辆42V电气系统的，采用线控功能、远程信息处理、悬架和气候控制技术的控制系统

散热区释放由燃料电池、电子设备和轮毂电机产生的热量

燃料电池推进系统，包括燃料电池堆和储氢罐

轮毂电机——驱动车辆的四轮驱动电机

前缓冲区通过吸收碰撞能量保护车内乘员

图 11-60　通用汽车公司滑板式底盘的基本布局

变器。电气系统包括三个具有不同电压的独立系统。高电压系统为牵引电机提供能量，42V 系统为制动、转向、空调和其他线控系统提供能量，12V 系统用于传统的附件和灯光。

通用汽车最近公开了它旗下雪佛兰 Volt 的一款用燃料电池驱动的车型。在这款概念车中，发电机被燃料电池取代。为了容纳储氢罐，电池包只有原来的一半。它还采用了更先进的燃料电池设计，而且车辆更轻。锂离子电池包可通过插电、燃料电池或再生制动进行充电。当汽车首次启动时，它是由燃料电池驱动的。当需要更多的电力时，电池包向驱动电机提供额外的能量。

3C：Concern（问题）、Cause（原因）、Correction（修复）

ALL TECH AUTOMOTIVE				维修工单	
年份：2012	制造商：日产	车型：Leaf	里程：41058mile		RO：16603
问题：	客户陈述车辆的续驶里程最近几周明显减少。				
技师检查了是否有点亮的故障警告灯并查阅了技术服务公告。发现没有后，对车辆进行了目视检查。在检查了轮胎和行李舱区域后并未发现任何问题，然后举升起车查看车辆下部。没看到车辆有任何损坏伤，然后转动每个车轮，检查制动阻力。制动感觉正常，但技师注意到轮胎看来很新，于是更仔细地检查了轮胎并发现它们不是该车通常使用的低滚动阻力轮胎。					
原因：	检查车辆并发现更换的轮胎不符合 OE 轮胎的规格。				
纠正：	对车辆的检查发现其新轮胎的等级与 OE 轮胎不同，造成滚动阻力增加。建议客户更换 LRR 轮胎以恢复减少的续驶里程。				

11.19 总结

- 纯电动汽车（BEV）使用储存在高压蓄电池中的电能为驱动电机提供动力并且是零排放的。
- 燃料电池电动汽车（FCEV）也是电驱动的零排放汽车，但它们依赖氢气作为燃料。
- BEV 的基本系统包括高压电池包、电池管理系统、电机和配套系统、12V 电气系统、变换器和 / 或逆变器，以及驾驶员用的显示器和控制装置。
- 千瓦（kW）是度量功率的国际单位（不仅仅是电气功率）。1kW 是 1000W，约等于 1.34hp。
- 电池或其他电源可用能量的数量用千瓦·时（kW·h）表示，它代表 1kW 作用 1h 所消耗的能量。
- 大多数量产的 EV 使用交流电机，而 FCEV 和许多改装的 EV 使用直流电机。
- 在大多数 EV 中没有变速器，这是因为电机可在其整个速度范围内提供足够的转矩来驱动车辆且不需要转矩倍增。
- 感应式充电利用磁感应原理将电流从充电器转移给车辆。充电插板和车辆充电端口之间没有金属与金属的接触。
- 传导式充电是通过充电连接器与车辆充电端口之间建立的连接来完成的。
- 传导式充电通常是用一个被称为 ODU 的类似加油枪的连接器来完成的。
- SAE 的 J1772 标准涵盖了对 EV 传导式充电系统和连接器基本物理性质、电气、通信协议和性能的要求。
- 在诊断和维修 BEV 时，始终要记住车辆具有非常高的电压，应始终遵循制造商给出的安全指南。
- 氢燃料电池电动汽车使用氢气作为其燃料或能源的来源。
- 氢气充满了能量。由于它的原子结构特点和丰富性，它可能是未来的燃料。
- 典型燃料电池车辆中的主要动力系统部件包括燃料电池堆、带有燃料罐的高压氢气供给装置或重整装置、空气供给系统、加湿系统、燃料电池冷却系统、蓄电池或超级电容器、驱动电机、变速器和控制模块及相关的输入和输出系统。
- 燃料电池通过与电解方式相反的过程产生电力，氢和氧气在此过程中结合而形成水。

11.20 复习题

1. 简答题

1）为什么二氧化碳排放是一个问题?

2）驾驶员为延长 BEV 的续驶里程能够做哪五件事?

3）什么构成了 BEV 的推进系统?

4）哪些基本因素影响 BEV 电池包充电的时间?

5）BEV 有两种与外部电源连接进行充电的基本方式：传导式和感应式。这两者之间的区别是什么?

6）为什么对水的控制对 PEM 燃料电池的效能如此重要?

7）1kW 与 1kW·h 额定值分别代表什么?

2. 判断题

1）所有的燃料电池车辆都有再生制动功能并使用 12V 的辅助系统。对还是错? （　　　）

2）PEM 燃料电池需要运行在非常高的温度下。对还是错? （　　　）

3. 单选题

1）下列哪一个关于氢的陈述是正确的? （　　　）

A. 一个氢原子有一个质子和两个电子

B. 氢是已知最重的元素之一并充满了能量

C. 化石燃料是碳和氢的组合

D. 当水被分解成其基本元素时，在燃料电池中产生氢

2）下列哪一种物质不能作为生产氢气的来源? （　　　）

A. 汽油　　　　　　　　B. 甲醇

C. 二氧化碳　　　　　　D. 天然气

3）下列哪一项关于燃料电池的表述是不正确的? （　　　）

A. 单个燃料电池产生非常低的电压，通常小于 1V

B. 燃料电池通过氢和氧结合形成水的电化学反应来产生电流

C. 燃料电池由两个涂有催化剂的电极组成，它们用电解质隔开，并通过隔板与壳体隔离

D. 在燃料电池中，催化剂用来点燃氢，这导致了电子或电能的释放

4）燃料电池的基本燃料是什么? （　　　）

A. 氢气　　　　　　　　B. 甲醇

C. 电　　　　　　　　　D. 汽油

5）将碳氢化合物的分子结构转变为富氢气体的组件被称为（　　　）。

A. 压力容器

B. 燃料电池

C. 燃料喷嘴

D. 重整装置

6）下列哪一种关于氢的表述是不正确的? （　　　）

A. 氢气会取代空气，因此释放到封闭的任何空间中都可能导致窒息

B. 氢气必须作为压缩的气体来储存

C. 氢是无毒的

D. 氢气是高易燃性的，因此有爆炸的危险

4. ASE 类型复习题

1）技师 A 说功率是做功的能力；技师 B 说能量是完成做功的速率。谁是正确的? （　　　）

A. 仅技师 A 正确

B. 仅技师 B 正确

C. 技师 A 和技师 B 都正确

D. 技师 A 和技师 B 都不正确

2）在讨论感应式充电时，技师 A 说目前大多数 BEV 使用这类系统是因为它是安全的；技师 B 说这种方法要求将一个防风雨的插板插入车辆的充电端口。谁是正确的? （　　　）

A. 仅技师 A 正确

B. 仅技师 B 正确

C. 技师 A 和技师 B 都正确

D. 技师 A 和技师 B 都不正确

3）技师 A 说一些 BEV 使用液体来加热乘客舱；技师 B 说一些 BEV 使用带有风扇的电阻加热器来加热乘客舱。谁是正确的? （　　　）

A. 仅技师 A 正确

B. 仅技师 B 正确

C. 技师 A 和技师 B 都正确

D. 技师 A 和技师 B 都不正确

4）在讨论充电器的连接时，技师 A 说目前在北美销售的几乎所有 BEV 都有一个 AVCON 连接器；技师 B 说目前在日产 Leaf 和三菱 i 车型上用于直流快速充电的连接器是基于 CHAdeMO 标准的。谁是正确的？（　　　）

A. 仅技师 A 正确

B. 仅技师 B 正确

C. 技师 A 和技师 B 都正确

D. 技师 A 和技师 B 都不正确

5）技师 A 说燃料电池通过氢和氧结合形成水的电化学反应来产生电流；技师 B 说在燃料电池中，催化剂用来点燃氢，从而导致电子或电能的释放。谁是正确的？（　　　）

A. 仅技师 A 正确

B. 仅技师 B 正确

C. 技师 A 和技师 B 都正确

D. 技师 A 和技师 B 都不正确

6）在诊断 BEV 续驶里程减少的问题时，技师 A 从检查轮胎气压和轮胎类型开始；技师 B 从检查车辆下护板和防护物开始。谁是正确的？（　　　）

A. 仅技师 A 正确

B. 仅技师 B 正确

C. 技师 A 和技师 B 都正确

D. 技师 A 和技师 B 都不正确

7）在讨论 BEV 中的控制器时，技师 A 说当选择倒档时，控制器可以反转供给电机的电流流向；技师 B 说新式的控制器通过调制脉冲宽度来调节电机的转速。谁是正确的？（　　　）

A. 仅技师 A 正确

B. 仅技师 B 正确

C. 技师 A 和技师 B 都正确

D. 技师 A 和技师 B 都不正确

8）技师 A 说所有 FCEV 都有再生制动；技师 B 说所有 FCEV 都有一个辅助的 12V 蓄电池。谁是正确的？（　　　）

A. 仅技师 A 正确

B. 仅技师 B 正确

C. 技师 A 和技师 B 都正确

D. 技师 A 和技师 B 都不正确

9）技师 A 说汽油可以作为燃料电池的氢气来源；技师 B 说二氧化碳可以作为燃料电池的氢气来源。谁是正确的？（　　　）

A. 仅技师 A 正确

B. 仅技师 B 正确

C. 技师 A 和技师 B 都正确

D. 技师 A 和技师 B 都不正确

10）在讨论氢气时，技师 A 说一个氢原子有一个质子和两个电子；技师 B 说当水被分解成基本元素时，在燃料电池中会产生氢。谁是正确的？（　　　）

A. 仅技师 A 正确

B. 仅技师 B 正确

C. 技师 A 和技师 B 都正确

D. 技师 A 和技师 B 都不正确

附　录

附录 A　中英文图书章节对应表

中文图书章节	英文图书章节	中文图书章节	英文图书章节
《汽车维修技术基础》		《汽车发动机检修技术》	
第 1 章　汽车服务行业中的工作岗位和职业技能	第 1 章、第 2 章	第 17 章　汽油机排放控制装置的诊断与维修	第 34 章
第 2 章　车间作业安全	第 7 章	第 18 章　柴油发动机及其排放控制介绍	第 9 章、第 28 章、第 33 章和第 34 章部分内容合并
第 3 章　基本知识和计算	第 3 章	《汽车底盘检修技术》	
第 4 章　汽车电气基础	第 15 章、第 16 章	第 1 章　离合器	第 37 章
第 5 章　电子与计算机系统基础	第 22 章	第 2 章　手动变速器和变速驱动桥	第 38 章
第 6 章　汽车基本系统简述	第 4 章	第 3 章　手动变速器 / 变速驱动桥维修	第 39 章
第 7 章　汽油、柴油和其他燃料	第 28 章（部分）	第 4 章　驱动桥和差速器	第 40 章
第 8 章　通用工量具和诊断工具介绍	第 5 章、第 6 章	第 5 章　自动变速器和变速驱动桥	第 41 章
第 9 章　汽车维护与检修	第 8 章	第 6 章　电控自动变速器	第 42 章
第 10 章　混合动力电动汽车	第 35 章	第 7 章　自动变速器和变速驱动桥维修	第 43 章
第 11 章　电动汽车	第 36 章	第 8 章　四轮和全轮驱动	第 44 章
《汽车发动机检修技术》		第 9 章　轮胎和车轮	第 45 章
第 1 章　汽车发动机设计和诊断	第 9 章（柴油机部分合并至中文版第 18 章）	第 10 章　悬架系统	第 46 章
第 2 章　发动机的拆解和清洁	第 10 章	第 11 章　转向系统	第 47 章
第 3 章　气缸体部分基础知识与检修	第 11 章	第 12 章　车轮定位	第 49 章
第 4 章　气缸盖部分基础知识与检修	第 12 章	第 13 章　制动系统	第 50 章
第 5 章　发动机密封与重新组装	第 13 章	第 14 章　鼓式制动器	第 51 章
第 6 章　进气和排气系统	第 32 章	第 15 章　盘式制动器	第 52 章
第 7 章　润滑和冷却系统	第 14 章	第 16 章　ABS、牵引力控制和稳定性控制系统	第 53 章
第 8 章　起动和起动机系统	第 18 章	《汽车电气系统检修技术》	
第 9 章　发动机执行系统	第 24 章	第 1 章　蓄电池	第 17 章
第 10 章　诊断和传感器细节	第 25 章	第 2 章　充电系统	第 19 章
第 11 章　点火系统	第 26 章	第 3 章　约束系统	第 48 章
第 12 章　点火系统诊断和维修	第 27 章	第 4 章　仪表和信息显示	第 21 章
第 13 章　燃油供给系统	第 29 章	第 5 章　灯光系统	第 20 章
第 14 章　汽油发动机电子燃油喷射	第 30 章	第 6 章　车身电气其他系统	第 23 章
第 15 章　燃油喷射系统诊断和维修	第 31 章	第 7 章　供暖通风和空调	第 54 章、第 55 章
第 16 章　发动机排放控制系统	第 33 章		

附录 B　缩略语表

英文缩略语	中文名称	英文缩略语	中文名称
4WD	四轮驱动	EMF	电动势
ABS	防抱死制动系统	EPA	美国国家环境保护局
AC	交流	EPDM	三元乙丙橡胶
AIR	空气喷射系统	EPS	电动助力转向系统
AKI	抗爆指数	ESD	静电放电
ALI	汽车举升设备协会	ETBE	乙基叔丁基醚
ASE	美国汽车维修优秀技师学会	EV	电动汽车
ATF	自动变速器油	EVAP	蒸发排放物控制
AWD	全轮驱动	FCEV	燃料电池电动汽车
AWG	美国导线标准	FFV	灵活燃料汽车
BCM	车身控制模块	FWD	前轮驱动
BDC	下止点	GMM	图形显示万用表
BECM	电池能量控制模块	HBV	乙型肝炎病毒
BEV	纯电动汽车	HEV	混合动力电动汽车
BHP	制动马力	HIV	人免疫缺陷病毒
CAFE	企业平均燃油经济性	HSD	混合动力同步驱动系统
CAN	控制器局域网络	HV	高电压
CID	立方英寸排量	HVAC	供暖、通风与空调
CN	十六烷值	IAT	无机酸技术
CNG	压缩天然气	i-DSI	智能顺序双点火
CPU	中央处理器	IGBT	绝缘栅双极晶体管
CVT	无级变速器	IMA	集成式电机辅助
DC	直流	IPM	集成功率模块
DEF	柴油机排气后处理液	IPU	智能动力单元
DLC	数据链路插接器	ISAD	集成式起动机 / 交流发电机扭转减振器
DMM	数字式万用表	LED	发光二极管
DRL	日间行车灯	LLR	低滚动阻力
DSO	数字存储式示波器	LNG	液化天然气
DTC	故障码	LPG	液化石油气
DVOM	数字电压 / 电阻表	M/E	电机电子装置
ECM	电子控制模块	MCM	电机控制模块
ECU	电子控制单元	MDM	电机驱动模块
eCVT	电控无级变速器	MIL	故障指示灯
EGR	排气再循环系统	MMT	甲基环戊烯基三羰基锰

英文缩略语	中文名称	英文缩略语	中文名称
MPMT	多刀多掷	SDS	安全数据表
MSDS	材料安全数据表	SMR	系统主继电器
MTBE	甲基叔丁基醚	SOFC	固体氧化物燃料电池
NGV	天然气汽车	SPST	单刀单掷
NTC	负温度系数	SRS	辅助约束系统
OBD	车载诊断	TAME	叔戊基甲基醚
OEM	原始设备制造商	TCM	变速器控制模块
OSHA	美国职业安全与健康管理署	TDC	上止点
PCB	印制电路板	TEL	四乙基铅
PCM	动力总成控制模块	THS	丰田混合动力系统
PCU	动力控制单元	TMED	变速器装备的电动装置
PCV	曲轴箱强制通风系统	TML	四甲基铅
PDI	新车交付前检查	TPMS	胎压监测系统
PEM	质子交换膜	TSB	技术服务公告
PM	预防性维护	UART	通用异步接收发送设备
PPE	个人防护装备	ULSD	超低硫柴油
PTC	正温度系数	VCM	可变气缸管理
PWM	脉冲宽度调制	VIN	车辆识别代码
RFG	重整汽油	VOM	模拟式万用表
RFI	射频干扰	VSC	车辆系统控制器
RMS	有效值	VSP	行人车辆警示
RO	维修工单	VTEC	可变气门正时和气门升程电子控制
RVP	里德蒸气压力	VVT	可变气门正时
RWD	后轮驱动	WD	仓储分销商
SAE	国际自动机工程师学会	ZEV	零排放汽车
SCR	选择性催化还原		

Supplements Request Form（教辅材料申请表）

鉴于部分资源仅适用于老师教辅使用，烦请索取的老师填写如下情况说明表。

Lecturer Details（教师信息）			
Name： （姓名）		Title： （职务）	
Department： （系科）		School/University： （学院／大学）	
Official E-mail： （学校邮箱）		Lecturer's Address / Post Code： （教师通讯地址／邮编）	
Tel： （座机）			
Mobile： （手机）			

Textbook Details（教材信息）			
Adoption Types（教材类型）	原版□	翻译版□	影印版□
Title：（英文书名） ISBN：（13 位书号） Edition：（版次） Author：（作者）			
Local Publisher： （国内出版社名称）			

Other Details（其他信息）			
是否已购买教材？（Have you bought This Textbook？）		是□	否□
Enrolment： （学生人数）		Semester： （学期起止日期时间）	

Methods for Obtaining Supplements（获取教辅资源方式）

First method:

Please photo the complete form to（请将此表格拍照发送至）：asia.infochina@cengage.com.

Second method:

You can also scan the QR code and apply teaching materials online through our WeChat account.
（您也可以扫描二维码，通过我们的公众号线上申请教辅资料）

CENGAGE GROUP
ATTN：Higher Education Division
TEL：（86）10-83435112
EMAIL：asia.infochina@cengage.com
ADD：北京市海淀区魏公村路 6 号院丽金智地中心西塔 8 层 807 室
POST CODE：100081